Klaus Zeyringer

# **Fußball**

Eine Kulturgeschichte

S. FISCHER

Erschienen bei S. Fischer

© S. Fischer Verlag GmbH, Frankfurt am Main 2014
Satz: Dörlemann Satz, Lemförde
Druck und Einband: CPI books GmbH, Leck
ISBN 978-3-10-021412-6

# Inhalt

**Vor dem Spiel ist nach dem Spiel** . . . . . . . . . . . . 9
Anstöße zum Ankick . . . . . . . . . . . . . . . . . . . . . 9

**England 1863** . . . . . . . . . . . . . . . . . . . . . . 25
Gentlemen's Association . . . . . . . . . . . . . . . . . . 25
Von der Oberschicht zur Popularität . . . . . . . . . . 32
Schlachtenbummler . . . . . . . . . . . . . . . . . . . . . 39

**Europäischer Export-Import** . . . . . . . . . . . . . . 46
Das erste Match in Galizien, Kick im Zarenreich . . . . 46
Schweizer Vermittler, französischer Aufschwung
    und italienische Begeisterung . . . . . . . . . . . . . 52
Kontinentaldrift: Afrika, Asien – Kolonialismus
    und Unabhängigkeit . . . . . . . . . . . . . . . . . . . 61
*Way of Life* und Moderne, Kulturgut und
    Chauvinismus . . . . . . . . . . . . . . . . . . . . . . . 72

**Spielaufbau: 1900 bis 1939** . . . . . . . . . . . . . . . 82
Fritz Becker liest Zeitung . . . . . . . . . . . . . . . . . . 82
Von der Fußlümmelei zum Volkssport . . . . . . . . . 88
Die Gärtner des Barons Rothschild –
    eine Verwienerung . . . . . . . . . . . . . . . . . . . . . 96
Neue Stadien: Massenrund mit Politik . . . . . . . . . 105
Internationalisierung und *Splendid Isolation* . . . . . . 110
Ankunft in Santos, geschminkte Stars . . . . . . . . . 124
*Jogo bonito*, das schöne Spiel vom anderen Kontinent . . 136
Amateure, Profis . . . . . . . . . . . . . . . . . . . . . . . 145

6    Inhalt

Der wachsbleiche Papierene und das Wunderteam . . . . 154
Arbeiterfußball, Ruhrpott . . . . . . . . . . . . . . . . 165
WM 1938 . . . . . . . . . . . . . . . . . . . . . . . . 173

**Andere Schlachten** . . . . . . . . . . . . . . . . . . . . 180
Spanischer Bürgerkrieg und Franco-Regime . . . . . . 180
Nationalsozialismus . . . . . . . . . . . . . . . . . . . 188
Stalinismus . . . . . . . . . . . . . . . . . . . . . . . . 197

**Nationale Erzählungen und weltweites Echo** . . . . . . 202
Massenerlebnisse, Neuanfang bis zum Wunder-Diskurs . 202
Vorläufiges Ende der Poesie im Fußball? . . . . . . . . 211
Tragödie im Maracanã, Stern im Rasunda . . . . . . . . 224
Kollektive Orientierung: Erzählung vom Genie,
    Seleção und Politik . . . . . . . . . . . . . . . . . . 232
Kreolischer Stil und harte Realität:
    argentinische Werte . . . . . . . . . . . . . . . . . . 241
Ritueller Kampf, Fußballrausch: Peruanischer *Clásico*,
    kolumbianische *Mágicos* . . . . . . . . . . . . . . . 256
Aufbruch in den Sechzigern . . . . . . . . . . . . . . . 265
»Uns Uwe« im Bild . . . . . . . . . . . . . . . . . . . 275
Parallelerzählung: Politischer und fußballerischer Stil . . 279
Jugoslawien . . . . . . . . . . . . . . . . . . . . . . . . 286

**Modernisierung, Spielweisen** . . . . . . . . . . . . . . 298
Jahrhundertspiel – Fernsehen, Fans, Globalisierung . . . 298
Systeme 1: der Raum der Holländer . . . . . . . . . . . 311
Das pervertierte Stadion: südamerikanische
    Diktaturen . . . . . . . . . . . . . . . . . . . . . . . 318
»Wir alle sind im Endspiel« und die Hand Gottes . . . . 325
Córdoba und Gijón . . . . . . . . . . . . . . . . . . . 332
Krisen, Neuerungen . . . . . . . . . . . . . . . . . . . 339
Im Abseits . . . . . . . . . . . . . . . . . . . . . . . . 345
Geschlechterdifferenzen . . . . . . . . . . . . . . . . . 360

**Schnelles Spiel – Mediatisierung, Milliardenbusiness** . . 372
Gala im Jahr 2000 . . . . . . . . . . . . . . . . . . . 372
Systeme 2: Und dann kamen die Spanier . . . . . . . . 381
Hymnen, Heimat, Geld und Glorie . . . . . . . . . . . 388
Argentinienkrise . . . . . . . . . . . . . . . . . . . . . 397
Neue Mythen, Krieg der Sponsoren . . . . . . . . . . . 401
Spiel und Manipulation . . . . . . . . . . . . . . . . . 407
FIFA-Hoheitsgebiete, brasilianische Proteste . . . . . . 410
Verklärung und Faszination . . . . . . . . . . . . . . . 422

**Bibliographie** . . . . . . . . . . . . . . . . . . . . . 432

**Bildnachweis** . . . . . . . . . . . . . . . . . . . . . 438

**Namenregister** . . . . . . . . . . . . . . . . . . . . . 439

# Vor dem Spiel ist nach dem Spiel

*Anstöße zum Ankick*

Dimitri Schostakowitsch steht im großen Zimmer. Auf dem Pult des Flügels hat er die Partitur von Opus 22 aufgeschlagen, ein Foto von elf Sportlern liegt daneben. Der blasse Komponist mit seiner dicken Brille sieht sich um. Seine Augen huschen hin und her; die Freunde im Stadion deuten das als Nervosität. Ja, es sind genügend Stühle im Raum, er hat sie aus allen Winkeln der Wohnung hergetragen. Seine Mannschaft kommt zu Besuch. Er setzt sich ans Fenster. Wenn ihm eine Melodie im Kopf herumgeht, blickt er oft hinunter, als könne er sie auf dem Muster der Pflastersteine festhalten. Er nimmt ein Heft zur Hand und blättert. Da stehen keine Musiknoten. Bei der Tabelle der letzten Saison bleibt er hängen. Er hat nicht notiert, wer in Tiflis das Tor nach dem Corner geköpft hat. Er wird sie fragen. Es klingelt.

Der Fußball ist voller Geschichten, Mythen, Legenden. Nach den überlieferten Fakten kann man sich die Szene in Leningrad zur Stalin-Ära so vorstellen.

Dimitri Schostakowitsch war Anhänger von Stalinez, er hatte die Schiedsrichterschule absolviert. Fußball, meinte er, vermöge geistig zu fesseln. Faszinierend sei die Mischung aus diesen wenigen Regeln und der spielerischen Kreativität auf überschaubar abgegrenztem Feld. Was da durch Engagement und Inspiration entstehe, das sei das Gegenteil des totalitären Regimes.

Der Fußball war für Schostakowitsch ein Gefilde, in das er

sich zurückziehen konnte, um die Angst vor der Verhaftung zu verdrängen, zumindest für ein paar Stunden. Allerdings saßen auch die Diktatoren auf den Tribünen. Das wusste er, das sah er. Porträts von Stalin hingen riesig über den Stadioneingängen.

1929 erhielt der Komponist, der vier Jahre zuvor mit seiner ersten Sinfonie weltweite Anerkennung gefunden hatte, den Auftrag für die Ballettmusik zu einem Fußballstück. Selbstverständlich mussten dekadente Kapitalisten von der klassenbewussten sozialistischen Mannschaft geschlagen werden. *Das Goldene Zeitalter* heißt dieses Opus 22. Die vierte Szene des zweiten Akts bringt ein Match auf die Bühne, das offenbar ohne Schiedsrichter und ohne ersichtliche Regeln abläuft, jedoch den wesentlichen Unterschied zwischen den beiden Teams vorführt.

Nachweislich begann sich Dimitri Schostakowitsch Ende 1930 leidenschaftlich mit dem Fußball zu beschäftigen. Er ging ins Stadion, fuhr zu Auswärtsmatches nach Moskau und sogar nach Tiflis; in Briefen an Freunde berichtete er davon. Er las Sportzeitungen, hörte Reportagen im Radio. Über die Spiele führte er Buch, er notierte die Tabellen. Und während die offizielle Presse die Torschützen nicht nennen durfte, weil alles ja ein Sieg des Kollektivs sein musste, listete der Komponist sie peinlich genau auf. Einige Spieler von Stalinez Leningrad kannte er persönlich, und einmal lud er die ganze Mannschaft zu sich nach Hause ein.

Heute heißt der Verein Zenit St. Petersburg, einer seiner Anhänger ist Wladimir Putin.

»Das Stadion«, soll Schostakowitsch in der Stalin-Ära gemeint haben, »ist in diesem Land der einzige Ort, wo man laut die Wahrheit über das sagen kann, was man sieht.«

Seinen Aufstieg erlebte der Fußball mit der Industrialisierung und der Entwicklung der modernen Massengesellschaft.

Bald nachdem sich 1863 in England einige Gentlemen auf

das erste Regelwerk geeinigt hatten und dieses *Association Game* zur (fast) weltweiten Popularität gelangt war, lieferte es seine Bilder für das kollektive Gedächtnis und für die Massenmedien. In Europa und in Südamerika brachten ab den 1920er Jahren einige Filme bekannte Kicker sowie Szenen in Stadien und in ihrem Umkreis auf die Leinwand. Seitdem der Fußball im Fernsehen fast täglich präsent ist und digitale Techniken es ermöglichen, auch historische Spielsituationen realistisch nachzustellen, nimmt sich das Kino verstärkt dieses Feldes an.

Doch der moderne Fußball war zunächst eine elitäre Angelegenheit, er kam aus den englischen Colleges. Einen Vertreter dieser Hohen Schulen, einen Professor für Philosophie, sehen wir im Flugzeug sitzen. Sein Nachbar schläft, ein Erotik-Magazin liegt neben ihm. Der Professor nimmt es und beginnt zu blättern, er interessiert sich für das Populäre. Als ihn ein Kollege von schräg hinten anspricht, steckt er peinlich ertappt das Pornographische ins Philosophische des Tagungsprogramms. Er reist ins kommunistische Prag zum »Colloquium philosophicum« – vorrangig allerdings zu einem anderen Populären, zum Ländermatch, bei dem es um die Qualifikation für die Weltmeisterschaft geht.

Wir sind im Film *Professional Foul*, den Tom Stoppard 1977 für die BBC gedreht hat. Über den Wolken lässt er sprachphilosophische Überlegungen anstellen: Sagen wir, was wir meinen; meinen wir, was wir sagen? Im Prager Hotel wird der akademische Fan von einem jungen Tschechen bedrängt, der kurz bei ihm in England studiert hatte und nun in Busstationen putzt. Er will, dass der Professor seine Doktorarbeit über korrektes Verhalten und kollektive Ethik zur Publikation außer Landes schmuggelt. Der junge Mann wird verhaftet, der Professor von der Geheimpolizei festgehalten, so dass er nicht zum Match kann. Er hört es als Radioreportage – auf Tschechisch. Zu deuten vermag er einzig den übertragenen Lärm der Stadionmasse, einen schrillen Pfiff und das Wort »Penalty«. Die CSSR gewinnt durch einen Elfmeter; das »professionelle Foul« des englischen Kickers entspricht dem »professional foul« der Polizei. Und als der Philosoph wieder in seinem Hotel ist, hört er nacheinander zwei britische Journalisten ihre Matchberichte per Telefon durchgeben – als handele sich um zwei völlig verschiedene Spiele.

Stoppard liefert ein Bespiel für Zusammenhänge zwischen Fußball, Sprache, Politik und Ethik. Wie in jedem sozialen Feld entwickelte man mit der Reglementierung des Fußballs eine Sprache, in ihr finden sich sowohl Wertigkeiten des Spiels als auch ein paar Werte der Gesellschaft ausgedrückt. Dabei stellt sich die Frage, wie sich über die bewegten Bilder berichten, vom Spiel und seinem Umfeld etwas vermitteln lässt. Und obwohl von der Entstehung des modernen Sports an, ab der zweiten Hälfte des 19. Jahrhunderts, die zunächst aus den Eliten stammenden Betreiber seine politische Neutralität betonten, wurden sehr bald politische, somit auch ethische Implikationen ersichtlich. Von Elias Canetti wissen wir, dass die Masse im Stadion ein Fall kollektiver Ethik ist. Bei Stoppard spricht ein Professor darüber, der eigentlich lieber beim Match im Stadion wäre.

Fernab der Colleges und der Philosophie sind wir in einem anderen Film. Der Postmann Eric Bishop in Manchester sackt ab, nichts geht mehr in seinem Leben. Er ist depressiv, hat Panikattacken, bis er sich selbst töten will. Da erscheint ihm Eric Cantona, der französische Angreifer, den die Fans von Manchester United zum Jahrhundertspieler ihres Vereins gewählt haben. Der Exzentriker mit der Nummer 7 bringt für den armen Postboten wieder alles ins Lot, wie ein Lebensphilosoph vom grünen Rasen. Man müsse aktiv sein und Risiken nicht scheuen, sonst brauche man gar nicht erst aufs Feld zu laufen, erklärt er. Auf die Frage, welches der beste Moment seiner Karriere gewesen sei, erzählt er nicht von einem Tor, sondern von einem genialen Pass, der ihm gegen Tottenham gelungen war.

*Looking for Eric* heißt der Streifen von Ken Loach, der 2009 in die Kinos kam.

Die Begeisterung für das Spiel und ein Idol vermag nicht nur Emotionen zu wecken, zu Tode betrübt oder stadienhoch jauchzend, sondern auch geradezu metaphysische Hoffnungen; aus dem Fußball kann eine existentielle Haltung gezogen werden. Bei Loach konzentriert der Star in seiner Person, was der Fußball den Fans zumindest zeitweilig bieten kann: eine Lebenshilfe.

Sieben Jahre zuvor war *Bend it like Beckham* von Gurinder Chadha auf der großen Leinwand zu sehen gewesen (im deutschen Verleih *Kick it like Beckham*). Da sind wir abseits der gewöhnlichen Pfade. Die Tochter einer indischen Familie in England ist eine äußerst begabte Spielerin und muss sich gegen das elterliche Traditionsbewusstsein durchsetzen, bis sie am Ende ein Fußball-Stipendium an einer US-Universität bekommt. Diese Eloge des Frauenfußballs und die befreiende Wirkung des Kickens wurde für den Europäischen Filmpreis nominiert, in Locarno, Sydney, Marrakesch ausgezeichnet und fand Eingang in die *Simpsons*. In der Folge *Marge online*, die 2007 ausgestrahlt wurde, mit Ronaldo als Gaststar, ist Homer Schiedsrichter, foult einen Referee-Assistenten per Kopfstoß, wie Zinedine Zidane gegen Italiens Materazzi im WM-Finale 2006 – und Lisa entdeckt durch *Bend it like Beckham* ihr Interesse am Fußball.

Kulturräume tun sich auf; Signale eines kollektiven Gedächtnisses schaffen Bestandteile eines weiten kulturellen Reservoirs, Medienbilder stoßen neuerliche Erzählungen an.

Ganz am Rande der üblichen Spielfelder sind wir im Dokumentarstreifen *Kick off*, den Hüseyin Tabak 2010 herausgebracht hat. Dafür erhielt er den Wiener Filmpreis und wurde vom Publikum bei den Festivals in Graz und Salzburg prämiert. Er zeigt, wie sich die österreichische Mannschaft für den Homeless World Cup 2008 vorbereitet und im australischen Melbourne spielt. Der ehrenamtliche Teamchef Gilbert Prilasnig, der für Sturm Graz in der Champions League und sechzehnmal in der Nationalelf angetreten war, sucht seit 2004 jedes Jahr von neuem acht Obdachlose aus, die derart mit dem Fußball eine Möglichkeit finden, aus der Misere zu kommen. Sie erfahren, dass sie als Team bestehen können; sie lernen Siege zu genießen und Niederlagen zu verkraften.

Soziale Räume öffnen sich; Gemeinschaft vermag eine Dynamik zu fördern.

Die Filme beruhen auf kulturellen, gesellschaftlichen Zuständen und illustrieren sie. Sie nehmen die Betrachter hinter die Kulissen mit. Ob sie eine fiktionale Geschichte vorführen oder nicht – durch Standpunkt und Bewegung der Kamera beziehen sie eine Position. Die Perspektive des Fußballpublikums ist meist eine von oben, die Wahrnehmung vollzieht sich üblicherweise in der Totale und im Schwenk. Die Fans fühlen sich aber nicht als Betrachter von oben, sondern sehen sich mittendrin. Kinofilme wie *Das Wunder von Bern* von Sönke Wortmann vermitteln eben den Eindruck, dabei zu sein.

Fußball ist der populärste Sport der Welt. Seit mehr als einem Jahrhundert füttert er kollektive Erinnerungen. Und aus dem kulturellen Gedächtnis kommen solche Bilder wieder verstärkt an die Oberfläche der Öffentlichkeit.

Musik, Film, Literatur, Philosophie – sie zeugen von einer kulturellen Dimension, die weit über die Alltagskultur hinausreicht. Das anfangs elitäre Spiel gelangt vom Populären wiederum in die Hochkultur.

Der Fußball erweist sich in seinen vielfältigen, bisweilen einfachen, bisweilen komplexen Beziehungen zu Politik, Wirtschaft, Medien und insgesamt zu gesellschaftlichen Zuständen als kulturgeschichtliches Phänomen, von der Moderne der einen Jahrhundertwende bis zum Neoliberalismus der anderen.

Im Fernsehen sind Anfang Februar 2013 der französische Staatspräsident und die deutsche Bundeskanzlerin auf der Ehrentribüne zu sehen. Im Pariser Stade de France spielen *les bleus* und die Nationalelf gegeneinander, zum fünfzigsten Jahrestag des Elysee-Vertrags, in dem De Gaulle und Adenauer die freundschaftlichen Beziehungen der beiden Staaten festgeschrieben haben. François Hollande und Angela Merkel scheinen sich blendend zu unterhalten, beide applaudieren bei gelungenen Aktionen. Zweimal springt die Kanzlerin jubelnd auf, der Präsident an ihrer Seite klatscht verhalten, aber lächelnd – Deutschland hat gescort und siegt schließlich 2:1.

Spätestens seit Sönke Wortmanns Film *Deutschland. Ein Sommermärchen* ist bekannt, dass Angela Merkel eine Anhängerin der Nationalmannschaft ist: Im Streifen sieht man sie zum Team im Hotel sprechen und hört sie »viel Zusammenhalt« wünschen, man sieht sie nach dem Match gegen Italien die Kabine betreten.

Die Kamera folgt der Mannschaft vor und während der Heim-Weltmeisterschaft 2006. So liefert Wortmann das, was aktuelle Medien gern zeigen: das Innenleben eines medialen Außenlebens. Das gibt den Bildern einen demokratischen Anschein: Jeder habe überall Einblick. Als aber die Kanzlerin die Kabinentür öffnet, schließt sich diese vor den Zuschauern. Vier Jahre später bekommt man auch in diese Intimität Zutritt: In zahlreichen Blättern erscheinen Fotos, wie Merkel nach einem Match im Umkleideraum mit Mesut Özil spricht, der nur ein Handtuch um seine Mitte geschlungen hat.

Zwar beginnt Wortmanns Film im leeren Spielerraum nach der Niederlage im Halbfinale gegen Italien, und als die Besiegten dasitzen, herrschen Schweigen, Müdigkeit, Enttäuschung. Jedoch wirkt dadurch die zunehmende Euphorie während des Turniers umso intensiver und umso mehr tritt hervor, dass der Kader und die Betreuer zu einer starken Gemeinschaft geworden sind. »Was wir allein nicht schaffen, das schaffen wir dann zusammen«, heißt es im Song, den das Team vor dem Match hört, und: »Dieser Weg wird kein leichter sein.« Der Coach Jürgen Klinsmann und sein Co-Trainer Jogi Löw sprechen immer

16  Vor dem Spiel ist nach dem Spiel

*Abb. 1:* Angela Merkel in der Kabine der deutschen Nationalelf mit Mesut Özil.

wieder »Kopf und Herz« an, sie betonen, »was man mit viel Arbeit im Hintergrund, mit Freude, mit positiver Denkweise erreichen kann«. Dem Gegner im Viertelfinale, den Argentiniern, weisen sie hingegen eine »elitäre Mentalität« zu; die würden meinen, »sie besitzen das Spiel«.

Das eigene Team habe von der Euphorie in ganz Deutschland »einen Schub bekommen«. Die Nationalelf hatte zuvor wenig attraktiv gespielt; der neue Bundestrainer Jürgen Klinsmann nominierte einige junge Spieler – dieser Mannschaft brachten die Fans vor der WM wenig Vertrauen entgegen. Durch den 1:0-Erfolg gegen Polen und den damit fixierten Aufstieg ins Achtelfinale schlug die Stimmung im Lande um. Den »Schub« macht der Film sichtbar, indem er immer mehr Großaufnahmen von deutschen Flaggen zeigt. Und nachdem schließlich Portugal im Spiel um den dritten Platz besiegt wurde, feiert eine enorme Menge, zunächst in Stuttgart, dann beim Brandenburger Tor in Berlin die Mannschaft und sich selbst. Überall wehende Flaggen, deutsche Fähnchen auch in den Händen der Kicker. »Weltmeister der Herzen« steht auf einer Banderole. So endet der Film. Er vermittelt insgesamt eine positive Stimmung, er hebt den Teamgeist auf dem Rasen und im Land hervor.

Enttäuschung hingegen in Brasilien, das im Viertelfinale gegen die Franzosen ausgeschieden war. Wieder einmal hatte die *Seleção*, der Titelverteidiger, als Favorit gegolten. Und nun meinte man im Lande, dass die bei europäischen Vereinen engagierten Spieler (20 von 23 im Kader) europäisiert seien und wenig nationalen Einsatz gezeigt hätten.

Während auf dem zentralen Platz in der Altstadt von Salvador da Bahia noch im August ein riesiges Plakat hing, das Brasilien schon vor dem Turnier (zum insgesamt sechsten Mal nach der *Penta* 2002) als Weltmeister gefeiert hatte, sah man im Globo-TV eine lange Reportage über die *Seleção* vor und bei dem Turnier in Deutschland. Es wirkte genüsslich selbstquälerisch, wie oft das Fernsehen Ronaldo, Ronaldinho und ihre Kollegen untätig vorführte, im Bett oder auf dem Rasen liegend, und wie oft Roberto Carlos in der entscheidenden Szene beim 0:1 gegen Frankreich gezeigt wurde, als er nicht auf den Torschützen Thierry Henry achtete, sondern – sich am Strafraumrand die Stutzen hinaufzog.

Dieses Bild des mit seiner Beinkleidung statt mit dem Match Beschäftigten reproduzierten nicht nur die Medien intensiv, auch in Bühneninszenierungen und populären Kulturäußerungen fand es Verbreitung. Hinuntergerutschte Stutzen als Symbol der Niederlage und des geradezu lächerlich mangelhaften Einsatzes für die Nation.

Mit *Das Wunder von Bern*, einer rührenden Geschichte rund um den WM-Titelgewinn 1954, hatte Sönke Wortmann ein wichtiges Ereignis für ein neues deutsches Selbstbewusstsein verfilmt: Man hatte im Finale den hohen Favoriten Ungarn 3:2

geschlagen, und alsbald hatte der erste internationale Sieg nach dem Krieg eine mythische Dimension erhalten. Im Kino wurde die Wunder-Erzählung 2003 in Erinnerung gerufen oder im Gedächtnis verstärkt. Dem fügte die Euphorie während der Weltmeisterschaft 2006 in der schwierigen Gefühlslage der Nation ein weiteres Element hinzu. Im September des Vorjahres hatten die vorzeitigen Bundestagswahlen keine klare Mehrheit gebracht. Bis Angela Merkel als erste Frau in der Geschichte des Landes ins Kanzleramt eingezogen war, hatten die zwei Monate dauernden Koalitionsverhandlungen schlechte Stimmung gemacht. Von Deutschland schienen Medien und Menschen die Nase voll zu haben. Als just in jener Zeit Daniel Kehlmanns *Die Vermessung der Welt* zum außergewöhnlichen Bestseller wurde, wollte kaum jemand, kaum eine Rezension das Hauptthema des Romans bemerken. »Das Deutsche« mochte man gerade nicht besprechen, und der Autor wies mehrmals in Interviews darauf hin, dass es in seinem Buch nicht zuletzt darum gehe, »was es heißt, deutsch zu sein«.

Im Juni 2006 war das Thema wieder beliebt. Wortmann stellt die Dimension im Titel seines Films aus: *Deutschland. Ein Sommermärchen*. Damit spielt er ein kulturelles Vorbild an, die Vorzeichen dreht er um. Heinrich Heine hatte sein *Deutschland. Ein Wintermärchen* 1844 veröffentlicht, ein satirisches Versepos als scharfe Kritik an den Zuständen, insbesondere an Militarismus und Chauvinismus.

Nach dem Erfolg seines Sommermärchens produzierte Sönke Wortmann 2007 den Dokumentarstreifen *Die besten Frauen der Welt*. Die Regisseurin Britta Becker hatte die deutsche Frauennationalmannschaft beim WM-Titelgewinn in China mit dem Kamerateam begleitet; in ihrem Film geht sie stärker auf die Persönlichkeit der Spielerinnen ein, da sie eben keine Berühmtheiten sind wie die männlichen Starkicker. Gerade die Interviews, vermerkt der *Spiegel*, markieren den Unterschied zur Männerwelt. Aber auch hier wird kulturspezifisches Verhalten ersichtlich: Im Schnitt/Gegenschnitt sitzen die

Deutschen still, ernst und konzentriert in ihrer Kabine, während die Brasilianerinnen singend und trommelnd eintreffen; bevor sie aufs Feld laufen, reihen sie sich im Gang nebeneinander auf, die einen stehen geradezu grimmig da und die anderen tanzen. »Das hat uns richtig aggressiv gemacht«, erzählt Renate Lingor. »So möchte ich die nach dem Spiel nicht mehr tanzen sehen, hatte ich mir in dem Moment gedacht.« Die Deutschen siegten 2:0.

Fußball – in den Regeln einfach, in den Zusammenhängen komplex – bringt starke Emotionen hervor. Er bespielt auch die Räume des Symbolischen und kann mythische Bedeutungen fördern. Idolatrie lässt sich übertragen: Die Politik umarmt gerne die Helden des Sports.

Der Fußball ist ein Massenspektakel, er gibt dem Kollektiv eine Erfahrung von Sieg und Niederlage. Somit vermag er ein Gruppenbewusstsein zu stärken oder überhaupt erst zu schaffen, somit lässt er sich zur Entwicklung von Identitäten einsetzen, lokal und regional und national.

Männlichkeitsrituale dominieren die Inszenierung des Fußballs. Er gibt die scheinbar unschuldige Möglichkeit zum scheinbar folgenlosen Ausleben von Chauvinismus, Rassismus und Sexismus.

Den Aufschwung des modernen Sports erklären Norbert Elias und Eric Dunning mit zunehmender Zivilisierung. Er gibt eine Möglichkeit, Aggressionen abzubauen; die körperliche Gewalt wird auf spezifische Weise kontrolliert, dazu brauchte es die Verfeinerung von Wettkämpfen. Für Elias ist es beileibe kein Zufall, dass man den Fußball gerade in England reglementierte und von hier aus in die Welt trug, da die Entwicklungen der Industrie und des Parlamentarismus sowie des Sports unmittelbar zusammenhängen.

Heute besteht die internationale Fußballorganisation, die FIFA, aus mehr Landesverbänden, als die UNO Mitglieder hat.

»Fußball ist wie eine Sonde in die Geschichte des 20. Jahrhunderts«, schreibt der Wiener Germanist Wendelin Schmidt-Dengler, er sei eine »unerlässliche Quelle für jede Mentalitätsgeschichte des 20. Jahrhunderts«. Eva Kreisky präzisiert: Fußball ist »nicht ein bloßes Abbild gesellschaftlicher Verhältnisse, er erweist sich auch als höchst ausdrucksstarkes ›Realitätsmodell‹, ja als Seismograph gesellschaftlicher wie politischer Brüche und Transformationen«.

Bei Weltmeisterschaften treten – verstärkt, seitdem sie im Fernsehen übertragen werden – Entwicklungen deutlich vor Augen. Eine WM ist wie eine Sonde in die Kulturgeschichte des Fußballs. Die Berichterstattung darüber hat spätestens ab den 1970er Jahren zur Verdichtung des globalen medialen Raumes beigetragen.

Es ist ein sichtbares Zeichen der Globalisierung, einer Art Postmoderne sowie des Neoliberalismus, dass ab den neunziger Jahren die Clubs immer heterogener besetzt sind. Dass so viele Vereine immer mehr ausländische Spieler in schnellem Wechsel engagieren und wieder abgeben, zeugt von Migration, Melange und – Marktwert von Menschen. Dadurch hängt die Identifizierung der Fans weniger an Individuen als an Clubfarben.

Fußball gehört zu jenen wenigen Feldern, deren Codes (fast) weltweit verstanden werden. Er ist mit dem Wetter das einzige Thema, über das sich (fast) alle unterhalten können. In Brasilien ist ein Gespräch über Fußball eine wesentliche Kommunikationstechnik, eine soziale Eintrittskarte. Dabei ist ein Fixpunkt immer die Besonderheit des eigenen Spiels, des *Jogo bonito*. Der Literaturwissenschaftler Anatol Rosenfeld, der auf seiner Flucht aus Deutschland 1937 ins brasilianische Exil gekommen war und später für den *Estado de São Paulo* schrieb, erklärte Mitte der fünfziger Jahre, der Fußball gehöre »einer modernen Entwicklung völlig profanen Charakters an«. Dennoch spüre man in Brasilien »seine geheime Neigung, sich zu ritualisieren, sein Streben nach Sinnbereichen, die ihm nicht zuzukommen scheinen«. Wo »so tiefe Leidenschaften eingesetzt werden«, sei dies kein Wunder. Für eine »ungeheure« Anhängerschaft bedeute der Sieg einen kollektiven Triumph, »einen Zuwachs an Ehre und Macht und gleichzeitig eine Offenbarung des glücklichen Laufs der Dinge«.

Seit der Fußball in den zwanziger Jahren ein derart verbreiteter Sport und ein Medienereignis wurde, reden immer wieder viele Menschen über Spiele und Kicker und ihr Umfeld. So entstehen kollektive Erzählungen, Mythen, Märchen, Legenden. Wenn die Dribbelkünste des Arthur Friedenreich, der in Brasilien das erste Idol war, dadurch erklärt werden, dass er beim Balljonglieren in den Gassen von São Paulo so oft den Automobilen ausweichen musste, dann spielt es für die populäre Geschichte keine Rolle, wie viele Autos es 1902 tatsächlich in der Stadt gab.

Vielleicht ist Fußball heute das einzige Volksmärchen.

Mario Vargas Llosa, der Nobelpreisträger für Literatur, sieht 2012 in seinem Buch *La civilización del espectáculo* den Fußball als herausragenden Bestandteil der heutigen frivolen Banalisierung, »alles Boulevard«, welche die alte elitäre Hochkultur zerstört habe. Unterhaltung und Spaß seien nunmehr das höchste Gut; in der Vermassung werde dem Sport eine Bedeutung zugeschrieben, wie er sie sonst nur im alten Griechenland, dort jedoch gemeinsam mit der Pflege des Geistes, erlangt habe. Kultur, das sei mit T. S. Eliot ein *Way of Life*, »eine Geisteshaltung, eine Sensibilität und eine Pflege der Form, welche den Erkenntnissen einen Sinn und eine Orientierung gibt«.

Ein Fußballmatch könne »für die Liebhaber« – und er sei selbst einer, schreibt Vargas Llosa – ein tolles Schauspiel sein, »ein Fest des mannschaftlichen und individuellen Könnens«. Aber wie der Zirkus im alten Rom »dienen die großen Spiele heutzutage vor allem als Vorwand und Möglichkeit für den Einzelnen, das Irrationale auszuleben, zu regredieren und Teil des Stamms zu werden, der wilden Meute, worin er, geschützt in der kuscheligen Anonymität der Ränge, seinen aggressiven Trieben freien Lauf lassen und den Anderen ablehnen, den Gegner niederringen und symbolisch (manchmal auch real) vernichten« könne. Es sei ein »Ritual, das im Einzelnen an Instinkte und Triebe rührt, die ihn dazu drängen, seinen zivilisierten Stand aufzugeben und sich eine Spielzeit lang als Teil der primitiven Horde zu verhalten«.

Eine vereinfachte Sicht aus dem Blick von den Höhen einer alten Elite, die – fälschlich – behauptet, heute sei alles Boulevard. Tatsächlich treten auf den Tribünen und um die Stadien die Horden der Hooligans auf; mindestens ebenso oft bestimmt jedoch eine festliche Masse das Geschehen. In englischen Stadien herrscht eine fast kirchliche Atmosphäre, wenn die alten, sehr melodiösen Gesänge intoniert werden.

Der Fußball ist ein gewichtiger Ausdruck der Massengesellschaft, mit der er sich gewandelt und zu deren Wandel er beigetragen hat. Mit der Nachmoderne hat er sich weiterentwickelt; mit dem Neoliberalismus hat er eine umfassende Kommerzialisierung durchgemacht und ist zum durchgehend verkäuflichen Spektakel geworden.

Und dennoch ist er mehr als das. Er bringt Lust am Spiel und Gefühlssturzflüge im Zuschauerraum. Er ist Markt und Theater, Zirkus und Sport, Legende und Mythos, Kampfstätte und Raufplatz, Fanal und Ritual.

Ein weiter Pass erreicht den Spieler mit der Nummer 10 im gelb-blauen Dress. Der läuft allein auf den Strafraum zu, der Torwart stürzt ihm entgegen, der Zehner lässt den Ball weiterrollen, links am Torwart vorbei, während er ihn – zu dessen sichtbaren Verwunderung – rechts umkurvt, um den Ball dahinter wieder aufzunehmen. Ein anderes Match: Eine Flanke, der Athlet im gelben Trikot steigt mächtig hoch, köpft ins untere Eck, ein unglaublicher Reflex des Torwarts lenkt den Ball ins Aus. Das Finale: Ein hoher Ball fliegt von links in den Strafraum, der dunkelhäutige Spieler im gelb-blauen Dress Num-

Anstöße zum Ankick 23

*Abb. 2:* Pelés Torjubel im WM-Finale 1970, von Jairzinho (Nr. 7) hochgehoben.

mer 10 springt höher als der Verteidiger und setzt einen starken, präzisen Kopfball in die Maschen, darauf läuft er zu seinem Kameraden mit der Nummer 7, der ihn hochhebt, und er jubelt, die rechte Hand hin und her schwenkend. Pelé bei der WM 1970.

Starke Bilder im kollektiven Gedächtnis, wie 1986 Maradonas Dribbling über das halbe Feld, bevor er gegen England einschoss, wie fast fünfundzwanzig Jahre später ein ähnliches Goal von Lionel Messi, wie das Wembley-Tor 1966, wie ein Elfmeter von Panenka, wie eine Parade von Lew Jaschin, wie Schumachers Foul an Battiston, wie ein Pass von Cantona, wie ein Freistoß von Platini, wie das Wunderteam, wie das Weiße Ballett, wie …

Mit der Bewegung der Medien bewegen sich die Bilder. Die Spielverläufe der frühen Jahrzehnte, als es bestenfalls Zeitungs- und dann Radioreportagen gab, lassen sich schwerer nachvollziehen.

Eine Kulturgeschichte des Fußballs lässt sich erzählen.

# England 1863

*Gentlemen's Association*

In der Redaktion von *Bell's Life in London* herrscht Hochbetrieb. Was eben 1863 in den getäfelten Räumen der Zeitschrift, in denen es in der Art der Gentlemen meist gemäßigt zugeht, als hektische Stunde gilt, bevor die neue Ausgabe in die Druckerei kommt. Auf der ersten Seite des wöchentlichen Sportblattes passt die Schlagzeile nicht. Der Lehrling bringt die Ergebnisse der Pferderennen vom Tag. Das Bild im letzten Teil gehört um zwei Finger runtergerückt, das Ruderboot schneidet in den Text über Tennis, schimpft der Redakteur. Nichts Neues vom heutigen Cricket?, ruft einer. Und was soll man denn nun mit dem Brief dieses John Cartwright anfangen? Wohin damit, fragt der Chef, immerhin betreffen diese Worte die renommiertesten Bildungsstätten des Empire.

John Cartwright hatte an *Bell's Life* geschrieben, es sei wahrlich an der Zeit, dass sich Vertreter der großen Public Schools treffen mögen, um ihren Ballsportarten ein paar einheitliche Regeln zu geben – wie wolle man sich denn sonst miteinander im Wettkampf messen? Dies sei doch für die erweiterte Ausbildung von Sportsgeist und Ertüchtigung des Körpers nötig. In Städten wie London und Nottingham hätten ja junge Gentlemen schon das Kicken mit dem Fuß betrieben und vor sechs Jahren sei in Sheffield gar ein Football Club ins Leben gerufen worden. In vielen Colleges dürfe man die Hand einsetzen, in anderen heftige Tritte austeilen.

Ihre Ballspielregeln hatten zahlreiche akademische Institutionen schon gedruckt, für Outsider waren sie jedoch kaum verständlich. Tatsächlich kickten viele Kinder auf verschiedene Arten in den Grundschulen, waren seit drei Jahrzehnten eine Reihe von Teams entstanden. Eine einigermaßen einheitliche oder gar umfassende Organisation gab es aber nicht; meist waren nicht einmal Raum und Zeit oder die Anzahl der Spieler begrenzt.

Cartwrights Aufruf hatte eine kleine Konferenz in Cambridge zur Folge. Von sechs Hohen Schulen waren sportbeflissene Männer gekommen. Nur der Gentleman aus Rugby wollte die Vereinbarung nicht akzeptieren, in seiner Institution werde man den Ball künftig und immer mit den Händen weiterbefördern, schließlich habe das Leder die für den Zugriff praktische ovale Form. Die anderen Herren untersagten das Handspiel und das *Hacking*. Es möge dem Gegner kein Bein gestellt und kein grober Tritt verpasst werden.

Der Kick mit dem Ball hat eine lange Vorgeschichte. Seit dem 12. Jahrhundert gibt es europäische Berichte davon; auch aus anderen Kulturkreisen sind derartige Szenen von wenig geregelten Spielen, die sogar bis zum Tode führen konnten, überliefert. Von den Mayas, aus China; aus Florenz ein *Calcio*, das die Medici-Fürsten in der Renaissance sogar als ihr Markenzeichen eingesetzt hatten.

In England tollte eine Menge, die irgendwo in ihrem kompakt scheinenden Inneren ein rundes Leder trug, durch Gassen und mitunter von Dorf zu Dorf. Im 16. und 17. Jahrhundert war in Schulen der reicheren Schichten ein solches Balltreiben zu sehen; im Zeitalter der Aufklärung ging diese Sitte zurück. Da sprachen die enorm in Mode gekommenen Moralischen Wochenschriften der Zweckdienlichkeit, der Vernunft und dem guten Benehmen das Wort.

An den Universitäten betrieb man das Spiel auch in Zeiten zunehmender Disziplinierung weiter, da sie es weder als Gefahr noch als Bedrohung der Ordnung verstanden. Vielmehr hatte es seinen Platz im System der Herrschaft der älteren Schüler über die jüngeren – aus Eton stammt aus dieser Zeit die Vorschrift, jeder »lower boy in this house«, der nicht einmal im Tag und zweimal an einem »half holiday« Football spiele, müsse zur Strafe »half a crown« bezahlen sowie Tritte über sich ergehen lassen. Mitunter kickten die jungen Herren einfach, um die Lehrer zu provozieren. Da der Adel im Laufe des 18. Jahrhunderts die renommierten Institutionen unter seine Herrschaft gebracht hatte, waren die Dozenten schlechter gestellt und behielten nicht mehr eindeutig die Oberhand über die Freizeit. Davon zeugen die zweiundzwanzig Rebellionen, die man zwischen 1728 und 1832 an Public Schools zählte.

Den unteren Schichten der Bevölkerung war das Ballspiel in eher regelloser Form bekannt. Als aber im 19. Jahrhundert immer größere Fabriken und Industriezentren entstanden, die immer mehr Menschen zur Arbeit anzogen, so dass die Behörden ihre Aufsicht immer strenger ausübten, war für wildes Kicken in diesem Milieu kein Platz. Bei den schlimmen Arbeitsbedingungen hätte ohnehin kaum jemand Zeit und Kraft dafür gefunden.

Die Industrialisierung brachte einen sozialen Wandel, die enormen Veränderungen wirkten auf das Bildungssystem ein. Sowohl die Wirtschaft als auch die Verwaltung des Empire forderten eine Disziplinierung. Die Lehrer und die älteren Schüler gewannen wieder ihre unangefochten starke Autorität; in dieser Zeit vermochte Thomas Arnold als Direktor von Rugby die Selbstverwaltung der Schüler zu brechen. Ihm kam dabei zugute, dass an seiner Anstalt weniger Adelige studierten und die Söhne des Bürgertums eher auf Bildung angewiesen waren. Damals, 1845, wurden in Rugby erstmals ein paar Regeln des Ballspiels schriftlich festgehalten. Daraufhin setzt die Konkurrenz ihre eigenen ein: Studenten der Universität verfassten die *Cambridge Rules*, Eton untersagte das Spiel mit der Hand.

Fünf Jahre nach der ersten Reglementierung des Football brachte 1868 der *Public Schools Act* eine Reform, die unter anderen Harrow, Eton sowie Rugby betraf und die Hohen Schulen weitgehend in die Unabhängigkeit entließ.

28 England 1863

Die Public Schools nahmen das Spiel in ihre Lehrpläne auf, da es zur Ausbildung im Sinne der britischen Herrschaft beitrug: »Eine Rasse von robusten Männern mit Initiative, regem Kreislauf, männlichem Edelmut und einem vitalen Geist« sollte das Empire verwalten; die Formel entsprach in Ausdruck und Inhalt dem damals aufkommenden Darwinismus.

Der 26. Oktober 1863 ist in London ein trüber Tag. Der Wind bläst kalt vom Flussufer her. Es dunkelt schon vor der Teestunde. In der Great Queen Street schütteln sich einige distinguiert gekleidete Herren vor einem beleuchteten Eingang die Hände und treten durch die Tür in das Lokal, das nach den Freimaurern benannt ist.

Die behagliche *Freemason's Tavern* ist zu jener Zeit bekannt für ihr gehobenes bürgerliches Ambiente. Am Kamin lässt sich gut Grog trinken, an den Wänden hängt die schöne heimische Landschaft, um gediegene Holztische sitzt man in Fauteuils und bespricht die Welt des Empire. Der Chef selbst weist die Herren, die soeben eingetreten sind, in ein Extrazimmer. Als sie den Raum wieder verlassen, haben die Vertreter von elf Schulen und Clubs die *Football Association*, abgekürzt FA, ins Leben gerufen und Arthur Pember zu ihrem ersten Präsidenten gewählt – acht Jahre später erfolgt dann die Gründung der Rugby-Union, in der das ovale Leder mit der Hand getragen werden darf.

Bei Tee, Whisky und Zigarren gaben die Gentlemen ihrem *Association*-Spiel, kurz Soccer, einen Rahmen. An den Tischen der *Freemason's Tavern* debattierten sie heftig über die Regeln, bis ihnen klarwurde, dass es von grundsätzlicher Bedeutung sei, wie hart und viril das Spiel sein dürfe. Würde man es erlauben, die Hände einzusetzen, wäre gewiss mehr Gewalt auf dem Feld zu erwarten. Zudem sei es wesentlich, ob man das übliche *Hacking*, den Tritt gegen die Beine, genehmigen wolle; *to hack or not to hack*, das war die Frage.

Mister Campbell, den die Absolventen von Rugby entsandt

hatten, stellte sein Whiskyglas ab und rief, das Hacking dürfe man keineswegs aufgeben, wenn man nicht dazu beitragen wolle, die Erziehung zur Männlichkeit zu untergraben, und was werde denn aus dem Empire, wenn seine Eliten keine harten Männer mehr stellen sollten. Er, Campbell, wolle sich das gar nicht ausdenken.

*Hack or die*, lachte der Kollege von Eton, so weitreichende Folgen vermöge er nicht zu befürchten, das Empire sei schließlich das Empire. Er meine eher, man dürfe Verletzungen nicht herausfordern. Wenn der Football zu gefährlich sei, würde er nicht gerade anziehend wirken. Selbstverständlich denke er nur an seinesgleichen, die Gentlemen. Im Extrazimmer der *Freemason's Tavern* wurde Zustimmung laut.

Nur wer kein Gentleman sei, rief nun Campbell, leugne die Gentlemen-Werte, wie man sie an den Hohen Schulen zu Recht pflege: Mut, Zivilcourage, Selbstbeherrschung. Der Mann von Eton musste sich beherrschen.

Da sagte Arthur Pember, der nie eine Public School besucht hatte, er könne definitiv bestätigen, auch in den besten akademischen Institutionen seien viele Spieler – und nicht die schlechtesten – gegen das Hacking.

Holt doch gleich ein paar Franzosen über den Kanal, wenn ihr das Überfeinerte sucht, rief Campbell.

Im Raum sah man sich an. Kein Wunder, dass Rugby nicht das ausgezeichnete Renommee genoss wie die besten Hohen Schulen, eben Eton oder Harrow, wo man ein modernes Bild vom Gentleman geprägt und sich gegen Gewalt im Sport ausgesprochen hatte. Somit war die Debatte um Football oder Rugby im Grunde eine Auseinandersetzung zwischen konservativen und fortschrittlichen Vorstellungen, zwischen verschiedenen Konzepten des Elitismus.

Der Kollege aus Rugby verabschiedete sich und rief noch in den Raum, derart würden sie hier – er zeigte der Reihe nach auf die anderen – ihre Virilität aufgeben.

So lässt sich die Gründungslegende erzählen.

Immerhin steht einiges davon wörtlich in den Sitzungsprotokollen, die *Bell's Life in London* veröffentlichte. Tatsächlich aber war kein Vertreter der Institution von Rugby selbst in der *Freemason's Tavern* zugegen, und doch wurde diese Art des Spiels in der Regeldebatte bedacht. Laut Mitschrift protestierte beim fünften Meeting der FA am 1. Dezember ein Mr. Campbell – für den späteren Rugby-Club Blackheath – dagegen, die Rugby-Elemente zu untersagen.

Die Association ließ ihre Regeln in *Bell's Life* abdrucken. Sie betonte das *Fair Play*. Man dürfe den Gegner nicht treten, ihm kein Bein stellen, ihn nicht am Trikot halten und vor allem: Das Spiel mit der Hand wurde untersagt. Und als die FA Ende November Verhandlungen zum Beitritt des Cambridge University FC führte, erklärte sie das Verbot des Tretens als nicht verhandelbar: »that hacking was a non-negotiable item«.

Das knappe Regelwerk war rudimentär, erlaubte jedoch nunmehr, dass Teams aus verschiedenen Orten gegeneinander antreten konnten. Viele Aspekte waren allerdings noch dem Gutdünken überlassen. Zwar verstand man eine Mannschaft meist als Elf, *Eleven*, es war aber die Entscheidung der Kapitäne, mit wie vielen Kickern sie antreten wollten. Und so hatte im ersten Match, das nach den Association-Regeln ausgetragen wurde, Harrow elf Spieler auf dem Platz, Cambridge hingegen vierzehn. Dennoch siegte Harrow mit 3 : 1.

Man hatte zunächst auch keine zeitliche Begrenzung festgelegt, manchmal konnte ein Match zwei oder gar drei Stunden dauern. Die Position des Tormanns führte die FA 1871 ein, er durfte damals seine Hände in der gesamten eigenen Hälfte einsetzen. Im folgenden Jahr ließ sie nicht mehr die Spieler selbst als Regel-Kollektiv urteilen, sondern schrieb einen Referee vor; bis 1891 leitete der Schiedsrichter das Spiel von außen. Da hatte man gerade beschlossen, das Feld mit Kreide zu markieren und an den Toren, die acht Fuß hoch sein mussten, Netze anzubringen, um besser sehen zu können, ob gescort wurde oder nicht.

Im Laufe der ersten zwei Jahrzehnte der Association präzisierte sie langsam ihr Regelwerk. 1870 beschränkte sie endgültig die Anzahl der Spieler auf elf. 1864 hatte sie Freistoß und Corner (Eckball) eingeführt, 1866 das Abseits, das offenbar in dem recht einfachen Spiel bis heute den Ruf hat, weniger leicht verständlich zu sein. Die FA hielt fest: Zwischen dem vordersten Angreifer und dem Tor müssen sich mindestens drei (heute: zwei) Gegner befinden. Diese Regel war ein Grund, warum die Teams schnell nach vorne kommen wollten. *Kick and Rush* nannte man diese Taktik, die lange Zeit den britischen Fußball bestimmen sollte. Üblich war ein (heute kaum nachvollziehbares) 1–2–7-System: ein Verteidiger, zwei Mittelfeldspieler, sieben Stürmer; später ein 2–3–5.

1871 legte die FA zwanzig Pfund aus und erstand einen Silberpokal, um den fünfzehn Teams spielten – zwölf Jahre später waren es über hundert Mannschaften. Vor zweitausend Zuschauern fand am 16. März 1872 das erste Finale statt, die Wanderers gewannen 1:0 gegen die Royal Engineers. Bei den Siegern waren die großen Hohen Schulen vertreten: vier Absolventen von Harrow, drei alte Etonians und je ein Absolvent von Westminster, Oxford, Cambridge und Charterhouse.

Im selben Jahr erlebte die britische Insel das erste offizielle Ländermatch – wohl hatte im März 1870 eine englische gegen eine schottische Auswahl gespielt, jene bestand jedoch nur aus Schotten, die in London lebten. Am 30. November 1872 trennten sich England und Schottland in Glasgow 0:0. Man hatte sich auf diesen Samstag geeinigt, da die meisten Kicker im heimischen Team Arbeiter waren, während die adeligen Engländer den Montag vorgeschlagen hatten, um sich zuvor von der Reise erholen zu können.

England, Wales, Schottland, Irland, die Länder des Vereinigten Königreichs, waren sich ihrer Unterschiede und ihrer kulturellen Eigenständigkeit derart bewusst, dass sie selbstverständlich auch eigene Fußballverbände gegründet hatten. 1882

*Abb. 3:* Plakat für das erste Länderspiel: Schottland gegen England, 30. November 1872.

bildeten die vier Football Associations ein *International Board*. Im folgenden Jahr spielten sie erstmals die Britische Meisterschaft aus, bei der sie seither jeweils die Sinnbilder ihres Landes und ihrer Kultur besonders herausstreichen.

*Von der Oberschicht zur Popularität*

Der organisierte Fußball konnte im England der Mitte des 19. Jahrhunderts entstehen, da hier die Modernisierung am frühesten und intensiv auf die aristokratischen Ideale traf, die bis dahin die sozialen Werte und die Bildung bestimmt hatten. Eton, das 1849 als erste Hohe Schule das Spiel mit der Hand untersagt hatte, war berühmt dafür, dass es die jungen Männer der Ersten Gesellschaft heranzog. Jeder Fünfte war hier adelig; in Rugby war es jeder Fünfzehnte. Und in Eton hieß es, man wollte nicht das *Handling Game* spielen, das an Handwerk und Fleiß erinnere.

Die Herren in der *Freemason's Tavern* hatten den Anstoß gegeben, der schließlich bewirkte, dass sich diese Spielkultur der Elite zum organisierten Sport entwickelte.

Das Regelwerk ermöglichte die Verbreitung des Fußballs, der bald alle Schichten der britischen Bevölkerung ansprach. Ein gutes Jahrzehnt nach der Gründung der Football Association kamen die meisten Kicker nicht mehr aus der Aristokratie und dem betuchten Bürgertum, sondern aus der Mittel- und der Arbeiterklasse. Junge Männer in Betrieben oder an ihren Stammtischen in Pubs, ja sogar in Kirchenzirkeln schufen ihre Vereine, die kaum über die Mittel verfügten wie die Gentlemen aus den Hohen Schulen. Unter den zahlreichen Clubs, die in den ersten beiden Jahrzehnten des organisierten Fußballs entstanden, finden sich bekannte Namen: Aston Villa 1874, Everton und Manchester United 1878.

Als ein Arbeiterteam aus Darwen 1879 in London dreimal gegen die Old Etonians antrat, hatte der Club in den heimischen Fabriken gesammelt, um die Reisekosten aufzubringen.

Vier Jahre später finanzierte eine Firma das einwöchige Trainingslager jener Mannschaft, die dann gegen die Old Etonians im Pokalfinale gewann: Die Elf von Blackburn Olympic bestand aus Arbeitern. Sie waren die ersten Engländer, die von den schottischen Teams Queen's Park und Vale of Leven das *Passing Game* übernahmen. Man versuchte nicht nur hoch nach vorne zu schießen und hinterherzulaufen, sondern mit gezieltem Zuspiel zum gegnerischen Tor zu kommen.

Derart gestaltete man das Association-Spiel, den Soccer, offener und flüssiger. Da es nun mehr Abwechslung bot, zogen es viele dem Rugby-Spiel vor. Dieser Fußball soll den Arbeitern eher entsprochen haben, heißt es, denn sie hätten einen stärkeren Willen gezeigt, »den Sieg zu organisieren«, als die Oberschichten.

34   England 1863

Der Football begann Massen zu bewegen. Den Verantwortlichen der FA und der Vereine war bald einsichtig geworden, dass
die Fähigkeiten und das Spielniveau verbessert würden, wenn
man die Möglichkeiten zum entsprechenden Training schaffe.
Die besten Voraussetzungen wären gegeben, könnte man den
Sport als Beruf ausüben.

Im September 1888 begannen zwölf Profiteams die erste Saison in *The League*. Ohne eine einzige Niederlage gewann Preston North End die Meisterschaft und im selben Jahr ohne Gegentor den Pokal. Tatsächlich erwies es sich für die sportliche
Qualität als enormer Vorteil, dass sich die Mannschaften auf
den Fußball konzentrieren konnten; ein großer ökonomischer
Anreiz war es allerdings zunächst für die frühen Berufsspieler
nicht: Sie verdienten kaum mehr als ein qualifizierter Arbeiter.

Das dichteste Eisenbahnnetz in Europa und die besseren Bedingungen, die die Gewerkschaften erkämpft hatten, begüns-
tigten den Erfolg der Liga: Da nun samstagnachmittags nicht
gearbeitet werden musste und die Löhne erhöht worden waren,
konnten erheblich mehr Zuschauer in die Stadien strömen und
ihre Teams auch zu Auswärtsspielen begleiten.

Mit dem Beginn der Fankultur wurde der Fußball zum Geschäft. Die Proficlubs waren jetzt Unternehmen. Sie fingen
an, Spieler zu kaufen und zu verkaufen, und sie brauchten Be-
triebsleiter: Mit der Liga entstand der Posten des Trainers, noch
heute auf der britischen Insel auch *Manager* genannt. In einem
weiteren und wesentlichen Sinn brachte die Liga dem zuvor
mitunter chaotischen Spielbetrieb einen geregelten Ablauf und
entsprach somit der Industriegesellschaft, die Raum und Zeit
ordnet, da sie der Planung bedarf.

Für die renommierten Institutionen der Bildung zeitigte
die Profi-Liga ebenfalls Konsequenzen: Je deutlicher sie sich
durchsetzte, um so mehr Hohe Schulen begannen das Rugby-
Spiel zu favorisieren, da ja der Fußball ökonomisiert und populär geworden war. Als der dem Gentleman genehme und
dem *Fair Play* entsprechende Ballsport erschien ihnen folglich

jener von Rugby, das doch in der Regeldebatte 1863 gerade für das Virile eingetreten war.

In der Zeitschrift *The Nineteenth Century* war 1893 zu lesen, der Fußball sei *a moral agent*. Seinem *Fair Play* gemäß verstand man es etwa als ungehörig, gegen eine Entscheidung des Schiedsrichters zu protestieren, und als unpassend, nach einem Goal laut zu jubeln – noch in den Filmberichten der zwanziger und dreißiger Jahre, als heimtückisches Foulen und andere Gewalttätigkeiten keineswegs unterblieben, sieht man Torschützen ihre kurze Freude verhalten äußern, den Handschlag einiger Kameraden entgegennehmen, dann einfach zurück zum Mittelkreis traben. Die Aufnahmen aus jenen Jahren zeigen auch, dass der Anteil des Fußballs an der Modernisierung doch bürgerlich, als Disziplinierung und inszenierte Männlichkeit ausfiel. Fast alle Menschen auf den Tribünen trugen offenbar Anzug, Krawatte und Hut im Stadion.

Zwar standen ab 1888 Berufsspieler auf dem Feld, die Organisation war aber in einem wesentlichen Aspekt akademisch geprägt.

Heute ist es in den meisten Ländern der Welt selbstverständlich, dass Meisterschaften nicht nach dem Kalenderjahr organisiert sind. Es wird im Novembernebel, im Februarmatsch, bei Eis und Schneefall gekickt, und die Zuseher frieren auf den Tribünen, während wochenlang an Sommertagen bei besten Bedingungen – Spielpause ist. In schöner Regelmäßigkeit bedauert man dies, wenn wieder einmal ein kaltes Wintermatch läuft oder gar abgesagt werden muss. Schlägt jemand einen anderen Terminplan vor, dann erklären die Zuständigen in ebenso schöner Regelmäßigkeit, weswegen dies keinesfalls machbar sei. Damit halten sie, ohne es zu wissen, dem akademischen Studienjahr die Treue.

Tatsächlich hat man sich bei der Einführung der Wettbewerbe in fast allen Ländern – außer in jenen, deren Wetter im Winter gewöhnlich die Sportplätze wirklich völlig unbespielbar machte – am Kalender der englischen Meisterschaft orientiert.

Die *League* trug ihre erste Saison vom 8. September 1888 bis zum 20. April 1889 aus.

Die Organisatoren hatten sich an das akademische Jahr gehalten: In den englischen Colleges gingen die Semester von September bis Ende April, bisweilen auch bis Ende Juni; die Studenten sollten die bessere Jahreszeit anderweitig nützen.

Der Ursprung des organisierten Kickens, der von den Public Schools kommt, wirkt bis in die heutige Organisation, von den Kreisligen bis zu den weltweiten Medienereignissen. Unsere Selbstverständlichkeit, im Fußball nicht in Kalenderjahren zu denken, sondern wie in der Schule mit Abschluss sowie Jahreszeugnis, trägt eine Selbstverständlichkeit der englischen Elite von 1863 weiter.

In den früheren Epochen wurden Spiele zunächst rituell eingesetzt; dann brachten sie einer Elite Unterhaltung ohne weiteren Zweck, außer dass sie zur sozialen Abgrenzung dienten. Mit der Moderne der zweiten Hälfte des 19. Jahrhunderts versahen Mittel- sowie Unterschichten die Spiele mit ihrem Wettbewerbsdenken, das schließlich zum Berufssport führte. Während sich das Dressurreiten bestens für die aristokratische *Performance* eignete, zeigte sich im Fußball das Streben nach Leistung, wie es der Industriegesellschaft entsprach. Für das Bürgertum in den ständig wachsenden Zentren (seit 1850 lebte mehr als die Hälfte der Einwohner Großbritanniens in Städten) waren die Werte des Kapitalismus im Stadion spielerisch und dennoch ernsthaft umzusetzen: Unternehmergeist, Produktivität, Wettbewerb.

Mit der Oberschicht traf man sich im Einsatz für die Nation. Die Public Schools trainierten die Fähigkeiten, die dem Empire dienlich sein sollten: Körperstärke, Willenskraft und Teamgeist. Wer einen Posten in der Kolonialverwaltung anstrebte, wurde als Sportler bevorzugt behandelt.

Dass sich der Sport im 19. Jahrhundert zunächst in England

als eigenständiges System etablierte, war also mit dem Aufstieg des Bürgertums verbunden. Im Unterschied zum Adel bestand es nicht auf dem Amateurgedanken, der die Arbeiter benachteiligte. Leistung wurde ein bürgerliches Leitprinzip. Zudem bildeten die Ober- und die Mittelschichten ein neues Körperverständnis aus, so dass die viktorianische Gesellschaft großen Wert auf physisches und psychisches Wohlbefinden legte. Den Körper betrachtete man als Maschine; wenn diese funktioniere, vermöge auch der Geist zu folgen. Sowohl ökonomisch als auch sozial galt nunmehr die Gesundheit der Bevölkerung als öffentliches Gut. Dem entsprach der geforderte und geförderte Fortschritt der Medizin.

In der ersten Hälfte des 19. Jahrhunderts bildeten englische Universitäten über achttausend Ärzte aus, zwischen 1800 und 1860 wurden siebzig neue Krankenhäuser eröffnet.

Da die Industriestädte enorm wuchsen, nahm die Angst vor Epidemien stark zu, und man interessierte sich entsprechend intensiv für Hygiene.

Zur gleichen Zeit wandelte sich die gängige Vorstellung von Männlichkeit, was sich in der körperlichen Ausbildung in den Eliteinternaten auswirkte. Einen großen Einfluss übte dabei das Werk von Charles Darwin aus, der vom »Kampf ums Dasein« und vom *survival of the fittest* geschrieben hatte. Seine Beobachtungen aus dem Reich der Natur übertrug der Sozialdarwinismus auf die menschliche Gesellschaft.

Da das Leben unter den schlechten hygienischen Verhältnissen der Städte und in der Nähe der Industrieschlote sichtlich die Gesundheit gefährdete, propagierte man die Sportausübung als Gegenmittel.

Dies wollte man selbstverständlich den Männern vorbehalten, wie auch das Bildungssystem die Geschlechter trennte. Den Sport sah das Bürgertum glatt als Widerspruch zu seinem Ideal der Weiblichkeit; im viktorianischen England lehnten ihn Mediziner vor allem wegen der befürchteten negativen Auswirkungen auf die weiblichen Reproduktionsorgane ab. Frauen hätten sich nicht durch Leistung auf dem Spielfeld auszuzeichnen, sondern durch Stil und Eleganz.

Jedoch waren in der Frühzeit des organisierten Sports Frauen nicht von allen Wettbewerben ausgeschlossen. Bei den angesehensten wie Reiten, Golf und Tennis wollte man die Damen der Ober- und Mittelschicht durchaus auch aktiv dabei haben; diese Veranstaltungen waren gesellschaftliche Ereignisse und fungierten mitunter als Heiratsmarkt. Bei den ersten Olympischen Spielen 1896 traten keine Frauen an, vier Jahre später durften sie im Tennis und im Golf um Gold kämpfen.

Zum Siegeszug des Fußballs trug bei, dass er im Vergleich zu Reiten, Golf, Tennis, Cricket, Rudern nur geringe Kosten verursachte. Man brauchte einen Ball, und schon konnte jeder spielen. Als die Arbeitszeiten verkürzt wurden und demnach die unteren Schichten leichter Zugang zu den Spielfeldern hatten, verlegten sich die Gentlemen, die sich abheben und exklusiv in ihren Zirkeln verkehren wollten, auf die teureren Terrains und Sportarten.

Immerhin förderten nicht wenige Unternehmer in Großbritannien den Fußball. Damit konnten sie sich als gute Väter ihrer Arbeiter zeigen, denen sie eine sinnvolle Freizeit ermöglichten und sie derart vom Alkoholismus oder von gefährlicher Agitation fernhielten. Uneigennützig war das nicht. So war in den Londoner Thames Ironworks gestreikt worden und als Antwort darauf rief der Besitzer, Arnold F. Hills, der 1894 den Achtstundentag eingeführt hatte, den Fußballverein West Ham ins Leben. Vom großen London-Engineers-Streik war dann sein Unternehmen 1897 nicht betroffen.

Vor allem Pubs und Brauereien profitierten vom Fußball-Geschäft, das sie ihrerseits fleißig unterstützten. Viele Präsidenten der 46 Profivereine, die es um die Jahrhundertwende gab, waren Wirte oder Ladenbesitzer; und als Manchester United 1902 vor dem Ruin stand, sprang der Brauereibesitzer John H. Davies ein.

Nachdem die Arbeiter Zugang zu den Plätzen erhalten hatten, wurde der Fußball in England zum Massensport. Die Organisation der Football Association hatte die Bedingungen geschaffen, der geregelte Betrieb der Meisterschaft gab dem Einzelereignis eines Matches Rahmen und Kontinuität, somit auch einen Erzählfaden, der mit jedem neuen Spieltag erneut aufgenommen wurde. Und dies förderte wiederum die Wechselbeziehungen von Fußball, Medien und Geschäft.

## Schlachtenbummler

Rundum kracht es, als explodiere die Welt. Der Boden wankt im Feuer, der Himmel blitzt und donnert. Man steht, man liegt in den Schützengräben des Großen Krieges, eines Krieges, wie man ihn zuvor nicht gekannt, ja nicht einmal erahnt hat. Man zieht den Kopf ein. Da tritt der Offizier heran, ein rundes Leder unterm Arm. Er pfeift das gefürchtete Signal. Er schießt den Fußball über den Wall in das von Kanonen aufgerissene Feld, die Soldaten meinen ihn bis zum Feind fliegen zu sehen. Ihm nach, schreit der Offizier, ihm nach. Er befiehlt das mörderische *Kick and Rush*. Und mit Hurra müssen sie dem Ball nachjagen, zum Angriff gegen die Gräben da drüben.

Ein anderer Moment, ein anderer Abschnitt. Ruhig ist es an diesem Weihnachtstag 1914, einmal kurz ein ausgerissener Schuss, als wolle man die Infanteristen nur vor dem Einschlafen bewahren. Sie sitzen in Löchern und rauchen. Der Wachposten guckt auf das Feld vor ihnen. Einschläge sind nicht zu erkennen, rechts vorne sieht die Wiese sogar friedlich aus. Da weht es drüben weiß. Er ruft die Kameraden, den Offizier. Ein weißes Tuch da drüben. Sie winken zurück. Man schreit sich zu. Dann kommen die beiden Unterhändler in der Mitte zusammen. *We not shoot, you not shoot.* Ja, ist man sich einig, warum nicht die Waffenruhe nützen. Einen Lederball haben sie.

40   England 1863

Und alsbald stehen sie auf der Wiese rechts vorne, in leichter Montur, und der Ball rollt und die feindlichen Soldaten kicken gegeneinander. Wie es an diesen Fronten ein paarmal noch der Fall gewesen sein soll.

Geschichten und Märchen, die vom Ersten Weltkrieg erzählt werden.

Zwischen 1850 und 1880 waren sieben Millionen Briten ausgewandert. Und da das Empire ohnehin seine Verwalter, Soldaten und Händler von der heimischen Insel rund um den Erdball stationiert hatte, blieben wenige Länder ohne britische Präsenz.

Großbritannien galt als mächtigster Staat der Welt. Eine besondere Bedeutung kam der Flotte zu, da sie die »Erschließung« der Kolonien gewährleistete: *Britannia rules the waves*, hieß es stolz und sprichwörtlich. Bis in die fernsten Winkel sollten britische Überlegenheit und Kultur dringen. Beides vermittelte man in den heimischen Public Schools; nicht nur hier formte man eine imperialistische Identität und das dazugehörige Selbstbewusstsein. Ihre Absolventen waren für leitende Positionen im Empire vorgesehen, in den Hohen Schulen lernten sie den Habitus der Herrschaft. In diesem Zusammenhang war Sport ideologisch zu verstehen.

Ihren Rugby und ihr Cricket verbreiteten die Briten vor allem im Rahmen ihrer Kolonialpolitik; den Fußball exportierten sie in erster Linie mit ihrem Handel und ihren Technikern. So kam das Association-Spiel bis zur Jahrhundertwende auf alle Kontinente und am schnellsten in die Länder des europäischen Festlandes. Die neutrale Schweiz, wo Briten in den renommierten Internaten und Hohen Schulen weilten, übernahm dabei eine Vermittlerrolle; in Wien und in den großen deutschen Städten hatten sich wegen der für sie günstigen Lebenskosten schon in der ersten Hälfte des 19. Jahrhunderts viele Engländer angesiedelt.

Durch den brennenden Nationalismus dort wie da wurde die Stimmung in Europa zunehmend aggressiver, so dass sich in feindlichen Ländern auch die Kicker von den britischen Lehrmeistern distanzierten. Nicht nur im deutschen Kaiserreich propagierte die Obrigkeit den Fußball als gute Vorbereitung auf den Krieg. Die englischen Ausdrücke ersetzte man, in Deutschland hieß es nicht mehr Corner, sondern Eckball; auf Italienisch nannte man nun den Fußball nach dem florentinischen Spiel aus der Renaissance *Calcio*.

Das Vokabular blieb freilich bis heute militärisch. Der Angriff rollt, die Verteidigung sorgt für die Deckung, der Sturmtank reißt die Flanke auf, sein Schuss ist eine Bombe, der Ball schlägt im Tor wie eine Granate ein, den Verteidigern gelingt ein Befreiungsschlag, der Coach gilt als Feldherr, die Zuseher sind Schlachtenbummler. Der FC Arsenal nennt sich *Gunners*; Torschützenkönig ist in Brasilien der *Artilheiro*, in der deutschen Bundesliga erhält er tatsächlich eine kleine Kanone als Trophäe; der Kapitän der französischen Weltmeister von 1998, Didier Deschamps, erklärte sein Team zu *Guerriers*, zu Kriegern. Im Fußball wie im Krieg heißt es *shoot*.

Metaphern sind kulturell aussagekräftig. Immerhin versetzen sie das Schlachtfeld auf ein Spielfeld.

Im Leitartikel seiner Zeitung *L'Auto* rief Henri Desgrange, der 1903 die Tour de France gegründet hatte, am 3. August 1914 den französischen Truppen zu, sie hätten nun ein bedeutendes Match auszutragen: *C'est un gros match que vous avez à disputer!*

In vielen Ländern Europas konnte im Ersten Weltkrieg vom Fußballspiel kaum mehr die Rede sein, da die meisten jungen Männer an der Front waren. Zwischen 1915 und 1919 wurde keine deutsche Meisterschaft ausgetragen; in Wien hielt sich bis 1918 eine »Kriegsmeisterschaft« ohne Auf- und Abstieg. Die österreichische Nationalmannschaft spielte gegen Ungarn (die andere Hälfte der Doppelmonarchie hatte einen eigenen Fußballverband) und die Schweiz, gegen die sie im Dezember 1917 erstmals offiziell antrat und in Basel 1 : 0 gewann; der Teamchef

Hugo Meisl musste allerdings ersetzt werden, da er an die Isonzo-Front abkommandiert worden war.

King George V. fungierte gnädig als Ehrenvorsitzender der Football Association. Mit der FA rief der König die Spieler auf, sich zu den Waffen zu melden. Die allgemeine Wehrpflicht führte man 1916 ein, im folgenden Jahr setzte die britische Armee den Fußball auf den Dienstplan (die Deutschen hatten dies sieben Jahre früher befohlen), und jede kleine Einheit erhielt einen Ball.

Am 24. April 1915 gewann Sheffield United gegen Chelsea mit 3:0 den FA-Cup. Dieses letzte Pokalendspiel vor Kriegsende steht als *Khaki Cup Final* in den Annalen, da die Mehrheit der fast 50 000 Zuschauer im Old-Trafford-Stadion von Manchester Uniform trug. Danach kickte man nur noch in regionalen Ligen, und die Clubs mussten ihre Teams fortwährend neu besetzen.

*Abb. 4:* Das »Khaki Cup Final«, 24. April 1915, Old Trafford, Manchester: ein Publikum in Uniformen.

*Abb. 5:* Dick Kerr's Ladies, 1920/21 das beste Frauenfußballteam.

Als Arsenal im Februar 1916 ein Match auf eigener Anlage austrug, fanden sich nur zehn Spieler ein. Da bemerkte ein Funktionär, dass auf der Tribüne Bobby Benson Platz nahm. Benson hatte 1913 einmal in der Nationalmannschaft verteidigt und war nun dreiunddreißig. Er arbeitete in der Munitionsfabrik, bis zu siebzehn Stunden pro Tag; seit einem Jahr hatte er nicht mehr gekickt. Dennoch lief er für Arsenal ein. In der zweiten Halbzeit brach er zusammen. Man trug ihn in die Kabine, dort verstarb er. Beerdigt wurde er im Trikot der *Gunners*.

In den Munitionsfabriken arbeiteten viele Frauen. Hier wurden auch weibliche Fußballteams gebildet, die mit ihren Matches Geld für die Wohlfahrt sammelten – doch kaum war der Krieg vorbei, sahen die Herren der Association die Lage anders und überlegten ein Verbot. Das bekannteste Frauenteam der Zeit, »Dick Kerr's Ladies Football Team«, war 1917 von Arbeiterinnen der Munitionsfabrik in Preston gegründet worden, und als sie am 26. Dezember 1920 gegen »St. Helen Ladies« einliefen, saßen rund 50 000 Zuschauer im ausverkauften Everton-Stadion. Zuvor hatten die »Dick Kerr's Ladies« in Paris gegen eine französische Frauenauswahl gespielt, 1922 gewannen sie bei einer Tournee durch die USA und Kanada auch gegen Männerteams.

Zu Hause in England hatte es heftige Debatten gegeben, ob Frauen Fußball spielen sollten. Immerhin war schon 1895 eine nord- gegen eine südenglische Auswahl vor 10 000 Zuschauern angetreten, gespielt hatten die Ladies in Knickerbocker mit Röckchen drüber. Schließlich untersagte 1921 die FA ihren Vereinen, Frauen spielen zu lassen, worauf die English Ladies Football Association ausgerufen wurde. Da aber die Plätze den Clubs gehörten, war der im Krieg gerade noch opportune Frauenfußball schon wieder am Ende (erst in den siebziger Jahren wurde er auf Anregung der internationalen Verbände wieder in Vereinen zugelassen).

Wie in anderen Bereichen ist im Fußball ersichtlich, dass während des Krieges Frauen viele Plätze der Männer einnahmen und somit ein Emanzipationsschub erfolgte, den die patriarchalische Welt nach 1918 wieder zurückzunehmen suchte.

Eine der gesellschaftlichen Auswirkungen des Ersten Weltkriegs zeigt sich im Fußball der beiden folgenden Jahrzehnte: die Betonung der Männlichkeit und des Nationalgefühls. Nicht zuletzt dadurch erfolgte auch außerhalb Englands die Entwicklung zum Massenphänomen, so dass gegen Ende der zwanziger Jahre die Stadien zu klein wurden.

Der spätere Radioreporter Willy Schmieger, der beim Wiener Sportclub gespielt hatte, leitete nach seiner aktiven Laufbahn das *Illustrierte Sportblatt*; hier schrieb er am 31. März 1923: Die Faszination des Fußballs liege im Kampf »Mann gegen Mann und Körper gegen Körper«, kein anderer Sport betone derart nachhaltig das Kameradschaftsgefühl.

Zusammenhänge zwischen Krieg und Fußball – das finden wir dann 1936 bis 1939 in Spanien wieder, ab 1939 im Zweiten Weltkrieg, 1969 in Mittelamerika und Anfang der neunziger Jahre beim Zerfall Jugoslawiens.

Die Geschichten dieser Auseinandersetzungen, in denen das Spiel über das Stadion hinausging und das Militante tödliche Folgen zeitigte, erzählen im Verlauf dieses Buches entsprechende Kapitel.

# Europäischer Export-Import

*Das erste Match in Galizien, Kick im Zarenreich*

Nach sechs Minuten war alles vorbei. Keine zwei oder drei Stunden, keine Dreiviertelstunde pro Halbzeit. Sechs Minuten und Abpfiff.

An diesem lauen Julisamstag 1894 ist viel los in Lemberg. Lwów sagen die polnischen Bewohner, Lwiw die ukrainischen. Die Bürger promenieren mit ihren Damen zum Ringplatz, vor dem Rathaus kehren sie um. Eine Menge drängt durch die Gassen, ein Gemisch von Sprachen und Schichten. Viele Leute sind von weit her gekommen. Viele sichtlich vom Land, was die Studenten und Kunstsinnigen an den Tischchen vor dem *Wiener Kaffeehaus* halb mitleidig, halb ironisch kommentieren. Man hält die Zweite Galizische Allgemeine Landesausstellung ab. Zwar erwarten sich die Gebildeten, die im Café die Presse aus Wien, Berlin, Paris aufschlagen, wenig von einer Exposition, die im Armenhaus der Habsburgermonarchie stattfindet, wenn auch in der Hauptstadt von Galizien und Lodomerien. Aber sie gehen dennoch hin, viele zum Stryjski-Park.

Dort ist nachmittags auf einem Gelände, einer Mischung aus Wiese und Sandplatz, wo oft gelaufen und geturnt wird, ein seltsames Geschehen im Gange. Gruppen von Männern, die einen mit roten Schleifen schräg über dem Hemd, die anderen mit blauen, tollen einem Lederball hinterher. Ein Fußballmatch, erklärt ein Weltgewandter, der gelegentlich in englischen Zeitungen liest. Wir spielen gegen die Mannschaft aus Krakau, sagt ein Herr. Er ist im Vorstand von Sokól Lwów. Es sei das erste Footballmatch in ganz Galizien, gerade habe man den Ankick durchgeführt, spricht er und sieht stolz, wiewohl verunsichert drein. Den Ball habe Edmund Cenar, der Professor im Lehrerseminar, mitgebracht, direkt aus England. Auf dem Platz scheinen sich die Spieler im Pulk zu verrenken, und die Zuschauer lachen und johlen. Welch lustige Art, einer springenden Kugel nachzurennen. Die schießt nun einer hoch zwischen zwei Fahnenstangen. Die Rotbeschleiften winken sich zu, die Blauen rufen und gestikulieren. Und alle gehen vom Feld, es kommen die Turner für ihre Vorführungen.

Die auf Polnisch erscheinende Zeitung *Gazeta Lwowska* berichtet drei Tage später, man habe 1:0 gesiegt, das Spiel im Rahmen der Zweiten Galizischen Allgemeinen Landesausstellung habe sechs Minuten gedauert (man glaubte, mit einem Torerfolg sei ein Match entschieden). Komisch seien die Aktionen gewesen, vom Gelächter der Zuschauer schreibt das Blatt. Und der Torschütze erzählt der *Gazeta*, er habe sich ein wenig abseits vom Pulk vor dem Krakauer Tor aufgehalten, da sei ihm plötzlich der Ball aus der Meute direkt vor die Füße gerollt, er habe ihn heftig getreten, sein Schuss sei am Goalkeeper vorbeigeflogen. Abpfiff. Obwohl die Krakauer eine Revanche forderten, »wurden wir vom Spielfeld gebeten, das bereits eine Gruppe Turner betrat«. Offenbar war er im Abseits gestanden, der Treffer hätte nicht zählen dürfen und das Match wäre auch in der Lemberger Variante noch nicht zu Ende gewesen.

Der Schütze des ersten Fußballtores in dieser Weltgegend hatte bei einer Attraktion mitgemacht. Man wollte schließlich auch hier die neumodischen Sportarten ausprobieren. Schade, dass kein Engländer aus dem britischen Konsulat zugegen gewesen sei, er hätte wohl die Regeln dieses Football genauer erklären können.

Überall, wo in diesen Jahren eine Gruppe Briten lebte, führte sie ihr Ballspiel ein, ob in Genua oder Rio de Janeiro, ob in Zürich oder Buenos Aires. Bälle hatten sie im Gepäck, bei der Regelauslegung war man zunächst unsicher. Mit ihrem Fußball, den sie bald mit den Einheimischen teilten und dann an sie abgaben, traten sie in Konkurrenz zu anderen Sportarten. In den USA waren schon Baseball und Cricket verbreitet, so dass kaum Platz für zwei weitere, ähnliche Teamspiele blieb: Die meisten Eliteuniversitäten entschieden sich nicht für Soccer, sondern für Rugby.

Den Fußball nahm man dort schnell auf, wo ihn nicht nur Mannschaften auf einem Feld betrieben, sondern wo er darüber hinaus an konkrete soziale Situationen und einen sozialen Sinn geknüpft werden konnte. Wenn er eine Kultur entwickelte, die zunächst einigen, dann vielen gesellschaftlichen Gruppen Elemente des Zusammenhalts lieferte. So diente er Einwanderern in Brasilien dazu, sich zuerst in ihrer Verbundenheit mit der alten Heimat zu finden, indem sie die Clubs Germania oder Palestra Itália gründeten, um sich später in Vereinen ihres Viertels der neuen Heimat zuzuwenden.

In fast allen Ländern der Welt, in der Fußball vor der globalen Mediatisierung fest verankert wurde, machte er die gleiche Entwicklung durch wie auf der britischen Insel: vom Sport einer Oberschicht zum Massenphänomen. Dabei wirkten auch die politischen Zustände und Umbrüche auf ihn ein, etwa in Russland.

Russische Jockeys waren auch in Westeuropa berühmt; eine große Sportzeitschrift hieß *Samokat*, das Fahrrad. Sport, das waren im Zarenreich des 19. Jahrhunderts vor allem Pferde- und Radrennen. Nur sie brachten zahlreiche Zuschauer in ihre Stadien. Die Vereine wurden von Adeligen beherrscht, mit den Vorboten der Moderne sowie der Industrialisierung dann zunehmend von Unternehmern und Bildungsbürgern.

Als 1886 in Moskau erstmals Rugby gespielt wurde, trat die Staatsmacht dazwischen. Die Polizei hielt nichts von dieser britischen Form der Virilität. Das sei alles zu roh, hieß es. Die Obrigkeit sah Menschenansammlungen ohnehin äußerst ungern.

Dieses Spiel könne ja Massen mobilisieren, da sei der Aufruhr nicht weit.

Besser erging es dem Fußball, den Geschäftsleute, Techniker und Diplomaten einführten. Den Autoritäten kam das offenbar gesitteter vor. Den ersten Club gründeten Engländer in den 1860er Jahren in St. Petersburg; auf dem Gelände des heimischen Kadettenkorps spielten sie gegen Matrosen britischer Schiffe, die gerade vor Anker lagen. Waren zu wenige Kicker vor Ort, bat man Kadetten aufs Feld. So gelangte das Spiel bald in die russische Armee.

Öffentlich trat der neue Sport 1892 in St. Petersburg auf, bezeichnenderweise als Pausenattraktion bei einem Radrennen im Hippodrom. Dem Publikum, das vor allem aus der Oberschicht kam, dürfte das Spektakel recht fremd erschienen sein. Zumal – wie auch in den folgenden Jahren – die Teams in der Stadt von Ausländern gebildet waren, noch dazu von den Briten, die sich sogar bei der Benennung exzentrisch gaben. »Der besondere gesellige Kreis von Sportsleuten aus der besseren Gesellschaft der englischen Kolonie zum Zwecke des Fußballspiels und des Lawn-Tennis« hieß die Mannschaft des Diplomatischen Korps. Wie nüchtern waren hingegen die Deutschen mit ihrer Prussija und später mit der Germanija.

1897 publizierte *Samokat* die Fußballregeln. Redigiert hatte sie Georgij Djuperron, der französischer Herkunft war. Er organisierte die Petersburger Liga und fungierte als deren Sekretär bis zum Weltkrieg; für den Allrussischen Verband war er ab 1912 tätig, auch als Trainer der heimischen Mannschaft bei den Olympischen Spielen dieses Jahres.

In der Frühzeit des Fußballs waren auch im Zarenreich keine Arbeiter in den Teams zu finden – eine Ausnahme schuf 1894 Harry Charnock in seinen Moskauer Textilwerken, der damit die Belegschaft vom Wodka abhalten wollte.

Als in St. Petersburg russische Clubs entstanden, deren Mannschaften besser zu kicken begannen, ließen die Konflikte

## 50 Europäischer Export-Import

nicht lange auf sich warten, hatten doch in der Liga die Ausländer das Sagen.

Einer dieser russischen Vereine hieß einfach »Sport«. 1903 spielte er gegen Engländer aus einer Spinnerei, die ihren Club Nevskij genannt hatten; sie konnten auf einen Landsmann als Schiedsrichter zählen. Ein Rohling namens Sharples warf den Sport-Stürmer Chirtsov in den Schnee und hätte ihn laut Pressebericht »beinahe erdrosselt«; Chirtsov revanchierte sich mit einem Tritt, der Referee verwies ihn des Feldes, nicht aber seinen englischen Gegner. In der Zeitung, auch sie hieß *Sport*, stand am 6. Oktober auf der Titelseite: »Es ist die Entscheidung des Ligakomitees, Chirtsov für ein Jahr zu sperren und Sharples mit einer Verwarnung davonkommen zu lassen. Dieses Jahr war es Sharples, der Würger! In Zukunft werden wir es ohne Zweifel mit Jim, dem Messerstecher, und mit ›Jack the Ripper‹ zu tun bekommen.« Es folgte als Fazit der Aufruf, die russischen Vereine mögen ihre eigene Liga gründen.

Fünf Jahre später gewann Sport als erstes heimisches Team die Meisterschaft der gemischten Liga von St. Petersburg. Ab 1914 gab es schließlich keinen Club von Ausländern mehr.

Die weite Welt kam nun aber gelegentlich mit einer fremden Mannschaft in die Stadt. Als man 1910 erstmals solche Gäste begrüßte, erweckten sie großes Interesse. Wir erwarten die Corinthians aus Prag, die nach dem berühmten Londoner Vorbild heißen, schrieben die Zeitungen, die dann ausführliche Matchberichte boten. Bald waren die Tickets im zentralen Vorverkauf auf dem Nevskij-Prospekt weg, fast fünftausend Zuseher verfolgten jedes der drei Spiele. Die Prager waren mit fünfzehn Mann angereist und unterlagen nur einmal, obwohl sie innerhalb weniger Tage auf jeweils andere, ausgeruhte Gegner trafen. So vermochten die Sportbegeisterten in St. Petersburg ein doppeltes Fazit zu ziehen: Wie niveauvoll Fußball sein konnte, hatten diese Prager vorgeführt; und dass man selbst sichtlich gar nicht mehr so weit davon entfernt sei, mochte anspornen.

Zu dieser Zeit bestanden auch in Odessa, Kiew, Charkov und im Industriegebiet des Donbas lokale Ligen. In Moskau spielte sogar der britische Vizekonsul im Team des Unternehmens Morozov, das vor 1914 viermal die Stadtmeisterschaft gewann.

Überall trug man die Wettbewerbe von August bis Mitte Oktober aus – wegen des Klimas mit den langen, harten Wintermonaten war es zumindest in dieser Hinsicht nicht möglich, dem Vorbild der britischen Organisation zu folgen.

Nachdem 1912 der gesamtrussische Verband geschaffen worden war, legte er für die im Herbst startende Städtemeisterschaft fest, dass in keiner Mannschaft mehr als drei Engländer spielen durften. Wie gering die eigenen Fähigkeiten im internationalen Vergleich tatsächlich noch waren, mussten die Russen im selben Jahr bei den Olympischen Spielen in Stockholm feststellen. Sie hatten ihre Elf nach zwei Auswahlspielen zwischen St. Petersburg und Moskau zusammengestellt. Gegen das kleine Finnland, das ja damals noch zum Zarenreich gehörte, verlor sie zunächst 1:2 und in der Trostrunde erlitt sie gegen Deutschland ein Debakel, 0:16 (Gottfried Fuchs vom Karlsruher FV schoss zehn Tore, immer noch der deutsche Rekord in einem offiziellen Match).

Ein »sportliches Tsushima« nannte das eine Zeitung, zur Einordnung des Ereignisses das Spielfeld auf ein Schlachtfeld beziehend, um die Auswirkungen auf das nationale Selbstbewusstsein ins Existentielle zu steigern. Sie rief damit das zuletzt erlittene Desaster der russischen Flotte in Erinnerung: In der Schlacht von Tsushima war sie im Mai 1905 gegen die Japaner untergegangen. Und das linksliberale Blatt *Utro Rossii*, also »Morgen Russlands«, nützte gleich die Gelegenheit, das zaristische System verantwortlich zu machen. Wieder einmal werde schmerzhaft deutlich, dass es völlig überfordert sei, wenn es gelte, das große Reich im Ausland zu vertreten.

Der Fußball war auch hier in der Sphäre der Politik angekommen. Bald danach sollte er noch stärker ideologisch besetzt werden.

52  Europäischer Export-Import

In den letzten Jahren des Zarenreichs waren im Sport nach wie vor die Ober- und die Mittelschicht maßgeblich. Der Fußball verlangte zwar wesentlich weniger Finanzen als der Rad- oder gar der Reitsport, seine Ausrüstung kam jedoch in Russland recht teuer. Vor allem Lederbälle waren nicht gleich erschwinglich, da man im Lande keine herstellte und sie folglich teuer aus dem Ausland beziehen musste.

Die meisten Kicker waren Offiziere oder Angestellte, Schüler oder Studenten. Da die heimische Industrie rasch wuchs, drängten allerdings zunehmend Arbeiter auf die Plätze, und zahlreiche Firmen gründeten ihre Mannschaften.

Nach der Oktoberrevolution wurden 1917 alle Vereine der Armee unterstellt, im Mai 1918 der Behörde »Allgemeine militärische Unterweisung«. In den zwanziger Jahren wuchs nach Ende des Bürgerkriegs die Beliebtheit des Fußballs, immer mehr Zuschauer kamen zu den Spielen. Viele Kommunisten aber kritisierten, ein Wettkampf entspreche nicht den Idealen, ja behindere geradezu ihre Umsetzung und fördere die Passivität der Massen. Dieses Kicken könne ein Opium fürs Volk sein – bis dann Stalin den Sport für seine Propaganda einzusetzen begann.

### Schweizer Vermittler, französischer Aufschwung und italienische Begeisterung

*English sports* stand auf dem Stundenplan. Die elitären Schweizer Internate waren die ersten auf dem Kontinent, die dies in ihre Ausbildung aufnahmen, zunächst landesgemäß das Bergsteigen. Fußball gehörte ab 1869 zum Programm des Institut de La Châtelaine in Genf.

Vor allem nach der liberalen Verfassung von 1848 wurde die Eidgenossenschaft als Drehscheibe des Handels und der technischen Entwicklung geschätzt. Dementsprechend gründete der Bundesstaat, der aus dem Staatenbund hervorgegangen war, 1855 seine erste, allen Kantonen gemeinsame Hochschule, das Polytechnikum in Zürich. Wohlhabende Familien schickten wegen der individuellen Betreuung, des mit Sprach- und Sportunterricht als modern geltenden Angebots sowie wegen des Rufs von Pädagogen wie Johann Heinrich Pestalozzi ihren Nachwuchs ins Land. Aus ganz Europa besuchten junge Männer der Oberschichten und des Bürgertums die Eliteinternate und die Fachschulen für Bankwesen, für Handel und für Technik. Als britische Kameraden sie für ihre Sportarten zu begeistern suchten, brauchten sie sich nicht sonderlich zu bemühen. Der Lebensstil der Gentlemen übte eine starke Faszination aus, ihre Aktivitäten entsprachen dem Ideal der *Selfmademen* – beides ein indirekter Erfolg des Empire.

Zwar traten die Teams der Institutionen wie La Châtelaine gegeneinander an, als erster, heute noch bestehender Verein des Landes gilt jedoch der FC Sankt Gallen, den Absolventen des Instituts Schönberg 1879 schufen.

Mit dem Association-Game kam seine Sprache. Die Basler nannten ihren Club Old Boys; sie beeindruckten bei einem Gastmatch einige Berner Gymnasiasten derart, dass sich diese als Young Boys formierten. 1886 hatte der Engländer Tom E. Griffith in Zürich die Grasshoppers ins Leben gerufen, in ihrem Eröffnungsmatch waren sie gegen das Eidgenössische Polytechnikum angetreten.

Dort studierte später Hans Gamper, der 1899 den FC Barcelona gründete. Blau und Scharlachrot wählte er als Clubfarben, die jene von Excelsior Zürich waren oder – wie andere Interpretationen lauten – des FC Basel. Jedenfalls hatte er bei Excelsior gekickt, bevor er der erste Kapitän des FC Zürich wurde. In Barcelona erzielte er in gut fünfzig Spielen 120 Tore, 1908 übernahm er für ein knappes Jahr die Präsidentschaft und schaffte für den fast insolventen Club die finanzielle Konsolidierung. Während seiner Amtszeit zwischen 1917 und 1919 wurde das Katalanische zur Vereinssprache erklärt. Nachdem 1925 das

54  Europäischer Export-Import

Publikum bei einem Freundschaftsspiel die spanische Hymne ausgebuht und das *God Save The King* mit Beifall bedacht hatte, legten die Autoritäten Joan Gamper »wegen Unterstützung des Katalanismus« nahe, das Land für einige Monate zu verlassen. In der Weltwirtschaftskrise verlor er sein Vermögen und setzte in Barcelona seinem Leben ein Ende. Das Trainingszentrum des Clubs trägt heute seinen Namen, eine *Trofeu Joan Gamper* wird jährlich im August ausgespielt.

Gamper stammte aus Winterthur. Vittorio Pozzo hatte dort das Technikum besucht, in Zürich sein Diplom für Fremdsprachen und Welthandel erworben und bei den Grasshoppers gekickt – 1934 und 1938 sollte er der Trainer des italienischen Teams sein, das den Weltmeistertitel holte.

Bei der Etablierung des Fußballs in Italien spielten Schweizer eine wesentliche Rolle: Aus der Organisation der Kaufleute des Circolo Svizzero und des Circolo Italo-Britannico entstanden die ersten Vereine in Neapel; 1908 kam der Bari Football Club auf Initiative des Mehl- und Gemüsehändlers Gustav Kuhn zustande.

In den Hafen- und Handelsstädten des Mittelmeerraums konnten sich die Eidgenossen mit den Briten zusammentun, die dort als Konsularbeamte, Techniker oder Geschäftsleute lebten. In Genua leitete ein englischer Mediziner den FC, der ab 1897 Italiener aufnahm; in Marseille standen Ingenieure und Manager aus den besseren Vierteln in der Mannschaft von Stade Hélvetique, dem dreimaligen Landesmeister zwischen 1909 und 1913; Olympique de Sète und der Club in Nîmes gehen auf junge Männer zurück, die in der Schweiz studiert hatten.

Edoardo Bosio ist bei einer Londoner Handelsfirma angestellt; nach der Rückkehr in seine Heimatstadt Turin spielt er auch dort Fußball, mit dem Herzog der Abruzzen gründet er 1891 den Turiner Internazionale Football Club.

Giovanni Paramithiotti stammt aus Venedig. Am Sonntag

geht er vormittags als gläubiger Katholik zur Messe, nachmittags auf den Platz des Milan Cricket and Football Club, des späteren AC Milan. Dort redet er mit Schweizer Kameraden; sie sind sich einig, dem Verein fehle es an Offenheit. Gemeinsam setzen sie sich im März 1908 in das Restaurant L'Orologio und gründen den Internazionale FC, dessen Wappen sie mit einem schwarzen und einem blauen Stift auf einem Bierdeckel entwerfen. Paramithiotti wird zum Präsidenten gewählt, Teamkapitän wird einer der Schweizer. Den Geburtsort, den die oft zitierte Legende wie ein gängiges Dokument diesem »Hernst Xavier Marktl« zuweist, gibt es in der Schweiz nicht.

Raymond Dubly, der Sohn einer Textilhändlerfamilie in Roubaix, geht zum Studium für ein Jahr ans College von Uckfield in Sussex, dort gewinnt man ihn für den Fußball; er wird französischer Nationalspieler. 1913 schießt er in Paris das Siegestor gegen das englische Amateurteam und wird im Triumph vom Platz getragen.

Henri Monnier aus Nîmes begeistert sich in Genf für den Sport, 1901 führt der junge Bankangestellte den Fußball in seiner Stadt ein. 1920 kontaktiert er Fernand Augade, einen Bäcker, der vor dem Krieg in seiner Mannschaft gekickt hat, er möge den talentierten René Dedieu aus Sète vermitteln: um 50 Francs pro Match, zwei Mahlzeiten und Vergütung der Reisespesen solle er für Sporting Nîmes einlaufen.

Nach der Weltmeisterschaft 1934, die die Italiener gerade im eigenen Land gewonnen hatten, brachte die Pariser Wochenzeitschrift *Football* eine Reihe von Karikaturen über die »nationalen Spielweisen«. Die Österreicher fungierten als Künstler, die Deutschen als Mathematiker, die Ungarn als Gelehrte, die Tschechen als Geometer, die Argentinier als Akrobaten, die Uruguayer als »die Glorreichen«. Die einzige Nation, der kein eigener Stil zugewiesen wurde, war Frankreich selbst – das Magazin vermerkte nur den Aufschwung, *en pleine ascension*. Tatsächlich hatte das Nationalteam sehr wechselhafte Ergebnisse, *en dent de scie,* wie die Zähne einer Säge. Seit dem Anfang waren von 117 Spielen 67 verlorengegangen, 1927 1:4 gegen Spanien, 0:6 gegen England. Am 12. Juni setzte es in Budapest gegen Ungarn gar ein 1:13, *Messieurs les footballeurs* hatten am Vorabend beim Empfang in der Botschaft zu viel gegessen und zu viel Champagner getrunken. Für eine Grande Nation war das gar nicht zufriedenstellend. Wenigstens werde man die Weltmeisterschaft 1938 organisieren, wenigstens war der Präsident des internationalen Verbandes ein Franzose.

Der Fußball war von Engländern und von den heimischen Sprachlehrern, die von der britischen Insel zurückgekehrt waren, eingeführt worden. Die Entwicklung war viel langsamer vor sich gegangen als im »Mutterland«, da Frankreich größere Ausmaße hat und weniger dicht besiedelt war. Aus diesem Grund war die Infrastruktur weniger ausgeprägt, setzte sich hier die Industriegesellschaft später, dann jedoch intensiv durch.

Zunächst kam der Fußball in jenen Regionen an, die der britischen Insel am nächsten sind. In den Lycées von Rouen, Cherbourg und Roubaix wurde gekickt. In der Normandie gründeten Angestellte der englischen Textil- und Waffenfirmen 1872 den ersten Club Frankreichs, den Le Havre Athletic-Club; zum Obmann wählten sie einen Reverend George Washington. In den Vereinen dieser Frühzeit stammten die Spieler im industrialisierten französischen Norden aus dem Bürgertum. Und vor allem aus der britischen Kolonie – wie in Paris: 1892 spielten drei Teams um die Stadtmeisterschaft, im Finale waren zwanzig der Akteure Engländer.

Sechs Jahre später gab es schon vierzig Clubs in der Hauptstadt. Sie hatten sich bevorzugt englische Namen gegeben, während die Gymnastikvereine der Unterschichten patriotisch »La Gauloise« oder »La Jeanne d'Arc« hießen. Rugby und Fußball, die sich in Frankreich parallel entfalteten, schrieben sich ihre Vorliebe für das Englische auf die Fahnen, gemäß der sportlichen Ideale der drei »A«, die man im Land als Errungen-schaften der Moderne propagierte: *amateurisme, athlétisme, anglophilie.*

Zunächst bemühte man sich kaum um eine Spielweise, die den Regeln der FA entsprochen hätte. Das Association-Spiel und den Rugby unterschied man nicht so genau. Beide etablier-ten sich zur gleichen Zeit, beide gehörten der Union des Socié-tés Françaises de Sports Athlétiques an, einem von Pierre de Coubertin geschaffenen Dachverband. Dieser organisierte ab 1894 die Landesmeisterschaft im Fußball (das erste Finale ge-wann Standard AC Paris gegen White Rovers Paris). Allerdings führten bald auch andere Verbände, darunter ein katholischer, ihre nationalen Wettbewerbe durch, so dass sich 1911 gar vier Teams *Champion de France* nennen konnten.

Am 21. Mai 1904 hatte in der Pariser Rue Saint-Honoré, im Hinterhaus des Sitzes der Union des Sociétés Françaises de Sports Athlétiques, jene Sitzung stattgefunden, aus der die Fé-dération Internationale de Football Association, die FIFA, her-vorging. Als Präsident fungierte der Franzose Roger Guérin, der Journalist bei der Tageszeitung *Le Matin* war.

Während des Ersten Weltkriegs wurde die Meisterschaft in zwei Jahren, 1915 und 1918, ausgesetzt. Dafür ließ ein Dach-verband der vier Dachverbände 1917/18 den Cup ausspielen; der Wettbewerb war im Sinne der *Union sacrée*, des »heiligen« nationalen Schulterschlusses in schwerer Zeit, grundsätzlich allen Vereinen zugänglich.

Wie anderswo gehörte es auch in Frankreich zu den sport-lichen Folgen des Krieges, dass der Fußball eine größere natio-nale Verbreitung fand. In Paris löste man das Problem der Pa-rallelorganisationen und betrieb nunmehr unter dem Vorsitz von Jules Rimet eine einzige, eigene Fédération Française de Football (FFF).

Eine geographische Differenzierung wurde in der Zwischen-kriegszeit ersichtlich: Fast überall in Südwestfrankreich wurde

58   Europäischer Export-Import

das »männlichere«, weniger kommerzialisierte Rugby vorge-
zogen. 1933 nannte Jean Giraudoux seine Prosasammlung *La
gloire du football*, betonte jedoch im Vorwort, die meisten Intellektuellen, die sich für Sport interessieren, seien Anhänger des
Rugby: Seine Amateurhaftigkeit entspreche den Idealen der
Geisteselite. Der Fußball hingegen sei eine Angelegenheit der
Hauptstadt und der Industriezentren sowie der Legionäre geworden.

Den Schritt zum Professionalismus hatte die FFF, die damals
immerhin fast 120 000 Aktive zählte, 1930 beschlossen; die
Profiliga nahm 1932 ihre Meisterschaft auf. In den Jahren bis
zum Zweiten Weltkrieg übte sie über die Grenzen hinweg eine
große Anziehungskraft auf Kicker aus: Zwischen dreißig und
fünfzig Prozent der Spieler kamen aus dem Ausland, vor allem
aus England, Österreich, Ungarn und Jugoslawien. Dadurch
stieg zwar das Niveau, das Publikum vermochte sich jedoch
weniger mit den Teams zu identifizieren, als dies zur gleichen
Zeit in Italien der Fall war.

In diesen Jahren trat ein wesentlicher sozialer Wandel vor
Augen: 1931 lebten erstmals mehr Menschen in französischen
Städten als auf dem Land. Der Fußball war ausschließlich ein
urbanes Phänomen, ein anderer Sport hingegen bewegte sich
aufs Land und durch ganz Frankreich. Deswegen bezeichnete
man die Tour de France als »Nationalfeiertag des Fahrrades«
und erhob sie zum fixen Ereignis der republikanischen Festkul-
tur. Zu deren Ritual zählte dann auch das Finale des Fußball-
cups, als ihm ab 1927 jeweils der Staatspräsident die Ehre seiner
Anwesenheit gab.

So bewirkte der Fußball im Frankreich der Zwischenkriegszeit, das ja lange keine landesweite Liga betrieb, nicht die
gefühlsstarke kollektive Identifikation wie anderswo. Die Sportpresse aber blühte, und die Franzosen taten sich als Organisatoren hervor. Pierre de Coubertin hatte die Olympischen Spiele
wiederbelebt, Jules Rimet war die treibende Kraft zur Schaffung der Weltmeisterschaft im Fußball.

Anders die Entwicklung in Italien, wo in den zwanziger Jahren die Faschisten den Sport für ihre Propaganda zu benützen begannen. Dafür brauchten sie große Stadien, in denen die Massen mit Symbolkraft emotional gefasst werden konnten. In Bologna forcierte ein früher Gefährte Mussolinis, Leandro Arpinati, der Bürgermeister der Stadt und Präsident des nationalen Fußballverbandes, den Bau einer Arena für 50000 Zuschauer, die 1927 eröffnet wurde. Sie war mit Säulen wie im antiken Rom ausgestattet, also mit Signalen, die an Italiens Größe erinnern und derartige zukünftige Triumphe in Aussicht stellen sollten. Anfang der dreißiger Jahre kam das aktuelle politische Zeichen hinzu: Eine Statue von Mussolini thronte nun über der Ehrentribüne. Nahm der Diktator leiblich Platz, so beehrte er das Spiel in zweifacher Gestalt, gegenwärtig und (für ein paar Jahre) verewigt. Früher hatte er sich abfällig über dieses Balltreten geäußert, dann freilich dessen populistisches Potential verstanden.

Im Februar 1930 besuchte Mussolini erstmals ein Match, nicht ohne sogleich im Hintergrund einwirken zu wollen. Vor dem Spiel gegen die Schweiz in Rom kam er zur Nationalelf, schüttelte Kapitän Umberto Caligaris die Hand, schaute hart und fragte streng: »Werdet ihr gewinnen?« Caligaris sagte zaghaft: »Ich hoffe es.« Darauf schrie Mussolini: »Ihr müsst gewinnen!« So berichtete die Zeitschrift *Lo Sport Fascista* die Szene. Das derbe Match endete 4:2 für die Squadra Azzurra.

Die italienische Linke hatte vor dem Ersten Weltkrieg das Kicken als »Werkzeug der bürgerlichen Mittelschichten« abgetan. Mit dem Publikumserfolg des Fußballs änderte sie ihre Meinung, weil er erstens nun die unteren Schichten einbezog und sie sich zweitens selbst nicht von der Masse distanzieren wollte. Folglich unterstützten oder akzeptierten ganz unterschiedliche Lager die starke Nationalisierung in den Stadien, in den Medien und im Publikum.

Eine Voraussetzung für die Popularisierung war die industrielle Entwicklung, in der man den Arbeitern eine Verbesse-

60 Europäischer Export-Import

rung ihrer Situation zugestand. 1923 wurde der Acht-Stunden-Tag eingeführt, die längere Freizeit bot mehr Möglichkeiten für die Ausübung und den Konsum des Sports.

Für die Behauptung des Eigenen bediente man sich natürlich der eigenen Sprache. Man ersetzte die englischen Ausdrücke und gab den Vereinen andere Namen. 1928 durfte Internazionale in Mailand nicht mehr so heißen wie die Hymne der Kommunisten und wurde in »Ambrosiana« umgetauft.

Zur Siegesverheißung für die Massen trugen die starken Teams bei und zugleich der ständige Hinweis, dass Italien schon in Übersee erfolgreich war. Während – im Gegensatz zu Frankreich – in der Profiliga ausländische Spieler untersagt waren, holte man aus Südamerika für viel Geld einige *Rimpatriati* »in die Heimat zurück«. Die Auswanderer hatten wegen ihrer desaströsen ökonomischen Situation das Land verlassen, ihr Nachwuchs wurde, wenn er gut kickte, vom Regime als »Söhne des großen Italien« zum Ideal heimischer Männlichkeit und Entschlossenheit stilisiert. In den frühen zwanziger Jahren reiste Enrico Maroni, der Besitzer von Cinzano und des FC Torino, geschäftlich nach Buenos Aires, sah dort Julio Libonatti spielen und verpflichtete ihn umgehend; da Libonattis Eltern aus Genua ausgewandert waren, erhielt der Angreifer schnell die italienische Staatsbürgerschaft. 1921 war er mit den siegreichen Argentiniern Torschützenkönig der Südamerika-Meisterschaft geworden, für Italien erzielte er zwischen 1926 und 1931 in 17 Ländermatches 15 Treffer. Raimundo Orsi, der Stürmerstar der argentinischen Nationalelf, kam 1928 für ein gutes Monatsgehalt und einen neuen Fiat zu Juventus Turin, dessen Präsident der Fiat-Chef Edoardo Agnelli war. Somit verbanden sich Politik und Wirtschaft zur umfassenden patriotischen Begeisterung durch den Sport.

Mit den Siegen wuchs der Enthusiasmus. Bei den Olympischen Spielen 1932 in Los Angeles belegte Italien hinter den USA den zweiten Platz in der Medaillenwertung. Man sah sich als »Sportnation«. Primo Carnera gewann 1933 den Kampf um die Boxweltmeisterschaft im Schwergewicht, Gino Bartali 1938 die Tour de France, die Nationalelf die Fußball-WM 1934 (mit Raimundo Orsi) und 1938, dazu Gold bei den Olympischen Spielen 1936 in Berlin, Bologna wurde zweimal Sieger im Mitropacup und entschied 1937 im Finale gegen Chelsea das internationale Turnier bei der Pariser Weltausstellung für sich.

## Kontinentaldrift: Afrika, Asien – Kolonialismus und Unabhängigkeit

Eine Balleroberung im Mittelfeld, der sofortige Konter. Auf dem linken Flügel setzt sich El Hadji Diouf durch, dem bei seinen enorm schnellen, wendigen Antritten scheinbar mühelos das runde Leder am Fuß dahineilt. Kurz vor der Toroutlinie passt er flach und scharf zur Mitte, Emmanuel Petit will vor seinem Gegner eingreifen, Papa Bouba Diop ist jedoch flinker, Barthez stürzt aus dem Tor, der gegrätschte Schuss des Stürmers trifft ihn, der Ball prallt zurück. Im Sitzen reagiert Papa Bouba Diop am schnellsten, er tritt den Ball über die Linie. Die ganze Mannschaft ist eine Jubeltraube an der Eckfahne. Die Franzosen sind am Boden, sie werden sich in diesem Turnier nicht mehr erheben.

Im Eröffnungsspiel der Weltmeisterschaft 2002 besiegt der Senegal in Seoul den Titelverteidiger Frankreich. Das bedeutet weit mehr: Der Senegal, seit 1960 unabhängig, gewinnt gegen den Kolonialherrn, der jetzt Dienstherr ist – von den 23 Spielern im Kader sind 21 bei französischen Vereinen unter Vertrag. Als Teamtrainer fungiert der langmähnige Franzose Bruno Metsu, seine Frau ist Senegalesin. Sie nennen ihn den »weißen Magier«.

Als Kamerun 1982 erstmals bei der WM dabei war und ohne

Niederlage in der Vorrunde ausschied, stammten 16 der 22 Kicker im Kader von heimischen Clubs. Zwölf Jahre später war es noch die Hälfte; 2002 aber bestand das Aufgebot nur aus Spielern, die bei nicht-afrikanischen Clubs unter Vertrag waren, während die meisten Nationalteams des Kontinents von Europäern gecoacht wurden – ein bekanntes Bild: Die Ausführenden sind die Einheimischen, die Strategen und die Chefs kommen aus den Ländern der früheren Kolonialherren.

Im Achtelfinale trifft der Senegal am 16. Juni 2002 auf Schweden. Acht Minuten vor dem Halbzeitpfiff düpiert Henri Camara halbrechts, kurz vor dem Strafraum zwei Gegner, sein flacher Schuss zum 1:1-Ausgleich flitzt ins Toreck.

Das Match geht in die Verlängerung. Die damals gültige Regel des *Golden Goal* bestimmt für die zusätzliche Spielzeit, was die galizischen Kicker im Lemberg des Jahres 1894 überhaupt für den Fußball annahmen: Wer das erste Tor erzielt, hat gewonnen, und das Match ist zu Ende.

In der 104. Minute legt Thiaw mit der Hacke für Henri Camara ab, der lässt einen Verteidiger aussteigen und trifft aus achtzehn Metern zum zweiten Mal: Es steht 2:1. In diesem Moment ist der Senegal das erste Team seines Kontinents, das in das Viertelfinale einer Fußball-WM einzieht. Afrikas Fußballer des Jahres El Hadji Diouf betont: »Das ist ein Sieg für den Senegal, für ganz Afrika.« Er fügt hinzu: »… und auch für Frankreich.« Damit meint er wohl die Clubs wie seinen Verein, den RC Lens. *Les bleus*, die Franzosen, waren in der Vorrunde als Tabellenletzter glanzlos ausgeschieden, noch nie hatte der Titelverteidiger ohne einen einzigen Torerfolg vom Turnier Abschied genommen. Im Viertelfinale ist dann für die Senegalesen die WM aus, da gelingt den Türken gegen sie das *Golden Goal*.

Im Oktober 2001 hatte Frankreich gegen Algerien im Pariser Stade de France gespielt. Die Marseillaise war ausgepfiffen worden, eine Viertelstunde vor Ende des Matches hatten Zuschauer den Platz gestürmt und algerische Fahnen geschwenkt. Im Fernsehen war der Verteidigerstar Lilian Thuram zu sehen gewesen, der auf einen jungen Mann eingesprochen hatte.

Sechs Jahre später setzt sich der französische Rekordinternationale mit diesem Mamadou N'Diaye, dessen Familie aus dem Senegal stammt und im Vorortgürtel lebt, für die Zeitschrift *So Foot* zu einem Gespräch hin. Der Hass auf Frankreich habe sie damals angetrieben, sagt Mamadou, »Rassismus, gesellschaftliche Probleme, Integration, all das spüren wir. Wir leben nicht wie alle Welt. Ich bin kein richtiger Franzose«. Was das sei, ein »richtiger Franzose«? Thuram erklärt, die Hautfarbe könne kein Merkmal sein, er selbst sei »schwarz und von den Antillen«. Ja, antwortet Mamadou, aber warum habe sich Benzema entschieden, für Frankreich und nicht für Algerien zu spielen? »Wegen des Geldes«, glaubt er und sagt: »Frankreich stiehlt die besten Spieler.«

Thuram, der 142 Mal für Frankreich angetreten ist, gründet 2008 die Stiftung *Éducation contre le racisme*, um durch Ausbildung und Bildung gegen den Rassismus zu wirken. Im Herbst 2011 kuratiert er in Paris eine Ausstellung über die Verschleppung von Schwarzafrikanern während der Kolonialzeit.

In einem anderen Gespräch mit *So Foot* sagt Kaba Diawara aus Ghana während des Afrikacups der Nationen 2013, Europa würde das Spiel der Afrikaner verfälschen: *L'Europe dénature le jeu des joueurs africains.*

Die ökonomische Krise der achtziger Jahre setzte den »peripheren Staaten« stärker zu als den Industrieländern. Dies bekamen auch die Fußballclubs zu spüren, so dass der Erlös der Spielerverkäufe für sie noch wichtiger, das reiche Ausland für die Kicker noch attraktiver wurde. Gerade zu dieser Zeit begann – nicht zuletzt dank der einsetzenden umfassenden Mediatisierung – im westeuropäischen Fußball erheblich mehr Geld zu zirkulieren. Wie in anderen Bereichen bestimmten die neoliberalen Entscheidungen der neunziger Jahre eine Deregulierung des Spielermarkts, so dass fast uneingeschränkt importiert werden konnte.

Der Markt hat seine Zwischenhändler. Spieleragenten nahmen sich der jungen Afrikaner an, sie schlossen oft langfristige Verträge, die ihnen bis zu fünfzig Prozent des Einkommens der Kicker garantierten. Heute gibt es kaum einen Winkel der Welt, der nicht von Scouts besucht würde. Das *Global Scourcing* genannte »Beschaffungsmanagement« wird von der Europäischen Union unterstützt, da es der Unterhaltungsindustrie wichtige Ressourcen liefert. Das *Weißbuch Sport* der EU-Kommission bezeichnet Sportler als »Schlüsselkräfte«, Visa- und Einwanderungsverfahren sind entsprechend beschleunigt.

John Bale drückt es 2004 pointiert aus: Die Ausbildung und die Rekrutierung afrikanischer Spieler funktioniere wie die Plantagenwirtschaft; talentierte Kicker seien der »Rohstoff, den es zu veredeln gelte, um ihn als Produkt nach Europa zu verfrachten«. Diese Einschätzung ist umstritten. Tatsächlich bestehen in Afrika Fußballschulen, die Kinder und Jugendliche aus dem Elend holen, ihnen recht gute Lebensbedingungen und eine Schulbildung bieten. Der ehemalige französische Internationale Jean-Marc Guillou ist ein Pionier dieser Einrichtungen. 1994 gründete er in der Elfenbeinküste seine erste *Académie JMG*. Eine ähnliche Institution betreibt Red Bull in Ghana, ebenfalls mit humanitärer Rhetorik. Man kümmert sich um eine schulische Ausbildung, die Red-Bull-Zeitung verschweigt allerdings die Prioritäten nicht: »Die wesentliche Aufgabe ist das Scouting.«

Ende der neunziger Jahre waren fast tausend afrikanische Spieler in europäischen Clubs unter Vertrag. 2007/08 stellten sie in Frankreich zwanzig Prozent der Kicker in der obersten Liga; 2004 lag ihr Anteil in Polen und der Türkei bei dreißig, in Rumänien gar bei fünfzig Prozent. Nicht selten sind sie die Zielscheiben des Rassismus.

Und sie verkörpern einen Handelswert.

Emmanuel Adebayor kam mit fünfzehn Jahren aus dem togolesischen Lomé ablösefrei ins Jugendinternat des FC Metz. Der lothringische Club machte ein gutes Geschäft, als ihn Monaco um 3,2 Millionen Euro erwarb, das wiederum bestens verdiente, als es ihn für 10 Millionen zu Arsenal London ziehen ließ. Von dort ging er 2009 für 29 Millionen zu Manchester City. Sein Marktwert wird 2013 mit 13 Millionen Euro beziffert.

Wenige sind so reich wie Adebayor. Junge Spieler würden als »Wegwerfware« nach Europa transferiert, das sei ein neuer Kolonialismus, meinen kritische Stimmen.

»Ich erkläre 2002 zum internationalen Jahr des Kampfes gegen den Sportkolonialismus und den Fußballsklavenhandel«, steht im Schlusskapitel des Romans *Le Ventre de l'Atlantique*, den die Senegalesin Fatou Diome 2003 auf Französisch publiziert hat. Sie beschreibt, dass der Senegal gerade gegen Frankreich gewonnen hat; die Senegalesen von Paris ziehen zu den Champs Elysées, ihnen schlägt chauvinistische Häme entgegen: *L'Arc de Triomphe, ce n'est pas pour les nègres!* – der Triumphbogen sei nicht für die Neger da. Zuvor erzählt ein aufgeklärter, strafversetzter Lehrer im senegalesischen Dorf die Geschichte des Scheiterns von Moussa, der als Fußballer nach Europa ging. Ein französischer Scout sah ihn kicken und verfrachtete ihn zu einem Club. Dort litt er unter dem Klima und den rassistischen Witzen. Er kam nicht zurecht und nicht in Form, drückte nur die Ersatzbank, wurde nicht weiter engagiert, musste dem Scout die Kosten zurückzahlen und endete im Atlantik.

Die ersten Clubs auf dem afrikanischen Kontinent waren zur Zeit des intensiven Kolonialismus von Briten gegründet worden. Um 1900 spielten in Südafrika Weiße ihr exklusives Rugby, während Fußball der Sport für Einwanderer aus der Arbeiterklasse, später für Inder und auch für indigene Afrikaner wurde. In Ägypten kickten die Soldaten der britischen Besatzung, in Ghana Studenten der elitären Government Boys School, die 1903 den ersten Verein Westafrikas gründeten.

Eine etwas weitere, aber dennoch geringe Verbreitung verschafften Missionare und Kolonialbeamte dem Spiel in den zwanziger Jahren; Schulen setzten es auf ihr Programm, um die kolonialen Untertanen zu disziplinieren. Aus den Schulen gelangte der Fußball in den dreißiger Jahren in die Viertel der Einheimischen. »Afrikanisiert« wurde er von den Unterschichten in den Städten, in der Folge von einheimischen Eliten, die ihre Konflikte mit den europäischen Sportherren mitunter ausgesprochen antikolonial betrieben.

Der Senegal gehörte zu Französisch-Westafrika. Hier kickten nach dem Ersten Weltkrieg Soldaten und Beamte gegen die Besatzung von Schiffen, die gerade vor Anker lagen. Den ersten Verein in Dakar riefen Handelsangestellte 1921 ins Leben, weitere Teams wurden von Geistlichen gegründet. Oft drückte ihr Name die Kolonisierung aus, so wie auch die afrikanischen Kinder in der Schule »unsere Vorfahren, die Gallier« lernen mussten. ASC Jeanne d'Arc nannte der Pfarrer von Dakar den Club, den er 1921 schuf (der zweite Tormann im WM-Aufgebot von 2002 kam aus seinen Reihen). Als dann die Union Sportive Indigène, USI, entstand, drohte der Pfarrer mit der Exkommunikation, sollte jemand gegen diesen Club anzutreten wagen. Schließlich ließ die von einem Hauptmann geleitete Sportkommission ein Stadion errichten, bezeichnenderweise benannte man es nach den nahen Schlachthöfen *Stade des Abattoirs*.

In der Kolonie Kongo-Brazzaville bildeten 1931 elf Stadtteilteams eine eigene Liga; darauf reagierten die Franzosen mit ihrer »nativen« Sportföderation und schufen eine Verbandsmeisterschaft für Afrikaner, selbstverständlich unter der Ägide ihrer Überlegenheit. Die Kolonialisten gaben sich gerne als strenge, aber gute Väter. Als sich 1936 ein Spieler das Bein brach, befanden die Franzosen, Schuhe würden ihre Untertanen nicht zum feinen Können, sondern zum brutalen Treten animieren: Den Einheimischen verordneten sie den strikten Barfuß-Kick. Diese aber fanden das Verbot wenig animierend, zwei Jahre später wurde die Föderation aufgelöst.

Mit der Unabhängigkeit in den sechziger Jahren setzten nunmehr afrikanische Politiker den Fußball zur Schaffung eines Staatsbewusstseins ein. Im Norden des Kontinents, im Maghreb, hatte er in den Befreiungskriegen symbolhafte Bedeutung erlangt: Die algerische FLN hatte für ihre internationale Anerkennung ein Team auf Tournee geschickt, für das auch Rachid Mekhloufi, der Mittelfeld-Star des französischen Clubs AS St-Etienne, antrat. Er war 1956 erstmals in die französische Nationalmannschaft berufen worden, mit zwei heimischen Kameraden aus der *Équipe Tricolore* stand er dann ab April 1958 für die algerische Freiheitsfront auf dem Rasen. Darauf sperrten ihn der französische Verband und sein Verein, so dass er nicht dem Team angehörte, das bei der WM in Schweden den dritten Platz belegte. Nach dem Abkommen von Evian, das Algerien im März 1962 die Unabhängigkeit brachte, nahm man Mekhloufi in St-Etienne wieder wohlwollend auf. Seinen Verein führte er zu drei Meistertiteln, man zeichnete ihn als besten Spieler der Liga aus; für Frankreich lief er nie mehr ein, jedoch achtmal für Algerien, darunter am 1. Januar 1964 beim 2:0-Sieg über die BRD in Algier.

Als das Nationalteam von Ghana, genannt *Black Stars*, 1963 und 1965 die Meisterschaft des Kontinents gewann, galt es als Symbol des Panafrikanismus. Dieser hatte damals nicht nur den heutigen mythischen Charakter, sondern durch Kwame Nkrumah einen konkreten Hoffnungsträger. Nkrumah war Sekretär der Panafrika-Bewegung gewesen, hatte 1957 die britische Kolonie Goldküste in die Unabhängigkeit geführt und Ghana genannt. Es war der erste freie schwarzafrikanische Staat und wirkte als Vorbild der Entkolonisierung.

Die»Afrikanität« ist ein Konstrukt, das zunächst Intellektuelle gegen den Kolonialismus wandten. Postkolonial ist sie ein praktisches sportliches Konstrukt, das erste Feld, auf dem sich mit der politischen Unabhängigkeit ein neuer Nationalismus ausdrücken konnte: 1957 wurde in Karthoum auf Initiative

68   Europäischer Export-Import

des soeben unabhängig gewordenen Sudan die *Conféderation Africaine de Football*, abgekürzt CAF, gegründet. Noch im selben Jahr trug man den ersten *African Cup of Nations* aus, allerdings nahmen nur Ägypten, Äthiopien und der Sudan teil. Südafrika hatte sich geweigert, ein »gemischtes« Team zu entsenden; 1961 wurde es wegen der Apartheid von der CAF ausgeschlossen. Da waren nur elf afrikanische Verbände Mitglied der FIFA, 1962 kamen elf weitere dazu.

Über den Kontinent hinaus war einzig Ägypten, das die erste Afrikameisterschaft mit 4:0 gegen Äthiopien gewann, aufgetreten; die WM-Teilnahme 1934 war allerdings eine Ausnahme. Bis 1970 wies die FIFA dem ganzen großen Kontinent keinen eigenen Platz bei Weltmeisterschaften zu, 1998 konnte er dann schon fünf Teams stellen. Den Aufschwung bezeugen am deutlichsten die Olympiasiege von Nigeria 1996 in Atlanta und von Kamerun 2000 in Sydney.

2010 fand die erste Weltmeisterschaft auf dem afrikanischen Kontinent, in Südafrika, statt. In seiner Studie für das Schweizer Arbeiterhilfswerk zieht Eddie Cottle ein Fazit, das allgemein für derartige Turniere gelten mag: Die WM »ging so schnell wie sie gekommen war«. Neben den materiellen Vermächtnissen habe sie »auch immaterielle Güter wie die Förderung der nationalen Kohäsion und eines positiven Bildes von Südafrika mit sich gebracht«. Dies seien aber »vorübergehende Phänomene, was dem Erbe der WM eher mystische denn handfeste Züge verleiht. Sobald das Finale abgepfiffen worden war, verschwanden die kohäsiven Effekte beinahe gänzlich und fremdenfeindliche Tendenzen erlebten einen Aufschwung.« Über eine Million Menschen »machten sich zudem bereit für landesweite Streiks. Das Versprechen einer nachhaltigen ökonomischen Wirkung verdampfte, noch bevor deren Tropfen den Boden erreichen konnten.«

Acht Jahre zuvor war der Fußball-Event in Asien zu Gast gewesen, Südkorea und Japan hatten es gemeinsam organisiert.

Im Vorfeld war eine weitere Annäherung der beiden Staaten zu beobachten gewesen, da sich Japan erstmals offiziell für die Gräuel während seiner Kolonialherrschaft entschuldigt hatte.

In der Zeitschrift *Kurswechsel* erklärt Wolfram Manzenreiter 2004: Die Informationen über die ökonomischen Auswirkungen der WM kamen in erster Linie über die Werbeagentur Dentsū in die Medien; sie ist nicht nur das führende derartige Unternehmen in Japan, sondern arbeitete auch eng mit Adidas und dem Weltfußballverband, der FIFA, zusammen und war auf dem heimischen Markt der einzige Lizenzgeber für die Merchandise-Produkte der WM. Vor der Veranstaltung sah die Agentur enorme »Nettoeffekte« für das Land vor, so dass »auch in Ostasien der Mythos von der Wachstumsmaschine Sport Einzug gehalten hat«. Da Japan 2001 in eine Rezession geschlittert war, nahm man die Voraussagen freudig auf. Tatsächlich erzielten dann Hauptsponsoren wie Adidas oder Toshiba »außergewöhnliche Umsatzsteigerungen«; andere Sektoren jedoch erlitten Geschäftseinbußen. Als »überzogen optimistisch« erwiesen sich die »Erwartungen an die Konsumfreudigkeit der WM-Touristen, zumal der verkündete große Ansturm ausblieb«. Kurz und allgemein: »Der Zusammenhang zwischen Mega-Events und Wirtschaft stellt sich in empirischen Studien kaum als profitables Geschäft dar.« Man kann hinzufügen: Für die FIFA allerdings schon.

Ein sportlicher Erfolg für die Veranstalter war das Turnier gewiss – Südkorea erreichte das Semifinale, und für die japanische Liga erwies sich die Begeisterung als Motor der weiteren Entwicklung. Die Einschaltquoten überschritten bei den Spielen der heimischen Mannschaft die fünfzig Prozent; der japanische Pay-TV-Sender zahlte an die FIFA hundert Millionen Euro für exklusive Übertragungsrechte.

Asien kennt die wohl älteste Tradition eines Spiels, bei dem ein Ball mit dem Fuß getreten wird. Es war in China vor etwa zweitausend Jahren recht populär, dann verschwand es wieder; aus dem Japan des 8. Jahrhunderts unserer Zeitrechnung ist ein Fußjonglieren mit dem Ball belegt – in beiden Fällen ging es in erster Linie um Geschicklichkeit, es wurde kein Kampf zweier Teams um den Torerfolg ausgetragen.

Die Briten brachten ihren Football nach Indien. Dort vergnügte sich die Elite aber lieber beim Hockey und Cricket, das galt im Gegensatz zum roh erscheinenden *Kick and Rush* als vornehmer. Die Konflikte mit den wenig geschätzten bis verhassten Kolonialherren wurden eher auf das Association-Game übertragen, bei dem man Soldaten ab Mitte des 19. Jahrhunderts sehen konnte.

Dennoch: Einer der ältesten Fußballclubs in Asien ist Mohun Bagan, der 1888 in Kalkutta von lokalen Aristokraten und Intellektuellen gegründet wurde. Sie verfolgten ein nationalistisches Ziel und wollten eine neue, unabhängige bengalische Männlichkeit im Gegensatz zur kolonialen fördern. Im Clubhaus untersagten sie das Rauchen und den Alkohol, und wer in der Schule nicht gut arbeitete, durfte nicht kicken. Als nach 1900 die Stimmung gegen die Kolonialherren immer aggressiver wurde, war dies auch auf den Fußballfeldern zu bemerken. Somit war es für das Selbstverständnis der Inder von großer Bedeutung, dass Mohun Bagan im Juli 1911 erstmals den lokalen Cup gewann, mit 2:1 gegen das Team des East Yorkshire Regiment.

Das Stadtderby von Mohun Bagan gegen East Bengal, den Club der Unterschicht, zieht seit den zwanziger Jahren viel Publikum an; 1997 erlebten es 130 000 Zuschauer im Yuba Bharati Krirangan, dem derzeit größten Fußballstadion der Welt.

Den indischen Verband aber schuf man erst 1937. International tat er sich kaum hervor. Nachdem sich das Nationalteam für die WM 1950 in Brasilien qualifiziert hatte, trat die Mannschaft schließlich doch nicht an, da die FIFA es untersagt hatte, ohne Schuhe zu kicken – beim Olympischen Turnier 1948 hatten die Inder barfuß gespielt und gegen Frankreich knapp 1:2 verloren.

Kontinentaldrift: Afrika, Asien – Kolonialismus und ... 71

1947 wurde Indien unabhängig, ein Jahr zuvor hatten die Philippinen ihre Freiheit erlangt. In Manila wurde dann während der Asienspiele 1954 von zwölf Landesverbänden die *Asian Football Confederation*, kurz AFC, ins Leben gerufen; seit 1956 trägt sie den Asien Cup aus.

Israel gewann ihn 1964; es wurde 1974 aus der AFC ausgeschlossen und nach einer Zwischenlösung in der ozeanischen Föderation vom europäischen Verband aufgenommen. Die Briten hatten nach dem Ersten Weltkrieg 1922 vom Völkerbund das Mandat zur Verwaltung Palästinas erhalten. Mit ihnen und mit den jüdischen Einwanderern war der Fußball gekommen, schnell hatten die politischen Lager ihre Clubs gegründet. Hapoel – hebräisch für »Arbeiter« – hatte 1928 das erste Turnier im Land gewonnen und Maccabi, dessen Name von den Makkabäern abgeleitet worden war, im folgenden Jahr. 1968 siegte Maccabi im Pokal der Asienmeister, 1971 trat der Finalgegner aus Bagdad nicht gegen das Team aus Tel Aviv an. Nach dem Jom-Kippur-Krieg wollte die Mehrheit der Mitglieder des AFC gegen diesen Gegner nicht mehr auf dem grünen Rasen spielen.

Großes internationales Aufsehen erregt ein Team aus Asien erstmals 1966 bei der Weltmeisterschaft in England. Nordkorea, dem man in Europa gar keine Chance zubilligt, trifft nach der Niederlage gegen die Sowjetunion und dem Unentschieden gegen Chile auf das hochfavorisierte Italien. Kurz vor der Halbzeitpause gelangt ein hoher Kopfball aus einem Mittelfeldduell an die Strafraumgrenze der *Azzurri*, Pak Do Ik löst sich vom Verteidiger und schießt einen Aufsetzer ins linke Eck. Die Italiener scheiden aus, in aller Heimlichkeit müssen sie zu Hause landen. Und die kleinen, wendigen Nordkoreaner führen im Viertelfinale gegen Portugal gar mit 3:0 – doch dann kommt der große Auftritt von Eusébio, der hintereinander vier Treffer erzielt.

72 Europäischer Export-Import

Eusébio da Silva Ferreira, einer der besten Spieler im Weltfußball, stammt aus Mosambik, das erst 1975 von Portugal unabhängig wurde. Mit Benfica Lissabon gewann er zweimal den Europapokal der Meister, bei der WM in England wurde er Torschützenkönig. Sein Verein billigte ihm nur ein geringes Gehalt zu und ließ ihn trotz lukrativer Angebote nicht ins Ausland ziehen. Dreimal bat der »Fußballsklave«, wie ihn kritische Beobachter nennen, den Diktator Salazar, Portugal verlassen zu dürfen; die Antwort soll immer gelautet haben: »Eusébio gehört dem portugiesischen Volk«. Das Regime hatte die drei F »Familie, Fado, Fußball« – in anderen Interpretationen »Fußball, Fado, Fatima« – auf seine Fahnen geschrieben. Nachdem die Nelkenrevolution im April 1974 die Diktatur gestürzt hatte, war es Eusébio endlich möglich, kurze Zeit in den USA und in Kanada gut zu verdienen.

Viele Afrikaner feierten Eusébio als Weltstar, der von ihrem Kontinent kommt. Er selbst erklärt, er habe sich bei Benfica und in Portugal immer zu Hause und wohl gefühlt.


*Way of Life und Moderne, Kulturgut und Chauvinismus*


Albert Camus, 1957 Nobelpreisträger für Literatur, hatte in Algier beim Racing Universitaire als Tormann gespielt und war später Anhänger von Racing Paris. Alles, was er über die Moral des Menschen wisse, erklärte er, verdanke er dem Fußball.

Dieser sei eine »Sozialisationsmaschine«, formulierte der brasilianische Anthropologe Roberto DaMatta; ein »aussagekräftiger Reflex auf die Welt«, meinte der Philosoph Martin Gessmann. »Fußball ist ein Kulturgut«, sprach Jürgen Klinsmann.

Einer seiner Vorgänger als deutscher Bundestrainer gab es simpler und wurde dafür von manchem für einen Philosophen gehalten, der Komplexes auf den Punkt zu bringen wisse: »Der

Ball ist rund«, soll Sepp Herberger gesagt haben (richtig, beim Rugby ist er oval). Das hob der Schriftsteller Peter Handke naturgemäß ins Metaphysische: »Die Kugelform des Fußballs ist gerade zu einem Symbol des unberechenbaren Zufalls geworden.« 2008 erschien der Sammelband *Football and Philosophy* mit dem Untertitel »going deep«.

Über Fußball kann man vieles sagen. Er eignet sich zu Welterklärungen ebenso wie zu metaphysischen Aufschwüngen oder zu Kalendersprüchen – und zu kulturgeschichtlichen Ansichten und Einblicken.

Seine Verbreitung zwischen 1880 und 1930 fand sich dadurch begünstigt, dass er den *English Way of Life* repräsentierte, der weltweit für viele Männer der Ober- und Mittelschicht ein Inbegriff der Modernität war. Die Kolonial- und Industriemacht Großbritannien stand für Marktwirtschaft und Parlamentarismus, für den Erfolg von Gentlemen, die als liberal, unternehmungsdurstig und interessant exzentrisch galten. Wenn ein solches Leben ein kämpferisches Spiel und ein spielerischer Kampf war, und sei es, indem man einem Lederball nachlief, dann laufe man eben auch einem Lederball nach.

Für Elite und Bürgertum, das dem Neuen offen begegnen wollte, passte der Fußball zum Lebensgefühl der Moderne. Zahlreiche junge Männer sahen sich in technischen Berufen oder im Handel aufsteigen, sie fühlten sich als Kosmopoliten, sie schätzten das Prinzip des Wettbewerbs. Ihre sportliche Vorliebe blieb freilich nicht ohne Widerrede. Der Soziologe Thorstein Veblen aus den USA vermisste das exquisit Distinguierte und vermeldete 1899 in seiner *Theorie der feinen Leute*: »Die Kultur, die der Fußball hervorbringt, besteht in exotischer Grausamkeit und Verschlagenheit.«

Für die Männer aus den oberen Gesellschaftsschichten, die dem Amateurwesen das Wort redeten, bedeutete der Fußball – im Gegensatz zur deutschnationalen Turnerbewegung – eine Demonstration der Zweckfreiheit, ein Geschehen ohne weitere

74  Europäischer Export-Import

Auswirkung auf das Leben, mit einem eigenen Erzählrahmen. Zur Faszination trug bei, dass dieses Spiel stärker zu überraschen vermochte als die anderen Sportarten der Epoche. Den Reiz, den das Association-Spiel in der Frühzeit auf das wohlhabende, liberale Bürgertum ausübte, bezeugt die Tatsache, dass es in Europa am schnellsten in den drei Staaten mit dem damals höchsten Bruttosozialprodukt aufgenommen wurde: in der Schweiz, in Dänemark und in Belgien. Wo man die Briten vor allem als Kolonialherren oder Missionare, weniger als Kaufleute oder Techniker wahrnahm, interessierten sich die heimischen Eliten auch weniger für das Spiel. Und als es populär wurde, betrieben sie das exklusive Polo oder Sportarten wie Hockey und Cricket, die der Masse schwer zugänglich waren. Wohl griff Fußballengland auf das Kolonialreich zurück, Ende des 19. Jahrhunderts kamen erste Afrikaner zu Spitzenclubs auf die britische Insel. Im zentralisierten Frankreich waren es jedoch nach dem Ersten Weltkrieg deutlich mehr: 1938 spielten hier in den beiden obersten Ligen fast 150 Afrikaner.

Das »stahlharte Gehäuse« der Moderne habe sich, wie Max Weber erklärt, mit ihrem Prinzip der Rationalität als strikte Regelgebundenheit und Disziplinierung zu schließen begonnen. Dem kamen die Regeln der Football Association sowie die Organisation der Ligen entgegen und ließen zugleich Platz für die Lust am Spiel. Dadurch vermochten sich schließlich alle Schichten auf diesem Feld zu bewegen, ohne sich in einem Korsett merklich beengt fühlen zu müssen.

Die ersten »Olympischen Spiele der Neuzeit« fanden 1896 statt, die erste Fußball-Weltmeisterschaft trug man 1930 aus. Die Initiatoren, Pierre de Coubertin und Jules Rimet, kamen aus Frankreich, wo die Sportpresse stark verbreitet war. Die Gründungsjahre der beiden Sportereignisse, die heute weltweit das größte Echo finden, fallen so ziemlich mit den Eckdaten des Höhepunkts der europäischen Moderne zusammen. Sie beruhen auch auf denselben Phänomenen: Säkularisierung, Demokratisierung, Urbanisierung, beschleunigte Mobilität und Pluralisierung von Ausdrucksweisen. Seit zwei, drei Jahrzehnten kommt nunmehr mit dem umfassenden, intensiven Kapitalismus verstärkt die Ökonomisierung dazu, die besonders mittels der Fernsehrechte aus den Verbänden und den großen Vereinen Wirtschaftskolosse macht.

Die Moderne verhandelte die Vorstellungen von Subjekt und Identität, von Raum und Zeit neu. Der Mannschaftssport zwingt nicht einfach das Subjekt in eine Formation wie die Armee, sondern gibt im Team durchaus einen individuellen Freiraum und stützt zugleich eine kollektive Identität.

Die Stadien grenzen einen Raum ab, der außerhalb der übrigen gesellschaftlichen Zeit liegt; wenn man die Tribüne betritt, mag der Alltag stillstehen. Im Lauf der Jahrzehnte hat das Publikum Übergangsriten entwickelt, um zu markieren, dass es den Bereich des gewöhnlichen Lebens verlässt. In der Arena empfangen es das Spektakel und die Unterhaltung, die es wiederum in diesem Rahmen mit starken Gefühlen versehen und ernsthaft aufnehmen kann: Das Kollektiv animiert dazu.

Gerade in den Jahren des Höhepunkts der europäischen Moderne errichtete man – durchaus aus praktischen Gründen – die ersten großen Stadien: White City Stadium in London 1908, Olympia Stadion in Stockholm 1912, Stade Pershing in Paris 1919, Hohe Warte in Wien 1921, Wembley 1923, Bologna 1927. Vor dem Ende des 19. Jahrhunderts kannte man nur wenige öffentliche Räume, die exklusiv dem Sport zur Verfügung standen. Es gab wohl Installationen für Eliten wie die Ballspielhäuser, jedoch kaum für die Körperertüchtigung einer breiteren Schicht, es sei denn im militärischen Rahmen. Mit der Industriegesellschaft und der Moderne änderten sich die Bewegungskultur und die Raumnutzung grundlegend; mit zunehmender Arbeitsteilung wurde man gezwungen, Zeit und Raum anders abzugrenzen. Und auch das Areal der Freizeit und des Sports schuf seine Einteilungen, außerhalb wie innerhalb der Arena, auf den Rängen und auf dem Rasen: Zugänge und Sektoren, Ehrentribüne und Fankurve, Spielhälften und Strafraum, in der Postmoderne VIP-Lounge und Coaching-zone. Die Fläche des Spielfeldes ist mittlerweile für die kollek-tive Wahrnehmung und Orientierung so gut vorstellbar, dass sie als Vergleichsgröße dient: Ein Öltanker habe die Ausmaße von x Fußballplätzen.

Das Match im Stadion ist nunmehr eine rituelle Veranstal-tung und eine kulturelle Gewohnheit.

Nach 1918 nahm der internationale Spielverkehr stark zu. Ländermatches, Tourneen, Mitropacup, Olympische Turniere, Weltmeisterschaften förderten den Chauvinismus. Da der Fuß-ball nun schon lange nicht mehr von einem aristokratischen Elitebewusstsein getragen wurde, stand seiner breiten Verbin-dung mit Nation und Politik nichts im Wege.

Das Pariser Stade Pershing war nach dem US-General be-nannt, der gewichtig zum Sieg im Weltkrieg beigetragen hatte. 1923 trennten sich hier Frankreich und die Schweiz unent-schieden. *Le Miroir des Sports* berichtete am 6. Mai: »Gott sei Dank war der Schiedsrichter Engländer und unberührt von den extremen Gefühlen der Leidenschaft und des Chauvinis-mus der Fußballspieler auf dem Kontinent.« Und nachdem in Paris 1928 erstmals seit dem Krieg eine französische gegen eine deutsche Mannschaft angetreten war, Red Star gegen 1. FC Nürnberg, gratulierte der Nürnberger Bürgermeister dem hei-mischen Tormann Heiner Stuhlfauth ausdrücklich, weil er einen französischen Sieg verhindert habe.

War der Fußball in dieser Epoche einfach und praktisch für den Nationalismus einsetzbar, so vermag er in Zeiten der inter-nationalen Organisationen und der Globalisierung als Ventil für vorhandenen Nationalismus zu dienen. Nicht wenige Men-schen, die für eine Entnationalisierung in der Europäischen Union eintreten, äußern sich recht emotional patriotisch, wenn es um ein Ländermatch ihres Teams geht. Indes betonten In-stanzen wie die FIFA und das Olympische Komitee immer wieder, der Sport sei von der Politik fernzuhalten – dass diese Ideologie der Ideologielosigkeit praktisch nicht haltbar ist, hat sich im Laufe der Geschichte des Fußballs immer wieder gezeigt.

Emotionale Beteiligung und kollektive Reaktion finden sich dadurch erleichtert, dass der Fußball einen einfachen, heftigen Ausdruck einer bipolaren Weltsicht ermöglicht. In der unübersichtlich scheinenden Welt schafft er Kategorien. Sieg und Niederlage, Freud und Leid können extrem schnell umschlagen. Ein Team mag im Finale der Champions League in der 90. Minute mit einem Tor führen und dennoch binnen kurzem, in der Nachspielzeit, verlieren (wie es Bayern München gegen Manchester United 1999 erging).

Kein Wunder, dass Anhänger nicht nur nach ihren Freuden benannt sind. Der Begriff *tifosi* für die italienischen Fans entstand in den zwanziger Jahren: »tifo« bedeutet auch Krankheit, wahrscheinlich von »tifico«, vom Typhus befallen. In Brasilien heißt der Anhänger *torcedor* vom Verbum »torcer« für drehen, krümmen, und die gängige Phrase lautet *torcedor à sofredor*, der Fan leidet.

Dass der Fußball parteiisch macht und Gegensätze schafft, ist am deutlichsten bei den traditionellen Begegnungen innerhalb einer Stadt zu sehen. Eines der berühmtesten dieser Derbys wird in Glasgow zwischen Celtic und den Rangers ausgetragen. Hier entzündet sich die sportliche Rivalität zudem an der konfessionellen Identität. Ein aus Irland stammender katholischer Priester gründete Celtic 1888; seither steht der Club für den irischen Katholizismus. Seine Farben sind wie jene von Irland grün-weiß, sein Wappen ist das irische Kleeblatt, und in früheren Zeiten war der Präsident zugleich Schatzmeister der United Irish League. Da Celtic bald das erfolgreichste heimische Team war, riefen protestantische Schotten die Glasgow Rangers ins Leben, deren Dress im royalistischen Blau gehalten ist. Der Verein entwickelte sich zur populärsten antikatholischen Institution, bis 1989 spielte kein einziger Katholik je im Team. Den Konflikt trugen beide Seiten nach dem Cupfinale

1909 blutig aus, nicht selten hatten die Gegensätze seither solche Folgen.

In ihrer *Dialektik der Aufklärung* erklären Adorno und Horkheimer 1948, der moderne Sport sei eine unbewusste Selbstdisziplinierung. Er diene dazu, gesellschaftliche Verhältnisse zu bestätigen; Spieler und Publikum würden beim Fußball nur scheinbar dem kapitalistischen Arbeitsprozess entrinnen, sondern ihn reproduzieren.

Der heutige Zustand gibt ihnen recht, zumindest was die Strukturen und Mechanismen des Fußballbetriebs anbelangt. Die großen Vereine sind große Unternehmen, die Spieler hochbezahlte Angestellte, Clubwechsel funktionieren wie Waren- und Geldtransfers – als Geschichten von Medien verbreitet und von der Masse miterlebt. Sogar die untersten Ligen setzen in den meisten Ländern Europas beträchtliche Summen um. Während des Matches aber fühlen sich Kicker und Publikum tatsächlich vom Spielgeschehen emotional getragen und somit dem kapitalistischen Arbeitsprozess »entronnen«.

Mit dem Neoliberalismus, der als seine Große Erzählung den Markt omnipräsent gemacht hat, äußert sich seit etwa zehn Jahren der Arbeitsprozess auch im Fußball sprachlich noch deutlicher. Den Ball nennen Reporter sowie Funktionäre nunmehr Spielgerät, die Spieler mitunter Menschenmaterial. Wer ausgetauscht wird, habe seinen Arbeitstag beendet. Die Kicker bekunden nach dem Match ins Mikrofon, sie hätten (k)ein gutes Spiel abgeliefert, sie hätten ihre Leistung (nicht) abrufen können – als gäbe es eine Lagerhaltung für Leistungen –, die Zuschauer seien (nicht) auf ihre Rechnung gekommen.

Metaphern sind kulturell aussagekräftig.

Laut Jürgen Habermas bewirke die Entwicklung der Massendemokratie, dass die literarische Öffentlichkeit durch den Kulturkonsum ersetzt werde, der sich an den kleinsten gemeinsamen Nenner anpasse. Mit seiner Verbreitung habe der Fußball das

Wertemonopol der Hochkultur durchbrochen; in der Erlebnis-
gesellschaft räsoniere das Publikum nicht, sondern konsumiere
Kultur – und Fußball sei, besonders durch die Vermittlung des
Fernsehens, eine Erlebnisware.

»Die Tore auf dem Spielfeld sind die Eigentore der Beherrschten«, schrieb Gerhard Vinai 1970 pointiert in *Fußball
als Ideologie*. Die These passt zwar zur politischen, sozialen
Sensibilität der Bewegung von 1968, nicht jedoch zu der in derselben Zeit aufkommenden Postmoderne, die die Grenzen von
Hoch- und Populärkultur zu überwinden aufforderte. 1992 bezeichnete dann der Sammelband *Der gezähmte Fußball. Zur
Geschichte eines subversiven Sports* die Moderne und das Kicken
in ihrer gemeinsamen Entwicklung als Verfallserscheinungen.

Zahlreiche Sozialwissenschaftler sehen im Fußball ein Er-
satzphänomen: Ersatz für Religion und Nation, Ersatz für ein
Klassenbewusstsein. Der Verein fungiert als Ersatzfamilie und
der Star als Ich-Ersatz. Dazu gehört die Erhöhung ins Metaphysische. Vom »begnadeten Spieler« ist die Rede, vom »Fußballgott«. Das Stadion von Rapid Wien nennen die Anhänger seit
Jahren nach dem früheren Star und Architekten, der es erbaute,
Sankt Hanappi, so dass nunmehr auch die Medien diese Bezeichnung verwenden.

Eine Sakralisierung öffnet das Reich des Transzendentalen
ins Bodenständige. Sie ermöglicht die Übernahme geheiligter
Vorbilder in viele Lebensbereiche.

Seit mehr als hundert Jahren werden sakrale Elemente und
Formen verschoben; sie kommen in Politik, Kunst, Medien
und Sport zum Ausdruck. Das Stadion ist Kultstätte, Ort der
Liturgie mit ausgeprägten Riten und Mythen. Es konzentriert
den kollektiven Glauben an ein auserwähltes Höheres, es führt
ihn auf. Die Zugehörigkeit zur auserwählten Masse ist durch
die Kleidung erkennbar betont, der Ritus folgt einer Choreographie: Auftritt und Präsentation des Sakralpersonals, Einne-
belung und Wandlung, Heben des Trinkpokals und Sanctus,
Auszug und Nachwirkung. Nach der Messe ist vor der Messe.

*Abb. 6:* Das White Horse Cup Final in Wembley, 28. April 1923.

Wunder-Diskurs und Ekstase sind Teil dieses säkularen Heiligenkults, der den Menschen in der Kultmasse eine andere, »höhere« Wirklichkeit vorspiegelt. Zur populären Begeisterung für den Fußball und zu seiner medialen Verbreitung habe es wesentlich beigetragen, dass sich hier – wie nur an wenigen Orten der Moderne – die ursprüngliche Erfahrung des Religiösen machen lasse. *Gott ist rund* ist der Titel eines Buches von Dirk Schümer; und wenn im Stadion in Israel ein Tor erzielt wird, rufen die Fans *Yesh Elohim*, »Gott ist da«.

Der »heilige Rasen« wird das Londoner Wembley-Stadion genannt. Der Gründungsmythos, der die Arena aus der Gewöhnlichkeit erhebt, geht auf den 28. April 1923 zurück. Für das Pokalendspiel Bolton Wanderers gegen West Ham United hat man über 125 000 Karten verkauft, dazu drängen noch 70 000 durch die Tore. Die Menge füllt nicht nur die Tribünen, sondern auch das Spielfeld. Niemand weiß, wie man die gefährliche Lage bewältigen solle. Da erscheint in der Mitte eine hohe Gestalt auf einem weißen Pferd, geradezu ein biblisches Bild: der Constabler George Scorey auf seinem Schimmel Billy. Vom Mittelkreis aus schafft er es, die Masse aus dem Stadion zu kommandieren.

Das *White-Horse-Cup-Final* wird zur Legende; das »Wembley-Tor« im Endspiel der Weltmeisterschaft 1966 dient als Symbol anhaltender Ungewissheit und andauernder Debatte.

# Spielaufbau: 1900 bis 1939

*Fritz Becker liest Zeitung*

Man schreibt 1908. Ende März sitzt ein junger Mann am Frühstückstisch. Heute muss er nicht auf die Hochschule, er raucht eine Zigarette an und nimmt die Zeitung. Kaiser Wilhelm besucht Venedig, im Reichstag sprach Reichskanzler Fürst Bülow über das Wahlrecht, die französische Kammer hat den Kredit für die militärischen Operationen in Marokko debattiert, am Strand bei Triest ereignete sich eine Familientragödie. Unter *Vermischtes* stößt der junge Mann auf eine Notiz und stockt. Er liest nochmals und schlägt sich mit der flachen Hand auf den Oberschenkel. Einige Namen sind ihm geläufig, andere hat er nie gehört. »Fußball«, das klingt immer noch so neu, »DFB« und »deutsche Elf« erscheinen höchst ungewöhnlich. Wir vertreten also das ganze Reich, denkt der junge Mann. Er nimmt sich die Liste in der Zeitung nochmals vor und memoriert die Namen. Er muss sie sich einprägen, wird er doch mit diesen Männern ein Team bilden. Baumgarten, das ist der Tormann, Jordan und Hempel müssen für die Verteidigung vorgesehen sein, Ludwig, Hiller und Weymar für die Läuferreihe, Hensel, Förderer, Kipp und Baumgärtner werden mit ihm stürmen.

So könnte sich die Szene abgespielt haben.

Tatsächlich schlug der neunzehnjährige Fritz Becker eines Tages in Frankfurt am Main die Zeitung auf und konnte da lesen, dass er in die Nationalelf nominiert sei. Nur gegen zwei dieser neuen Kameraden hatte er schon gekickt, von einigen anderen hatte er gehört. »Fritz Becker« stand da. Glücklicherweise konnte er spielen, er hatte gerade Ferien.

Er reiste mit der Mannschaft nach Basel und schoss dort das erste Tor einer Auswahl des Deutschen Fußballbundes und dann noch ein zweites.

An diesem 5. April 1908 trugen die Deutschen ihr erstes Länderspiel aus. Die Schweiz gewann 5:3. So zumindest vermeldete der *Lokal-Anzeiger* in Berlin das Resultat in seiner Rubrik *Sport und Jagd*.

Den Deutschen Fußballbund, den DFB, hatte man acht Jahre zuvor gegründet. Seine Organisation war stark regional bestimmt (und blieb es noch mehr als sechs Jahrzehnte). Die Landesverbände stellten die Nationalelf zusammen. Sie formierten nicht Deutschland als Team der Besten, sondern es lief der Föderalismus aufs Feld. Jeder Spieler kam aus einer anderen Stadt, kaum einer kannte einen anderen, nicht überall wurde nach den gleichen Regeln gekickt. Bis 1926 gab es keinen Bundestrainer, schließlich hatte man ja auch nur regionale Ligen.

Fritz Becker gab 1942 ein Interview, in dieser Zeitung stand er mit dem Namen Willy – die Quellenlage der frühen Fußballgeschichte ist in vielem unsicher. So oder so, er hatte das erste Tor der deutschen Nationalelf erzielt. Nun war er Regierungsrat in Berlin und erklärte, tatsächlich habe das Spiel in Basel 5:2 geendet: Im einzigen damaligen Zeitungsbericht, der immer zitiert werde, sei ein Lattenschuss als Tor übermittelt worden.

Das Spielerische war nicht sonderlich gefragt im Deutschland des ausgehenden 19. Jahrhunderts. Schule, Armee und die Turnerbewegung betrieben eine soldatische Leibesertüchtigung, die im Einsatzfall der Nation dienen musste. Seit den Zeiten jenes Friedrich Ludwig Jahn, der 1810 zum Kampf fürs Reich angetreten war und als »Turnvater« galt, zielte die derartige Körperbetätigung auf eine starke soziale Disziplinierung ab. Da konnten die Oberturner kein Spiel ohne ersichtlichen vaterländischen Zweck und schon gar keine Improvisation brauchen. Diese neuartige, noch dazu englische Ballschießerei mit dem

84   Spielaufbau: 1900 bis 1939

Fuß verachteten und bekämpften sie. Mit dem Fuß! Wozu habe der deutsche Mann denn seine Hände – die würde er im Ernstfall militärisch einsetzen müssen, die Füße würden ihn schon tragen.

Als man 1900 den DFB in das nationale Register einschrieb, zählte die Deutsche Turnerschaft über 600 000 Mitglieder in 6500 Vereinen. 1904 waren nicht einmal 10 000 Kicker in weniger als 200 Clubs gemeldet, darunter damals auch deutsch-österreichische und deutsch-böhmische Vereine. So traf 1903 im Endspiel um die Deutsche Meisterschaft der VfB Leipzig auf ein Team aus – Prag. Gekickt wurde auf dem Exerzierplatz in Altona bei Hamburg, kaum 2000 Zuschauer verfolgten das Match.

Es war ein ganz anderer Rahmen als jener auf der britischen Insel. Dort hatten 1894 30 000 das schottische Cupfinale zwischen Rangers und Celtic Glasgow gesehen; und als im April 1902 Schottland gegen England spielte, drängten sich 60 000 im Ibrox Park, bis die hölzerne Zusatztribüne zusammenkrachte und fünfundzwanzig Zuschauer zu Tode quetschte.

Die unterschiedlichen Dimensionen wirkten sich auf dem Spielfeld in Toren aus. Ein Team aus England schlug am 23. November 1899 in Berlin die heimische Auswahl mit 13:2, die Publikumskulisse der 1500 Menschen muss den Profis von der Insel recht mager vorgekommen sein.

Im ersten Finale um die deutsche Meisterschaft hätte 1903 eigentlich der Karlsruher FV in Leipzig gegen den DFC Prag antreten sollen. Die Herren beim Club in Karlsruhe waren aber auf ein falsches Telegramm hereingefallen, das eine Verschiebung des Matches angekündigt hatte. Kurzerhand lud der Verband das Team aus Leipzig ein und legte als neutralen Austragungsort Altona fest, für beide Teams nicht gerade in der Nachbarschaft. Die Leipziger kamen im Nachtzug 3. Klasse, sie sollen in den Gepäcknetzen geschlafen haben. Wie die Prager angereist waren, sagt die Geschichte nicht; es gab aber das Gerückt, an ihrer Müdigkeit in der zweiten Halbzeit sei der Vortag auf der Reeperbahn schuld. VfB Leipzig siegte 7:2.

Einen der Sieger lässt Günter Grass in seinem 1999 publizierten Buch *Mein Jahrhundert* erzählen und derart das Jahr 1903 durch den aufstrebenden Sport repräsentieren, der sich nicht lange danach zum Massenphänomen entwickelte. An diesem Pfingstwochenende sei man von der nächtlichen Bahnfahrt müde gewesen: »So liefen wir in Altona zwar ziemlich gerädert, aber dennoch frischgemut auf. Wie anderswo üblich, empfing uns auch hier ein ordinärer Exerzierplatz, den sogar ein kiesgestreuter Weg kreuzte.« Der Anpfiff war für halb fünf angesetzt. Der Schiedsrichter aber, der in den frühen Jahren des Kickens für das unentbehrliche Spielobjekt zuständig war, verkündete, man möge sich gedulden – er habe Ball und Luftpumpe vergessen.

Da standen die beiden Teams und warteten. Aus heutiger Sicht kommt uns ihre Sportkleidung mit Schärpen und Kappen eher karnevalesk vor. Wie auf einem Bild des Teams von Werder Bremen, 1899. Da tragen alle Kicker eine Mütze; man stelle sich das derartige Kopfballspiel vor. Der Kapitän ist an seinem Samtkäppchen zu erkennen, es ist in den Vereinsfarben gehalten, mit einer feschen Troddel versehen. Die Hosen reichten deutlich übers Knie, das war Vorschrift.

Ein Jahr nach dem ersten deutschen Endspiel erlaubte dann der internationale Verband, die FIFA, dass das Knie nicht mehr bedeckt werden müsse. Im Laufe der Jahrzehnte wurden die Hosen immer kürzer und enger geschnitten, bis sie mit der »sexuellen Revolution« der späten 1960er geradezu neckisch knapp waren, während die Kicker ihr Haar länger wachsen ließen. Sodann konnte man auch eher praktische Gesichtspunkte für die Spielkleidung bedenken und zugunsten der Beweglichkeit die Hosen wieder bis in Knienähe führen.

Anhand der Veränderungen des oberen Teils der Fußballdressen ist ersichtlich, wie die US-Freizeitmode die englische ablöste. In den fünfziger Jahren sahen die Trikots wie Poloshirts aus, in den Sechzigern immer öfter wie T-Shirts; und die früher geschätzten durchgehenden Streifen mussten aus ökonomischem Kalkül weichen: Auf solchen Leibchen sind Symbole und Aufschriften von Sponsoren schwerer auszumachen.

Von Anfang an, auch 1903 in Altona und beim ersten Ländermatch für Fritz Becker, diente die Kleidung nicht nur zur Erkennung. Sie fungiert vielmehr als Symbol, sie bedeutet die Identität einer Überhaut, die man rituell einzusetzen vermag, beim Torjubel oder beim Trikottausch am Ende des Matches. Dressen können stark symbolhaft aufgeladen werden, davon profitiert der heute enorm gewinnträchtige Verkauf: Man zieht die Überhaut berühmter, geschätzter Vereine und Kicker an, um das Flair der originären Bedeutung wie einen Fetisch zu tragen. Die Farben stehen für das Team (wie in anderen sozialen Bereichen für eine Gemeinschaft): das weiße Ballett, die roten Teufel, die Azzurri, *les bleus*; nur die Torleute trugen bis in die sechziger Jahre immer schwarz. Manche Trikots erhalten geradezu eine magische Anziehungskraft, die 5 von Beckenbauer, die 10 von Pelé, die 13 von Gerd Müller (die Nummer trägt heute Thomas Müller), die 14 von Cruyff.

Allerdings gab es früher keine Rückennummern, sie wurden 1939 eingeführt; und die Spielernamen stehen erst seit der Europameisterschaft 1992 auf den Dressen. An der 7 erkannte man vor Zeiten den rechten Flügel, an der 9 den Mittelstürmer. Seit die Vereine für die so zahlreichen Matches im Jahr ihre Kader stark aufgestockt haben, seit das Transfergeschäft enorm intensiviert wurde und die Spieler so oft die Vereine wechseln, bedeuten die Nummern kaum mehr Positionen auf dem Feld – wo in der heute avancierten Taktik Positionen ohnehin weniger eingehalten werden. Im taktischen Diskurs finden allerdings die Nummern Verwendung: die Sechs für den defensiven Mittelfeldspieler; die Acht für jenen, der stärker offensiv arbeitet; die Zehn für den Regisseur hinter den Spitzen.

Fritz Becker liest Zeitung 87

Altona 1903, die Teams aus Leipzig und Prag standen und war-
teten. Schließlich brachte einer vom heimischen Verein einen
Ball, allerdings keine Pumpe. Man musste das Leder mit dem
Mund aufblasen.

Endlich Ankick. Die Prager waren »auch bald vor unserem
Tor, gaben von links eine Flanke rein, und nur knapp konnte
Raydt, unser baumlanger Schlußmann, Leipzig vor einem frü-
hen Rückstand retten«. Aus einem Gedränge schossen die Pra-
ger das erste Tor, der Ausgleich fiel vor der Halbzeit. »Nach dem
Seitenwechsel waren wir nicht mehr zu halten. In knapp fünf
Minuten gelang es Stany und Riso dreimal einzusenden, nach-
dem Friedrich unseren zweiten Punkt und Stany noch vor dem
Torsegen sein erstes Goal erzielt hatte.« Stany ist Bruno Sta-
nischewski, er ist im Rückblick des Erzählers ein Beispiel für die
»Spielfreude und Torgefährlichkeit eingedeutschter Polen« wie
später Fritz Szepan und Ernst Kuzorra bei Schalke.

Die zuvor hoch gelobten Prager »enttäuschten ziemlich, besonders die Stürmerreihe. Später hieß es, Stany und Riso seien
die Helden des Tages gewesen. Aber das stimmt nicht.« Und
schon beim ersten Endspiel um die deutsche Meisterschaft,
die in diesem Match über politische Grenzen hinauslangte, findet eine charakteristische Formel Verwendung: »Die ganze Elf
kämpfte wie ein Mann.«

Der Mann, der den Fußball in die Stadt des verhinderten End-
spielteams, nach Karlsruhe, gebracht hatte, hieß Walther Bensemann. Der Sohn eines jüdischen Bankiers hatte das Kicken
dort kennengelernt, wo Fritz Becker das erste Tor einer deutschen Nationalelf geschossen hatte: in der Schweiz, und zwar,
wie viele Schüler aus einigen Ländern, im Internat.

Als noch kaum jemand in Deutschland das Spiel kannte,
rief Bensemann den Football-Club Karlsruhe ins Leben. Man
schrieb 1889, Bensemann war erst sechzehn.

Unermüdlich, scheint es, organisierte er Vereine und Spiele.
Ein Freundschaftsmatch gegen ein französisches Team wollte er

ausgerechnet in Straßburg veranstalten, das zum Leidwesen der Franzosen seit 1871 zum Deutschen Reich gehörte. Darauf war in Paris in der Zeitung zu lesen: »Wenn wir nach Straßburg kommen, werden wir mit unseren Kanonen kommen.«

Nachdem er an der Gründung des DFB beteiligt gewesen war, geriet er bald in Konflikt mit den deutschnational gesinnten Verbandsherren. Und als diese es 1925 den Clubs untersagten, gegen ausländische Profimannschaften anzutreten, verurteilte Bensemann, der fünf Jahre zuvor seine Zeitschrift *Der Kicker* in die Kiosks gebracht hatte, den Beschluss: Es werde sich herausstellen, dass die übergroße Mehrheit der internationalen Verbände »durchaus nicht gesonnen ist, am deutschen Sportwesen zu genesen«.

### Von der Fußlümmelei zum Volkssport

Konrad Koch war einer der Verbandsherren, die das Nationale so stark in den Vordergrund stellten. An der Verbreitung des Association-Spiels, wie es in England 1863 geregelt worden war, hatte er wesentlichen Anteil. In der *Deutschen Turn-Zeitung* erschien 1894 sein Aufsatz »Wie kann Fußball ein deutsches Spiel werden?«.

Im Wilhelminismus, in einer Epoche, in der das Kaiserreich mit schroffem Schritt auf dem Parkett der Weltpolitik auftrat und mit harter Hand seine Kolonien ausbeutete, waren die Briten starke Konkurrenten. Wenn es allerdings um gemeinsame Kolonialinteressen ging wie beim Boxerkrieg in China, marschierte man gemeinsam. *Mein Jahrhundert* lässt Günter Grass für 1900 mit dem Bericht eines niederbayrischen Augenzeugen von des Kaisers »Hunnenrede« zu den nach China abfahrenden Soldaten beginnen: »Seine Rede riß mit. Er sagte: ›Kommt ihr an, so wißt: Pardon wird nicht gegeben, Gefangene werden nicht gemacht.‹« Und martialisch schloss Wilhelm II.: »Öffnet der Kultur den Weg ein für alle Mal!« Es ging jedoch darum, die europäischen Rechtsprivilegien mit eigener Gerichtsbarkeit sowie den offenen Handel, *Open Door*, aufrechtzuerhalten – die Briten hatten dabei den von ihnen organisierten Opiumhandel im Auge.

Die Einführung des englischen Sports in diesem Deutschland musste nationale Vorurteile wecken. Folglich beschwor Konrad Koch die mittelalterlichen Vorgänger. Ganz anders als der moderne Fußball waren aber diese Volksspiele informell organisiert, sie verliefen regional unterschiedlich nach Gewohnheitsregeln und in vielen Fällen ohne dass man Dauer und Ort genau angegeben hätte. So hatten sie keine verteilten Rollen der Spieler herausgebildet; diese mussten einfach kräftig sein, Geschicklichkeit war kaum gefragt.

Im wilhelminischen Deutschland nahmen die Auseinandersetzungen zwischen den sozialen Klassen öffentlich spürbar zu – im Jahr 1878, als der Reichstag das sogenannte Sozialistengesetz »gegen die gemeingefährlichen Bestrebungen der Sozialdemokratie« verabschiedete, wurde in Hannover der erste Fußballclub gegründet. In dieser Lage war es einer breiten Schicht nicht gut möglich, ihre Identität an eine Mannschaft zu binden, waren doch die Fußballvereine fast ausschließlich bürgerlich bis elitär geprägt.

Konrad Koch war mit dem Dichter Wilhelm Raabe befreundet; er lehrte in Braunschweig im Gymnasium Griechisch, Latein und Deutsch. Aus England hatte er Lederbälle und ein Regelwerk mitgebracht; 1874 führte er mit seinen Schülern das erste Match nach den Bestimmungen der Association auf deutschem Boden durch.

Dem Turnen konnte Koch nicht viel abgewinnen, da man es in stickigen Hallen und nicht im Freien betrieb. Allerdings: Wer zu den Turnern ging, brauchte weniger Geld als für die Kickerei.

Mit seiner Abneigung war der Altphilologe nicht allein, sie

90    Spielaufbau: 1900 bis 1939

entsprach vielmehr einer zunehmend verbreiteten Einstellung. Da die Industrie enorm zulegte und immer mehr Fabrikschlote in den stark wachsenden Städten zum Himmel qualmten, nahm auch das Bedürfnis zu, sich in »frischer Luft« zu betätigen. Den deutschen Wald, seit langem ein vaterländisches Symbol, galt es zu durchwandern, die Heimat auch in der Kunst zu preisen. Wollten allerdings die Leute aus den Ballungsräumen in den Wald finden, so hatten sie meist einen langen Anmarsch auf sich zu nehmen: Gegen »Stubenhockerei«, wie es bürgerlich abschreckend hieß, war der Fußball praktischer. Er musste nur noch zum deutschen Spiel gemacht werden.

Sprachlich nahm sich der unermüdliche Konrad Koch 1903, im Jahr des ersten deutschen Endspiels, der Aufgabe an. In der Zeitschrift des Allgemeinen Deutschen Sprachvereins legte er eine Liste vor, in der er die üblichen englischen Begriffe übersetzte. Da stand »tripping = Beinstellen«, der »captain« erschien gesellschaftskonform als »Spielkaiser«.

Mit den Briten waren ihre Sportvokabeln in alle Welt gekommen; hier und nun ging es um eine Germanisierung. Zur Jahrhundertwende hatte Professor Koch geschrieben: »Jeder deutschfühlende Zuschauer kommt in Versuchung, einem solchen Bürschchen, wenn es von ›Goal‹ und von ›Kicken‹ spricht, handgreiflich darzutun, wie wenig sich das für einen deutschen Jungen passt.« Statt populärer Clubnamen wie Tasmania oder Kickers setzte man folglich Wotan oder Siegfried – man stelle es sich vor: »Wotan 04« oder »Siegfried München«.

Den Turnern war diese Kickerei ein Dorn im Zeh.

Ein Karl Planck schimpfte 1898 in seiner Schrift *Fusslümmelei. Über Strauchballspiel und englische Krankheit*, es sei nur gemeine »Schulung des Hundstritts«, eine rohe Unsitte wider den guten Geschmack. Und die *Deutsche Turn-Zeitung* wetterte heftig gegen den Fußball. Sie sprach für die damals weltweit mitgliederstärkste Sportorganisation, die straff national ausgerichtet war, eine Riege fürs Vaterland. 1896 lehnte sie die ersten

Olympischen Spiele der Neuzeit ab, da Pierre de Coubertin, ein Franzose!, sie initiiert hatte. Nach Athen fuhr nur eine inoffizielle Mannschaft, das offizielle Deutschland blieb sportlich in der Heimat.

Von ihrem Anfang an waren die Turner mit der politischen Entwicklung verbunden gewesen: Sie hatten sich als nationaler Widerstand gegen die napoleonische Besetzung gefunden; ihr Verbot hatte 1819 die Niederlage des Bürgertums in seinem Kampf gegen den Despotismus bestätigt. Nach der gescheiterten liberalen Revolution von 1848 und besonders nach der Reichsgründung von 1871 näherten sich die Bürger dem Adel an – nicht zuletzt um sich von der Arbeiterklasse abzuheben – und übernahmen dessen Auffassung von Herrschaft, Pflicht und Ehre. Es waren diese Werte, die man den Schülern in den Gymnasien vermittelte.

Als Gegensatz zum Alltag im Gymnasium und zum Treiben der Verbindungen (den nationalen Verbänden der akademischen Jugend, in denen die Turner das Sagen hatten) schrieb Konrad Koch die ersten Fußballregeln auf Deutsch für den Braunschweiger Schülerverein. 1878 erklärte er: Auf dem Spielplatz möge Raum »für ein gutes Stück Selbstregierung« sein, »die sonst in unserem öffentlichen Schulwesen bis jetzt so wenig Raum findet«.

In Deutschland erwies sich danach der Erfolg des Fußballs nicht nur (wie in so vielen anderen Ländern) als ein Übergang vom bürgerlichen Spiel zu einem alle Schichten ansprechenden Sport. Es setzte sich hier zudem eine populäre, später massenhaft betriebene Alltagskultur gegen die humanistischen Bildungsvorstellungen des Wilhelminismus durch.

Bis in die dreißiger Jahre waren die meisten Kicker Angestellte mit einem bürgerlichen Selbstverständnis – der Fußball war ja zunächst in Städten wie Berlin, Hamburg, Leipzig, Karlsruhe oder München eingeführt worden, die Zentren der Dienstleistung sowie der akademischen Ausbildung für Tech-

## 92    Spielaufbau: 1900 bis 1939

nik und für Handel waren. Da die Burschenschaften die Absolventen der Technischen Hochschule nicht aufnahmen, suchten diese eine entsprechende Gesell, keit in den Fußballvereinen. Sie benannten ihre Vereine Borussia und Alemannia, als seien es studentische Verbindungen, wie in diesen trug man beim Match eine farbige Kappe, danach ging es zum »Fußballspieler-Kommers«, dort sang man »O wonnevolles Fußballspiel« nach der Melodie eines korporationsstudentischen Liedes, man verlieh Titel und Orden und man lief medaillenbehängt aufs Feld. *Des Fußballspielers Gelöbnis* im *Deutschen Ballspieler-Commersbuch* von 1900 endet mit den Versen: »So stählen wir uns Herz und Hand / Zu leben und sterben fürs Vaterland.« Ein ästhetisches Pech für die Kicker, dass sich »Fuß« nicht auf »Land« reimt.

In den Jahren 1930 bis 1939, als die Angestellten zwölf Prozent der Erwerbstätigen ausmachten, kam mehr als die Hälfte der Nationalspieler aus dieser Schicht, während der Anteil der gelernten Arbeiter (ihrerseits mehr als die Hälfte der Berufstätigen) in der Nationalelf von 15 auf 33 Prozent stieg.

Der Fußball fand mit zunehmender Verbreitung als neuartige Körperertüchtigung auch Förderung durch die Herrschenden. 1909 wurde erstmals der »Kronprinzenpokal« ausgespielt – der Thronfolger wollte sich als fortschrittlicher Sportsmann präsentieren. Junge Offiziere folgten seinem Vorbild, und der Kronprinz erlaubte ihnen gnädig, zwischendurch mit Arbeitern in einer Elf zu kicken, »zur Aushilfe«, wie es hieß. 1910 setzte die Armee Fußball auf ihren Dienstplan. Ein Jahr vor Beginn des Weltkriegs wurden dann erstmals Militärmeisterschaften durchgeführt.

Wie das Milieu, so die Spielweise. Es wurde kaum kombiniert; man schoss den Ball hoch nach vorne und rannte hinterher. Das galt als »mannhaft«, das erforderte robuste Körper, das entsprach den gängigen militärischen Vorstellungen. Ein Oberleutnant brachte es 1912 im Jahrbuch des DFB auf den Punkt:

»Das Fußballspiel halte ich für eine der besten, der segensreichsten Betätigungen zum Heile der Wehrtätigkeit der Nation.« Der norddeutsche Verband drückte sich noch klarer aus: »Durch den Sport wurdet ihr für den Krieg erzogen, drum ran an den Feind.«

Anders und letztlich doch kaum anders sah das der Soziologe und Volkswirt Werner Sombart 1915 in seinem chauvinistischen Buch *Händler und Helden* mit dem Untertitel *Patriotische Besinnungen*, in dem er gegen England wettert (vier Jahre davor hatte er sich aufs Heftigste antisemitisch ausgelassen; später unterstützte er Hitler). Der Sport sei wehrkraftzersetzend, weil er spielerisch und zivil die kämpferischen Energien ausleben lasse: »Der Sport ist unkriegerisch.« Der englischen »Krämerkultur« würden »die wirklichen Ideale« fehlen, an ihre Stelle sei der Sport getreten. Und: »Deutsch sein heißt ein Held sein.«

Ebenfalls 1915 erschien ein *Kriegsjahrbuch* des Deutschen Fußballbundes. Darin hieß es: »Daß wir diese Zeit erleben durften, darum wird uns die Nachwelt einst beneiden.«

Nach dem Weltkrieg (man kickte auch an der Front) bestimmten Aggressionen und Militärisches weitgehend die Weimarer Republik. Der Friedensvertrag von Versailles untersagte die Wehrpflicht und billigte Deutschland eine Armee von höchstens hunderttausend Mann zu. Vor allem dem rechten Lager ging es darum, die »deutsche Ehre« wieder herzustellen, und dazu konnte der Sport dienen, ein Feld, auf dem man sich als stark und siegreich erweisen durfte.

Folglich sollten Sportler keineswegs für Geld siegen, sondern als »Helden« für das Vaterland. Anderswo begannen Professionalismus und Geschäft im Fußball eine größere Rolle zu spielen, in Deutschland schätzte man Amateure und Tugenden, die man offenbar im großen Schlachten zu wenig gesehen haben wollte: aufopfernder Idealismus und mutige Stärke (des Charakters). Den Vereinen, von denen einige übrigens auch para-

## 94   Spielaufbau: 1900 bis 1939

militärische Übungen durchführten, konnte das recht und vor allem billig sein, denn so blieben ihnen die Einnahmen. Und die Spieler mochten sich sagen, dass der sportliche Erfolg immerhin ihre berufliche Karriere fördere, zitierte doch die Presse mitunter die Aussagen von Wirtschaftsbossen, sie hätten mit Sportlern die besten Erfahrungen gemacht.

Der Fußball galt zahlreichen Kriegsheimkehrern als friedlicher Ausgleich ihres Körpereinsatzes. Das hatte schon der »Verbindungsmann« zwischen dem Kriegsministerium und dem DFB so gesehen. Die Soldaten suchen »ein gutes Ventil zum Austoben und Austollen«, hatte dieser Johannes Runge erklärt, der nunmehr den dauernden Kontakt zwischen Reichswehrministerium und Fußballverband hielt.

Beim »Austoben« taten sich rechtsradikale Freikorps hervor; weniger gewalttätig tollten sie sich auf den Kickplätzen aus. Schalke 04 bestritt sein erstes Match nach dem Krieg gegen das Freikorps Hacketau, und das Freikorps Oberland führte sein Fußballtraining auf dem Feld von 1860 München durch.

In der aggressiven Stimmung der Weimarer Republik hielt man nicht mehr so viel vom *Fair Play* wie zuvor, als man den englischen *Sportsmen* um nichts nachstehen wollte. Die Treffen wurden roher geführt, die Schiedsrichter häufig beleidigt und angegriffen. Als der 1. FC Nürnberg 1925 gegen MTK Budapest spielte, gebärdeten sich Kicker und Publikum derart, dass der Referee Peco Bauwens, der Vorsitzende der 1919 geschaffenen Schiedsrichter-Vereinigung des DFB, nach der Halbzeit nicht mehr anpfiff.

Es war eines der wenigen internationalen Matches. Da die Siegermächte des Weltkriegs lange Zeit auch mit dem deutschen Sport nichts zu tun haben wollten, konnten die Teams zu selten gegen ausländische Mannschaften antreten, um zum europäischen Niveau aufzuschließen. Dann verbot der DFB 1924 auch noch den Vereinen, gegen Profis zu spielen, so dass die Deutschen nicht am Mitropacup teilnahmen. Erst mit den Olympischen Spielen, die 1928 in Amsterdam stattfanden, änderten sich Situation und Einstellungen: Es war die erste große Veranstaltung nach Kriegsende, bei der deutsche Sportler mitmachen durften. Um diesen Auftritt vorzubereiten, berief der DFB erstmals einen »Bundestrainer«. Otto Nerz stand für deutschen »Energiefußball« – der in Amsterdam zwar zunächst gegen die Schweiz 4:0 siegte, im Viertelfinale aber mit 1:4 gegen den späteren Olympiasieger Uruguay ausschied.

1921 zählte der DFB über 780 000 Mitglieder. Zu den Matches drängte nun deutlich mehr Publikum, 1923 sahen 64 000 das Endspiel um die Deutsche Meisterschaft zwischen dem Hamburger SV und der Union Oberschöneweide aus Berlin. Fußball war zum Massenphänomen geworden: eine populäre Unterhaltung, die nur geringe Sachkenntnisse erforderte, die keine andere soziale Anbindung und schon gar kein Bekenntnis zu einer bestimmten Schicht, Weltanschauung oder Lebenswelt brauchte. Gestützt fand sich dieser Zulauf dadurch, dass die Angestellten und Arbeiter in den Städten sich mehr als zuvor ihrer Freizeitgestaltung widmen konnten. Der Fußball kam da in seiner Milieuoffenheit sehr gelegen; er vermochte dazu beizutragen, eine Massengesellschaft herauszubilden.

Außerdem konnte er in Deutschland auch das Regionale betonen. Es waren lange Zeit die Regionalverbände, die nach ausgehandelten Quoten die Nationalmannschaft mit ihren Spielern beschickten; eine oberste Liga für den gesamten Staat, die Bundesliga, wurde erst 1963 geschaffen. Und so schrieb in den späten zwanziger Jahren der bekannte Sportjournalist Willy Meisl (der Bruder des Mitropacup-Initiators und Coachs des österreichischen »Wunderteams«) in der in Berlin erscheinenden *Vossischen Zeitung* mehrmals vom starken »Lokalchauvinismus«.

In der Literatur hingegen hatte der Fußball zunächst wenig zu melden.

Joachim Ringelnatz dichtete 1920 über einen Mann, der dem

96    Spielaufbau: 1900 bis 1939

Fußballwahn und der Fußballwut anheimgefallen sei. »Kein Abwehrmittel wollte nützen, / Nicht Stacheldraht in Stiefelspitzen, / Noch Puffer außen angebracht. / Er siegte immer, 0 zu 8.« Entsprechend der Titel *Fußball (nebst Abart und Ausartung),* entsprechend der Schluss: »Ich warne euch, ihr Brüder Jahns / Vor dem Gebrauch des Fußballwahns!«

Am 3. Oktober 1923 berichtete Franz Kafka in seinem Brief aus Berlin nach Prag, dass ein Professor Vogel »wieder gegen den Fußball« schreibe, und setzt hinzu: »… vielleicht hört der Fußball jetzt überhaupt auf.« Ein Jahr später kam Melchior Vischer im Drama *Fußballspieler und Indianer* auf ein altes Kulturrund, ließ den großen Manitu anrufen, vom Himmel einen Ball in die Mitte der Indianer sausen und schloss: Wie der rollende Schädel und der Mond sei nur das Runde ewig.

Die Dichtung verlegte das Match kulturtauglich ins Transzendentale. Bei Ödön von Horváth köpfelt 1930 in der *Legende vom Fußballplatz* ein Engel den Ball bis weit hinter die Milchstraße. Auf dem Boden bleibt der Kick in ironischer Symbolik: Des Engels Flügel tragen links die Vereinsfarben von Oberhaching und rechts jene von Unterhaching.

### Die Gärtner des Barons Rothschild – eine Verwienerung

Franz Joli blickt in der Theresiengasse durch die Gitterstäbe des Tors. Eine kleine Parkkultur, ein penibel gepflegter Garten erstreckt sich hier im vierten Wiener Gemeindebezirk um das Palais, das gerade vor zehn Jahren fertiggestellt wurde. Drinnen hat die Herrschaft ihre Kunstsammlung, draußen ordnet man kunstvoll die Natur. Freiherr Nathaniel von Rothschild hat sich aus der Bank zurückgezogen, er interessiert sich für die Schriftstellerei, die Fotografie, die Blumenzucht. Am nördlichen Stadtrand, auf der Hohen Warte, wo die Hügel des Wienerwalds ansetzen, gehören ihm die Rothschildgärten mit rund neunzig Glas- und Treibhäusern; der Park sieht recht englisch aus – die Familie hat Besitz auf der britischen Insel, einige Gärtner kommen von dort.

Baron Rothschild wirkt als Mäzen. Das weiß der junge Franz Joli, als er mit seiner fixen Idee 1894 vom Englandaufenthalt nach Wien zurückkehrt. Seinem Vater, der Gartendirektor bei den Rothschilds ist, zeigt er ein rundes Ding. Eine Hohlkugel aus Leder, mittels einer inwendigen Gummiblase zu einem Ball geformt, erklärt er. Football, sagt man auf der Insel. Fußball, übersetzt er dem Vater. Der Direktor nickt, sein Gärtner James Black hat den neuen Sport schon einigen Kollegen nahegebracht. Den Herrn Baron würde man doch bitten können, für das Englische auf gepflegtem Rasen wäre er wohl zu gewinnen?

Die Wiese auf der Hohen Warte schaut allerdings etwas ramponiert aus, nachdem Joli mit Black zur Probe einen ersten Kick, vier Engländer gegen vier Wiener, durchgeführt hat. Dennoch, der Herr Baron unterstützt das Vorhaben, es wirkt modern und frisch *gentlemenlike*, ein leichter Counterpart zu seinem Pferderennstall.

Und so rufen die Gärtner des Freiherrn Nathaniel von Rothschild in Wien den ersten Fußballverein Österreichs ins Leben, First Vienna Football Club nennen sie ihn, und übernehmen zum Dank die blau-gelben Farben des Hauses. Sie melden ihn bei der Behörde an, die den Verein am 22. August 1894 amtlich beglaubigt. Am selben Tag halten sie im Gasthaus »Zur schönen Aussicht« die Gründungsversammlung ab. Der Baron und der Generaldirektor des Bankhauses fungieren als Paten. William Beale zeichnet ein seltsames Emblem, drei Beine wachsen aus einem Ball – es ist von der Flagge seiner heimatlichen Isle of Man inspiriert. Zu den Mitgliedern gehört auch der Bruder von Franz Joli, Max Hans, der ab 1900 bei Otto Wagner Architektur studieren und durch geniale Entwürfe auffallen wird.

In Blau-Gelb spielt die Vienna noch heute auf der Hohen Warte in der Nachbarschaft der früheren Rothschildgärten. 1921 hat man dieses Stadion mit seiner enormen Naturtribüne am Hang eröffnet, es war damals das größte auf dem Kontinent.

Die parkkundigen Betreiber des neuen Rasensports gaben sich als stolze Pioniere. Das wollte ausgedrückt sein: »First Vienna.« Wohl hatten Briten und Einheimische schon in Graz gekickt, einen Club hatten sie aber dort nicht geschaffen.

Bei der Vienna standen bald ein paar Großindustrielle im Team, zwei Erzherzöge zeigten sich vom Spiel begeistert. Da hieß es unter sich bleiben. Die Satzungen drückten es klar aus: »Arbeiter, Handwerker und Tagelöhner« nehme man nicht auf; in diesen Jahren bedeutete das den Ausschluss des allergrößten Teils der Bevölkerung. Besonders nobel ging es auf dem Feld trotzdem nicht zu. Beim ersten Match griffen Zuschauer ein, auf den Straßen hätte die Polizei die Kontrahenten »Pöbel« und das Geschehen »Aufruhr« genannt. Da aber in der Kultur der Habsburgermonarchie mit ihren vielen Nationalitäten, Sprachen, Religionen die Inszenierung das Verbindende war und vorherrschte, da in Wien das Theater Leben ist und das Leben Theater, sah man dieses Fußtreten und Gerangel als Sensation. Über Auftritte jeglicher Art redete man ohnehin gern in den Cafés und Wirtshäusern der Stadt.

Entsprechend theatralisch hielt man das Ambiente. Die Matches kündigte man auf gedruckten Einladungen an, ein paar hundert Zuschauer bildeten das illustre Publikum. Die Spieler liefen im phantasievollen Dress ein, sie trugen Schärpen, sie hatten Mützen und Barette und gelegentlich gar einen Fez auf. Man sprach Englisch, und es nimmt nicht wunder, dass der erste Präsident der Österreichischen Fußball Union – ÖFU, dann ÖFV, heute ÖFB – ein Mister Nicholson von der Insel war.

Als die Vienna im April 1897 gegen den Vienna Cricket and Football Club antrat, der nur einen Tag später den behördlichen Segen erhalten hatte und deswegen das ursprüngliche »First« im Namen aufgeben musste, erhöhten die Vereine den Eintrittspreis von 10 auf 20 Kreuzer – um »den Andrang abzu-

Die Gärtner des Barons Rothschild – eine Verwienerung   99

schwächen und die Zahl der Zuschauer zu vermindern«, wie
das *Wiener Sportblatt* am 29. April 1910 rückblickend festhielt.
Zum Vergleich: Im Sommer 1897 verkaufte man ein Kilo Rindfleisch um 30 Kreuzer, einen Liter Milch um 6 Kreuzer; eine re-
präsentative Ausgabe von Goethes *Faust* kostete in den 1890er
Jahren mit 300 Kreuzern, also 3 Kronen, den Monatslohn eines
Kindermädchens.

Bald aber ließ sich auch hier der Fußball nicht mehr vom
Populären fernhalten, Geschmack an Theater und Spektakel
fanden schließlich alle Schichten der Bevölkerung. Der 1. Wiener Arbeiter Fußball-Club entstand 1898, vier Monate später
wurde er in SC Rapid umbenannt. Innerhalb weniger Jahre erreichte er das Niveau der elitären Vorgänger: 1903 schlug er
Cricket und remisierte gegen die Vienna. Ein bürgerliches Pen-
dant zu Rapid hieß zunächst Amateure, dann Austria – bei den
Derbys Rapid gegen Austria schwingt immer noch das Image
»Proletarier gegen Bourgeoisie« mit.

Anfang des neuen Jahrhunderts gab es in Wien etwa fünfzig
Vereine, 1910 schon achtzig. In der Hauptstadt, in der in jenen
Jahren Otto Wagner und Egon Schiele, Arnold Schönberg und
Ernst Mach, Karl Kraus und Sigmund Freud wirkten, war die
»Sportifizierung« ein anderes Element der Modernisierung.
Es beruhte auf den gleichen gesellschaftlichen Erfahrungen
wie die Entwicklungen in Kunst und Wissenschaft, besonders
freilich auf Beschleunigung und Fordismus. Die Antworten
waren aber nicht die Verunsicherung des Subjekts bei gleichzei-
tiger Aufbruchsstimmung, die Skepsis bei gleichzeitigem Fort-
schrittsglauben, sondern ein Aktivismus im Populären, eine
neue Art der Inszenierung.

Für die Sportinszenierungen wurde bald intensiv geworben,
in den Zeitungen und in den Straßenbahnen kündigte Reklame
die Spiele an. Politiker begannen ihr Interesse und sich selbst
auf den Tribünen zu zeigen, Operettenstars traten als Team auf
dem Rasen auf. Spätestens mit der Einführung der Liga und der
somit sichtlich erfolgten Popularisierung galt sogar die Vienna

100   Spielaufbau: 1900 bis 1939

nicht mehr als elitärer Club. Ihr Präsident erfand die Doppel-
veranstaltung, zwei Matches hintereinander, und holte berühmte ausländische Mannschaften nach Wien.

Die Medien nahmen sich mit gebührender Theatralik des
neuen Sports an. Während die mondäne Zeitschrift *Sport und
Salon* einzig aus der Gesellschaft des Adels und über Pferderennen berichtete, erschien ab 1905 eine *Illustrierte Fußball-Zei-
tung*. Der Fußball gehörte nunmehr zur populären urbanen
Kultur.

Er lässt auch die gewaltigen Veränderungen dieser Zeit erkennen. Das enorme Wachstum Wiens (die Lebensbedingungen für einen großen Teil der Bevölkerung waren schrecklich)
zeigt sich in den Vorstadtvereinen, das bürgerliche Leistungs-
denken trifft sich mit dem Erfolgsstreben im Match.

Beides, Moderne und Sport, waren urbane Phänomene. Sogar
die Alpinisten und die Skifahrer gründeten ihre ersten Vereine
in Wien. Die Initiative ging zunächst von Bürgerlichen, von
Studenten und Angestellten aus, der Fußball fand jedoch bald
Eingang in andere Schichten. Auf den Gassen und freien Flächen schlossen sich Kicker zu Mannschaften zusammen, die
meist nicht lange bestanden; viele waren arme tschechische Zuwanderer, die sich durch Geschick, Überraschungseffekte und
Zähigkeit auszeichneten. Als derartige »Wiesenkicker« begann-
nen dann einige Helden des späteren Wunderteams der dreißiger Jahre. Sie spielten auf den holprigen Geländen der Vor-
städte oder im Prater, auf einigen dieser »Gstätten« stand ihnen
mitten auf dem Matchplatz ein Baum im Weg.

Solch »wilde« Vereine nahm der 1904 geschaffene Österreichische Fußballverband nicht auf (1926 schloss dann der inzwischen in »Bund« umbenannte ÖFB als Zeichen seiner »un-
politischen« Tätigkeit die Arbeitervereine aus). Er organisierte
1911 eine österreichische Meisterschaft – sie wurde jahrzehnte-
lang nur von Wiener Vereinen ausgespielt, erster Sieger war Rapid. Die Liga entstand spät, da man zuvor das Publikumsinter-

esse mit internationalen Begegnungen, Länderspielen und Städtematches, vor allem zwischen Wien und Budapest, befriedigen konnte.

Dass in Wien Menschen aus allen Teilen der Monarchie lebten, dass so viele Sprachen und Religionen und kulturelle Einflüsse zusammenkamen, das wirkte sich auch im Fußball aus. Sindelar, Sesta, Smistik, Weselik, Bican: So hießen berühmte Kicker der dreißiger Jahre, deren Familien um die Jahrhundertwende aus Böhmen oder Mähren hergezogen waren.

Die Hauptstadt zählte 1890 über 1,3 Millionen Menschen, zwanzig Jahre später mehr als 2 Millionen. Diesen enormen Anstieg bewirkten Eingemeindungen und vor allem die Zuwanderung. 1910 war nicht einmal die Hälfte der Stadtbevölkerung in Wien geboren, 23 Prozent kamen aus Böhmen und Mähren – den Einwohnerzahlen nach war Wien die größte tschechische Stadt. Hier wirkten zahlreiche slawische Vereine, es gab zwei Tageszeitungen auf Tschechisch, und das Manifest der tschechischen Moderne stammte maßgeblich von Wiener Tschechen.

Von den Nationalitätenkämpfen, an denen die K.u.K.-Monarchie schließlich zerbrach, blieben die Fußballplätze keineswegs verschont. Die Regierung Badeni erließ 1897 eine Sprachenverordnung, die praktisch die deutschsprachigen Beamten in Böhmen und Mähren zum Gebrauch des Tschechischen verpflichtete. Darauf kam es zu Ausschreitungen im Parlament, zu Unruhen und auch zum Boykott gegen die tschechischen Sportvereine. Egon Erwin Kisch berichtet, in Prag sei das Heim des deutschen Ruder- und Fußballclubs Regatta von Demonstranten in Brand gesteckt worden, die angeblich der Teamkapitän der tschechischen Slavia angeführt habe. Und der Prager Deutsche Fußballclub, der 1903 in Altona das Endspiel um die erste deutsche Meisterschaft verlor, spielte bis nach dem Weltkrieg nicht gegen Tschechen. In dieser aufgeheizten Stimmung nimmt es nicht wunder, dass die Treffen Slavia Prag gegen Rapid Wien immer besonders aggressiv verliefen.

102    Spielaufbau: 1900 bis 1939

Die 1904 gegründete internationale Föderation, die FIFA,
die nur Landesverbände aufnahm, wollte zunächst für den
»Sonderfall Böhmen« eine Ausnahme machen, lud jedoch 1905
nur die Verbände der beiden Reichshälften Österreich und Ungarn zum Beitritt ein. Wie in der staatlichen Organisation gehörten die Tschechen zum österreichischen Teil, 1905/06 traten
aber die tschechischen Clubs aus dem ÖFV aus.

Als eben in dieser Zeit in Ungarn die Unabhängigkeitspar-
tei nach ihrem Wahlsieg die Regierung bildete und Kaiser
Franz Joseph ihr die Ernennung verweigerte, führte dies zu
einer Staatskrise und zu antiösterreichischen Ausschreitungen,
die im März 1905 auch ein Match der Vienna in Budapest be-
einträchtigten. Geradezu demonstrativ bekundeten einander
Ungarn und Tschechen ihre Verbundenheit auf dem Sportplatz. Am 1. April 1906 traten die beiden Fußballteams in
Budapest gegeneinander an und miteinander auf: Die 5000 Zuschauer waren begeistert, da die Gäste aus Prag mit Armbinden
in den magyarischen Farben und mit Tulpen, dem Symbol der
antiösterreichischen Bewegung, einliefen.

Zwei Jahre später tagte der FIFA-Kongress in Wien und wies
die böhmischen Vereine dem österreichischen Verband zu. Das
lehnten die Clubs ab, folglich belegte die FIFA sie mit einer
internationalen Sperre. In dieser Situation kam den Ländermatches Österreich gegen Ungarn, die eigentlich Städteduelle
waren, eine besondere Bedeutung zu.

Wien gegen Budapest, das zog auch während des Kriegs zehntausende Zuschauer an, als der Fußball eine der wenigen Ver-
gnügungen bot.

Man wollte nun freilich nicht mehr dem Vorbild der feindlichen Briten folgen und gab damit der »Verwienerung« eine
nachträgliche politische Begründung. Von *Kick and Rush* war
bei den heimischen Mannschaften wenig zu bemerken. Sie bevorzugten die schnellen, flachen, kurzen Pässe des »Scheiberlspiels« und den entscheidenden Steilpass. »Ins Loch schicken«,

nannte man das. Um 1905 hatten Prager Vereine nach dieser Taktik der *Mala Ulica*, der kurzen Gasse, gekickt, und mit den Böhmen war sie nach Wien gekommen (und ist eine Vorgängerin des heutigen spanischen *Tiki Taka*).

Prag, Budapest und Wien galten ab den zwanziger Jahren als Dreieck des »Donaufußballs«. Er zeichnete sich durch die gute Technik, die sichere Ballführung und die überraschenden Spielzüge aus. Hugo Meisl, der legendäre Coach des Wunderteams, den die FIFA 2006 als einen der zehn berühmtesten Trainer der Fußballgeschichte präsentiert, erklärte 1929: »Unsere Fußballschule ist dadurch entstanden, dass die Wiener Spieler und Fußballführer mit offenen Augen die Systeme der anderen Fußballvölker betrachteten«; das »derart Gelernte wurde durch den Charme, die Leichtigkeit, das Spielerische und den Mutterwitz, die den Bewohnern der Donaustadt eigen sind, gekrönt«. Wesensbestimmungen brauchen oft Legenden.

Die Popularität während der Kriegsjahre schuf eine Grundlage für das enorm steigende Publikumsinteresse der Folgezeit. Dass Österreich nunmehr ein kleines Land war, hatte für den Fußball keine Bedeutung, da die Nationalelf bis in die fünfziger Jahre mit der Wiener Auswahl identisch war. Als am 5. Oktober 1919 das erste Länderspiel nach Kriegsende stattfand, wollten mehr als 20 000 im Prater auf dem WAC-Platz, dem damals größten Stadion, das Match gegen Ungarn sehen. Bevor die Kassen mittags öffneten, hatten sich schon lange Schlangen gebildet. Nicht alle Fans konnten eine Karte erstehen, die Tribünen waren überfüllt. Draußen standen noch Tausende, die Polizei ließ niemanden durch. Da drückte die Menge das Tor beim Eingang Prater Hauptallee ein. Österreich siegte 2:0.

Die Mannschaft war allerdings nicht im besten körperlichen Zustand. Die meisten Spieler stammten aus den Arbeitervierteln, in denen die Not dieser Nachkriegsjahre besonders zu spüren war. Mehrmals beklagte der Teamchef Hugo Meisl, dass sie schlecht ernährt seien oder gar Hunger litten. Und so orga-

104    Spielaufbau: 1900 bis 1939

nisierte der Verband Begegnungen in Ländern, wo sich die
Kicker einmal satt essen konnten, im Mai 1921 in der Schweiz,
im Juli in Schweden und Finnland. Am 13. August 1921 erklärte Meisl im *Neuen Wiener Sportblatt* die mittelmäßigen Ergebnisse: »Bei unseren Spielern machte sich die üppige Kost,
die übermäßige Gewichtszunahme und der ungewohnt große
Ball unangenehm bemerkbar«, die Stürmer hätten so viel gegessen, dass sie »sich im förmlichen Hofratstempo bewegten«.

Eine andere Folge des Krieges beklagte das ab 1919 regelmäßig erscheinende *Sport-Tagblatt* immer wieder: die »Zuchtlo-
sigkeit«, die Verrohung auf dem Rasen und auf den Tribünen.
Einige Exzesse hatten zur Folge, dass die Öffentlichkeit bisweilen behördlich von Meisterschaftsspielen ausgeschlossen war.
Im politisch aufgeheizten Klima der Ersten Republik, als sich
im kleinen Österreich die Rechten und Linken immer feindse-
liger gegenüberstanden, wies man sich auch auf diesem Feld
gegenseitig die Schuld zu. Die konservativen Bürgerlichen sahen die Vorfälle als Auswüchse des »jugendlichen Großstadtge-
sindels« und damit indirekt der Arbeiterschaft. Für die Sozialdemokraten waren es Folgen des »Geschäftssports« und damit
des Kapitals; ihr führender Theoretiker Otto Bauer bedauerte
1924 das mangelnde Klassenbewusstsein der Arbeiterjugend,
die die neugewonnene Freizeit »nur zum Besuch von Fußball-
wettspielen« benütze.

Für das Publikumsinteresse erwies sich nicht nur der WAC-
Platz als zu klein. Auch die ausgebauten Stadien konnten nicht
immer alle Fans aufnehmen. Im April 1923 wollten Hunderttausend auf der Hohen Warte beim Match gegen Italien dabei
sein, 85 000 ließ man ein. Die Überlastung brachte auf dem
Hang der riesigen Naturtribüne die Erde zum Rutschen. Am
28. April berichtete das *Illustrierte Sportblatt*: »Die Leute waren
förmlich ineinander verkeilt. Viele hatten die Füße gar nicht
am Boden und schwebten förmlich in der Luft.«

Es ist die Beschreibung der konzentrierten Form von Masse.
Für Elias Canetti, der die Anregung für sein Werk *Masse und*

*Macht* nach der Demonstration und dem Justizpalastbrand im Juli 1927 akustisch vom Rapid-Platz erhielt, vermag es nur ein derartiges Massenerlebnis, den Menschen ihre Furcht vor der Berührung durch Unbekannte zu nehmen.

## Neue Stadien: Massenrund mit Politik

Der Wiener Prater zeigt sich herbstlich, in der Hauptallee fegen an diesem Montag Gemeindearbeiter das Laub vom breiten Weg. Über die Bäume fliegen Töne, sie klingen pompös. Die Straßenkehrer halten ein. Es ist die Nationalhymne. Dort drüben, hinter der Wiese und den Büschen steht eine fein gekleidete Festgesellschaft. Der Bundespräsident und der Bürgermeister sind zugegen. Sie feiern das zehnjährige Bestehen der Republik. Wenn sich schon mit dem Brand des Justizpalasts im Juli des Vorjahres, mit den Toten bei der damaligen Demonstration oder, wie die Rechten sagen, beim Aufruhr die politischen Abgründe geöffnet haben, so könne man wenigstens im Sport zusammenfinden. Also enthüllen sie zur Republikfeier den Grundstein des Wiener Stadions. Man schreibt den 12. November 1928.

Mit der Eröffnung zieht allerdings gleich die Politik ein, im Juli 1931 die Arbeiterolympiade. Die Sozialdemokraten richten ihre Massenfestspiele, die den neuen Menschen in Szene setzen, international aus. Der kollektive Höhepunkt im Stadion ist die Choreographie unter der Regie eines Assistenten von Max Reinhardt: Am Ende fällt in der Mitte des Spielfelds der Turm des Götzen Kapital zusammen. Auch hier wird – wie beim *Jedermann* der Salzburger Festspiele, den Reinhardt inszeniert – mit Allegorien gearbeitet.

Die Rechten stehen um nichts nach. Im September 1933 findet im Wiener Stadion ein Weihefestspiel als Großkundgebung des Katholikentages statt. Dieser ist unter das Zeichen des

## 106    Spielaufbau: 1900 bis 1939

Kreuzzugs gestellt und feiert 250 Jahre »Vertreibung der Türken«; die »Horden aus dem Osten« werden auf die »rote Bedrohung« gemünzt. *St. Michael führe uns!*, heißt die Inszenierung,
die betont, politische Gegner seien Werkzeuge des Teufels.
Am Ende vermittelt der Engel den christlichen Kämpfern die
Gnade, das Abendland retten zu können, sodann zieht der Kardinal mit neunhundert Priestern als Führer des Volkes in die
Arena ein.

In London war am 28. April 1923 im nordwestlichen Stadtteil Brent das Wembley-Stadion mit dem Pokalendspiel Bolton Wanderers gegen West Ham United eingeweiht worden.
126 000 Zuschauer hatten das *White-Horse-Cup-Final* erlebt,
das man wegen der Überfüllung fast nicht ausgetragen hätte.
Einen neuen Publikumsrekord verzeichnete man dann 1937,
als 150 000 im Glasgower Hampden Park den Sieg des heimischen Teams gegen England verfolgten.

Der Aufschwung des Fußballs ließ ab den zwanziger Jahren immer größere und besser ausgestattete Stadien entstehen. Politiker unterstützten den Bau, schuf er doch Arbeitsplätze. Ihnen
selbst gab die Arena regelmäßig Gelegenheit, sich den Massen
zu präsentieren, auf die sie in diesem Rund emotional einzu-
wirken gedachten.

In der aggressiven Situation der Zwischenkriegszeit waren
Masseninszenierungen im Rahmen des Sports gang und gäbe,
ja geradezu symptomatisch. Sie stützten sich auf eine einfache
Dramaturgie, deren Rollenverteilung geläufig war, und sie trugen zur Theatralisierung der Politik bei.

Das Italien unter Benito Mussolini war das erste Land in Europa, das die Fußballstadien politisch benützte. Im Oktober
1922 marschierten die Faschisten auf Rom und übernahmen
die Macht. Im April des folgenden Jahres war ein Ländermatch
der *Azzurri* im »Roten Wien« angesetzt – vier Tage davor publizierte die Kommunistische Partei in Österreich die Befürch-

tung, es würden Tausende Rechtsradikale aus Italien anreisen und sich vor Ort mit den heimischen Christlichsozialen verbünden.

Zwar trat Mussolini später, zwischen 1933 und 1936, als Österreichs Schutzherr gegen Hitlerdeutschland auf, im Fußball äußerte sich jedoch die angespannte Beziehung. Nachdem der ÖFB im März 1926 gegen eine Südtirol-Rede Mussolinis protestiert hatte, boykottierten die Italiener eine Weile die österreichischen Teams. »Die Wacht am Brenner«, betitelte das *Sport-Tagblatt* seinen Bericht am 9. März. Ebenfalls problematisch gestalteten sich die Beziehungen nach dem Ländermatch im April 1929, das Österreich 3:0 gewonnen hatte. Die Presse in Rom nannte die ganze Veranstaltung eine »Schweinerei«: Es sei die falsche Hymne erklungen, man habe keine Flagge aufgezogen, die Gegner hätten brutal gekickt. Und als dann Mussolini seine politische Hand nicht mehr über Österreich hielt, kam es 1937 beim Ländermatch im Praterstadion zu Schlägereien; am 22. März schrieb das *Sport-Tagblatt*: »Das Wettspiel war wohl der unsympathischste Wettkampf, den das Wiener Stadion gesehen hat.«

Wie sich für Mussolini mit der Ausrichtung der Fußballweltmeisterschaft 1934 die beste Propagandatribüne bot, so für Hitler bei den Olympischen Spielen 1936 in Berlin. Den Bau des Olympiastadions erklärte er zur Reichssache. Es entstanden eine Arena für hunderttausend Zuschauer und ein Aufmarschgelände für eine halbe Million Menschen; beides benützten die Nazis nach Olympia für ihre Kundgebungen.

Die Politisierung und der Stadionbau beruhten darauf, dass in der Zwischenkriegszeit der Fußball auch auf dem europäischen Kontinent ein Massenphänomen geworden und der internationale Spielverkehr stark angestiegen war. Dem breiten Publikum bot sich eine günstige Möglichkeit der Identifikation, die konkreter vor Augen trat als der abstrakte Staat. Beim Ländermatch konnte man seinen Nationalismus auf elf Aktive projizieren und spontan hinausschreien. Die Zugehörigkeit zu einem Club ließ zudem oft eine soziale oder konfessionelle Zuordnung erkennen. Im Stadion vermochten sich die Zuschauer von der schlechten Lage, von wirtschaftlicher Not abzulenken sowie in der Menge aufgehoben, ja erhoben zu fühlen. Umso eher, als Stars aus allen möglichen Bereichen auf der Ehrentribüne neben den politischen Herrschaften saßen, wie dies die Wochenschauen in den Kinos regelmäßig vorführten.

Die zahlreichen Sportzeitschriften und ab Mitte der zwanziger Jahre die Übertragungen im Radio schufen ein mediales Echo, so dass die soziale Bedeutung des Fußballs ständig wuchs – verstärkt durch das Toto-Wetten, das in den dreißiger Jahren seinen Aufschwung erlebte und mit dem Lotto das wöchentlich nötige Fünkchen Hoffnung lieferte.

Die Zeitungen protokollierten nicht selten ein Match über zwei großformatige Seiten, in einem mitunter dem Naturalismus nahekommenden Sekundenstil, illustriert von Skizzen der Torszenen. Man begann von bedeutenden Spielen direkt im Radio zu berichten. Einige Reporter wie der Wiener Lateinprofessor Willy Schmieger, der am 7. Oktober 1928 das erste im österreichischen Rundfunk übertragene Match erzählte – Österreich gegen Ungarn 5:1, 40 000 Zuseher, 10 000 Radiohörer –, galten wegen ihrer Gewitztheit geradezu als Kultfiguren.

Trotz der Wirtschaftskrise besuchten nicht weniger Zuschauer die Stadien, die Bindung zu den Teams und zum Fußball im Allgemeinen hatte sich gefestigt. In England, auch auf dem Kontinent, gehörte nun der lokale Proficlub zum gesellschaftlichen Leben der Arbeiter vor Ort. Als der Star Stanley Matthews 1938 seinen Stammverein Stoke City verlassen wollte, bewirkte er damit Demonstrationen – und blieb.

Die Internationalisierung richtete den Blick der Europäer oft nach Südamerika. In den Jahren des Fußballaufschwungs dominierte Uruguay die Turniere. Nachdem das Land die Ausrichtung der ersten Weltmeisterschaft zugesprochen bekommen hatte, baute es in Montevideo das Estadio Centenario, das

Neue Stadien: Massenrund mit Politik 109

*Abb. 7:* Das Estadio Centenario in Montevideo bei der ersten WM, Juli 1930.

100 000 Zuschauer (nach anderen Angaben 80 000) fasste. Am 18. Juli 1930 wurde es mit dem ersten WM-Spiel des heimischen Teams gegen Peru eröffnet, auf den Tag hundert Jahre nach der Verabschiedung der ersten Verfassung des unabhängigen Uruguay. Die Arena ist dem Gelände angepasst, ein riesiger schlanker Turm macht sie weithin sichtbar, der Torre de los Homenajes; die Tribünen Olímpica, Colombes, América, Amsterdam benannten 1930 die Erfolge der Nationalelf. Das Stadion wurde also zugleich als Gedächtnis- und als Spielort geplant; heute erinnert das Museum im Erdgeschoss des Torre de los Homenajes an die uruguayischen Triumphe.

Später, vor allem in den siebziger und achtziger Jahren, sollten südamerikanische Stadien politisch brutal benützt werden.

110   Spielaufbau: 1900 bis 1939

*Internationalisierung und* Splendid Isolation

Im Finale des Olympischen Fußballturniers besiegte am 9. Juni
1924 im randvollen Pariser Stade de Colombes vor 40000 Zuschauern Uruguay die Schweiz mit 3:0.

Die Spieler, denen die Goldmedaille überreicht wurde, wa-
ren offiziell Amateure. José Nasazzi, der Kapitän und Motor der
Mannschaft, hatte Steinmetz gelernt; Pedro Arispe arbeitete im
Kühlhaus einer Fleischfabrik; Pedro Cea war Eisverkäufer, José
Leandro Andrade Karnevalsmusiker und Schuhputzer.

Perucho Petrone, der schnellste Stürmer und erfolgreichste
Torschütze des Turniers, verkaufte in seinem Viertel unweit der
Avenida Italia Gemüse. Der Verein, in dem er zu kicken begonnen hatte, trug die Herkunft im Namen. Solferino Montevideo,
das verwies auf die entscheidend gewonnene Schlacht von
1859, die dadurch erstrittene italienische Einheit und deren
»Vater« Garibaldi, der ja in seinen frühen Jahren für Uruguay
am Rio de la Plata gekämpft hatte. Von Solferino zu Nacional –
man mag es metaphorisch verstehen – lautete Petrones Karrie-
reweg. Bei Nacional Montevideo riefen sie ihn *L'Artillero*, bis
er 1931 zu Fiorentina nach Italien wechselte. Perucho durfte er
in Florenz nicht mehr heißen, denn fremde Namen waren im
Mussolini-Regime nicht genehm; also war er Pietro Petrone.
Auch im Calcio wurde er Torschützenkönig; aber wegen des Faschismus und seines Heimwehs hielt es ihn dort nicht – so erzählt es die Legende, eine prosaische Version berichtet von
Schwierigkeiten mit dem Trainer Hermann Felsner, einem Österreicher. Da Petrone einfach unvermittelt mit dem nächst-
besten Schiff nach Uruguay zurückkehrte und den Vertrag in
Italien nicht erfüllte, sperrte ihn die FIFA.

Die Olympiasieger von 1924 mussten jeden Peso zweimal
umdrehen. Für die Reise hatte ein uruguayischer Funktionär
eine Hypothek auf sein Haus aufgenommen; nach dem Sieg
sagte dieser Atilio Narancio: »Jetzt sind wir nicht mehr nur der
kleine Punkt irgendwo auf der Weltkarte.« Sie hatten den At-

lantik in der 3. Schiffsklasse überquert, in Europas Eisenbahnen fuhren die Kicker in der 2. Wagenklasse, da schliefen sie auf den Holzbänken. Wo sie antraten, erhielten sie Unterkunft und Verpflegung, deswegen mussten sie möglichst viele Spiele bestreiten. Auf dem Weg nach Paris waren es neun Matches in Spanien, die sie alle gewannen.

Der uruguayische Schriftsteller Eduardo Galeano erzählt, dass sich der Gegner vor der ersten Begegnung im olympischen Turnier über diese Unbekannten vom fernen Kontinent informieren wollte. Als die Jugoslawen Spione zum Training schickten und die Uruguayer das bemerkten, machten sie sich einen Spaß daraus, extra zu stolpern und neben das Tor zu schießen. »Die können einem leidtun, kommen von so weit her und dann das«, habe der Bericht für das jugoslawische Team gelautet. Auch das französische Publikum erwartete sich nichts von diesen Urus. Kaum 3000 Zuschauer saßen im Stade de Colombes, die Fahne mit der Sonne und den vier blauen Streifen zog man verkehrt auf, als Hymne ertönte ein brasilianischer Marsch. Uruguay siegte 7:0.

Sie spielten keine langen, hohen Bälle, sondern kurze Pässe. Schnell wechselten sie den Rhythmus, in vollem Lauf gelangen ihnen ihre Finten. Ihr Dribbling mit enger Ballführung nannten sie *moñas*, »Schleifen«. Andrade erklärte das französischen Sportjournalisten: Sie würden die Schleifen trainieren, indem sie Hühnern auf deren S-förmigen Fluchtwegen nachjagen. Der Witz wurde geglaubt und ernsthaft so publiziert. Das Exotische erschien eben sonderbar.

Mit Uruguay hatte in Europa keiner gerechnet. Dabei wurden schon 1900 in Montevideo der heimische Verband und eine Liga gegründet. Man ging mit einer solchen Verve zur Sache, dass der Fußball im kleinen Land am Rio de la Plata, das Sozialreformen zu einem der modernsten Staaten der Welt machten, einen raschen Aufstieg erlebte. Die soziale Offenheit bewirkte, dass ab 1916 – früher als anderswo – auch dunkelhäutige Spieler ins Team nominiert wurden; in diesem Jahr ge-

112    Spielaufbau: 1900 bis 1939

wann Uruguay mit dem legendären José Piendibene die Copa América. Die im Gegensatz zu den Briten entwickelte eigene Spielweise wurde 1924 in Paris enthusiastisch gefeiert.

»Er war schwarz, Südamerikaner und bettelarm, das erste internationale Idol im Fußball«, erzählt Eduardo Galeano, der Schriftsteller aus Uruguay, über José Leandro Andrade: »Im Mittelfeld fegte dieser Riese mit dem Gummikörper den Ball nach vorn, ohne je den Gegner zu berühren, und wenn er sich in den Sturm integrierte, ließ er mit seinen flinken Bewegungen die Spieler der gegnerischen Mannschaft einfach stehen. Bei einem der Spiele lief er mit dem schlafenden Ball auf dem Kopf über den halben Platz. Die Zuschauer jubelten ihm zu, die französische Presse nannte ihn ›das schwarze Wunder‹.« Gegen Frankreich erzielte er ein Tor, nachdem er über 75 Meter sieben Gegner ausgespielt hatte.

Zur Erzählung vom Wundergenie gehören in alter Dramaturgie sodann Abseits und Abstieg. In Paris hatte Andrade nach dem Olympiasieg eine Zeit lang über die Nächte von Pigalle geherrscht, bevor er in die Stadien seiner Heimat zurückkehrte, wieder in der Nationalelf spielte und neuerlich Olympiagold gewann. 1930 wurde er mit Uruguay Weltmeister; 1957 starb er in Montevideo, »arm wie eine Kirchenmaus«.

Am 3. Juni 1928 spielte Uruguay beim olympischen Turnier in Amsterdam gegen Deutschland. Nun wusste man über das Team aus Übersee besser Bescheid.

Die deutsche Nationalmannschaft war als Elf des Kriegsgegners, dem die Sieger die Schuld an der Katastrophe zugewiesen hatten, zu den olympischen Turnieren von 1920 und 1924 nicht zugelassen worden. Der DFB seinerseits untersagte den Clubs, gegen Profis anzutreten, und dadurch die Teilnahme am Mitropacup. In Amsterdam kehrte der deutsche Fußball auf die internationale Bühne zurück und wollte natürlich seine Stärke zeigen. Seit 1926 war Otto Nerz Reichstrainer. Er berief den ers-

Internationalisierung und *Splendid Isolation* 113

ten Lehrgang für ein DFB-Team ein. An der Rehabilitierung durch Sport und Kultur war vielen gelegen: Der Ullstein-Verlag, dem die *Vossische Zeitung* gehörte, finanzierte das Trainingslager.

Zwar hatten die Gegner ihre Erfolge vorzuweisen, aber Nerz glaubte an die Chancen seiner Elf gegen die Urus, immerhin war der Meister Penarol Montevideo im Mai 1927 in Wien gegen Rapid 5:0 unter die Räder gekommen.

Uruguay gewann in Amsterdam 4:1. Die Deutschen klagten, der ägyptische Schiedsrichter habe viele Fouls nicht gepfiffen, und Funktionäre des DFB ließen erbost verlauten, man sei von einem »zumeist farbigen Gegner mit Hilfe eines farbigen Schiedsrichters zusammengetreten worden«. Der Vorsitzende des Westdeutschen Verbandes und spätere NSDAP-Abgeordnete Josef Klein sah sich von »südamerikanischen Fallenstellern und Urwaldjägern« besiegt. Der Bericht eines neutralen Beobachters, des Wiener *Sport-Tagblatt*, lautete anders: Ein »glänzendes Spiel der Uruguayer« sei es gewesen; es habe Raufszenen gegeben, die Deutschen seien gegen Ende »ganz außer Rand und Band« geraten – zwei von ihnen verwies der Referee, den immerhin der DFB vorgeschlagen hatte, wegen Revanchefouls des Feldes.

Am 13. Juni fällt das Tor zum Olympiasieg in der 68. Minute. Das Finale Uruguay gegen Argentinien hat remis geendet, auch im Wiederholungsspiel steht es 1:1. Eduardo Galeano erzählt den entscheidenden Moment:

Borjas erhält den Ball aus der Luft mit dem Rücken zum Tor und köpft ihn mit dem Ruf »Deiner, Héctor!« zu Scarone, der ihn direkt nimmt und volley einschießt. Der argentinische Tormann Bossio springt erst, als der Ball schon ins Netz schlägt. Doch der Ball wird aus dem Netz aufs Spielfeld zurückgeschleudert. Der Mittelstürmer Uruguays, Figueroa, treibt ihn unerbittlich wieder hinein, straft ihn mit einem Tritt, denn einfach wieder so herauskommen, das ist schlechte Erziehung.

114    Spielaufbau: 1900 bis 1939

Die erste Fußballweltmeisterschaft an Uruguay zu vergeben, das beschlossen die Herren der FIFA 1929. So ließen sie dem Land gerade ein Jahr Zeit, das große Ereignis vorzubereiten.

Neben dem Gründungspräsidenten Roger Guérin hatte im Weltverband vor allem der holländische Bankier Carl Anton Wilhelm Hirschmann ein gewichtiges Wort zu reden; er plante schon 1905 ein Weltturnier, fand dafür jedoch keine Teams.

Englands Football Association hatte sich zunächst an der FIFA uninteressiert gezeigt, trat dann aber doch im April 1905 bei, es folgten die anderen britischen Verbände: England, Schottland, Wales sowie Irland erhielten als eigene Institutionen je eine Stimme zugesprochen, und der Engländer Daniel Burley Woolfall wurde 1906 FIFA-Präsident. Nach dem Ersten Weltkrieg traten die Briten geschlossen aus, weil sie nicht mit dem Feind Deutschland in derselben Organisation sitzen wollten; erst nach dem Zweiten Weltkrieg nahmen sie 1946 wieder die Mitgliedschaft an.

Da sich in der zweiten Hälfte der zwanziger Jahre, als in einigen Ländern Profiligen zur Debatte standen, mit dem Internationalen Olympischen Komitee die Differenzen über den Amateurstatus häuften, begann die FIFA eine eigene Weltmeisterschaft zu planen. Für die Austragung boten sich Italien, Holland, Spanien, Schweden und Ungarn an; der argentinische Delegierte schaffte es aber, Stimmung für Uruguay zu machen: Die Olympiasiege sprachen für das Land, das 1930 genau die hundert Jahre seiner unabhängigen Verfassung zu feiern habe. Außerdem war ja Doktor Enrique Buero aus Uruguay Vizepräsident des Verbandes gewesen, der reiche Diplomat und Viehzüchter werde Kost und Logis für die Teams bezahlen.

England winkte ab. Da das Turnier nicht im Mutterland stattfinde, brauche man auch nicht mitzumachen. Schließlich hatte man das Ganze erfunden und immer noch zweifelsohne das weltbeste Team. Man war seit Jahrzehnten an hohe internationale Siege gewöhnt, und das Regelwerk lag in Händen des briti-

Internationalisierung und *Splendid Isolation*    115

schen Football Association Board, dessen Autorität von der FIFA anerkannt wurde.

Eben Mitte der zwanziger Jahre hatte man eine wesentliche Änderung vorgenommen. Die neue Abseitsregel legte 1925 fest, dass sich zwischen dem vordersten Angreifer und dem Tor nur noch zwei Spieler befinden müssen. Dies gab dem Feld mehr Tiefe und ermöglichte eine neue Spielweise, die das Kombinieren nach vorne bevorzugt. Das *Kick and Rush*, das Vorschießen und Hinterherstürmen, erschien nunmehr weniger günstig. Gefragt war es vielmehr, Individualität und Spielaufbau zu verbinden.

Die neue, in England entwickelte Taktik nannte man WM-System. Sein Erfinder Herbert Chapman war als Manager – wie auf der Insel der Trainer heißt – mit Huddersfield Town zwischen 1924 und 1926 dreimal hintereinander Meister geworden. Sein Vater war in Yorkshire Bergarbeiter gewesen, Chapman hatte ein Ingenieursstudium absolviert. Eine entsprechende Planung übertrug er auf den Fußball, indem er die Auswirkungen der neuen Abseitsregel bedachte. Er ordnete die Mannschaft wie ein W und ein M an; das W ergab sich im Angriff durch den rechten und den linken zurückhängenden Halbstürmer, *Half*, das M in der Verteidigung durch zwei vorgeschobene *Midfielders*. Damit führte Herbert Chapman Arsenal London von 1930 bis 1934 dreimal zum Gewinn der Meisterschaft, in diesen Jahren schaffte das Team zudem zweimal den Pokalsieg.

Der Erfolg hat seine Kritiker. Manche fanden, das WM-System sei zu defensiv und einzig auf Erfolg bedacht. Die Debatte, ob es besser sei, effizient oder schön zu spielen, ist seither nie wirklich abgeflaut.

Der FIFA-Präsident reiste mit dem Dampfer Conte Verde nach Uruguay. In seinem Gepäck hatte er den Goldpokal, der später nach ihm benannt wurde. Vom Achterdeck hörte er Kommandos zur Gymnastik, Pfiffe und Getrappel.

116    Spielaufbau: 1900 bis 1939

Nachdem Woolfall 1918 gestorben war, hatte Carl Anton Wilhelm Hirschmann, der frühe Befürworter eines Weltturniers, den Verband geführt, bis 1921 der französische Jurist und Journalist Jules Rimet zum Präsidenten gewählt wurde.

Mit ihm waren auf der Conte Verde auch die Teams von Belgien, Frankreich und Rumänien, dazu der berühmte belgische Schiedsrichter John Langenus. Nicht alle hatten sich leicht von ihren beruflichen Verpflichtungen lösen können; ein französischer Soldat war zunächst nicht freigestellt worden, in letzter Minute hatte das Außenministerium interveniert und ihn zum außerordentlichen Mitarbeiter des Botschafters in Uruguay ernannt. Ideal war die zweiwöchige Seefahrt nicht für die Vorbereitung. Ohne Ball trainierten die Kicker auf dem Achterdeck, und um überhaupt laufen zu können, die Schiffslänge hin und her und hin, mussten sie an manchen Stellen zwischen den Liegestühlen der Passagiere durch. In Rio stiegen die Brasilianer zu, in Montevideo wurde dieser geballten Fußballladung ein begeisterter Empfang bereitet.

Uruguay galt damals als die »Schweiz Südamerikas«. Unter Präsident José Batlle y Ordónez, den man Don Pepe nannte, hatten zahlreiche Sozialreformen das Land zu einem der modernsten der Welt gemacht. Man hatte den Acht-Stunden-Tag, Mindestlöhne und eine Altersvorsorge eingeführt; Schul- und Hochschulbildung gab es gratis; seit 1907 waren zivile Ehescheidungen möglich, ab 1913 auch auf Antrag der Frauen, die 1932 das Wahlrecht erhielten. In diesen Jahren kamen besonders viele Emigranten: 1908 hatte Uruguay knapp eine Million Einwohner, 1930 zählte man zwei Millionen, von denen rund ein Drittel in Montevideo lebte. In den zwanziger Jahren, die man auch hier als »die verrückten« bezeichnete, florierten die fleischverarbeitende Industrie, die Bauwirtschaft und die Banken. Der Lebensstandard war recht hoch, bezeichnend dafür die geringe Kindersterblichkeit. Die Unterschichten zeigten sich sehr präsent, 1905 war sogar ein anarchistisch beeinflusster Gewerkschaftsbund entstanden. Mit den Einwanderern kam die Internationalität, gemeinsam mit den Reformen führte dies zu raschen gesellschaftlichen Veränderungen. Man schuf mehr Parks, man asphaltierte die Straßen, man eröffnete Theater und Kinos. Die populärste Inszenierung war der Fußball.

Anderswo auf dem Kontinent herrschte indes Unsicherheit. Die Wirtschaftskrise zog ihre Kreise, in Argentinien lag ein Putsch gegen Präsident Yrigoyen förmlich in der Luft, die Konflikte in Brasilien steuerten auf einen radikalen Wechsel zu. Bolivien stand im Bürgerkrieg, so dass der Teamchef vor der Weltmeisterschaft beteuerte: »Ich musste den Burschen die Waffe aus der Hand nehmen.«

Das neue Estadio Centenario erschien den Teams enorm. Das Turnier wurde nur in Montevideo ausgetragen, zwei andere Stadien standen dafür bereit – immerhin mussten die Europäer nach der ermüdenden Schiffspassage nicht auch noch weitere Fahrten ins Landesinnere auf sich nehmen.

Vor allem wegen der beschwerlichen Anreise waren die besten europäischen Mannschaften nicht gekommen. Der Wiener Teamchef Hugo Meisl hatte gleich nach dem FIFA-Beschluss zu bedenken gegeben, dass man insgesamt sieben Wochen unterwegs wäre: »Es wird nicht gehen. Wir können nicht.«

Dazu befragte die *Wiener Sonn- und Montagszeitung* am 3. Februar 1930 einige heimische Internationale: »Wir wollen nach Uruguay«, war der Tenor. Den Verantwortlichen, die sich dagegen aussprachen, attestierte der Artikel einen kleinbürgerlichen Krämergeist, der als erstes Argument »die angeblichen Urlaubsschwierigkeiten der Spieler« und die Gefahr, diese könnten arbeitslos werden, benenne. Pepi Blum meinte: »Es wäre für uns Fußballer, die wir ewig dieselben Gegner haben, immerzu gegen Ungarn, Tschechen und hie und da Italiener spielen, äußerst lehrreich, einmal die großen Fußballkünstler Südamerikas im eigenen Lande zu sehen und uns mit ihnen zu messen.« Walter Nausch drückte das Gefühl aus, dass »unsere Klubs

118    Spielaufbau: 1900 bis 1939

Angst haben, die besten Spieler könnten drüben bleiben« – immerhin waren bei den zwei USA-Tourneen der Hakoah insgesamt dreizehn Kicker zu dortigen Vereinen gewechselt und hatten die Rückreise nicht mehr angetreten. Ferdinand Wessely betonte: »Leider, leider, kommt das, was manche Wiener Zeitungen gegen die Beteiligung Österreichs immer anführen, gar nicht in Betracht. Viele unserer Spieler sind arbeitslos.«

Nun bot sich die Vienna an, ihre Profis als österreichisches Team antreten zu lassen: Die Spieler wären in der Sommerpause beschäftigt – andere Vereine wie die Admira hatten schon Auslandstourneen gebucht – und der Club würde die von Uruguay garantierte Prämie erhalten. Als die Vienna in Montevideo anfragte, erklärten sich die Veranstalter einverstanden. Darauf bemühte die Vienna sogar das Bundeskanzleramt, es möge auf den ÖFB einwirken, damit dieser die Erlaubnis erteile. In der Vorstandssitzung vom 7. Februar winkte jedoch Hugo Meisl entschieden ab.

Hingegen hatte sich Rumänien als erstes europäisches Land angemeldet. Der neunzehnjährige Alfred Fieraru war einer der fünfzehn Teamspieler. »Es war wie ein Traum«, beschreibt er später die Reise und die WM. Es habe ihn nicht weiter gestört, in der »Holzklasse« von Bukarest bis Genua zu fahren, wo sie an Bord der Conte Verde gingen. »Das Centenario-Stadion sahen wir am zweiten Tag nach unserer Ankunft«, um das ganze Spielfeld »lief ein zweieinhalb Meter breiter Wassergraben und der später üblich gewordene Zaun. Die ›Furia Latina‹ musste gebremst werden.« Gegen Peru siegten die Rumänen 3:1, eine Woche darauf verloren sie gegen die Gastgeber 0:4.

Der letzte europäische Teilnehmer im Turnier war Jugoslawien. Die Mannschaft bestand einzig aus serbischen Spielern; man hatte gerade den Verbandssitz von Zagreb nach Belgrad verlegt, aus Protest blieben die Kroaten dem Team fern. Gegen den Gastgeber hatte es im Halbfinale keine Chance, vor 93 000 Zuschauern verlor es 6:1.

Im Endspiel traf Uruguay auf seinen alten Rivalen Argentinien. Jedes Jahr spielten die beiden Länder am Rio de la Plata mehrmals gegeneinander, bis dahin insgesamt schon 117 Mal. Das schafft Legenden.

Immer wenn Adhemar Canavessi in ihrer Mannschaft gestanden war, hatten die Urus gegen Argentinien verloren, zwei Jahre zuvor hatte er gar ein Eigentor verschuldet. An diesem 30. Juli 1930 blieb Canavessi im Hotel.

In der 12. Minute schoss Héctor Scarone auf das Tor, der argentinische Verteidiger Fernando Paternóster wehrte ab, der Ball sprang zu Pablo Dorado und der erzielte durch die Beine von Tormann Juan Botasso das 1:0 für Uruguay. Den Jubel auf den vollbesetzten Tribünen kann man sich gut vorstellen. Die Argentinier reagierten sofort und griffen vehement an. Francisco Varallo spielte einen Freistoß zu Rechtsaußen Carlos Desiderio Peucelle, der zum 1:1 ins lange Eck einsandte. Vor der Pause gingen die Gäste von der anderen Seite des Rio de la Plata in Führung; das Goal war allerdings umstritten: Hector Castro traf die Stange des argentinischen Tors, den schnellen Konter spielte Luis Monti zu Guillermo Stabile, der lief allein davon und erzielte das 2:1 – Uruguays Kapitän José Nasazzi war stehengeblieben, hatte die Hand gehoben und Abseits reklamiert. Kurz danach hätte Varallo die Vorentscheidung für Argentinien herbeiführen können, traf jedoch nur die Latte. Auf den Rängen dürfte das Publikum leise geworden sein.

Nach der Halbzeitpause kamen die Urus mit größerem Elan ins Match und Andrade war kaum zu halten. In der 57. Minute pfiff Schiedsrichter John Langenus, der traditionell in Knickerbocker agierte, ein Foul an der Strafraumgrenze der Argentinier, die nach dem Schuss den Ball nicht aus der Gefahrenzone brachten, bis Pedro Cea flach ins linke Eck zum 2:2 traf. Auf den Tribünen wurde es nun sehr laut, dann enthusiastisch, als in der 68. Minute Santos Iriarte unbehindert aus 20 Metern abziehen konnte und Botasso auf dem falschen Fuß zum 3:2 für

120   Spielaufbau: 1900 bis 1939

Uruguay erwischte. Kurz vor Abpfiff gelang dann Castro per Kopf nach einer Flanke von Dorado das 4:2.

Uruguay war der erste Weltmeister der Fußballgeschichte. Die Bilder zeigen erschöpfte Spieler inmitten einer Menge, deren frenetische Begeisterung unschwer zu erkennen ist.

Im Nachbarland hingegen waren die Massen nicht nur enttäuscht, sondern vor allem wütend. Für Präsident Yrigoyen war diese Stimmung auch nicht günstig; im September konnten sich die Militärs auf die Unzufriedenheit stützen, um ihn aus dem Amt zu putschen. Die Argentinier fühlten sich zu Unrecht besiegt, einige Spieler seien bedroht worden. In Buenos Aires demonstrierte eine Menge gewalttätig vor der Vertretung Uruguays, die diplomatischen Beziehungen wurden für kurze Zeit abgebrochen. Zwei Jahre gingen sich die beiden Teams aus dem Weg, bis 1935 fand keine Südamerika-Meisterschaft statt.

In der argentinischen Mannschaft standen Luis Monti und Raimundo Orsi. Vier Jahre später sollten beide für Italien spielen.

Dem Land war die Austragung der zweiten Weltmeisterschaft auf dem FIFA-Kongress 1932 in Stockholm zugesprochen worden. Mussolinis Regime wollte damit international an Prestige gewinnen und stellte für das Turnier beträchtliche Mittel bereit, wodurch die Staatsverschuldung stark anstieg. Alles andere als der Titelgewinn der eigenen Mannschaft war für Mussolini inakzeptabel; es kursierte im Lande sogar das Gerücht, dass die Spieler im Falle einer Niederlage hingerichtet würden. Auf einer WM-Medaille war ersichtlich, dass nicht nur für den Sport geworben wurde: Ein Spieler hat einen Ball am Fuß, seinen Arm hebt er zum faschistischen Gruß.

Das italienische Publikum wurde entsprechend indoktriniert; an anderen Teams zeigte es wenig Interesse. Es sei eine »WM der leeren Ränge« gewesen, lautete nachträglich die Kritik aus dem Ausland. Immerhin waren über zweihundert Zeitungen und sechzehn Radios vertreten; nur die britische Presse

Internationalisierung und *Splendid Isolation* 121

nahm kaum Notiz, sie hatte keinen einzigen Journalisten geschickt.

Der Titelverteidiger fehlte – das sollte nachher nie wieder der Fall sein. Die Urus waren verstimmt, weil so wenige europäische Teams 1930 angereist waren; nun wollten eben sie sich die Strapazen nicht antun. Aus den Amerikas kamen die USA, Argentinien und Brasilien, das im ersten Match gegen die mitfavorisierten Spanier ausschied. Wie die beiden anderen Teams aus Übersee musste es nach dem kurzen Aufenthalt und neunzig Minuten Fußball alsbald auf die lange Rückfahrt gehen. Die Teilnahme hat allerdings bis heute statistische Bedeutung: Brasilien ist das einzige Land, das bislang bei allen WM-Turnieren dabei war.

Über Austragungsmodus und Regelauslegung debattierte man heftig, besonders über die Einbürgerungen. Ein Spieler durfte nur für eine Nationalelf antreten, wenn er seit drei Jahren in keiner anderen Auswahl gestanden war und ebenso lang in seiner neuen Heimat gelebt hatte. Einige Mannschaften hielten sich nicht daran, der Gastgeber Italien gar in vier Fällen. Teamchef Vittorio Pozzo hatte 1930 für *La Stampa* aus Uruguay berichtet, bei der Gelegenheit war er auf Orsi und Monti aufmerksam geworden und hatte sie zu Juventus Turin vermittelt. In der Squadra Azzurra standen sie nun gemeinsam mit Enrique Guaita, der noch im Februar 1933 für Argentinien gekämpft hatte.

Stark kritisiert wurden die Auswahl der Schiedsrichter und deren Leistungen. Viele von ihnen konnten schwer als Unparteiische gelten, waren doch von den fünfundzwanzig Herren auf dem Feld und an den Linien zwölf Italiener. Aber auch die Vertreter anderer Länder zeigten sich dem Druck des Publikums und des Mussolini-Regimes nicht gewachsen.

Der Gastgeber und Spanien hatten sich im Viertelfinale nach Verlängerung 1:1 getrennt; gleich am nächsten Tag, am 1. Juni, fand das Wiederholungsmatch statt. Beim entscheidenden Tor zum 1:0-Sieg behinderten italienische Spieler den spanischen

Tormann, auf den sich Meazza aufstützte, um einköpfen zu
können. Der Schweizer Schiedsrichter gab nicht nur dieses Tor,
sondern verweigerte den Spaniern zwei Elfmeter und erkannte
ihnen zwei Tore ab, die regulär gewesen sein sollen. Gegen ihn
wurde eine Untersuchung wegen Bestechung eingeleitet, er trat
zurück und wurde später vom heimischen Verband lebenslang
gesperrt. Ins Halbfinale stiegen allerdings die Italiener auf.

Zwei Tage nach ihrem Sieg trafen sie am 3. Juni auf Österreich, dessen Wunderteam zu den Favoriten gezählt wurde, jedoch müde wirkte. Im Februar hatte es gegen die Azzurri in Turin 4:2 gewonnen; nun waren aber die Wiener nach einer
schweren Saison angereist und fühlten sich bei der herrschenden Hitze in den Unterkünften nicht wohl. Sie verloren 1:0.
Auch dieses Tor war umstritten – der schwedische Referee Ivan
Eklind war am Vorabend Ehrengast bei Mussolini gewesen.

Inzwischen hatten die Deutschen, die in einem schönen
Hotel am Comer See logierten, ihren Weg gemacht, Edmund
Conen vom FV Saarbrücken hatte beim 5:2 gegen Belgien
gleich drei Tore erzielt. Gegen die Tschechen war jedoch im
Halbfinale nichts zu holen, dafür bedeutete das abschließende
3:2 gegen Österreich den dritten Platz.

Und Italien siegte wunschgemäß im Endspiel, das im pro-
grammatisch benannten Stadio Nazionale del Partito Nazionale Fascista von Rom stattfand, also im Nationalstadion der
nationalen faschistischen Partei. Wieder stand Schiedsrichter
Eklind Mussolinis Squadra bei. Die Tschechoslowakei führte
zwar bis neun Minuten vor Abpfiff, dann schaffte Orsi, der Argentinier, den Ausgleich und in der Verlängerung gelang Schiavio das 2:1.

Inzwischen verblieb England in seiner glänzenden Sonderstellung.

Die Nationalelf spielte von 1919 bis 1946 gerade mal 33 von
insgesamt 110 Matches anderswo als auf den britischen Inseln,
bis 1929 nur in Belgien, Frankreich, Luxemburg und Schwe-

Internationalisierung und *Splendid Isolation*  123

den. Auch gegen Eire, den irischen Freistaat, der 1921 von der
FIFA noch vor seiner britischen Anerkennung aufgenommen
wurde, traten die Engländer bis 1946 nie an.

Die erste Niederlage von einem nichtbritischen Gegner
mussten sie im Mai 1929 mit 3:4 in Madrid gegen Spanien hinnehmen. Die Revanche folgte auf dem Fuß. Im Dezember 1931
fegten sie mit einem 7:1 im Londoner Highbury-Stadion über
die Spanier hinweg, obwohl mit dem berühmten Ricardo Zamora der damals wohl weltbeste Keeper im gegnerischen Tor
stand.

In den seltenen Fällen, in denen starke Teams vom Kontinent
nach London eingeladen wurden, setzten die Engländer Ter-
mine im Winter an. Für die Gäste war das ungünstig, da deren
Herbstmeisterschaft schon zu Ende gegangen war und ihnen
das Londoner Klima dieser Jahreszeit nicht gerade zum Fuß-
ballspielen behagte. Im Dezember waren die Plätze schwer und
die britischen Kicker meist in bester Form.

Im Oktober 1938 feierte die Football Association ihr fünf-
undsiebzigjähriges Bestehen. Dazu holte sie eine aus Europäern
zusammengestellte »Weltelf«, in der fünf Weltmeister aus Italien standen. Das Londoner Publikum zeigte sich nicht sonderlich interessiert, vor nur 31 000 Zuschauern siegte England 3:0.
Vittorio Pozzo betreute die Auswahl vom Kontinent, nach dem
Match meinte er: »Ich bin froh, dass es nicht schlimmer gekommen ist. Der Fußball der Welt darf sich ein solches Experiment nicht noch einmal leisten.«

So ein Experiment gab es fünfzehn Jahre später wieder, im
Oktober 1953. Diesmal lief es für die »Weltelf«, in der neuerlich
nur Europäer standen, besser. Aus Österreich kamen Zeman
im Tor, Hanappi und Ocwirk, aus Jugoslawien der Tormann
Beara, der nach Zemans Verletzung spielte, Čajkovski, Vukas
und Zebec, aus Spanien Navarro und Kubala, aus Deutschland
Posipal, aus Schweden Nordahl und aus Italien Boniperti. Sie
remisierten 4:4.

Die erste Heimniederlage fügten die Ungarn den Englän-

124    Spielaufbau: 1900 bis 1939

dern zu, noch dazu ganz eindeutig. Die »Goldene Mannschaft«
aus Budapest siegte am 25. November 1953 im ausverkauften
Wembley 6:3. Mit der glänzenden Technik und dem Spielwitz
der Ungarn konnten die Engländer einfach nicht mithalten, vor
allem waren sie von einer taktischen Neuerung überfordert:
Nandor Hidegkuti agierte als zurückgezogener Mittelstürmer,
der schnell vorzustoßen verstand. Nach kaum einer Minute erzielte er sein erstes Tor; Sewell glich zwar aus, worauf Hidegkuti
postwendend zum 2:1 einschoss. Nachdem auch der geniale
Ferenc Puskás zweimal getroffen und Hidegkuti sein drittes Tor
zum 6:2 erzielt hatte, herrschte Stille in Wembley.

Sie bedeutete auch Bewunderung. Die Lehrmeister-Zeiten
des Mutterlandes waren vorbei.

### Ankunft in Santos, geschminkte Stars

Die hellen Säulen und Wände schließen rund einen großen,
länglichen Platz ab. Die offizielle Bezeichnung geben Lettern
über dem Haupteingang an: *Estadio Municipal* und dazu der
Name einer heimischen Größe früherer Zeit.

Nach dem Stadtteil von São Paulo heißt es für die Fans Paca-
embu-Stadion. Es ist das Feld der meisten Spiele der Corinthians, die mit dem berühmten Sócrates 1982, in der Militärdiktatur, nicht nur auf ihren Trikots für die Demokratie eintraten.
Eröffnet wurde es 1940, auch da herrschte eine Diktatur, jene
des Getúlio Vargas – für die 2014 in Brasilien stattfindende
Weltmeisterschaft hat man in São Paulo nun die *Arena Corinthians* gebaut. Pacaembu ist etwas zu klein geworden, es sieht
allerdings immer noch recht schmuck aus. Auf der Balustrade
einer Tribüne liest man »Cultura de Paz«.

Hier befindet sich das Museu do Futebol, das schon weit
über eine Million Besucher gesehen haben. Für 6 Reais Eintritt
erlebt man Fußballgeschichte, die im Zusammenhang mit dem

gesellschaftlichen Geschehen vorgeführt wird. Zu jedem WM-Turnier gibt es eine Videosäule; Radioreportagen sind zu hören, alte Bälle und Schuhe zu betrachten; auf ein virtuelles Tor kann man Elfmeter schießen. Manche Räume hängen voller gerahmter Bilder, auf diesen Ikonen sieht man Spieler und Szenen vergangener Tage. Eine halbrunde Digitalwand zeigt große Porträts von Fußballern und Persönlichkeiten aus der brasilianischen Geschichte, Getúlio Vargas ist dabei und auch Stefan Zweig.

Der Platz davor ist vom Asphalt breiter Straßen strukturiert, vor dem Stadionoval münden sie in einen Kreisverkehr. Die hohen Leuchten scheinen so schmal in die Höhe gezogen, wie der Spielmacher der Corinthians und der brasilianischen Seleção in den frühen achtziger Jahren gewirkt hat, jener Doktor Sócrates, der ein politisch wie kulturell engagierter Kicker, ein Arzt und Autor war und schließlich an seinem Alkoholismus zugrunde ging. Besonders in Brasilien ist der Fußball voller Mythen, die von Aufstieg und Abstieg erzählen, von Tränen und der »Freude des Volkes«, *Alegria do povo*, wie sie den genialen Mané Garrincha nannten.

Autos parken auf der Seite. Gewöhnlich ist auf dem Platz wenig los, an bestimmten Abenden wird er zu einem lebendigen Treffpunkt nicht nur der Fans. Auf den Rasenflächen zwischen den drei parallelen Straßen und ihren Querverbindungen strecken Bäume ihre Blätter aus, hinter ihrem leichten grünen Vorhang erheben sich zweistöckige Häuser. Vor den hoch aufragenden Gebäudetürmen dahinter kommen sie einem putzig vor.

An allen Ecken steht auf einer Tafel: Praça Charles Miller.

Der Platz ist jenem Briten gewidmet, der Brasilien einen wesentlichen Aspekt seiner kollektiven Identität gegeben hat.

Der zwanzigjährige Charles William Miller, der in Southampton studiert hat, geht im Februar 1894 im Hafen von Santos von Bord, unter dem Arm trägt er ein rundes Leder.

126   Spielaufbau: 1900 bis 1939

Was denn das sei, fragt sein Vater, ein schottischer Eisen-
bahningenieur. »Mein Uniabschluss«, antwortet Charles. Er
habe die Fußballprüfung bestanden.

Eine schöne, aber unwahre Geschichte von der Einführung
des Fußballs in jenem Land, das Jahrzehnte später weltweit am
meisten mit ihm identifiziert werden sollte.

Tatsächlich war der Vater, John Miller, schon 1886 gestorben.
Charles hatte beim St. Mary's Football Club in Southampton
zahlreiche Tore geschossen, er war in das Team der Grafschaft
Hampshire nominiert worden und hatte ein paar Freundschaftsspiele mit dem berühmten Corinthian Football Club in
London bestritten. Bei seiner Ankunft in Santos, dem Hafen
bei São Paulo, hatte er zwei Bälle, eine Luftpumpe, ein Regelwerk, Fußballschuhe und Trikots im Gepäck.

Zehn Jahre war Charles Miller von Brasilien weg gewesen.
Abgereist war er aus einem Kaiserreich, zurück kam er in eine
Republik.

Inzwischen war São Paulo enorm gewachsen, von etwa
40 000 auf über 130 000 Einwohner, vor allem durch die starke
Zuwanderung aus Europa. 1888 hatte Brasilien die Sklaverei
abgeschafft, im folgenden Jahr schickte man Kaiser Pedro II.
ins Exil nach Paris und rief die Republik aus. Nun brauchte
man Arbeitskräfte, die meisten kamen aus Italien, dem Deutschen Reich, der Habsburgermonarchie. Industrialisierung
und Modernisierung schritten voran, man baute neue Plätze
und installierte das elektrische Licht.

Charles Miller muss gestaunt haben. Die Avenida Paulista
war nun asphaltiert, im Jahr nach seiner Rückkehr wurde der
große Bahnhof eingeweiht, ab 1900 fuhr die Tramway durch die
Stadt.

Man baute Bahnlinien. Sie wurden von Briten vorfinanziert,
zahlreiche britische Ingenieure arbeiteten im Land. Der heimische Flugpionier Alberto Santos Dumont war 1891 in den französischen Peugeot-Werken gewesen; ein Jahr später besaß er
das erste Automobil in Brasilien.

Der junge Kicker Charles Miller fand eine Zeit des Aufbruchs vor, der auch dem Sport galt.

Der als Intellektueller bekannte Rechtsanwalt Rui Barbosa saß als Abgeordneter der liberalen Partei im Parlament. 1882 schlug er eine Reform des Schulwesens vor, da höchstens 15 Prozent der Bevölkerung lesen und schreiben konnten. In erster Linie ging es um Alphabetisierung, aber Rui Barbosa betonte zudem, man solle den Sport im Freien fördern und Fair Play sowie Moral durch Spiele stärken.

Ein pädagogisches Vorbild für viele Länder in Lateinamerika waren die Jesuiten, die 1861 ihre Schule von São Luis in der Provinz São Paulo (ab 1889: Bundesstaat) gegründet hatten. Sie sahen sich in europäischen Anstalten um und ließen sich von ihnen inspirieren, besonders von der Harrow School in England und vom Collège im französischen Vannes. Beide Institutionen hatten Fußball im Programm. Folglich führten ihn 1887 auch die Jesuiten von São Luis moderat in ihren Unterricht ein. Sieben Jahre später intensivierte das der neue Rektor, der Thomas Arnold, seinen Kollegen von Rugby, bewunderte; in der Folge beteiligten sich viele seiner ehemaligen Schüler an Clubgründungen im Staate São Paulo.

Die bürgerliche Oberschicht betrieb vor allem das Cricket-Spiel. Gegen Ende des Jahrhunderts verfolgte sie immer mehr den Radsport im Vélodromo von São Paulo. Das neue Radstadion hatte man 1892 eröffnet; ab 1901 fanden hier auch Fußballmatches statt. Als im Vélodromo erstmals zwei Paulistaner Clubs offiziell gegeneinander kickten, erzielte Charles Miller den ersten Treffer; 1902 wurde er Torschützenkönig der neu gegründeten Liga.

Miller war Mitglied des São Paulo Athletic Club, wo er seine Kameraden vom neuen Spiel überzeugte. Nach Ablauf der Cricket-Saison hatte er im April 1895 das erste öffentliche Match im Land organisiert. São Paulo Railway trat gegen englische Angestellte aus der Führungsetage der Companhia de Gás an.

128    Spielaufbau: 1900 bis 1939

Lederbälle waren, zumindest für einige Herren, begehrte Mitbringsel bei Reisen über den Atlantik.

Der Deutsche Hans Nobiling kam 1897 nach São Paulo. Im Gepäck hatte er einen Fußball und die Statuten des Hamburger Sport Club Germania, dessen Mannschaftskapitän er gewesen war. Natürlich musste der von ihm geschaffene brasilianische Verein auch Germania heißen. Drei Jahre später kehrte Antônio Casimiro da Costa aus der Schweiz zurück, wo er studiert und gekickt hatte; er brachte die Statuten der Schweizer Liga mit. Und so organisierte man 1901 die Liga Paulista do Futebol; Charles Miller war der rührigste der Initiatoren.

In den Anfangszeiten ließen die meisten Vereinsnamen auf zugewanderte Gründer und ihre Nationalitäten schließen. Sie bedeuteten die Identifikation mit der alten Heimat, während der Meisterschaftsbetrieb zur Eingliederung in der neuen Welt beitrug:»Lusitano« entstand 1912, dann»Palestra Itália«, »Scottish Wanderers« und»Britannia«. Nachdem die Migranten langsam einen Platz im Sozialgefüge gefunden hatten, fühlten sie sich stärker ihrem Stadtteil zugehörig – und immer mehr Clubs nannten sich nach ihrem Viertel.

In anderen urbanen Zentren Brasiliens verlief die Etablierung des Fußballs ähnlich. In São Paulo hatte sie etwas früher eingesetzt, da der Bundesstaat als größter Kaffeeproduzent am meisten Arbeitskräfte brauchte und somit die meisten Migranten anzog. Wegen der Kaffeebarone war die Stadt das Bankenzentrum Brasiliens, während sich in Rio de Janeiro die politischen Institutionen der Republik befanden.

Überall folgte der Fußball Schritt für Schritt dem schnellen Wachstum der Städte und der starken Zuwanderung aus Europa. Einerseits galt das Kicken als Freizeitgestaltung der Oberschicht; andererseits war es als billiger Sport mit recht einfachen Regeln den weißen Migranten zugänglich, umso mehr als er bis in die zwanziger Jahre in erster Linie eben als Domäne der Weißen betrieben wurde.

In Rio lebten 1890 etwa eine halbe Million Menschen, 1920 über 1,1 Millionen, davon 275 000 Arbeiter. Als die erste Fußballmeisterschaft in der Stadt ausgetragen wurde, 1906, stammten zwanzig Prozent der Cariocas, wie man die Einwohner Rios nennt, aus dem Ausland.

Darunter die englische Familie Cox. Nachdem Sohn Oscar vom Studium aus dem schweizerischen Lausanne zurückgekehrt war, wandte er sich zunächst an den Payssandu Cricket Club, um den Fußball einzuführen. 1901 organisierte er das erste Match, das in Rio ausgetragen wurde. Mit einer Gruppe junger Engländer und Brasilianer spielte er dann in São Paulo gegen das Team von Charles Miller. Eine Liga, wie sie dort gerade gestartet worden war, musste es an der Copacabana auch geben, meinte Oscar Cox. So rief er im Juli 1902 im Nobelviertel des südlichen Rio den Fluminense FC ins Leben, den er nach der Bezeichnung für die Einwohner des Bundesstaates Rio de Janeiro benannte.

Im Stadtteil Botafogo, der an der Bucht mit Blick auf den Zuckerhut liegt, hatte sich seit einigen Jahren der Clube de Regatas Botafogo als bester Ruderverein Rios etabliert – Pferderennen, Radfahren, Rudern, das waren neben Cricket die bevorzugten Sportarten der Zeit; Jockey- und Ruderclubs galten als mondäne Treffpunkte. Mit den gleichen Vereinsfarben schwarzweiß und dem gleichen Emblem wurde 1904 der Botafogo Football Club gegründet, der dann zu den acht Mannschaften gehörte, die 1906 die erste Meisterschaft von Rio de Janeiro austrugen: Dieses *Campeonato Carioca* gewann der Fluminense FC von Oscar Cox. Und als es einer Gruppe von Spielern bei Fluminense nicht mehr passte, schrieben sie sich im Clube de Regatas do Flamengo ein (Flamengo gegen Fluminense, Fla – Flu, das ist heute das klassische Derby von Rio). Auch der Fußballclub Vasco da Gama, der in den zwanziger Jahren mehrmals Meister wurde, ging 1915 aus dem Ruderverein hervor, den portugiesische Einwanderer gegründet hatten. Von der Verbundenheit mit der alten Heimat zeugt bis heute das Kreuz des

130 Spielaufbau: 1900 bis 1939

Christusordens auf den Trikots. Als Vasco Spieler aus den ärmeren Milieus und Farbige einsetzte, taten sich die bekannteren Clubs 1924 in einer eigenen Liga zusammen; ein Jahr später trafen sich alle wieder zur gemeinsamen Meisterschaft.

Langsam begann man sich auf dem Spielfeld international zu messen. Cox lud den Londoner Corinthian FC nach Brasilien ein; im August und September 1910 trug das berühmte englische Team jeweils drei Spiele in Rio und São Paulo aus. Seine hohen Siege hinterließen einen derart großen Eindruck, dass fünf Brasilianer, die bei São Paulo Railway arbeiteten und bei Botafogo do Bom Retiro spielten, den Sport Club Corinthians Paulista gründeten. Der nun fünfunddreißigjährige Charles Miller hatte ihnen zugeraten; er selbst hatte gerade die letzten Matches seiner Karriere gespielt. Und nachdem 1914/15 der Verein Palestra Itália entstanden und erfolgreich geworden war, hatte die Stadt ihre Derbys. 1942 trat das Brasilien von Getúlio Vargas auf der Seite der Alliierten in den Krieg ein; das Regime verbot italienische Namen, aus Palestra Itália wurde Palmeiras – und so heißt ein Clássico von São Paulo Corinthians gegen Palmeiras.

Der genialste Spieler der Frühzeit des brasilianischen Fußballs trug den Familiennamen Friedenreich. Seine Großeltern waren aus Deutschland gekommen, der Vater war in Blumenau im Bundesstaat Santa Catarina geboren.

Der Süden Brasiliens war das Zentrum der deutschsprachigen Einwanderung. Kein Wunder, dass der von der Banco Alemão in Porto Alegre gestiftete Pokal *Wanderpreis* hieß und ein Verein, den 1909 ein Spieler von Grêmio gründete, *Fussball Mannschaft Frisch Auf*. Der beste lokale Club Grêmio Futebol Porto-Alegrense akzeptierte in den ersten Jahren seines Bestehens keine schwarzen Spieler – die Vereinshymne aber stammte vom berühmten schwarzen Musiker Lupicínio Rodrigues, der selbst wiederum im International Sport Club diskriminiert wurde.

Wie überall: Der Fußball war anfangs elitär, er war von der

weißen Oberschicht importiert und in Clubs sowie Ligen organisiert worden. Dementsprechend sind nicht wenige Vereine in Südamerika Gründungen von Studenten, etwa 1905 Estudiantes de la Plata in Buenos Aires und 1911 Nacional in Montevideo. Und das erste brasilianische »Nationalteam« kam 1903 aus den Familien der Kaffeebarone.

Im Gegensatz zu Cricket, Rudern, Rad- oder Pferdesport konnte das Spiel mit dem Lederball, das billig zu betreiben und publikumswirksam ebenso flott wie übersichtlich ist, in der sich rapide entwickelnden Massengesellschaft recht bald eine große Breitenwirkung erreichen.

Ein dunkelhäutiger Junge treibt seinen Ball mit dem Fuß durch die Gassen. In diesen Sommermonaten des Januar 1902 ist es sehr heiß, im Stadtteil Luz steht die Luft. Schmächtig wirkt der Junge und ungewöhnlich flink, unter seinen gekräuselten Haaren laufen dünne Schweißbahnen auf die Stirn. Wenn er den Ball hochspielt und mit dem Kopf noch mal und noch mal hochspielt, gibt das ein kaum merkliches Sprühen. Er übernimmt volley gegen eine weiße Wand, der Ball prallt zurück, der Junge stoppt ihn, schießt erneut, indem er das Leder nicht genau gerade trifft. Er sieht die merkwürdige Flugbahn und versteht, wie er dem Ball einen Drall geben kann, so dass er keine Linie, sondern eine leichte Kurve zieht.

In der von der FIFA produzierten Filmserie über die Geschichte des Fußballs sieht man den Jungen, wie er auf der Gasse den Ball führt, wie er ihn fast mit dem Fuß streichelt und ihm jede Bewegung gibt, die er möchte. Das verbandsoffizielle Geschichtsbild folgt der mythischen Erzählung, der dunkelhäutige Junge habe sein geniales Dribbling geübt, indem er störenden Elementen ausgewichen sei: den Tritten der Gegner und – wie es der Film in Szene setzt – dem hupenden Auto auf der Straße. Nur: 1901 gab es in São Paulo gerade mal fünf Automobile, zwei Jahre später waren es sechzehn; das Benzin mussten die Fahrer damals in einer Apotheke kaufen.

132  Spielaufbau: 1900 bis 1939

Vielen Kennern gilt der dunkelhäutige junge Mann später als bester Kicker der ersten Hälfte der Fußballgeschichte. Er soll mehr Tore geschossen haben als der große Pelé, dessen tausendstes man in Brasilien wie ein Staatsfest feierte. Arthur Friedenreich war neunmal Schützenkönig der Liga Paulista. Keiner kam an seine Gewandtheit, Gegner zu überdribbeln, heran, und sein Bogenschuss war in jener Zeit einzigartig.

Arthur Friedenreich wurde 1892 geboren, sein Vater war ein deutschstämmiger Kaufmann, seine Mutter eine schwarze Wäscherin. In São Paulo wuchs Arthur in einem *Bairro* auf, das wie das Licht hieß, das die von Europäern, besonders von Briten dominierten Elektrizitätsgesellschaften installierten. Im Stadtteil Luz, in dem der junge Friedenreich auf der Gasse kickte, befand sich sowohl das Rotlichtmilieu als auch ein wunderschöner Park mit seinem botanischen Garten. 1901 eröffnete man hier den modernen Bahnhof Estação da Luz.

1902, da war Charles Miller Torschützenkönig geworden, schickte der Vater den zehnjährigen Arthur zum Sportunterricht in das Mackenzie College. Nachdem Friedenreich 1909 dem von Hans Nobiling gegründeten SC Germania beigetreten war (seinetwegen wurden die rassistischen Satzungen geändert), durfte er wegen der väterlichen Herkunft 1914 ausnahmsweise in der Nationalmannschaft spielen – die Verbandsherrschaften nahmen erst ab 1918 Spieler, die nicht weiß waren, in die Seleção auf.

Inzwischen hatte in Rio de Janeiro ein Verein die Demokratisierung des Fußballs auf seine Fahnen geschrieben, freilich zunächst aus einer Notlage heraus.

Englische Angestellte der oberen Etagen in der Textilfabrik Progresso Industrial do Brasil hatten 1904 den nach der Vorstadt benannten Bangu Athletic Club gegründet. In diesem Industriegebiet war es allerdings schwierig, Spieler aus dem britischen Milieu oder aus der Oberschicht zu finden. Man hatte bei Kollegen in Rio angefragt, die jedoch verspürten wenig Lust, regelmäßig so weit anzureisen. So wählten die Herren, die zu-

*Abb. 8:* Arthur Friedenreich, der erste große brasilianische Star.

mindest auf eine Elite in dieser Gruppe zugreifen wollten, brasilianische Arbeiter aus: erstens nach der beruflichen Kompetenz, zweitens nach der Dauer der Firmenzugehörigkeit und drittens nach dem persönlichen Verhalten. Die Kicker erhielten weniger ermüdende Posten, für das Training durften sie früher weg.

134  Spielaufbau: 1900 bis 1939

Dass Bangu in den Jahren, in denen der Fußball populär zu werden begann, als erster Verein Arbeiter zum Kicken einsetzte, erwies sich sowohl sportlich für den Club als auch gewerblich für den Ruf des Unternehmens von Vorteil. Was die britischen Herren zu nützen wussten: Wenn die Mannschaft auswärts spielte, brachte ein Auto mit Firmenwerbung das Team vor Ort. Und bald war der Bangu AC bekannter als die Textilfabrik selbst, die sich immerhin ihr soziales Image geschaffen hatte.

Die Rassenfrage blieb aber noch lange Zeit virulent, auch in anderen Ländern auf dem Kontinent. 1916 siegte beim ersten südamerikanischen Turnier Uruguay mit 4:0 gegen die Chilenen. Diese fochten daraufhin das Ergebnis an, »weil Uruguay zwei Afrikaner aufgestellt hatte« – zwei Tore waren Isabelino Gradín, der von Sklaven abstammte, gelungen.

Einige Vereine von São Paulo und Rio nahmen auch noch in den zwanziger Jahren keine Spieler auf, die keine weiße Hautfarbe hatten. In diesen Clubs kamen sowohl die Kicker als auch das Publikum aus der wohlhabenden Gesellschaft; sie konnten teure Eintrittspreise festsetzen und zeigten kein Interesse an der Professionalisierung des Sports. Hingegen zogen die Vereine in den Vorstädten die Massen an, da sie der »Bangu-Demokratie« folgten und die besten Spieler in ihren Reihen standen.

In Rio verstärkte sich der Club América mit lokalen Talenten, darunter war der Seemann Manteiga, den die Firma eines Vereinsfunktionärs einstellte. Zu seinem ersten Match betrat er die Umkleidekabine – und die anderen Spieler verließen sofort den Raum. Manteiga war dunkelhäutig.

In seinen ersten Jahrzehnten in Brasilien wollten die meisten Betreiber den Fußball (wie insgesamt den Sport als gesellschaftliches Ereignis) weiß sehen. Und seien es geschminkte Stars.

Carlos Alberto, der einzige Mulatte bei Fluminense, weißte immer vor dem Match sein Gesicht mit Reismehl, und wenn der Schweiß feine Spuren durch die Farbe zog und die Haut durchschimmern ließ, stürmte Carlos Alberto in die Kabine zum Nachschminken.

Zum Reismehl griff Arthur Friedenreich nicht. Aber er benützte Brillantine oder ein Netz, um seine Haare im Match nicht kraus, sondern glatt nach hinten gekämmt zu präsentieren. Die Gegner sahen es dennoch als Affront, von ihm überdribbelt zu werden; und da damals ein Foul an Farbigen meist nicht als Regelverstoß geahndet wurde, lag es am genialen Kicker, besonders effizient zu dribbeln.

Im Juli 1914 gab er in Rio sein Debüt in der Seleção. Es ging gegen Exeter City FC, Brasilien siegte 2:0, Friedenreich verlor im rohen Match zwei Zähne. Im Finale der südamerikanischen Meisterschaft erzielte er dann 1919 das Siegestor zum 1:0. Seinen Kickschuh, mit dem er den Treffer geschossen hatte, stellte ein Juweliergeschäft in der Vitrine aus. *O glorioso pé de Friedenreich* war auf dem Podest zu lesen, auf dem man den Schuh im Festzug mitgeführt hatte.

Und dennoch: 1921 untersagte der Staatspräsident Epitácio Pessoa der Nationalelf, farbige Spieler zu nominieren. Man wolle ja nicht als »unterentwickeltes Land« wahrgenommen werden. Im folgenden Jahr durfte Arthur Friedenreich wieder für das Land einlaufen, und Brasilien gewann neuerlich die Südamerikameisterschaft.

1925 ging Friedenreich mit CA Paulistano auf Tournee nach Europa, wo er Triumphe feierte. Beim 7:1 gegen die französische Nationalelf schoss er drei Tore. In Paris nannten sie ihn darauf den König der Könige des Fußballs und zu Hause *pé de ouro*, Goldfuß. Für die Fans war sein Familienname etwas zu lang, sie riefen ihn »Fried«.

Ausgerechnet in der Zeit, als sich der Sport rasant zu einem (fast) weltweiten Massenphänomen entwickelte, konnte Friedenreich allerdings auf internationalem Terrain nicht mehr glänzen – folglich verblasste er auch im kollektiven Fußballgedächtnis. Die Beziehungen zwischen den beiden größten Städten des Landes waren gespannt; 1932 revoltierte São Paulo gegen die Staatsmacht, die ihren Sitz in Rio hatte, und wie andere Spieler kämpfte Friedenreich für die *Revolução Constitutiona-*

*lista*. Und da die Verbände miteinander im Streit lagen, hatte man 1930 keine paulistaner Kicker ins Team für die erste Weltmeisterschaft in Uruguay berufen. Die Seleção verlor im ersten Spiel gegen die von der wochenlangen Anreise müden Jugoslawen 1:2 und schied trotz eines Sieges über Bolivien als Zweite der Gruppe aus. Für die nächste WM, die 1934 in Italien ausgetragen wurde, war dann Arthur Friedenreich mit seinen 42 Jahren zu alt.

Seinen ersten Verein gibt es unter diesem Namen nicht mehr. Da sich Brasilien 1942 auf die Seite der Alliierten stellte, erließ die Regierung das Verbot, die deutsche Sprache zu gebrauchen. »Germania« hieß nunmehr Esporte Clube Pinheiros.

Im Museu do Futebol hat Arthur Friedenreich seinen Ehrenplatz, im Juli 2012 beging man hier feierlich den 120. Geburtstag von »Fried«, der im September 1969 verstorben war. Zwei Monate später verwandelte Pelé einen Elfmeter, es war sein tausendstes Tor.

Heute kennt das brasilianische Portugiesisch über hundert Ausdrücke für Hautfarben.

Die langsame Demokratisierung des Fußballs bedeutete nicht zuletzt, dass zusehends Afrobrasilianer auf den Spielfeldern akzeptiert wurden. Bleibt die These, die brasilianische Vorliebe für das Dribbling sei als Notreaktion gegen den Rassismus entstanden, geschickte Improvisation habe zunächst zum Selbstschutz gedient.

**Jogo bonito,** *das schöne Spiel vom anderen Kontinent*

Das Stadion ist zum Platzen gefüllt. Halb Rio de Janeiro war auf den Straßen, um eine Eintrittskarte zu ergattern. Vor dem enormen Oval steht eine Menge, man schimpft auf sein Pech und seine Säumigkeit, man blickt sehnsüchtig auf die bewach-

*Jogo bonito*, das schöne Spiel vom anderen Kontinent   137

ten Tore, es scheint, als würden dort Menschen hin und her geschoben. Man horcht dem Stadion zu, um sich nach Lärm und Geräuschen ein Bild vorzustellen. Die Hymne ertönt, Worte aus Lautsprechern fliegen über die Mauer, Jubel und Klatschen, Salutschüsse. Plötzlich kurz Ruhe, ein langer Pfiff, ein Aufschreien, kurz dazwischen der knappe dumpfe Klang des hart geschossenen Lederballs und darauf ein langes »Ohhhh« von den Rängen, als würde ihnen die Luft entweichen. Auf den Tribünen drängen sie sich und singen und rufen und schwenken Hüte. Und gelegentlich schauen sie vom Match weg, um eine Bewegung auf den Ehrenplätzen zu erkennen.

Man schreibt den April 1927. São Januário, das größte Stadion in ganz Lateinamerika, wird eingeweiht. Washington Luís, der Präsident der Republik, ist zugegen, Vasco da Gama eröffnet gegen den FC Santos aus dem Bundesstaat São Paulo.

Die eine Kurve des Ovals hat man nicht verbaut, so dass das Ganze wie ein immenses Hufeisen aussieht. »Immer noch vom Pferderennen die Form«, witzelt ein Ministerialbeamter und sieht, wie sich zwei Reihen vor ihm der Präsident zu seiner Ansprache erhebt. Die knapp 40 000 applaudieren, sie steigern ihre Lautstärke um ein Vielfaches, als das Match beginnt.

Dann verhängt der Schiedsrichter einen Elfmeter gegen Santos. Die Paulistas umringen den Referee und protestieren heftig. Wenn sie derart benachteiligt würden, könnten sie gleich das Feld verlassen. Das Publikum schreit, pfeift, schimpft. Der Präsident der Republik erhebt sich, er schickt seinen Sekretär aufs Feld. Der läuft zu den Santos-Kickern, die ihm die Anführer zu sein scheinen, und teilt in strammer Haltung *os senhores* Amílcar und Feitiço mit, der Präsident habe angeordnet, das Match müsse nun weitergehen. Darauf der dunkelhäutige Feitiço: Der Doktor Washington Luís könne auf der Ehrentribüne seine Befehle erteilen, auf dem Spielfeld befehle er, Feitiço. Santos gewinnt 5:3.

So wird die Geschichte erzählt.

Die Quellenlage ist allerdings unsicher, wie oft in den frühen

138    Spielaufbau: 1900 bis 1939

Jahren, als der Fußball zum Massenphänomen aufstieg. São
Januário sei am 21. April eröffnet worden, liest man, anderswo
ist der 27. angegeben – das eine war ein Donnerstag, das andere
ein Mittwoch. Die Szenerie vermag man sich eher an einem
Sonntag vorzustellen. Der Elfmeter, die Spielunterbrechung,
des Präsidenten Befehl und des Fußballers Antwort datieren
andere mit November und in ein Meisterschaftsendspiel. Allerdings gab es 1927 keine Meisterschaft zwischen Rio und São
Paulo, 1959 trug man erstmals einen nationalen Wettbewerb
aus – nicht zuletzt, da die immensen Ausmaße des Landes
die Organisation erschwerten. Zweimal, 1920 und 1936, spielte
man um einen Pokal der Meister einiger Bundesstaaten, zunächst mit drei Teams (zu CA Paulistano und Fluminense kam
Grêmio Esportivo Brasil aus Pelotas in Rio Grande do Sul),
dann mit sechs.

Die Geschichte stimmt immerhin in der Weise, wie sie die Beziehung zwischen Sport und Politik sowie den Konflikt zwischen Rio und São Paulo erzählt.

Im Stadion von São Januário hielt oft Getúlio Vargas, der am
10. November 1937 den *Estado Novo*, den »neuen Staat«, ausgerufen hatte und diktatorisch regierte, seine Ansprachen, in denen es immer wieder um die *brasilidade*, die »Brasilianität«,
ging. Es gelte das auf der Flagge stehende »ordem e progresso«,
somit Konflikte in der vielgestaltigen Gesellschaft zu vermeiden und ein Ganzes, eine Nation zu bilden. Dazu brauchte man
starke Symbole und einen fixen nationalen Kanon der Bedeutsamkeit. Die Regierungsstellen überlegten sich genau, wie
Flagge und Staatsinsignien einzusetzen seien, das Bildungs-
ministerium ließ ein patriotisches Kalendarium mit vaterländischen Festtagen anfertigen, dazu eine »Liste der berühmten
Brasilianer« mit den Besten in den Kategorien Schriftsteller,
Dichter, Historiker, Wissenschaftler, Techniker, Juristen, Theo-
logen, Philosophen, Professoren, Künstler. Bei den besten
Staatsmännern ist in den ministeriellen Papieren an 24. Stelle

*Jogo bonito*, das schöne Spiel vom anderen Kontinent   139

mit der Hand der Name Getúlio Vargas hinzugefügt. (Fußballer zählte das Vargas-Regime, das sich offenbar um Intellektualität und um ein eigenes Kulturbild bemühte, noch nicht zu den »berühmten Brasilianern«.) Und dem Komponisten Heitor Villa-Lobos gab man für drei Tage ein Symphonieorchester, tausende Soldaten und das Stadion São Januário zur Verfügung, damit er teste, welcher Hymnenvorschlag der bessere sei.

In dieser Zeit und in diversen Ideologien herrschte nicht nur in Brasilien die Vorstellung, der »Volkskörper« lasse sich durch Sport verbessern.

Die Männer, die in keiner weißen Haut steckten, vermochten im Fußball und dank des Fußballs sozial aufzusteigen. Denn anders als in der Politik oder in den Wissenschaften entstanden hier schnell Kollektive, die der Vielfältigkeit der Bevölkerung entsprachen. Zudem konnten sie den sichtbaren Ausdruck der *brasilidade* abgeben.

Die Brasilianität hatte nicht erst das Vargas-Regime angesprochen – allerdings setzte es diese Betonung des Eigenen erstmals derart intensiv politisch und propagandistisch ein. Im boomenden São Paulo war in den frühen zwanziger Jahren die Bewegung der brasilianischen Moderne entstanden. Und während Rio 1922 mit der Weltausstellung eine historische Leistungsschau aufzog, feierte man im Paulistaner Stadttheater 100 Jahre Unabhängigkeit von Portugal, indem Künstler die Abkehr von Europa forderten, umso mehr, als der »Alte Kontinent« sich in die Selbstzerstörung des Ersten Weltkriegs gestürzt hatte. Am eindringlichsten formulierte dies dann Oswald de Andrade 1928 in seinem *Kannibalistischen Manifest*: Man möge endlich aufhören, sich an Europa zu orientieren; nach den Tupi, den Ureinwohnern, sei die Frage »Tupi or not Tupi«. Die (mit gehöriger Ironie versetzte) Position war nicht neu. Aber andere Intellektuelle, die sie zuvor vertreten hatten, waren jeweils zugleich auf die Rückständigkeit Brasiliens zu sprechen gekommen. Die Modernisten um Oswald de Andrade hingegen bezogen das indigene und das afrikanische Erbe in

140 Spielaufbau: 1900 bis 1939

ihr Konzept ein. Man möge eben wie Kannibalen handeln, sich das Beste vom Anderen einverleiben und das, was man nicht benötige (namentlich angeführt war u. a. Goethe), auskotzen. Das Eigene – da waren sich Regierende und Intellektuelle und Kicker einig – war im Fußball ersichtlich und hier noch deutlicher auszuprägen. Es gelte dieses Spiel »neu zu interpretieren«. Man müsse, erklärte der berühmte Gilberto Freyre, den Futebol »dionysisch aufladen«. Erklärtes Ziel war nicht das kraftvolle europäische Kicken, sondern das schöne Spiel, *Jogo bonito*.

Daran wird seither der brasilianische Fußball von seinen Fans gemessen. Ob Erfolg oder Misserfolg, ob Siegesjubel oder Volkstrauer, immer geht es auch um das *Jogo bonito*.

Freyre veröffentlichte 1933, im Jahr, als der Profifußball im Lande eingeführt wurde, sein Buch *Casa grande e senzala* (in deutscher Übersetzung *Herrenhaus und Sklavenhütte*). Seine Darstellung kollektiver Stereotypen wurde heftig debattiert und ist umstritten; damals vermittelte es eine neue Einstellung zur Melange der Ethnien sowie zur brasilianischen Identität. Und diese drücke sich im Fußball aus.

Die Verspieltheit auf dem Rasen der Stadien fand sich zur nationalen Eigenschaft erklärt. 1938 betonte Freyre: »Unser Fußballstil kontrastiert mit dem europäischen, weil er Überraschungen, List, Raffiniertheit und Wendigkeit kombiniert, und das gleichzeitig mit Brillanz und individueller Spontaneität.« All das führte der Soziologe auf die »Raffiniertheit und Extravaganz der Mulatten« zurück. In der Tageszeitung *Correio da Manhã* schrieb er am 15. Juni 1938, eine Voraussetzung für Siege in Europa sei es, dass man nunmehr den Mut habe, ein wahrlich afro-brasilianisches Team aufs Feld zu schicken. Tags zuvor hatte sich die Seleção in Bordeaux mit einem 2:1 im Wiederholungsmatch gegen die Tschechoslowakei für das Halbfinale der Weltmeisterschaft qualifiziert.

Das Wiener *Sport-Tagblatt* charakterisierte die brasilianische

Mannschaft entsprechend und verwies auf die Geschicklichkeit und die unvorhersehbaren Züge. Das Spiel sei »geeignet, die Gegner zu verblüffen, zu überraschen und in Verwirrung zu bringen«, schrieb die Zeitung auf ihrer Titelseite am 16. Juni. »Die Individualität des einzelnen Mannes ist entscheidend« (das vermerkte ein Blatt im Nazireich, das nur den ganzen »Volkskörper« propagierte!), zudem verfüge das Team über den »zweifellos besten Mittelstürmer der ganzen Konkurrenz, den fabelhaft behenden und schußtüchtigen Leonidas«.

Wie viele sprach Gilberto Freyre einem *Futebol-arte* das Wort, der kreativer sei als andere Spielstile. (Dieser stand dann deutlich im Gegensatz nicht nur zum europäischen Kick, sondern auch zu jenem überharten Spiel, das der Lokalrivale auf dem Kontinent, das Argentinien eines Antonio Rattín, in den sechziger, siebziger Jahren betrieb.) Die heimische Fußballkunst sah man durch so großartige Spieler jener Zeit bestätigt wie Domingos da Guia und Leônidas da Silva, der in Bordeaux beide Tore erzielt hatte. In einem Gedicht von Gilka Machado aus dem Jahr 1938 heißt es: »Die Leonidas und die Domingos / prägen dem Auge des Fremden / die wunderbare Wirklichkeit ein / Das ist der brasilianische Mensch.«

In der Ära Vargas avancierte der Fußball zum wahren Massensport, in dem wohl Leistung gefordert ist, zugleich jedoch Genialität ausgespielt werden soll – die besten Voraussetzungen für Heldenverehrung und Heiligsprechung. Derart vermittelte er in den großen Städten den Menschen, die kaum noch nationale Symbole kannten, eine gemeinsame Erfahrung. Und dies wiederum wusste sich das Vargas-Regime zunutze zu machen. Es verstand, dass es im eigenen Interesse sei, den Fußball zu fördern. Für alle.

Nein, doch nicht. 1932 führte Vargas das Wahlrecht für Frauen ein – damals gab es auch weibliche Fußballteams; 1941 wurde dieses Kicken jedoch verboten: Es entsprach nicht dem Frauenideal des Regimes und der mächtigen Kirche.

142    Spielaufbau: 1900 bis 1939

Die Frage der Profiteams, die man wie in anderen Ländern debattierte, entschied Getúlio Vargas gegen die Meinung der Clubfunktionäre. Bei seinem Amtsantritt 1930 verkündete er im »Programm zur Nationalen Wiederherstellung« dringliche Maßnahmen in 17 Punkten, darunter die Schaffung des Arbeitsministeriums. Dessen alsbald verabschiedeten Gesetze galten auch für Fußballer und bildeten die Grundlage zur Regulierung des Berufssports: Man sah Gehälter vor, an eine Pensions- oder Unfallversicherung (wie man sie für andere Bereiche 1934 einführte) dachte man allerdings nicht.

Ab 1933 war Fußballer offiziell ein Beruf. Im selben Jahr erschien das Buch *Grandezas e misérias do nosso futebol* von Floriano Peixoto Correa, dem die Medien als erstes großes Bekenntnis eines heimischen Spielers enorme Aufmerksamkeit schenkten. Es schilderte, in welch schlechten Verhältnissen die Kicker mit durchschnittlichen Karrieren lebten, und unterstrich die Notwendigkeit einer besseren Organisation des gesamten Bereichs.

Ebenfalls 1933 kamen die Memoiren von Antonio Figueiredo in die Buchhandlungen, der Reporter bei der Tageszeitung *O Estado de São Paulo* gewesen war. Auffallend viel Platz räumte er dem Fußball in den Eliteschulen zu Beginn des Jahrhunderts ein und verwies so auf die große symbolische Bedeutung dieses Sports.

Die beiden Werke trugen zu einem Boom bei. Unter den Umständen der frühen dreißiger Jahre verbesserte sich der soziale Status der Sportjournalisten ganz deutlich. Ihre Publikationen über allerlei Aspekte des Fußballs (Technik, Organisation, starke Befürwortung des Profitums) zeugten von ihrem technischen Wissen, ließ sie somit als Sprecher der Modernisierung erscheinen – was wiederum ihren guten Ruf stützte. Und ihrerseits schuf die Sportpresse mit Leônidas da Silva und Domingos da Guia die ersten kollektiven Helden.

Der berühmte Journalist Mário Filho, der mit Gilberto Freyre bekannt und von ihm beeinflusst war, beschrieb dann

*Jogo bonito,* das schöne Spiel vom anderen Kontinent    143

1947 in seinem als »Klassiker« geltenden Band *O Negro no Futebol Brasileiro,* wie sehr die frühen Jahre des Fußballs in Rio von einer strikten Klassengesellschaft beherrscht gewesen seien. In seinem Vorwort erklärte Freyre, der brasilianische Fußball habe sich vom gutgeordneten britischen entfernt und dem Tanz zugewandt, mit irrationalen Überraschungen und dionysischen Variationen.

Einen großen Liebling der Massen, *la grande coqueluche,* nannten in den dreißiger Jahren die durchwegs auch Französisch sprechenden Geistesgrößen in Rio und São Paulo den Fußball. Berühmte Intellektuelle und Künstler wie José Bento Monteiro Lobato, Manuel Bandeira oder Candido Portinari begeisterten sich in den Stadien. Von einer *Pátria de chuteiras,* einem »Vaterland der Fußballschuhe«, sprach der Schriftsteller Nelson Rodrigues. Er hatte recht: Die Seleção war eines der ganz wenigen konkreten Elemente, vermutlich das begreifbarste und emotional aktivste, das den Massen ein tatsächliches Bild ihrer Nationalität vermittelte.

Folglich unterstützte das Regime die Nationalmannschaft, symbolisch und finanziell. Getúlio Vargas selbst interessierte sich zwar kaum für Fußball, er wusste jedoch gut über Enthusiasmus und Massenbewegung Bescheid.

Die Teilnahme am Weltmeisterschaftsturnier, das 1938 in Frankreich ausgetragen wurde, begeisterte das brasilianische Publikum. Radio und Zeitungen berichteten ausführlich und voller Emotionen. Als Delegationsleiter der Seleção fungierte jener Lourival Fontes, dem das Regime im folgenden Jahr die Gründung der Propaganda- und Zensurbehörde DIP übertrug. Der Diktator empfing die Spieler vor der Abreise im Catete-Palast und wies sie eindringlich darauf hin, dass sie nicht nur eine sportliche Mission, sondern auch eine nationale Verpflichtung hätten. Ausführlich sprach Vargas, dessen Tochter und Beraterin Alzira als Patin der Mannschaft auftrat, mit dem farbigen Star Leônidas da Silva, dem Symbol der »Rassendemokratie«.

144    Spielaufbau: 1900 bis 1939

Das autoritäre Regime bemühte sich zugleich um die Aufwertung afro-brasilianischer Kulturformen, von Capoeira, Candomblé und Karneval aus den ärmeren Vierteln. Im Inneren sollte dies populär wirken und die Beliebtheit steigern, nach außen einen demokratischen Charakter vorspiegeln. Tatsächlich wies damit die weiße Elite den farbigen Landsleuten die Sphäre der Unterhaltung zu; sie sollten für die Freude des Volkes sorgen, während die wahre erhabene Kultur weiß blieb.

Eben die vorgebliche Rassendemokratie stilisierten die Herrschenden jener Zeit zu einem der höchsten ideologischen Werte Brasiliens – und diese falsche Fassade sollte bis 2002 zur Präsidentschaft von Luiz Inácio Lula da Silva, genannt Lula, Bestand haben. Fußballer wie Pelé trugen nicht wenig dazu bei.

Im Hintergrund beließ man 1938 die Vorbereitung auf die WM nicht nur auf der emotionalen Ebene. Die *Gazeta Esportiva*, die 1928 als erste Sportbeilage in Brasilien gegründet worden war, benützt ab 1936 eine rationale, analytische Sprache zur Beschreibung von Spielen und Einschätzung von Resultaten. Die Trainer gewannen an Bedeutung und Image, da mit der WM die Aufmerksamkeit auf neue Taktiken und Spielsysteme gelenkt wurde. 1937 hatte Dori Kruschner – den sie »Wiener Zauberer« nannten, obwohl er aus Budapest stammte – als erster Coach den Individualismus auf dem Feld einzuschränken und eine kollektivere Spielweise zu vermitteln vermocht.

Die Seleção belegte bei der WM den dritten Platz. Im Halbfinale verlor sie vor 34 000 Zuschauern in Marseille knapp 2 : 1 gegen Italien, das laut Wiener *Sport-Tagblatt* wegen des »stärkeren Mannschaftsspiels« und des »ungeheuren Kampfeswillens« glücklich siegte – der Schiedsrichter gab offenbar in den letzten Minuten einen klaren Elfmeter nicht und in »ungeheurer Erregung verließen die Brasilianer nach dem Schlußpfiff das Feld«, vermerkte der Wiener Korrespondent. Die Italiener hatten zuvor gegen Frankreich ein eher leichtes Match gehabt, während den Brasilianern das kräfteraubende Wiederholungsspiel gegen die Tschechoslowaken in den Gliedern steckte; optimistisch hatten sie im Semifinale auf ihren Star verzichtet, der Trainer wollte ihn für das Finale schonen: Leônidas wählte man zum besten Spieler des Turniers, mit sieben Toren wurde er Schützenkönig. Die Franzosen riefen ihn *diamant noir*, schwarzer Diamant, und in Brasilien nannte man einen neuen Schokoriegel nach ihm *Diamante Negro*.

Mário Filho berichtete aus Frankreich, Brasilien sei ein Champion ohne Krone und habe immerhin, anders als die Rivalen Argentinien und Uruguay, die europäische Herausforderung angenommen. Und der Diktator notiert in seinem Tagebuch, der Fußball habe die ganze Aufmerksamkeit des Volkes so sehr erregt, dass sogar niemand zur Audienz in den Präsidentenpalast gekommen sei. Die Niederlage gegen Italien habe *uma grande deçepcão e tristeza no espírito público*, eine große Enttäuschung und Traurigkeit in der Öffentlichkeit hervorgerufen, als ob es sich um ein nationales Unglück handle.

## Amateure, Profis

Der 14. FIFA-Kongress fand 1925 in Prag statt. Zum Punkt der Tagesordnung, den man auf dem Kontinent schon eine Zeit lang kontrovers debattierte, hielt sich nun der Wiener Vertreter nicht mehr zurück. Hugo Meisl stand auf, schaute in die Runde der ehrenwerten Männer, blickte den deutschen Vertreter an und setzte harte Worte. Er hatte bei der Einführung des Profifußballs in Österreich eine wesentliche Rolle gespielt, er würde sein breites internationales Netzwerk demnächst zu Vorgesprächen für den Mitropacup nützen, der dann 1927 starten sollte. Sein Bruder Willy schrieb für die *Vossische Zeitung* in Berlin, den Deutschen Fußballbund hatte er mehrmals heftig wegen der unzeitgemäßen Organisation und seiner engen sowie engstirnigen Klüngel kritisiert.

In Prag wandte sich Hugo Meisl scharf gegen den DFB, der seinen Vereinen untersagte, gegen Proficlubs anzutreten. Mit den Engländern, die seit Jahrzehnten in den oberen Ligen Berufsspieler unterhielten, werde man als Freizeitkicker nie mithalten können. Dieser olympische Gedanke der Noblesse und des französischen Baron Coubertin entbehre des modernen und des wirtschaftlichen Denkens.

Der Herr vom DFB antwortete Weltanschauliches. Das Land brauche starke Helden und das möge man wohl nicht professionell betreiben. Vor allem würde ohnehin und jedenfalls wegen der »schwierigen Steuerverhältnisse« eine Änderung keineswegs ratsam erscheinen: In Deutschland seien eben Amateure nicht abgabepflichtig und Matches gegen Berufsclubs deshalb »nicht angängig«.

Zwei Jahre nach der heftigen Auseinandersetzung ließ allerdings der deutsche Verband selbst seine Nationalelf unter Bedingungen trainieren, die nicht dem eigenen Amateurparagraphen entsprachen. Zur Vorbereitung auf das olympische Turnier von Amsterdam lud Reichstrainer Otto Nerz eine schottische Profimannschaft zu vier Spielen ein, und ohne weitere weltanschauliche oder steuerliche Bedenken nahm der DFB das Eintrittsgeld von insgesamt fast 100 000 Zuschauern in seine Kassen. Er verbuchte die Angelegenheit als »Lehrspiel«; nach der olympischen Niederlage gegen Uruguay genehmigte er eine derartige Fortbildung auch seinen Vereinen. Am Mitropacup, der nicht von Amateuren ausgetragen wurde, nahmen sie nicht teil.

In Italien, Frankreich, Spanien, Ungarn, der Tschechoslowakei wurden in diesen Jahren Profiligen eingeführt, obwohl sich viele Funktionäre dagegen ausgesprochen hatten. Die Verbandsherren waren nicht mehr die jüngsten, ihre Vorstellungen stammten aus der Gründerzeit des Fußballs. Zwar nannten sie auch ökonomische Motive, aber vor allem meinten sie, die Spieler hätten Ideale darzustellen, also aus Idealismus zu kämpfen. Sie selbst, die sie für die Organisation verantwortlich zeichneten, seien ja auch Idealisten.

Sogar in England, wo es schon vor dem Weltkrieg etwa fünf-tausend Profis gab, hatte zur Jahrhundertwende ein Minister geschrieben, dass Berufsfußballer eine »monstrosity« seien, eine Perversion des gottgegebenen Lebenssinns. Schließlich habe Gott das Leben nicht geschaffen, damit man es so ver-bringe, dass man in einen Lederball trete.

Das deutsche Festhalten am Amateurwesen lag nicht nur im konservativen und nationalistischen Wertemuster begründet, sondern passte auch in die linke Ideologie. Weder der alte noch der neue Mensch solle seinen Körper für Geld ertüchtigen, er habe ihn vielmehr für den gesunden Volkskörper zu trainieren.

Bei seiner Gründung hatte sich der DFB ganz selbstverständ-lich an die Statuten des Olympischen Komitees gehalten – wäh-rend der noch patriotischer wirkende Turnerbund ja diese Wiedererfindung eines Franzosen zunächst abgelehnt hatte. Zudem waren die Fußballer dem Gentleman-Ideal gefolgt, und für beide Vorbilder galt das Amateurprinzip. Ganz praktisch vermochte es der DFB einzusetzen, um das neue Spiel bei der Staatsmacht als staatstragend und militärisch wertvoll anzu-preisen. »Wir spielen fürs Vaterland«, lautete die Parole vor dem Ersten Weltkrieg. Es lohnte sich; aus den öffentlichen Kas-sen floss viel Geld. Das wollte man natürlich selbst dann nicht in Frage gestellt sehen, als einige Vereine den Fußball als Ge-schäft zu führen begannen. Der Jahresbericht des Verbandes für 1918/19 erklärte in einer militanten Diktion, die auf die Nazi-Ideologie und deren Sprache vorausdeutet: »Den reinen Sportsmann empört der Gedanke, daß Fußball gegen Geld be-rufsmäßig betrieben werde; er erwartet davon eine Zersetzung des Fußballbetriebes. Berufsspieler sind Schädlinge des Sports, sie sind auszumerzen aus den Reihen der Sportsleute.« Tatsäch-lich wurde 1919 Hertha Berlin wegen verbotener Zahlungen disqualifiziert.

Mehrmals machten Journalisten den Amateurparagraphen für internationale Niederlagen verantwortlich. Der DFB geneh-

148 Spielaufbau: 1900 bis 1939

migte dennoch nicht mehr als einen geringen Spesenersatz.
In einer »Amtlichen Mitteilung« erklärt er, dass er »den Berufssport bekämpft und es für alle Zukunft ablehnt, ihn irgendwie
zu fördern oder in seine Organisation einzugliedern«. Im Hintergrund für diese Haltung stand die Befürchtung, den Anspruch der Alleinvertretung zu verlieren, im sportlich wie wirtschaftlich schwachen Amateurbereich übrigzubleiben und
dadurch wesentliche Einbußen zu erleiden. Der *Jahresbericht*
1924/25 verdeutlichte:»In dem Augenblick, wo die Berufsspieler der Welt in sich geschlossen sind, werden sie die Herrenspielerverbände verlassen und einen eigenen internationalen Verband gründen, ohne dass die Herrenspielerverbände auch nur
etwas dagegen tun können.«

Ein verdeckter Professionalismus und illegale Vergütungen
waren in den meisten Ländern, die am Amateursport festhiel-
ten, mitunter ein offenes Geheimnis. So hatte der 1. FC Nürnberg 1920 aus Budapest den Stürmerstar Alfred Schaffer und
dazu Peter Szabo verpflichtet, mit ihnen stieg er zum deutschen Topverein der zwanziger Jahre auf – unentgeltlich waren
die beiden Ungarn nicht gekommen. Als der spätere Bundestrainer Sepp Herberger 1921 für einen geplanten Transfer
10 000 Reichsmark erhalten hatte (das dreifache Jahresgehalt
eines Facharbeiters), wurde er zunächst lebenslang gesperrt; er
erstattete das Geld zurück und durfte wieder spielen. Der österreichische Nationalkicker Ferdinand Swatosch ging 1925 von
Austria Wien zum Kölner Spitzenclub Sülz 07, dort klagte er
1930 sein hohes Gehalt erfolgreich bei Gericht ein.

Wie auch immer, es musste offiziell der deutsche Fußball ein
Amateurfußball sein, denn so konnte er als »staatlich wertvoll«
gelten und einige Funktionäre in politische Positionen bringen.
Ohne die Förderung der öffentlichen Hand wären die großen
Stadionbauten nicht möglich gewesen.

Auch in Deutschland stiegen die Zuschauerzahlen und insgesamt das Interesse für Sport enorm an. 1930 waren an die
fünfhundert einschlägige Zeitschriften auf dem Markt; die auf-

lagenstärkste und einflussreichste war der 1920 von Walter Bensemann gegründete *Kicker*. 1925 hatte die DFB-Festschrift eine »wahre Gründungsepidemie« vermerkt und der Verbandspräsident Felix Linnemann, Kriminalrat in Spandau, hatte bedauert: »Diese Presse befürwortet die Einführung des Berufssports, weil ihre Arbeit dann leichter und lohnender wird.«

Das Publikum war aber schon Kundschaft. Man verkaufte Programmhefte und Fanartikel, in Zigarettenpackungen waren Kickerfotos fürs Sammelalbum zu finden. Heiner Stuhlfauth, der populäre Tormann des 1. FC Nürnberg, warb für Kaffee Hag, und 1930 machte dann Schalke ernst und erklärte sich zum Proficlub. Postwendend erfolgte der Ausschluss aus dem Verband. In dieser Konfliktsituation nahm sich ein Schalke-Kassier das Leben – für den Verein zu sterben, das war nicht nur tragisch, sondern auch ein weiteres Element zur Legende Schalke 04.

Die Nationalelf ging im Mai 1931 beim Heimspiel in Berlin 0:6 gegen Österreich unter. Dieses Desaster war die eine Niederlage zu viel. Nun verstanden die Herren im DFB, dass man bei der kommenden Weltmeisterschaft derart amateurhaft keine Chance habe, und das gezieme sich für das große Deutschland denn doch nicht. Folglich beschlossen sie im September 1932 den Berufsfußball.

Dann aber kamen die Nazis. Das Geschäft mit dem Sport galt ihnen als »jüdisch«; sie verboten die Reichsliga.

Auch nach dem Ende des NS-Reiches bestand der DFB auf seinem »reinen Amateurismus«, im internationalen Umfeld bis Anfang der siebziger Jahre ein »Sonderweg«. Sogar als man 1962 die Gründung der Bundesliga beschloss, bedeutete das noch nicht zugleich das eindeutige Zugeständnis für den Berufsfußball. Die Clubs galten nach wie vor als gemeinnützige Vereine. Tatsächlich am Ende war die Amateurideologie erst, als ihre verdeckten Auswirkungen ungut an die Öffentlichkeit kamen: In der Spielzeit 1970/71 brach der erste große Beste-

150    Spielaufbau: 1900 bis 1939

chungsskandal der Bundesliga auf, dadurch gingen die Zuschauerzahlen zurück und viele Stars wechselten ins Ausland.
Im Mai 1972 gab der DFB den Fußballmarkt in der BRD frei.

Eben in diesen Jahren hatte das altehrwürdige olympische
Amateurideal ohnehin zu bröckeln begonnen: nach der Pro-
testbewegung von 1968 und mit den folgenden gesellschaftspo-
litischen Debatten; mit der Idee der Postmoderne vom Überwinden der Gräben zwischen Hoch- und Unterhaltungskultur
(*cross the border, close the gap*); nach dem Ausschluss des österreichischen Skistars Karl Schranz von den Winterspielen 1972,
weil er beim Sommerkick ins Trikot einer Kaffeefirma geschlüpft war.
    In der Moderne und der Industriegesellschaft wurde früher
oder später in allen Lebensbereichen ein Überbau wirksam,
der eine offene Kommerzialisierung fördert oder aber – siehe
diverse Diktaturen – einen umfassenden Eingriff mittels Ideo-
logisierung sowie verdeckter Finanzierung. Ein Massenphänomen wie der Fußball konnte nicht anhaltend ohne weitreichende ökonomische Grundlagen bleiben, spätestens mit
der Hochkonjunktur und der Wohlstandsgesellschaft auch in
Deutschland nicht. Einfach gesagt: Wo viele Menschen unterwegs sind, da ist Geld im Umlauf.

In Österreich stand die Profidebatte schon 1905 auf der Tagesordnung des Verbands. Die größeren Clubs bezahlten ihre
Teams, steckten das aber als »Aufwandsentschädigungen« für
Training und Match in ein legales sprachliches Kostüm. Offen durfte niemand im Lande den Fußball als Beruf ausüben.
Nachdem Karl Pekarna, der Tormann der Vienna, zu den Rangers nach Glasgow gegangen und bald wieder zurückgekom-
men war, musste er sich lange gedulden, bis er »reamateuri-
siert« wurde. Umgekehrt war es notorisch bekannt, dass einige
Ausländer in Wien vom Sport lebten: ein Stanfield aus England;
die beiden Deutschen Schwarz und Lässig, die 1909 zur Vienna

wechselten; in den frühen zwanziger Jahren die Ungarn, die wegen der politischen Situation ihre Heimat verließen wie das Budapester Idol Imre Schlosser, der für den WAC spielte. Der Verein hatte 1920 den verdeckten Professionalismus aufgegeben und war mit Amateuren angetreten – und sofort abgestiegen.

Der erste große Star des Wiener Fußballs war selbstverständlich und tatsächlich Vollprofi. Josef »Pepi« Uridil hatte wohl Steinmetz gelernt und gab Bankbeamter als offiziellen Beruf an. Der wuchtige »Sturmtank«, der mit Rapid vier Meistertitel holte, war einer jener Wiesenkicker aus der Vorstadt, die Karriere machten. Tausend Tore sollen auf sein Konto gehen; im April 1921 führte der WAC zur Pause 4:2, Rapid gewann 7:5, alle sieben Tore erzielte Uridil, die entscheidenden drei in den letzten 19 Minuten. Da hatten die Fans die Schlussoffensive eingeklatscht. Noch heute ist die Rapid-Viertelstunde in allen Stadien Österreichs ein lebendiger Mythos, besonders natürlich im Hütteldorfer Sankt Hanappi, das nach dem Architekten und Rapid-Idol der fünfziger Jahre benannt ist.

Nur Matthias Sindelar ist so sehr in die Populärkultur eingegangen wie Pepi Uridil. 1922 brachte Hermann Leopoldi den Schlager *Heute spielt der Uridil* heraus: »Draußen in Hütteldorf muß heut' ein Weltwunder wohl zu seh'n sein«, hieß es; »so wundervoll trifft keiner mehr ins Goal! Jawohl!«, lautete der Refrain. Zwei Jahre später gab der Mittelstürmer im Film *Pflicht und Ehre* die Rolle des »Mannes aus dem Volke«, in der Revue *Seid umschlungen, Millionen* stand er mit Hans Moser auf der Bühne.

Eben 1924 war Österreich das erste Land auf dem Kontinent, das den Berufsfußball einführte. In zwei Klassen spielten 23 Vereine, der erste Meister war die jüdische Hakoah.

Die Republik hatte sich nach dem Krieg und dem Zusammenbruch der Monarchie wirtschaftlich kaum erholt, in der Hauptstadt herrschte für die meisten Menschen drückende Armut. Im »Roten Wien« lebte ein Drittel der österreichischen

Bevölkerung; die sozialdemokratische Gemeinde ging mit ihrem umfangreichen Sozialprogramm gegen die Not an. Dafür, vor allem für den Wohnbau, brauchte sie Geld. Da die Stadt Wien als »Fürsorgeabgabe« fast die Hälfte der Matcheinnahmen einstrich, konnten nur die großen Clubs einigermaßen über die Runden kommen. Bald war vom »Bettelprofessionalismus« die Rede, oft holten Steuerexekutoren die Eintrittsgelder gleich bei der Stadionkasse ab.

Die beiden Ligen betrieben ein Mischsystem: Offiziell galt nur jeder Fünfte als Vollprofi, andere waren bei Firmen angestellt, ohne tatsächlich dort zu arbeiten. 1924 verdiente ein Spieler der ersten Liga monatlich zwischen zwei und acht Millionen Kronen – ein Huhn kostete etwa 35 000 Kronen, ein Kilo Butter 50 000.

Die Profivereine waren Wirtschaftsunternehmen. Um genügend Mittel zur Verfügung zu haben, durften sie nicht allein im Rahmen der eigenen Stadt bleiben. In den Sommermonaten, in denen die heimische Meisterschaft ruhte, versuchten sie lukrative Tourneen im Ausland zu organisieren. Die schwierige finanzielle Lage der Clubs war fast so sprichwörtlich wie jene des Staates, deswegen waren die internationalen Spiele zunächst vor allem von ökonomischer Bedeutung. Allerdings sollte der Fußball öffentlich nicht zuerst als Geschäft gesehen werden, sondern das Image der Sportkultur behalten.

Auch die Sitzung, die im Juli 1927 in Venedig stattfand, war wohl mindestens so stark dem wirtschaftlichen Zweck geschuldet wie dem sportlichen. Einige Herren um Hugo Meisl beschlossen die Einführung eines regelmäßigen internationalen Wettbewerbs für Vereinsmannschaften. Sie nannten ihn Mitropacup und stützten sich in ihren öffentlichen Äußerungen auf die alten Beziehungen in der Mitte Europas, im Grunde also auf den Kulturraum der Habsburgermonarchie. Zum Dreieck Wien – Prag – Budapest kamen Italien und Jugoslawien, das 1929 wegen interner Streitigkeiten zwischen Serben und Kroaten wieder ausschied. Während sie das Mitteleuropa dieser Jahre im Sport erfanden, kümmerten sie sich um Kapitalisierung und Vermarktung: Die »Mitropa-Züge«, mit denen man zu den Spielen reiste, fuhren unter dem Namen des Wettbewerbs.

Die zentrale Rolle spielte Hugo Meisl. Der Teamchef amtierte von 1913 bis 1937 – zu dieser Zeit waren, anders als heute, derart lange Funktionsperioden durchaus nicht unüblich. Meisl konnte die Wiener Melange repräsentieren: Er wohnte im Symbol des »Roten Wien«, im Karl-Marx-Hof, den Bundeskanzler Dollfuß im Bürgerkrieg 1934 beschießen ließ; er genoss eine große Popularität und war die zentrale Figur des mitteleuropäischen Fußballs. Auch er war die Räume der Monarchie gewöhnt und hatte bald nach dem Krieg erklärt, dass der nationale Rahmen für den Sport zu eng sei, vielmehr brauche der Fußball zur Entwicklung die Impulse des geregelten internationalen Spielverkehrs.

Was ein richtiges Mitropacup-Match sei, übertrieb Friedrich Torberg, das müsse auf der Botschaft zu Ende gespielt werden. In Mitteleuropa bestanden die alten Netzwerke zum großen Teil weiter, aber auch die konfessionellen und politischen Unterschiede, und die Nationalitätenkonflikte waren keineswegs ausgeräumt. Auf dem Sportplatz konnte dies wieder aufbrechen, aber Erfolge auf dem Rasen vermochten es auch für den Moment, andere Niederlagen aufzuwiegen.

Vor allem die Begegnungen von Wiener und italienischen Clubs waren heiße Fehden. Als die Austria 1931 im Semifinale gegen Juventus Turin antrat, war ausgerechnet Sindelars direkter Gegner der Italoargentinier Luis Monti, der zu Recht den Ruf des schlimmsten Raubeins der dreißiger Jahre hatte. Im Heimmatch düpierte der Papierene den Harten schon in der 3. Minute zum 1:0. Das Finale in Hin- und Rückspiel entschieden die Wiener gegen Ambrosiana Mailand. Zwei Jahre später gewannen sie erneut den Cup; dafür erhielt jeder Spieler tausend Schilling – ein Maurer verdiente für seine 48-Stunden-

154   Spielaufbau: 1900 bis 1939

Woche knapp über 80 Schilling, für einen Schilling bekam man ein Schnitzel mit Salat, ein Paar Schuhe kostete fünfzehn Schilling.

Im Mitropacup dominierten die Wiener Vereine. Sie trafen auf die besten Profiteams aus Italien, Jugoslawien, Tschechoslowakei, Ungarn, später auch aus der Schweiz und Rumänien. Zwischen 1927 und 1938 stand nur in vier von zwölf Finalbegegnungen keine österreichische Mannschaft; viermal ging der Pokal nach Wien.

### Der wachsbleiche Papierene und das Wunderteam

Matthias Sindelar sitzt da und blickt auf die Kickschuhe. Seine zehn Mitspieler lockern die Muskeln, lutschen an Zitronenhälften, zupfen am roten Trikot. Trainer Hogan spricht, Corner Freistoß Mauer. In der Umkleidekabine, die erdrückend fremd scheint, kommt ihnen alles gedämpft vor. Sie reden leise, einer beginnt zu pfeifen. In der Ecke lacht jemand, es klingt wie Hüsteln. Von draußen hören sie den *Roar*, die rhythmischen Rufe, die Gesänge. Karl Sesta, der versierte, kräftige Verteidiger, hat zu Hause den Journalisten erklärt: »Die Engländer rennen 90 Minuten ununterbrochen. Das halten wir Wiener nicht aus. Aber wir haben es auch gar nicht notwendig, denn wir lassen den Ball rennen.« Jetzt lässt er das Pfeifen sein, richtet seine Stutzen und steht auf. Und wenn diese Athleten sie müde rennen würden, mit der anfeuernden Menge im Rücken? Man ist im Mutterland des Fußballs, jetzt geht es gegen die Lehrmeister. Sindelar, den sie alle für ihren besten Trumpf halten, ist blass. Vor Kraft hat er nie gestrotzt, aber so schmächtig haben sie den Papierenen noch nicht gesehen. Im Match hat er das ganze Feld im Blick, jetzt schaut er zu Boden. Der Coach redet. Die Tür geht auf, sie müssen in den langen Gang.

Man schreibt den 7. Dezember 1932. England empfängt im

Stadion an der Stamford Bridge das österreichische Wunderteam. Für die Wiener ist es das Match ihres Lebens.

»Wachsbleich« soll der geniale Sindelar, den sie wegen seines geringen Gewichts den Papierenen nannten, vor dem Spiel gewesen sein, beschrieb Willy Meisl seinen Eindruck in der Kabine. Zu dieser Zeit erhielten sehr selten ausländische Teams die ehrenvolle Einladung ins Mutterland des Fußballs. In Österreich erregte das Match seit Wochen die Gemüter. Die Erwartung war groß, man besaß die beste Mannschaft des Kontinents, womöglich der Welt. Sie vermochte zu begeistern, während die Lage ansonsten trist war; hinter diese Elf konnten sich alle Lager stellen, während die Politik in Richtung Bürgerkrieg driftete. Im Vorjahr war die Creditanstalt zusammengebrochen, die rechtsextreme Heimwehr hatte zu putschen versucht. Die Arbeitslosigkeit traf nun ein Viertel der Erwerbstätigen, Kanzler Engelbert Dollfuß steuerte auf seinen katholischen Austrofaschismus zu.

Hugo Meisl, der Teamchef, hatte die Vorbereitung für das große Match besonders ernst genommen und Jimmy Hogan als Trainer verpflichtet – der Engländer war seit 1912 an der Entwicklung der »Donauschule« maßgeblich beteiligt. Für den London-Aufenthalt ordneten sie sogar Rauchverbot an. Allerdings sieht man Sindelar auf den meisten Fotos, die ihn in Straßenkleidung zeigen, mit einer Zigarette in der Hand.

Als die Mannschaften einliefen, waren im Stadion einige österreichische Flaggen zu bemerken. Die Österreicher in den roten Trikots begannen überaus nervös, in der ersten Halbzeit fanden sie nicht ganz zu ihrem Spiel.

Ein Wunderteam braucht einen Gründungsmythos. Wie es sich für die Wiener Kultur gehört, spielt er im Kaffeehaus. Jeder, der sich als Kulturmensch sah, ging regelmäßig ins Café. »Wo sitzen Sie denn?«, war die übliche Frage, wenn man jemanden kennenlernte; gemeint war das Stammlokal. Die Sportjournalisten und auch Hugo Meisl saßen im Ring-Café.

156    Spielaufbau: 1900 bis 1939

Ende der zwanziger Jahre gab es zwei herausragende Regisseure auf dem grünen Rasen, Fritz Gschweidl bei der Vienna und Matthias Sindelar bei der Austria. Im Januar 1929 trat eine Wiener Auswahl mit beiden in Nürnberg gegen die Süddeutschen an und erlitt eine peinliche 0:5-Schlappe. Auf dem tiefen, schneebedeckten Boden rannte für sie der Ball nicht gut. Der Coach schimpfte, da sei halt für einmal, himmelsakrament, hoch zu spielen. Der Papierene maulte nachher, sie hätten eben direkter und schneller kombinieren müssen, jedenfalls flach. Daraufhin soll Hugo Meisl geschworen haben, Gschweidl und Sindelar nie mehr gemeinsam zu nominieren. Da sie aber doch die herausragenden Kicker waren und das Nationalteam nicht gerade glänzte, forderten die Journalisten im Ring-Café dringend, dass der Coach seine Meinung ändere. Im Mai 1931 soll Meisl zur Tür hereingestürmt sein und den »Schmierfinken« einen Zettel auf den Kaffeehaustisch geworfen haben: »Da habt's euer Schmiranski-Team!«

Das kleine Stück Papier hat es wirklich gegeben. Allerdings standen zwei Spieler darauf, die dann doch nicht zum Wunderteam gehörten – tatsächlich ist die Nationalelf in der Schmiranski-Besetzung nie aufgelaufen. Da die Journalisten sie nun schon hatten, war sie am nächsten Tag in der Zeitung zu lesen. Linksaußen Horvath hatte sich aber verletzt, also rückte der einundzwanzigjährige Adi Vogel in die Mannschaft. Sein erstes Match im Wunderteam hätte er fast verpasst. Er war, wie es hieß, ein »schwacher Zeitungsleser«; zwei Tage vor der Begegnung gegen Schottland machte er bei einem Juxkick mit, seine Nominierung ins Nationalteam erfuhr er von einem Fan, der die Presse studiert hatte. Mit Toni Schall stürmte er auf der linken Seite, durch die Radioreportagen wurde in den nächsten Monaten »Schall zu Vogel, Vogel zu Schall« geradezu ein geflügeltes Wort.

Schottland besiegten sie 5:0. Sogar die *Arbeiter-Zeitung* fand das großartig, am 17. Mai 1931 schrieb sie: »Elf Fußballer, elf Professionals – gewiß, es gibt noch wichtigere Dinge in der

Welt«, aber dieser Triumph sei »schließlich doch ein Dokument wienerischen Schönheitssinns, wienerischer Phantasie und wienerischer Begeisterung«.

In eineinhalb Jahren gewann die Mannschaft (ausgenommen das Match in London) sechzehn ihrer achtzehn Spiele, gegen Ungarn gar 8:2, zweimal remisierte sie. Ihre Popularität war dermaßen groß, dass sie auf einem Ölbild verewigt und für sie 1933 der »Wunderteam-Marsch« komponiert wurde.

Die größten Qualitäten ihrer Spielweise waren technische Sicherheit und vor allem der schnelle Wechsel. Die Stürmer griffen sehr variabel an, tauschten ihre Positionen, starteten plötzlich in den freien Raum. Der nicht weniger legendäre Arsenal-Coach Herbert Chapman, ein Freund von Hugo Meisl, äußerte sich 1934 über diese Österreicher: »Sie haben auch gelernt, den ballführenden Spieler zu attackieren und den Ball

*Abb. 9:* In Öl gemalt: Das österreichische Wunderteam und sein Coach Hugo Meisl.

vom Gegner zu erkämpfen«; in der Verteidigung hätten sie zwar noch einiges zu verbessern, besonders »wenn es um die Abwehr eines Freistoßes geht«, im Angriffsspiel jedoch sei es eine Augenweide, »wie sie den Raum mit vielen, schnellen, direkt gespielten Flachpässen überwinden«. Ein Spielzug faszinierte Chapman besonders, man müsse ihn in England einführen: »Angenommen, der Ball wird vom linken Flügelstürmer quer nach innen gespielt. Normalerweise müßte man annehmen, daß der Ball vom Linksverbinder oder dem Mittelstürmer angenommen würde. Gleichzeitig würden die gegnerischen Verteidiger dazwischengehen und den Ball abzuwehren versuchen oder den gegnerischen Stürmer blockieren. Stattdessen aber tun die von mir genannten österreichischen Stürmer aber nur so, als ob sie den Ball annehmen wollten, lassen ihn aber in Wirklichkeit durchlaufen zum Rechtsverbinder oder zum rechten Außenstürmer und es eröffnet sich eine große Schußchance.« *Running over the ball*, nannte Chapman das.

Nachdem die Elf am 24. Mai 1931 in Berlin gegen Deutschland 6:0 gewonnen hatte, schrieb die *Vossische Zeitung*: Die Österreicher »spazierten durchs Stadion«, während der deutsche Fußball eine »schwerathletische Angelegenheit« gewesen sei. Und im Berliner *Kleinen Blatt* erklärte ein paar Tage später Fritz Gschweidl einen grundlegenden Unterschied: Man spiele den Ball in den leeren Raum, während er bei den Deutschen »von Fuß zu Fuß« gehe.

Für das Retourmatch in Wien hatte Otto Nerz die deutsche Elf völlig umgestellt. Sie hatte dennoch keine Chance, beim 5:0 schoss Sindelar drei Tore.

Im Stadion an der Stamford Bridge verlor das Wunderteam zwar knapp mit 3:4, die Engländer selbst sprachen jedoch von einer *glorious defeat* ihrer Gäste.

Am 8. Mai berichtete Willy Meisl in der *Vossischen Zeitung* von einem glücklichen Sieg der Gastgeber. Laut allgemeiner Einschätzung der Fachleute seien die beiden Mannschaften ebenbürtig aufgetreten, die technischen und taktischen Feinheiten bei hohem Tempo fand man erstaunlich. Die Engländer in den weißen Trikots begannen »wuchtig, wirksam«, nach fünf Minuten erzielte ihr Mittelstürmer Hampson nach einem Corner das 1:0. Die Rothemden ließen ihre Chancen ungenützt, und als in der 27. Minute Sesta danebenrutschte, schoss Hampson das 2:0.

In der Pause stellte man sie Prinz George, dem Duke of Kent, vor. Zu Karl Sesta soll er gemeint haben, Fußball sei ein schöner Beruf, und der Simmeringer soll in seinem Dialekt, der »Hackn« für Beruf setzt, geantwortet haben: »Sie habn auch keine schlechte Hackn, Majestät.« In der Kabine sagte Hugo Meisl einfach, sie mögen sich ihres Spieles besinnen: »Spüüts euer Spüü.«

»Oesterreich wie umgewandelt«, setzte die *Vossische Zeitung* als Zwischentitel. Das Wunderteam habe nun »gezaubert«, belohnt von »Beifallssalven« des Publikums. In der 50. Minute gibt Sindelar zu Schall, der in den Lauf von Zischek spielt: 1:2. Dann ein Foul am österreichischen Strafraum, die Mauer steht schlecht, Houghtons Schuss wird zum 3:1 abgefälscht. Aber nur drei Minuten später tritt Schall aus der eigenen Hälfte schnell an, schickt Vogel in die Gasse, der düpiert zwei Engländer, passt zu Sindelar und dieser, »seine Nerven ganz beherrschend«, macht das 3:2. Nochmals legen die Engländer vor, nochmals kommen die Österreicher heran.

4:3 siegen die Gastgeber.

In Österreich berichteten Presse und Radio. Auf dem Wiener Heldenplatz waren Lautsprecher aufgestellt, die Übertragung lief zugunsten des Winterhilfswerks. Betriebe stellten die Arbeit ein, in Restaurants wurde nicht serviert, der Parlamentsausschuss unterbrach seine Sitzung.

Die Pariser Sportzeitschrift *L'Auto* bezeichnete das Wunderteam als »moralischen Sieger«, das Wiener *Sport-Tagblatt* titelte »Heldenhafter Widerstand«. Das ganze Land sei seinen Spielern »zu grenzenlosem Dank verpflichtet«. Die *Neue Freie*

160    Spielaufbau: 1900 bis 1939

*Presse* setzte das Match in den gesellschaftlichen Kontext. Ihre
Betrachtung über die »ehrenvolle Niederlage« begann sie auf
der ersten Seite mit dem Verweis auf die Zeitzustände – im
Blatt lauteten die Überschriften »Krise der Strafrechtsreform«,
»Wüste Schlägerei im Reichstag«, »Not in Nordböhmen«. Es
sei sehr billig, über die Fußballbegeisterung die Nase zu rümp-
fen: »Manche von den Aelteren werden sich mit scheuem Staunen abwenden von einer Menschheit, die in dunkelster Stunde
dem Spieltrieb den Vorrang gibt«; aber selbst diese müssten zugeben, dass sich »junge Muskeln« besser auf diese Art »entladen« als militärisch. In einem Moment, in dem das Land dies
wahrlich benötige, sei das Match die beste Propaganda für Österreich. »Denn Fußball, das ist jetzt eine Weltangelegenheit geworden, die niemand ignorieren kann, der die sozialen Verhältnisse und die Sitten der Gegenwart beobachtet.«
    Rundfunk und Zeitungen betonten das gängige Englandbild
und verwiesen dabei unbewusst auf die soziale Abgrenzung aus
der Gründerzeit des modernen Fußballs, wie sie schon lange
nicht mehr vorherrschte: Man habe gegen Gentlemen gespielt.

Auf der Rückreise besiegte das Team, sozusagen im Vorbeige-
hen, Belgien mit 6:1. Ab Salzburg begann dann der Triumphzug der »Fußballhelden«, wie die *Wiener Sonn- und Montagszeitung* schrieb. Die Stationen an der Strecke waren beflaggt,
zum Empfang auf dem Wiener Westbahnhof kamen die Massen und Kanzler Dollfuß. Er sei von der propagandistischen
Wirkung für Österreich im In- und Ausland überzeugt, sagte
er. Die Bundesregierung werde »dem allgemeinen Wunsche
entsprechend« die »Englandfahrer« auszeichnen und sei entschlossen, den Arbeitslosen im Team – offiziell acht von elf
Spielern – »von Amts wegen« weiterzuhelfen.
    Der berühmte Radioreporter Willy Schmieger, Lateinprofes-
sor und Ex-Teamspieler, hielt nach seiner Rückkehr Vorträge
über die Londoner Tage. Herzlich sei man aufgenommen worden, die Gesandtschaft habe einen Empfang mit viel Promi-

nenz gegeben, ins Kino habe man die Spieler geführt. Und am zweiten Tag habe der Konsul einen Ausflug mit dem Team unternommen: »In einem Belustigungspark trafen sie einen Abessinier, einen sogenannten ›Kümmeltürken‹, der den Deutschmeistermarsch sang und in gutem Wienerisch erklärte, er sei vor 23 Jahren im Wiener Prater als ›Menschenfresser‹ engagiert gewesen.«

Die Weite der Donaumonarchie bestimmte in der Zwischenkriegszeit immer noch die Raumvorstellungen, die in den Köpfen saßen. Vielen im Lande erschien Wien als zu groß für das kleine Land. Und noch immer war die Bevölkerung ein Gemisch Kakaniens. Die Namen der meisten Nationalspieler belegen, dass ihre Familien kürzlich zugewandert waren: Bican, Cisar, Horvath, Szoldatics, Sesta, Smistik, Urbanek.

Matthias Sindelar wurde 1903 im mährischen Kozlav/Kozlau geboren. Die Mutter war Wäscherin, der Vater Maurer, er fiel im Krieg. 1906 zogen sie nach Wien, sie wohnten im Arbeiterbezirk Favoriten, wo die industrielle Moderne und die Armut angesiedelt waren. Woran sollten sich die Zuwanderer da halten, welche Zugehörigkeit fühlen? Am einfachsten und besten erschien es, sich einem Verein anzuschließen, und so repräsentierten Fußballclubs lokale Identitäten.

Im Elend dieser Viertel machte die schlechte Ernährung zu schaffen. Sindelar hatte Schlosser gelernt und arbeitete als Gehilfe, bis er die Stelle in der Krise der frühen zwanziger Jahre verlor. Seine Rettung war der Fußball, waren seine überragende Technik und sein genialer Spielwitz, der immer für Überraschungen gut war. Wegen seiner Statur und aus Angst vor einer Verletzung, die nach seiner frühen Meniskusoperation womöglich das Ende der Karriere bedeutet hätte, perfektionierte er seine Spielweise und versuchte den Körperkontakt zu meiden. Am Höhepunkt seiner Popularität schätzte man sein Einkommen auf 600 Schilling im Monat, das entspricht einem heutigen Wert von etwa 8000 Euro. Der Papierene warb für

162    Spielaufbau: 1900 bis 1939

Uhren und Anzüge, er trat im Film *Roxy und ihr Wunderteam* auf.

In derselben Gasse in Favoriten wie die Sindelars wohnte die Familie Bican, sie war aus Böhmen gekommen. Der Vater spielte bei ASV Hertha in der obersten Liga, infolge einer Verletzung beim Fußball starb er früh. Den Sohn Pepi schickte man für die Sommerferien zu den Großeltern ins böhmische Dorf. In Favoriten kickte er barfuß auf der Straße und der »Gstättn« mit dem »Fetznlaberl«, einem zusammengestoppelten Ball aus Stoff und Papier, bis er es dem Vater nachmachte und zur Hertha kam. Schnell überzeugte er dort mit seinen Stürmerqualitäten, für jedes Tor erhielt er einen Schilling. Die großen Vereine wurden auf ihn aufmerksam, er ging zu Rapid. Im ersten Spiel traf er auf Sindelars Austria, noch vor der Halbzeitpause gelang Pepi Bican ein Hattrick. 1933 berief Hugo Meisl ihn ins Nationalteam, bei der Weltmeisterschaft 1934 in Italien war er dabei. Dann jedoch zerstritt er sich mit Rapid, kickte kurz für die Admira und wechselte 1937 zu Slavia Prag. Ab 1938 spielte Bican in der tschechischen Nationalelf.

Wie die Vorstadt solche Fußballer prägte, erklärt Wolfgang Maderthaner: »Natürlich war das Spiel ›zwischen Randstein und Gaslatern‹ auf den Gassen und Plätzen behördlich verboten, und so lebten die Kinder in einem latenten und permanenten Konflikt mit der Polizei [...], Hausmeistern, Parkwächtern etc. Sie bauten dabei ein spezifisch gegnerisches Verhältnis zu staatlichen und privaten Autoritäten auf, lernten gegen diese mit Schlauheit, List, Gewandtheit und ›Schmäh‹ zu bestehen.« Diese Erfahrungen übertrugen sich auf die Spielpraxis.

Bicans Weg war Wien – Böhmen hin und retour. Sindelar blieb. Selbst als Arsenal London 40 000 Pfund bot, wollte er nicht weg. In Österreich war er zugleich ein Held der Arbeiterschaft und des Bürgertums, hier galt er als Inbegriff des »Kaffeehaus-Fußballs«, wie Alfred Polgar schrieb: »Er spielte Fußball wie ein Meister Schach spielt: mit weiter gedanklicher Konzeption«; er

Der wachsbleiche Papierene und das Wunderteam    163

»hatte sozusagen Geist in den Beinen«, sein »Schuss ins Tor traf
wie eine glänzende Pointe«. Und Friedrich Torberg dichtete:
»Er spielte Fußball wie kein zweiter, / er stak voll Witz und
Phantasie. / Er spielte lässig, leicht und heiter. / Er spielte stets.
Er kämpfte nie.«

Zum Mythos schloss sich seine Geschichte 1938/39. Die Nazis wollten die »Heimkehr ins Reich« auch im Fußball populär
besiegeln, von einem »Glaubensbekenntnis der Fußballer im
großdeutschen Reich« schrieb der *Kicker*. Die Mannschaften
des »Altreichs« und der Ostmark sollten sich am 3. April 1938
im Wiener Stadion mit einem freundschaftlichen Remis verbunden zeigen. Sindelar und die Seinen sahen das aber nicht
so und siegten 2:0. Zunächst habe der Papierene ein paar
Chancen derart aufreizend extra ausgelassen, erzählt der Volksmund, dass die Provokation ersichtlich war; und nachdem er
das erste Tor erzielt hatte, soll er laut Zeitungsberichten seinen
Jubel vor der NS-Ehrentribüne deutlich gezeigt haben.

Bis zum Sommer lösten die Nazis alle Profiverträge auf, verboten jüdische Vereine, zwangen Spieler in Lager oder ins Ausland. Und da der Name Österreich zu verschwinden hatte, tauf-
ten sie die Austria in SC Ostmark um. Das erwies sich allerdings
als gar nicht populär. Bei Sindelars letztem Match, im Dezember
in Berlin gegen Hertha, hieß sein Club wieder Austria. In die
deutsche Elf berief ihn der Reichstrainer Sepp Herberger mehrmals ein, aber Sindelar nahm die Nominierung nicht an.

Im Januar 1939 fand man ihn mit seiner Freundin zu Hause
tot auf. Vergiftung durch Kohlenmonoxid. Es war wahrscheinlich ein Unfall. Gerüchte vom Freitod oder gar von der politischen Rache wegen des »Anschluss«-Spiels hielten sich hartnäckig. Noch 75 Jahre danach debattiert man sie in den Medien
ebenso wie die Frage, ob nun der Papierene als Cafetier von
einer Arisierung profitiert habe oder nicht.

Der Mythos braucht Licht und Schatten. Der Mythos
braucht Siege, er braucht glorreiche Niederlagen und bleibende
Unsicherheiten.

164    Spielaufbau: 1900 bis 1939

Das Ende von Friedrich Torbergs Gedicht lautet: »bis eines Tags ein andrer Gegner / ihm jählings in die Quere trat. / [...] / Ein Weilchen stand er noch daneben, / bevor er abging und nachhaus. / Im Fußballspiel, ganz wie im Leben, / war's mit der Wiener Schule aus.«

Eine »Mischung von Ordnung und Unordnung« sowie die typische Lust am Spektakel sahen Beobachter in der »Wiener Schule«. Sie kam zu einem wesentlichen Teil aus der Arbeiterkultur in der sozialdemokratisch regierten Stadt und sie ging zu einem ebenfalls wesentlichen Teil in die Kaffeehauskultur ein. Eine Massenkultur mit Boheme, die man als Wiener Melange gerne metaphorisch überhöhte.

Derart wurde die Masse für Intellektuelle nicht nur in der Politik erfahrbar. Als Elias Canetti, der spätere Nobelpreisträger für Literatur, zweiundzwanzig war, wohnte er in Hietzing. Auf der anderen Seite des Tals lag die Hütteldorfer Pfarrwiese, das Stadion von Rapid. Von dort hörte Canetti das Publikum während der Spiele, seinen Aufschrei und sein Raunen, seinen Beifall und sein schnell aufbrausendes Stöhnen. Ja, er hörte Fußball. »An Feiertagen strömten große Menschenmengen hin, die sich ein Match dieser berühmten Mannschaft nicht leicht entgehen ließen. Ich hatte wenig darauf geachtet, da mich Fußball nicht interessierte.« Nach einem anderen, für viele tödlichen Massenereignis, der Demonstration und dem Justizpalastbrand am 15. Juli 1927, richtete Canetti sein Ohrenmerk auf die Stadionmasse und ihre weithin wahrnehmbare Äußerung: »Aber an einem Sonntag nach dem 15. Juli« habe er »plötzlich den Aufschrei der Masse« vernommen. Drei Monate hatte er schon hier gelebt und nie darauf geachtet. »Nun rührte ich mich nicht von der Stelle und hörte dem ganzen Match zu. Die Triumphrufe galten einem Tor, das geschossen wurde, und kamen von der siegreichen Seite« – dass er dies zu präzisieren für nötig hält, zeigt den soziologischen Lauscher als Außenstehenden, der das Ritual des Spiels nicht selbstverständlich einordnet. »Es war auch, er tönte anders, ein Aufschrei der Enttäuschung zu vernehmen. Sehen konnte ich von meinem Fenster aus nichts«, jedoch: »ich hörte die Masse, und sie allein, als spiele sich alles in nächster Nähe von mir ab.«

Canetti wahrte den Abstand des Intellektuellen. »Ich vermied es, in der Zeitung etwas darüber zu lesen, und ließ mich während der Woche auf keine Gespräche darüber ein.« So verpasste er eine wesentliche soziale sowie kulturelle Komponente des Fußballs: die Idol- und Legendenbildung, die mythisierende Nacherzählung und die Hoffnungen der Vorschau, das weite Feld der Spielbetrachtungen und den Möglichkeitssinn des »Was wäre gewesen, wenn der Schiedsrichter den Elfmeter gepfiffen hätte«. Er wusste nichts von der sakralen Aura der »Pfarrwiese« dieses Vereins Rapid Wien; er ahnte nicht, was es hieß, dass der Uridil oder der Sindelar spielte.


## Arbeiterfußball, Ruhrpott

Zweiundzwanzig Arbeitersportler waren unter den Toten, die nach der Demonstration beim Justizpalast auf dem Wiener Pflaster lagen.

Die prekäre wirtschaftliche Situation trug in Österreich nicht zur Beruhigung der politischen Lage bei. Im kleinen Land marschierten mit ihren Waffen gleich drei Armeen: die Heimwehren der Rechten, der Schutzbund der Sozialdemokraten und das offizielle Bundesheer. Nachdem im Januar 1927 im burgenländischen Schattendorf Männer der Heimwehr aus einem Wirtshaus auf vorbeiziehende Schutzbündler geschossen und einen Kriegsinvaliden sowie ein Kind getötet hatten, wurde den Tätern in Wien der Prozess gemacht. Als er mit einem Freispruch endete, demonstrierten Tausende am 15. Juli, ohne dass die sozialdemokratische Führung eingebunden gewesen wäre. Der Justizpalast ging in Flammen auf, der Zusammenstoß mit der Polizei brachte neunzig Tote.

Elias Canetti beschreibt in *Die Fackel im Ohr* die Empörung über die Schlagzeile der *Reichspost*: Der Freispruch der Mörder »wurde im Organ der Regierungspartei als ›gerechtes Urteil‹ bezeichnet, nein ausposaunt. Es war dieser Hohn auf jedes Gefühl von Gerechtigkeit noch mehr als der Freispruch selbst, was eine ungeheure Erregung in der Wiener Arbeiterschaft auslöste.« Die Ereignisse lieferten Canetti einen Ansatz für das Buch *Masse und Macht*, einen anderen erhielt er vom Rapid-Platz.

Die zweiundzwanzig Toten sind der tragische Hinweis, wie intensiv der Arbeitersport in der Zwischenkriegszeit mit der politischen Entwicklung verbunden war.

Im deutschen Sprachraum waren Sportvereine in der ersten Hälfte des 19. Jahrhunderts mit deutlichen politischen Zielen gegründet worden, die Turnerschaft entstand als Hort der Deutschnationalen. Der sozialistischen Parteilinie galt »Sportgesinnung« zunächst als bürgerlich und »unsinnig«, eine derartige Betätigung lenke nur vom Einsatz für Partei und Gewerkschaft ab.

In den 1880er Jahren gab die Arbeiterschaft der kulturellen sowie körperlichen Ertüchtigung eine organisierte Form. Ein Grund dafür ist das erstarkende Klassenbewusstsein, das ja dazu beitrug, dass sich in dieser Zeit die linken Massenparteien zu formieren vermochten; dazu kam, dass der antisemitische Deutsche Turnverein nicht nur Juden ausschloss, sondern in der Folge des deutschen Sozialistengesetzes von 1878 auch Arbeiter.

Als die sozialistischen Parteien und ihre Theoretiker die zunehmende Popularität des Sports erkannten, propagierten sie ihn als Kampfmittel und rückten seinen ideologischen Zweck in den Vordergrund. Hatten die Austromarxisten vor dem Ersten Weltkrieg die praktischen Schwierigkeiten der Sportausübung im Blick – manchmal mehr als zwölf Stunden Arbeit pro Tag, schlechte Gesundheit, fehlende Räume und Geräte –, so bewirkte die geänderte Lage nach 1918 eine andere Sichtweise. Sie entschieden sich in ihrer Strategie für den demokratischen Weg, bildeten kurzfristig eine Koalition mit den Christlich-Konservativen und konnten einige Fortschritte in der Sozialgesetzgebung erzielen. Nunmehr verstanden sie den Sport als geselliges, solidarisches Verhalten. Mit Rückgriff auf das bürgerlich-humanistische Ideal »mens sana in corpore sano« schrieb die *Österreichische Arbeiter-Turn- und Sport-Zeitung* 1924: »Ein gesunder Geist im gesunden Körper scheint uns die Voraussetzung für die Durchsetzung der hohen Ziele zu sein, die uns im Sozialismus vorschweben.« Diese Einstellung, die sich auch in Antialkohol-Kampagnen ausdrückte, sollte den Neuen Menschen hervorbringen, den man sich »rein« und frei von niederen Gelüsten vorstellte.

Gerade in diesem Jahr 1924 wurde sowohl der Arbeiterbund für Sport- und Körperkultur, kurz ASKÖ, als auch die Profiliga gegründet. Das bewirkte die Abgrenzung des Berufsfußballs von den Amateuren, vor allem von den Arbeiterclubs, aus denen einige Spieler in die Liga wechselten.

Der Amateurverband wollte den Unterschied konsequent umsetzen und gleich den regelmäßigen Wettbewerb abstellen, folglich die Meisterschaft aussetzen: »Der reine Amateurismus wird und kann nie kommen, insolange noch an der verruchten Meisterschaft festgehalten wird«, schrieb die Zeitschrift *Arbeitersport*. Es gelte die proletarische Gemeinschaft statt des »aufgepeitschten« Gegeneinanders zu fördern. Die Funktionäre der Vereine sahen das jedoch anders, auf die Freuden und die Spannung eines Wettbewerbs wollten sie nicht verzichten. In ihrer Verzweiflung reichten sogar einige Clubs der vierten und fünften Ligen ihr Beitrittsgesuch beim Profiverband ein. Darauf lenkten die Herren des Amateurwesens mit einem skurrilen Kompromiss ein. Eine Meisterschaft alten Musters würde es erst mit dem Neuen Menschen geben, einstweilen seien keine

168    Spielaufbau: 1900 bis 1939

Punkte für den Sieg zu bekommen, sondern nur Gutpunkte für faires Spiel – ob Eigentore als fair galten, sagt das Reglement nicht. Wie mit dem Zitat von »mens sana in corpore sano« waren die sozialistischen Sporttheoretiker mit dem *Fair Play* auf die alte Bürgerlichkeit gekommen.

Über die Idee und deren Konsequenzen machte sich am 1. Februar 1925 das *Neue Wiener Journal* lustig: »Vor einigen Wochen glaubte man mit einer Hungertherapie Erfolge erzielen zu können. Man entzog den Vereinen der unteren Klassen die gewohnte Nahrung der Meisterschaftsspiele und setzte sie auf die Diät der Freundschaftsspiele. Das Ergebnis war verblüffend, allerdings nicht in dem von den Verbandsärzten erwarteten Sinn. Die Fußballer der unteren Klassen wurden nämlich noch viel rabiater und was die Herren Verbandsmacher in sogenannten gemütlichen Aussprachen an Kraftausdrücken zu hören bekamen, hätte ausgereicht, jeden Spieler der beteiligten Klubs auch noch im Jenseits zu disqualifizieren.«

In diesem von so vielen Polarisierungen geschüttelten Österreich der Ersten Republik – konservativ-katholisches Land gegen »Rotes Wien«, Rechte gegen Linke, Faschisten gegen Demokraten – vollzog sich auch im Fußball eine Trennung in zwei Lager. Die Betreiber ordneten sie den Umständen gemäß und in praktischem Automatismus dem Gegensatz bürgerlich – sozialistisch zu.

Der erste Anlass war die für März 1926 nach Rom einberufene FIFA-Sitzung. Wegen Mussolinis Politik und wegen der virulenten Italianisierung in Südtirol beantragte der Verband, der ÖFV, die Verlegung in eine andere Stadt. Im Gegenzug forderte die FIFA eine genaue Darlegung, wie nun der Sport und seine Institutionen in Österreich organisiert seien. Daraufhin entsandte der ÖFV keinen Funktionär nach Rom, es nahm hingegen eine Abordnung der Proficlubs an der Sitzung teil. Die Folge war, dass im August 1926 der Profiverband ÖFB den ÖFV als Mitglied der FIFA ablöste.

Der Arbeiterfußball kam bald wieder auf die Meisterschaft zurück, nach einer kurzen Blütezeit zog er jedoch nur noch wenige Zuschauer an. Seine Verantwortlichen verstanden den Neuen Menschen natürlich nicht als Utopie, sondern als baldige Realität. Folglich werde der Professionalismus in Kürze ausgedient haben und der Arbeiterfußball müsse sich gemäß den proletarischen Idealen weiterentwickeln, »um den Zuschauern auch wirklich bei unseren Spielen volle Befriedigung und Ersatz für den bürgerlichen Sport zu bieten«, schrieb 1929 der *Volkssport*, das offizielle Organ des ASKÖ. In ihrer Nummer 15 desselben Jahres musste die Zeitschrift allerdings erkennen, dass man noch weit davon entfernt sei. Über das Länderspiel Österreich gegen Italien berichtete sie: »Nach wie vor hält der bürgerliche und da vor allem der Professionalsport die Arbeiterschaft im Bann. 60 000 Menschen haben im roten Wien an einem Sonntag mehr als 100 000 Schilling dem bürgerlichen Sport geopfert, um sich durch 90 Minuten die faschistischen Roheiten der Mussolinischen Propagandaburschen bieten zu lassen.« Zahlen-Relationen gegen zahlenden Berufssport.

Ähnliche Worte waren bei der Kundgebung zum Tag der Republik am 12. November 1930 auf dem Wiener ASKÖ-Platz auf Spruchbändern zu sehen: »Nie schiesst der Fascismus im roten Wien ein Goal – Dafür bürgen Arbeiterfußballer.«

Die Meisterschaft und die Länderspiele der Arbeiterkicker boten wohl engagierten Sport, jedoch keineswegs das Niveau der renommierten Vereine oder gar des Wunderteams. Bisweilen konnte man Internationalität und Publikumsinteresse vorführen wie 1931 bei der Arbeiterolympiade, zu der 100 000 aus 21 Ländern ins Praterstadion kamen – aber fast so viel Publikum zog ein einziges der großen Ländermatches an. Und auch ideologisch war die Sache schwierig: Einerseits galten den ASKÖ-Herren die Profis als Lohnabhängige und »Arbeiter wie andere auch«, andererseits wetterten die Arbeitersportler gegen den Professionalismus, damit nicht »Arbeiter auch auf sportlichem Gebiete zum Ausbeutungsobjekte des Kapitals werden«.

170 Spielaufbau: 1900 bis 1939

Die sozialdemokratische Monatsschrift *Der Kampf* kritisierte Anfang 1933 unter dem Titel *Panem et circenses* den Wirbel rund um das Match des Wunderteams, das im Dezember
gegen England in London knapp verloren hatte. Der Finanz-
ausschuss des Parlaments habe seine Sitzung für die Radio-
übertragung unterbrochen und der Sprecher der eigenen Partei
habe bei der Generaldebatte zum Budget erklärt, man müsse
der Regierung Dollfuß das Vertrauen versagen, denn sie habe
»bei den Kreditanstaltsverhandlungen in London nicht ›so
ehrenvoll‹ abgeschnitten wie die elf Wiener Jungen beim Fußballspiel«. Es folgte der Kommentar: »Daß das Bürgertum für
ihm nahestehende Sportler Begeisterung aufbringt, ist weiter
nicht verwunderlich. Unverständlich ist und bleibt nur die
Kurzsichtigkeit der Sozialdemokraten, die den nationalistischen
Schwindel des bürgerlichen Sports nicht durchschauen.«

Nach dem Bürgerkrieg 1934 untersagte der Austrofaschismus unter Engelbert Dollfuß jegliche sozialistische Sportausübung. Im Vorjahr hatten die Nazis in Deutschland den Arbeitersport verboten.

Schlote und Zechentürme, schmutziger Backstein und rußige
Gassen, Kohlegesichter der Kumpels und Biermünder in den
Kneipen – ausgerechnet im Ruhrpott lässt Sönke Wortmann
einen großen Teil seines Streifens *Das Wunder von Bern* spielen.
Die Geschichte bis zum Finalsieg über Ungarn bei der WM
1954 konzentriert er im Milieu um Helmut Rahn, den Schützen des Siegestores. Der Boss, wie man ihn nannte, war der
schwierige Star von Rot-Weiß Essen; im Film steht ihm ein
begeisterter Junge zur Seite, der wie ein Maskottchen Erfolg
bringt. Erst als er gerade noch rechtzeitig an jenem Regennach-
mittag im Berner Wankdorf-Stadion an der Seitenlinie auf-
taucht, gelingt Rahn die entscheidende Aktion. Wortmann verstärkt so das kollektive Wundererlebnis durch ein persönliches,
und der Glanz des Erfolges strahlt im Gegensatz zum Ruhrmi-
lieu, dem er immerhin zum Teil zu verdanken ist, umso heller.

Der Zusammenhang zwischen Fußball und Industrialisierung ist erwiesen. Das Kicken hatte sich auf dem europäischen Kontinent zunächst in Handelszentren entwickelt, ab den zwanziger Jahren waren auffallend viele erfolgreiche Vereine in den Industriegebieten angesiedelt: RC Lens im französischen Kohlerevier des Nordens, Sochaux bei den Peugeot-Werken, Juventus Turin mit Fiat. Meist hatten sie die Unterstützung von Unternehmen, die wohl eine körperliche Ertüchtigung recht gern sahen, vor allem aber die Matches als Ventile für Emotionen und Aggressionen schätzten.

Anders als bei diesen hochklassigen Spielen von Berufskickern oder von verdeckten Profis, ging es dem dezidierten Arbeiterfußball um politisch bewusstes, selbständiges Tun. Man möge sich nicht vom Kapitalismus anstellen und ruhigstellen lassen.

Auffallende Veranstaltungen des deutschen Arbeiterfußballs waren die »Russenspiele«, die 1927 organisierten Matches gegen Teams aus der Sowjetunion, die internationale Verbundenheit vorführen und zur Propaganda dienen sollten. Sie waren ebenso wenig von dauerhaftem Erfolg wie der kommunistische Versuch, mit der 1928 gegründeten »Kampfgemeinschaft für Rote Sporteinheit« den Fußball als Ausdruck des Klassenkampfs zu betreiben.

Im deutschen Arbeiter-Turn- und -Sportbund waren 1930 etwa 140 000 Fußballer organisiert; seine Anziehungskraft reichte allerdings bei weitem nicht an jene des DFB heran. Dieser hatte schon 1920 über 750 000 Mitglieder und gab sich als unpolitischer Fachverband. Damit entsprach er den meisten Kickern, die in ihrem Sport nichts anderes als ein Freizeitvergnügen sehen wollten. »Wir spielen nicht zum Vergnügen«, ließen hingegen die Organe des Arbeiterfußballs verlauten.

Sogar in den Vierteln der Bergarbeiter und in den Werksiedlungen des Ruhrgebiets, wo nicht nur die Kinder auf freien Geländen und auf den Straßen kickten, gingen die meisten Ju-

172    Spielaufbau: 1900 bis 1939

gendlichen zu DFB-Clubs, da man Wettkampf und Leistung
nach wie vor schätzte. Der sichtliche Beweis dafür war die Begeisterung für Schalke 04.

Seine Konkurrenz entstand aus der katholischen Arbeiterbe-
wegung heraus. 1909 wurde in Dortmund der »Ballspielverein
Borussia« gegründet, da der örtliche Kaplan seiner Jugendor-
ganisation das Kicken untersagt hatte (hingegen trug dann der
katholische Verband DJK von 1921 bis 1932 in unregelmäßigen
Abständen viermal eine eigene deutsche Meisterschaft aus).
Aus dem Stadtgebiet um das Eisen- und Stahlwerk Hoesch kamen bis Mitte der zwanziger Jahre Mitglieder und Publikum
des Clubs. Mit der Unterstützung des Direktors der Unions-
brauerei schaffte er 1926 den Aufstieg in die oberste Spielklasse.
Zu Beginn des NS-Regimes identifizierte sich die lokale Bevölkerung mit dem BVB, da er sowohl dem katholischen als auch
dem linken Milieu seine verbotene Vereinskultur zu ersetzen
vermochte: Bei der Reichstagswahl im November 1932 hatte
hier die KPD mehr als 31 Prozent der Stimmen erhalten und
war damit zehn Prozent vor der SPD und der Zentrumspartei
gelegen – das hatte 70 Prozent für die drei Parteien ergeben, denen die Anhängerschaft des BVB Dortmund nahestand.

Entsprechend emotional und politisch aufgeladen waren
die Derbys mit Schalke 04, dem erfolgreichen Team und somit
Vorzeigeverein der Nazis. Er stammt aus dem Gelsenkirchner
Viertel mit zahlreichen Zuwanderern aus Masuren und erhielt
dadurch das Image eines »Polacken- und Proletenclubs«. Seine
Gründung betrieben im Mai 1904 vor allem Jungbergleute, der
erste »Vorsitzende« war vierzehn Jahre alt. Zwischendurch hieß
der Club »Schalke 1877« und »Westfalia«, ab 1924 Schalke 04.
Da war er Mitglied des DFB und wurde, weit über die Region
hinaus, auch vom Bildungsbürgertum unterstützt. Seine Stars
waren Ernst Kuzorra und Fritz Szepan, die für den »Schalker
Kreisel« standen, ein Spiel mit Kurzpasskombinationen, um
den Ball einem Kreisel gleich über das Feld tanzen zu lassen.
1934 wurde Schalke erstmals Deutscher Meister.

1932 hatte das letzte Endspiel der Arbeiterfußballmeister-
schaft in Nürnberg nur 7500 Zuschauer angezogen; ebenfalls
in Nürnberg waren es im selben Jahr beim DFB-Finale Bayern
München gegen Eintracht Frankfurt 55 000. Der ständige Vergleich mit dem Vorbild der renommierten DFB-Vereine hatte
dazu geführt, dass sich der Fußballbetrieb der Arbeiter von jenem des »bürgerlichen« Verbands (dessen Mitglieder ohnehin
zum großen Teil Arbeiter waren) kaum noch unterschied – außer durch das sportliche Niveau.

## WM 1938

Die Geschichte lehrt andauernd, aber sie findet keine Schüler.
Den Satz von Ingeborg Bachmann hätte sich Franz Beckenbauer zu Herzen nehmen sollen. Nach dem WM-Sieg von 1990
und der Wiedervereinigung erklärte »der Kaiser«, mit den
Spielern aus der gewesenen DDR werde die deutsche Nationalmannschaft auf Jahre hinaus unschlagbar sein. Dass aus solchen Zusammenführungen von zwei Systemen nicht unbedingt ein gemeinsames Team von besserer Qualität entsteht,
hätte er von der Weltmeisterschaft 1938 erfahren können: Nach
dem »Anschluss« Österreichs im März war die großdeutsche
Elf im Juni als einer der Favoriten nach Paris gereist – viele Experten hatten auf ein Finale Italien gegen Deutschland getippt –
und in der ersten Runde gegen die Schweiz ausgeschieden.

Die Entscheidung, dass diese dritte WM in Frankreich ausgetragen werde, fiel 1936 beim FIFA-Kongress in Berlin. Zwei
Jahre zuvor hatten sich die Herren des internationalen Verbands nach heftigem Streit nicht einigen können. Der Präsident Jules Rimet hatte sein Heimatland favorisiert und das Turnier schon für 1937 vorgeschlagen: Da könne es gemeinsam
mit der Pariser Weltausstellung stattfinden, die auch die finan-

zielle Garantie übernehmen würde. Die Delegierten wollten jedoch den Vierjahresrhythmus beibehalten, die Südamerikaner den Kontinentwechsel. Argentinien legte seine Kandidatur vor, nach den Olympischen Spielen von Berlin bewarb sich auch Deutschland. Die Abstimmung ging deutlich zugunsten Frankreichs aus. Infolgedessen zogen die Verbände der Amerikas bis auf drei ihre Nennung zurück. Es blieben schließlich Brasilien und Kuba; die USA sagten doch ab, da einige ihrer Spieler sich weigerten, sonntags zu spielen. Die Antwort aus England bestand aus einem einzigen Satz: »Die FA sieht sich leider nicht in der Lage, ihren Standpunkt hinsichtlich der Teilnahme an einem WM-Turnier aufzugeben.«

In Paris war seit Juni 1936 die *Front populaire*, die Koalition der Volksfront, an der Regierung, während rundherum in vielen Ländern Europas faschistische, totalitäre Regime herrschten. Unter Premierminister Léon Blum wurden die Gewerkschaften anerkannt, Streikrecht und Urlaubsanspruch gesetzlich verankert. Zugleich war diese ökonomisch und politisch unsichere Zeit bis 1938 von Massenkundgebungen und Streiks geprägt.

Die Volksfront installierte ein Staatssekretariat für Sport, und 1937 erklärte Blum im Vorwort des Katalogs zur Weltausstellung, die Demokratie vermöge in Kultur und Sport den Faschismus zu überwinden (allerdings siegte im Fußballturnier, das im Rahmenprogramm ausgetragen wurde, das Team aus dem faschistischen Bologna über Chelsea). Die *Exposition*, die von Mai bis Oktober lief, war von der Wirtschaftskrise und dem Spanischen Bürgerkrieg überschattet – im spanischen Pavillon hing Picassos monumentales Ölgemälde *Guernica*. Die von den Republikanern gehaltene Stadt im Baskenland war von der deutschen Luftwaffe im Vorjahr zerstört worden. Zur Eröffnung des deutschen Pavillons kam im Mai 1937 der NS-Reichswirtschaftsminister Hjalmar Schacht nach Paris, Léon Blum führte mit ihm Verhandlungen über die französisch-deutschen Beziehungen.

WM 1938    175

Die Vorzeichen einer Weltkrise waren nicht zu übersehen. Die Spanier hatten sich für die WM nicht gemeldet; die Sowjetunion und Japan verzichteten auf die Qualifikation; die Deutschen und die Italiener reckten im Stadion ihre Arme militant gegen die Tribünen. Noch vor Beginn des Turniers trat Blum im April 1938 zurück, ihm folgte Daladier.

Die Politik blieb dem Fußball nicht fern. Die italienische Mannschaft reiste mit dem Zug an, 3000 antifaschistische Demonstranten empfingen sie auf dem Bahnhof von Marseille. Mussolini hatte kurz zuvor, am 2. Juni, in *La Nazione* erklärt, die faschistische Revolution habe die Vitalität der Rasse im Sport zum Tragen gebracht. Beim ersten Spiel des Titelverteidigers herrschte von Anfang an eine explosive Stimmung, als die Squadra bei der Hymne ihre Arme zum Faschistengruß erhob; erst in der Verlängerung siegte sie gegen Norwegen durch ein Tor von Piola mühsam 2:1. Im Viertelfinale traf sie in Paris auf das Gastgeberland. Da beide Teams gewöhnlich in blauen Trikots spielten, nach denen man sie eben noch heute Azzurri und *les bleus* nennt, musste gelost werden. Die Franzosen hatten Glück, die Italiener sollten in Weiß antreten. Da kam der Befehl aus Rom, dies sei die Gelegenheit, faschistisch in Schwarz (das sonst den Schiedsrichtern und Torleuten vorbehalten war) zu kicken. Die feindselige Stimmung im Publikum kann man sich vorstellen.

Auch mit der großdeutschen Elf kam die Politik ins Stadion.

Am Tag des Einmarsches der deutschen Wehrmacht in Österreich, am 12. März 1938, setzte das Wiener *Sport-Tagblatt* die Schlagzeile »Unser Sport ist frei« auf seine Titelseite. Nur drei Tage später teilte es mit: »Von heute an keine Juden in der Redaktion.« Wie in den meisten Bereichen hatten Nazis im Land den »Anschluss« so vorbereitet, dass sie binnen kurzem das Leben unter ihr ideologisches System zwingen konnten. Die NS-Organisation mit dem bezeichnend militanten Namen »Sport- und Turnfront« übernahm die Herrschaft über die Körperertüchtigung. Der ÖFB wurde aufgelöst. Die Hakoah

176    Spielaufbau: 1900 bis 1939

ebenso, und schon am 17. März wurden alle ihre Spiele der
laufenden Meisterschaft mit 3:0 für die Gegner gewertet, da
eine »Aufrechterhaltung der bereits erzielten Resultate« der
»Würde der nationalsozialistischen Sportler nicht entspreche«.
Am selben Tag traf es die Austria, ihr Präsident Michl Schwarz
und alle anderen jüdischen Mitglieder wurden ausgeschlossen:
»Über die Austria, die unter nichtarischer Führung steht, ist
eine Sperre verhängt.«

Am 18. März titelte das *Sport-Tagblatt*, das offenbar brav am
Systemwandel mitwirken wollte: »Deutscher Fußball – Neuer
Fußball.« Neben Verlautbarungen der Gauleitung publizierte
es die Anordnung, dass die Schiedsrichter und beide Mannschaften vor jedem Spiel den »deutschen Gruß« zu erbieten
hatten. Als drei Tage danach der Betrieb erneut aufgenommen
wurde, sei die Meisterschaftsrunde ganz »im Zeichen des deutschen Grußes« gestanden. Und als die Austria, die dann einige
Monate unter dem Namen Ostmark spielen musste, wieder
auflief, trug der Mannschaftsführer Hans Mock statt der Kapitänsschleife die Armbinde der SA.

In dieser »neuen Zeit«, von der die Presse wie das *Sport-Tagblatt* schwärmten, verschwand nicht nur Österreich, sondern
auch die österreichische Nationalelf. Sie war für die Weltmeisterschaft in Frankreich gemeldet, qualifiziert und für die
erste Runde gesetzt. Nun musste sie absagen. Dafür machte
sich Großdeutschland umso größere Hoffnungen, schließlich
waren die deutschen Amateure bei der WM 1934 Dritter und
die Wiener Profis des Wunderteams Vierter geworden. Gemeinsam konnte man nur deutlich besser abschneiden.

Allerdings hatte Deutschland 1936 für das olympische Tur-
nier in Berlin als Favorit gegolten und dann eine peinliche
Niederlage gegen Norwegen erlitten, so dass Hitler wütend das
Stadion verlassen hatte.

Nun galt es also die Wiener Schule mit dem deutschen Ath-
letismus zu verbinden. Die deutsche Mannschaft hatte zehn
Spiele hintereinander gewonnen, im Mai 1937 in Breslau gegen

Dänemark mit 8:0. Die »Breslau-Elf« um den Schalker Fritz Szepan erschien als zusammengespielte Einheit. Der neue Reichstrainer Sepp Herberger musste jedoch auf politischen Befehl im Frühjahr 1938 innerhalb weniger Wochen eine Mischung aus Wienern und Kickern aus dem »Altreich« zusammenfügen. Hitler soll eine Quote von 6:5 oder 5:6 angeordnet haben. Herberger sei skeptisch gewesen, der DFB-Präsident habe ihm deutlich zu verstehen gegeben: »Die Geschichte erwartet das von uns!« – für ihre Entscheidungen, die sie derart zirkelschlüssig rechtfertigten, machten die Nazis gerne unbezweifelbare, weil abstrakt ideelle Begriffe verantwortlich.

Für das Testspiel gegen England, das am 14. Mai im Berliner Olympiastadion stattfand, musste dann doch die Mannschaft wieder »entmischt« werden, da Hitler noch auf ein Bündnis mit den Briten hoffte und der Verband ein geringeres Publikumsinteresse und somit finanzielle Einbußen befürchtete. Die Breslau-Elf wurde mit einem Wiener versehen, vor 105 000 Zusehern unterlag sie 3:6. Zur deutschen Hymne erhoben auch die englischen Spieler ihre Rechte zum Hitlergruß, da ihr Botschafter ihnen erklärt hatte, die Geste sei diplomatisch sehr günstig.

Matthias Sindelar war von Herberger in den Kader nominiert worden, der Papierene winkte jedoch ab: Er fühle sich für eine WM zu alt. Die Schweiz würde man auch ohne ihn besiegen. Die Eidgenossen hatten unter ihrem Wiener Trainer Karl Rappan zwar in der Qualifikation gegen die Portugiesen gewonnen, aber dann zu Hause gegen die nicht sonderlich stark eingeschätzten Belgier 3:0 verloren.

Beim Eröffnungsspiel der Weltmeisterschaft im Pariser Prinzenparkstadion kam das gemischte neue Deutschland über ein 1:1 nicht hinaus. Als Schiedsrichter John Langenus in der Verlängerung Hans Pesser von Rapid wegen seines derben Fouls ausschloss, waren die meisten der 40 000 Zuschauer endgültig aufseiten der Schweizer. »Elf gute Spieler, die sich gegenseitig unterschiedlich verstehen«, schrieb der *Kicker*.

Im nächsten Match würde es aber gewiss besser laufen.

*Abb. 10:* Paris, Juni 1938, Deutschland – Schweiz: Die deutsche Mannschaft beim Hitlergruß.

Schließlich hatte ja auch Weltmeister Italien seine Startschwierigkeiten und gegen Norwegen erst in der Verlängerung gewonnen. Brasilien brauchte gegen Polen in Straßburg ebenfalls 120 Minuten; die Seleção ging 3:1 in Führung, die Polen glichen aus, Leônidas erhöhte auf 4:3, nach dem neuerlichen Ausgleich und nach Ende der regulären Spielzeit zog Leônidas seine Schuhe aus und erzielte zwei Tore.

Das Wiederholungsspiel fand am 9. Juni in Paris statt. Ein Pfeiforkan empfing die deutsche Elf im Stadion. Der Wiener Hahnemann schoss das 1:0, nach einem Freistoß an die Latte traf ein Schweizer zum 2:0 ins eigene Tor. Der großdeutsche Sieg schien klar. Die Eidgenossen steckten aber nicht auf, noch vor der Pause glichen sie aus. Die zweite Halbzeit dominierten sie. André Abegglen, genannt Trello, der in Frankreich bei Sochaux Profi und in der dortigen Liga 1934/35 Torschützenkönig geworden war, gelangen zwei Treffer zum 4:2.

Es blieb das schlechteste Abschneiden in der deutschen WM-Geschichte. Der SA-Mann Hans Mock, Spielführer im ersten Match, sagte im Nachhinein zum *Völkischen Beobachter*: »Wir Wiener wirken derzeit in der deutschen Nationalmannschaft wie ein Fremdkörper.« Die Wiener Schule und der Schalker Kreisel fanden in der kurzen Vorbereitung nicht zusammen. Die einen waren ihr Kurzpassspiel und die Raumdeckung gewöhnt, die anderen einen kräftigen Stil und das WM-System mit Manndeckung. Hans Mock: »Uns Wienern liegt ein Spielsystem nun einmal nicht. Hatte einer von uns den Ball, wußte der Kamerad der alten Nationalmannschaft nicht, was jetzt kommen wird – und umgekehrt.«

Im Viertelfinale schieden die müden Schweizer gegen Ungarn aus. Italien gewann gegen Frankreich vor fast 60 000 Zuschauern in Paris mit 3:1 und dann im Halbfinale gegen die Brasilianer. Ungarn zog mit einem Sieg über Schweden ins Finale ein – Schweden war kampflos in das Viertelfinale gekommen, da es gegen Österreich gelost war, und hatte Kuba mit 8:0 deklassiert.

Im Stade de Colombes trafen im Finale Colaussi und Piola je zweimal zum 4:2 über Ungarn. Italien war zum zweiten Mal Weltmeister.

Die nächste WM war 1942 vorgesehen. Sie sollte erst 1950 stattfinden.

Inzwischen wurde 1944 im Stadion von Quito, der ecuadorianischen Hauptstadt, von Exilanten ein »Ländermatch« zwischen Österreich und der Tschechoslowakei ausgetragen. Das Spiel erregte bei der einheimischen Bevölkerung große Aufmerksamkeit, auf der Ehrentribüne saßen das gesamte diplomatische Corps und die meisten Minister der Regierung Ecuadors.

# Andere Schlachten

*Spanischer Bürgerkrieg und Franco-Regime*

Nein, zur zweiten Halbzeit geben sie sich nicht her. Sie sitzen in der Kabine, sie schimpfen, mit Fußball hat das nichts zu tun. Das ist Fortsetzung des Krieges, ruft einer; Propaganda, ein anderer. Der Coach schweigt, er ist blass. Sie schnüren die Schuhe auf, ein Kickstiefel fliegt an die Wand. Da wird die Tür aufgerissen, das Geschrei von den Tribünen dringt herein. Ein Mann steht im Raum, sie kennen ihn nicht. Hinter ihm zwei Polizisten. Die Tür fliegt zu. Es wird still. Ich bin der Direktor der Staatssicherheit, sagt er. Und ihr, ihr dürft nur hier sein, da unsere Großzügigkeit eure unpatriotische Haltung verziehen hat. Wenn das Match nicht ordentlich zu Ende geführt wird, lasse ich euch alle verhaften.

Man schrieb den 13. Juni 1943. Tatsächlich erzählen Berichte vom Besuch in der Kabine; manche lassen ihn vor dem Spiel eintreten, andere in der Pause.

Im Semifinale der Copa del Generalísimo hatte der FC Barcelona im eigenen Stadion Les Corts gegen Real Madrid mit 3:0 gesiegt. Das katalanische Publikum hatte die Madrilenen beschimpft, Barça war mit einer Geldstrafe belegt worden. Der Druck beim Retourspiel muss enorm gewesen sein. Auf den Tribünen brodelte es, Gegenstände flogen aufs Feld, so dass der Keeper weit aus seinem Tor rückte. Der Schiedsrichter unterband die meisten Angriffe der Katalanen und pfiff die Stürmer zurück. In der Halbzeit führte Real mit 8:0; die Spieler aus Barcelona sollen sich geweigert haben, zur zweiten Hälfte einzulaufen.

Sie verloren 11:1. Zwei Jahre später gewannen sie erstmals seit 1929 die Ligameisterschaft.

Als 1918 in der katalanischen Hauptstadt die Kampagne für den Autonomiestatus einsetzte und eine Petition in der Presse erschien, erklärte der Verein öffentlich, er sei und bleibe »el Club de Cataluña«. Der Lokalrivale Español, dessen Wappen die Königskrone trägt, stellte sich dagegen, seine Anhänger waren Militärs und Beamte.

Eine Autonomie wurde nicht gewährt, vielmehr ließ die Regierung das Spanische betonen. Vor einem Freundschaftsmatch von Barça gegen ein britisches Team intonierte 1925 die englische Musikkapelle die spanische Hymne *Marcha Real*. Das Publikum pfiff und schrie. Bis *God Save the King* erklang, unter heftigem Applaus von den Rängen. Daraufhin sperrte die Behörde das Stadion für sechs Monate.

1931 wurde die Republik gegründet. Sie deklarierte im September 1932 Katalonien zur »autonomen Region innerhalb des spanischen Staates« mit dem Recht auf Selbstverwaltung, Parlament, Regierung und Katalanisch als Amtssprache. Das Franco-Regime strich all dies dann wieder.

Nachdem im Februar 1936 linksliberale Parteien die Wahlen gewonnen und eine Volksfront-Regierung gebildet hatten, rebellierten am 17. Juli Offiziere des spanischen Afrika-Heeres und der Fremdenlegion in Marokko. Am nächsten Tag erhoben sich Militärs und Republikgegner in allen Teilen Spaniens, darunter der auf den Kanaren stationierte Francisco Franco. Den Putsch hatten Offiziere unter General José Sanjurjo (der noch im selben Jahr bei einem Unfall verstarb, somit Franco die Bahn freigab) und einigen Falangisten monatelang vorbereitet; das totalitäre Regime erklärte ihn später fälschlich zum spontanen nationalen Aufstand. Der Bürgerkrieg brachte eine extreme physische und kulturelle Gewalt über das Land, er endete am 1. April 1939 mit dem Sieg der Putschisten über die Republik. 600 000 Menschen kamen ums Leben, davon 150 000 an

182    Andere Schlachten

den Fronten, viele Tausende fielen einem politischen Mord zum Opfer. Ende 1939 befanden sich immer noch rund 270 000 in Gefangenschaft, mehr als 100 000 in Konzentrations- und Straflagern. Eine halbe Million Spanier und Spanierinnen waren ins Exil geflüchtet.

Franco und seine Nationalisten benützten die katholische Rhetorik des Kreuzzugs, die sie metaphorisch mit ihrer Rassenhygiene verbanden. Von Anfang an deuteten sie den Krieg als notwendige spirituelle Reinigung: Man müsse die Heimat von »kranken« und »separatistischen Elementen« säubern, nur so könne man die nationale »Schicksalseinheit« erneuern und wieder zu imperialer Größe führen. Das wahre Spanien sei Kastilien, das »Land der Hidalgos, Land der Edelmänner«. Von hier aus habe man die Einheit zu gestalten und zu schützen – bedroht sei sie vom Fremden, vom Katalanischen und Baskischen, von den Freizügigkeiten des Denkens und der Zügellosigkeit der Demokratie. Die Dreifaltigkeit seiner Legitimation führte das Regime ständig mit seinen Inszenierungen und in seinen Mythen vor: Kirche, Militär und die Falange, die faschistische Partei.

Ein wesentlicher ideologischer Grundpfeiler beschwor die kulturelle Einheit. Diese *Hispanidad* fand sich zum passenden Zeitpunkt durch die Europacupsiege von Real Madrid gestützt.

Im März 1938 befahl Franco seiner Luftwaffe, den Sitz des FC Barcelona zu bombardieren. Nach Ende des Bürgerkriegs schrieb *La Vanguardia* am 19. April 1939, der Club müsse für seine politischen Sünden büßen: »El deporte catalán se apresta a recibir una ducha de Patria«, der katalanische Sport werde eine vaterländische Dusche erhalten. Das erste Finale der Copa del Generalísimo wurde am 25. Juni 1939 ausgerechnet in Barcelona ausgetragen, das Ende Januar erobert worden war: Sevilla gegen Racing aus El Ferrol, der Geburtsstadt von Franco. Spieler und Publikum vollzogen zur Hymne der Falangisten den faschistischen Gruß, die Presse betonte die »patriotische und sportliche Bedeutung«, damit sei Barcelona wieder in Spa-

Spanischer Bürgerkrieg und Franco-Regime 183

*Abb. 11:* Franco im Stadion.

nien »eingegliedert«. Erst vier Tage später durfte Les Corts, das Stadion von Barça, diesem »Instrument des Katalanentums«, wieder öffnen, die katalanische Flagge musste aus dem Vereinswappen genommen werden.

Der Fußball hatte auf dem Feld der Symbolik systemkonform zu sein. Nicht nur Diktatoren wissen, wie intensiv populäre Bewegungen Sinnbilder zu verbreiten und zu vertiefen vermögen, dass sie Gesten zu interpretieren und emotional aufzuladen verstehen.

Francos *Nacionalfutbolismo* richtete sich ebenfalls gegen den sportlichen Ausdruck des Baskentums. In der Hafenstadt Bilbao hatten Briten und junge Männer, die vom Studium in England zurückgekehrt waren, zu Beginn des Jahrhunderts den Athletic Club gegründet. Auf Anweisung der Regierung musste er 1941 nunmehr spanisch Atlético Bilbao heißen. Eine bezeichnende Vorgangsweise autoritärer Regime, die dem Eigenen auch sprachlich den alleinigen Anspruch geben.

184 Andere Schlachten

Der Verein wiederum bezeugte sein Selbstbewusstsein, indem er nur Spieler baskischer Herkunft aufnahm. Seit Gründung der Liga im Jahr 1928 war er immer erstklassig, achtmal wurde er Meister. Als er im Dezember 1975, nur einige Tage nach Francos Tod, ein Match gegen Real Sociedad aus San Sebastián austrug, steckten die beiden Kapitäne die baskische Fahne in den Ankickpunkt. Ein Sieg im Kampf um die Sinnbilder. Symbolstark begannen so die baskischen Teams dieses Feld wieder zu erobern.

Das Regime hatte nicht sofort auf Real gesetzt. Zunächst war ihm Atlético Madrid nähergestanden, das bis 1947 Atlético Aviación hieß, dann allerdings die Unterstützung der Luftwaffe einbüßte.

Real war von zwei Brüdern aus Barcelona gegründet worden, 1920 hatte der Club vom König das Recht zugesprochen erhalten, seinen Namen zu verwenden. Mit der Ausrufung der Republik änderte sich 1931 natürlich die Symbolik, die Krone musste aus dem Wappen weichen, als FC Madrid wurde der Verein erstmals Meister. Ein Großteil der Mitglieder stammte aus dem Bürgertum, der Präsident war Republikaner. Beim Putsch von 1936 blieb die Hauptstadt in den Händen der Republikaner, die den Besitzer und die Funktionäre des Clubs bestimmten. Während des Bürgerkriegs trat die Mannschaft in der Sowjetunion an, um Geld für die Opferhilfe hereinzuspielen.

Nach dem Sieg der Franco-Truppen flüchteten einige Kicker ins Ausland, während die Diktatur Real Madrid für ihr Prestige einzusetzen begann, national wie auch international. 1945 erweiterte man das Stadion auf 120 000 Plätze, das Baumaterial ließ das Regime heimlich gratis liefern. Es unterstützte auch die Transfers von Raymond Kopa, Ferenc Puskás und vor allem von Alfredo Di Stéfano.

Der Argentinier war wegen des heimischen Spielerstreiks von Buenos Aires nach Kolumbien gewechselt und hatte mit

Millonarios Bogotá, dem »Blauen Ballett«, gegen Real gewonnen. Das Rennen um den schnellen, torgefährlichen Regisseur machte zunächst der FC Barcelona, der vier Millionen Peseten an seinen Stammclub River Plate bezahlte. Die FIFA genehmigte den Transfer, Di Stéfano trainierte vier Monate lang bei den Katalanen und beeindruckte bei ein paar Freundschaftsspielen. Inzwischen untersagte das Regime mit einem eilig verfertigten Gesetz den heimischen Vereinen, weiterhin Ausländer zu verpflichten, und Reals Präsident Santiago Bernabéu überwies 1,5 Millionen Peseten an Millonarios. Im Konflikt verfiel daraufhin der spanische Verband auf einen seltsamen Kompromiss: Di Stéfano erhalte eine Spielerlaubnis für vier Jahre, zwei davon solle er für den einen Club kicken, zwei für den anderen. Im September 1953 unterschrieben die Präsidenten von Real und Barça das Arrangement. Die Enttäuschung und die Entrüstung waren jedoch in Barcelona so groß, dass der Präsident sein Amt niederlegte und der Verein schließlich auf den argentinischen Star verzichtete. Mittlerweile hatte das Regime das Ausländergesetz wieder geändert, und im Oktober siegte Real gegen die Katalanen mit 5:0, vier Tore schoss Di Stéfano. Am Ende der Saison wurde Real, das »Weiße Ballett«, erstmals seit einundzwanzig Jahren Meister.

Das Franco-Regime wollte keineswegs eine Überlegenheit der katalanischen Mannschaft zulassen. Es half den Transfer zu Barcelona zu verhindern, denn dort hätte Di Stéfano mit László Kubala zusammengespielt, der damals als bester Stürmer in Europa galt.

Kubala hatte Ungarn wegen der Kommunisten verlassen und Anfang 1950 in einem US-Lager in Italien ein Fußballteam aus Flüchtlingen organisiert. Diese »Hungaria« trat international bei Freundschaftsspielen an, im Sommer besiegte sie fast die spanische Nationalelf. Auf der Tribüne saß ein Funktionär des FC Barcelona, der dem Großartigsten dieses Matches sofort einen Vertrag anbot. László Kubala zeichnete sich durch außerordentliche Übersicht und durch einen gewaltigen Schuss mit beiden Füßen aus. Als Barça 1951/52 die Meisterschaft gewann, erzielte er 27 Tore.

Die Verbindung Reals mit dem Regime hatten die Katalanen dauernd vor Augen. In Barcelona pfiff der Schiedsrichter 1970 im Semifinale des Cups Elfmeter für Madrid, nachdem ein Barça-Spieler zwei Meter außerhalb des Strafraums ein Foul begangen hatte. Das Publikum protestierte heftig, noch vor Ende des Matches liefen Fans aufs Feld, einige prügelten sich mit der Polizei, und es ertönten wütende Sprechchöre gegen Franco.

Mit Di Stéfano gewann Real Madrid zwischen 1956 und 1960 fünfmal in Folge den Europacup. Nach jeder Reise zu einem Spiel im Ausland musste der Real-Vizepräsident zu Franco, um dem Diktator Bericht zu erstatten. Es wird nicht nur um die Resultate der Matches gegangen sein.

Santiago Bernabéu stand an der Spitze von Real, er führte den Verein, wie es heißt, recht autoritär – dies ist allerdings keine Besonderheit politischer Diktaturen. Bernabéu hatte Franco im Bürgerkrieg unterstützt und von einer »Fußballfront« gesprochen. »Wir leisten einen Dienst an der Nation«, hatte er erklärt, »wir möchten dazu beitragen, dass die Leute zufrieden sind.«

Die spanische Entwicklung der fünfziger Jahre fasst Cuco Cerecedo pointiert zusammen: »Zweifellos waren die bedeutendsten Ereignisse des Zeitraumes zwischen 1950 und 1960 die Unterzeichnung des Konkordats mit dem Vatikan, der Pakt mit den USA und die fünf Europapokale. Man kann festhalten, dass Pius XII., Eisenhower und Bernabéu Spanien den Weg geöffnet haben, ein gleichberechtigtes Mitglied der internationalen Gemeinschaft zu werden.« Der Fußball von Real Madrid war erfolgreich für das Regime gerollt und hatte mit dem eigenen Prestige jenes des Franco-Staates gefördert.

In den Jahren nach Ende des Bürgerkriegs hatte das Regime das Land in einer Abgeschlossenheit (und breite Schichten der Bevölkerung im Elend) gehalten, um die Einheit mittels Autar-

Spanischer Bürgerkrieg und Franco-Regime   187

kie zu fördern und die Macht abzusichern. Mitte der fünfziger Jahre mehrten sich Zeichen der Krise und zugleich der Öffnung. Bei den Umbildungen der Regierung verlor die Falange an Einfluss, Lohnkürzungen führten zu zahlreichen illegalen Streiks. Danach setzten die »Goldenen Jahre« ein: 1959 machte ein Stabilisierungsplan die Peseta zur konvertiblen Währung; Spanien wurde wegen der niederen Löhne und der Subventionen für ausländische Firmen attraktiv; der deutlich bessere Lebensstandard in vielen europäischen Ländern, etwa in der BRD, kurbelte den Tourismus enorm an.

Es waren genau jene Jahre, in denen Real Madrid seine fünf Siege im Europapokal feiern konnte: Sie haben wohl ideell zur Bewältigung der Krise und zur internationalen Öffnung beigetragen. Zunächst führten sie auf dem emotional stark besetzten Feld des Fußballs den Sieg der Hispanidad unter dem richtigen Wappen vor – zeigten also, dass in der Einheit der größte Erfolg möglich war. Danach vermittelten sie dessen Dauerhaftigkeit, so dass Spanien für das Ausland anziehend zu wirken vermochte.

Nach dieser Serie blieb die Europatrophäe auf der iberischen Halbinsel, 1961 und 1962 gewann Benfica Lissabon. Das Team kam ebenfalls aus einer Diktatur, jener des António Salazar, der den Star Eusébio nicht außer Landes ziehen ließ.

Auch dieses Regime, das seit 1932 an der Macht war, betrieb in den fünfziger Jahren eine Entspannungspolitik. 1949 war Portugal Gründungsmitglied der NATO (während Spanien über bilaterale Verträge mit den USA indirekt an das Bündnis gekoppelt und dann 1982 nach der Demokratisierung aufgenommen wurde).

In einer oft zitierten Rede hatte Salazar am 28. Mai 1936 verkündet, welche Säulen den Staat und seine Politik tragen müssten: *Deus, Pátria, Família, Autoridade e Trabalho.*

Im Gegensatz zu einer anderen Schlagwortkette, die ihn in eine Reihe mit Familie und Fado stellt, gehörte der Fußball

188　Andere Schlachten

nicht dazu. Der Diktator schätzte keinen Mannschaftssport und ließ andere Formen der Körperertüchtigung fördern; zudem passte das urbane Phänomen Fußball nicht zum propagierten Ideal des Ruralismus. Salazars *Estado Novo* zog das Amateurwesen vor, aus Mangel an staatlicher Unterstützung wurde erst spät eine Profiliga eingeführt. Und selbst als Eusébio, der aus der Kolonie Mozambique stammte, einer der weltbesten Fußballer war, zeitigte dies keine Debatte über die portugiesische *raça*.

Die Herrschaft von Franco und Salazar beruhte auf mächtigen Trägern, der katholischen Kirche und dem Militär. Beide Diktatoren setzten korporative Systeme ein, sie beschnitten Freiheiten, kontrollierten Normen sowie Werte, das mediale und das kulturelle Leben. »Während sich das salazaristische Selbstverständnis auf sein Kolonialreich gründete, an dessen Zusammenbruch das Regime schließlich scheiterte, versuchte der Franquismus das Fehlen großer Kolonien mit seiner kulturmissionarischen Bewegung der Hispanität zu kompensieren«, erläutert Ursula Prutsch.

In Portugal endete die Diktatur 1974 mit der »Nelkenrevolution«, in Spanien 1975 mit dem Tod des Diktators.

*Nationalsozialismus*

Die Nationalsozialisten proklamierten den Fußball zur proletarischen Errungenschaft, vor allem aber zum Ausdruck des Ideals der Volksgemeinschaft. Dabei konnten sie sich auf den ausgeprägten kollektiven Antrieb stützen, der spätestens seit dem Ersten Weltkrieg den Fußball in Deutschland noch stärker geprägt hatte als anderswo. Diesen »Gemeinschaftsgeist« (den man dann beim WM-Sieg 1954 wieder aufrief) nützten die Nazis für ihre Propaganda. Dem standen allerdings starke regionale Identitäten und ein Vereinsfanatismus entgegen, die ja von der regional bestimmten Organisation des Sports gefördert wurden.

Die Nazis hatten zu Beginn der dreißiger Jahre begonnen, den Nachwuchs auf ihre Seite zu ziehen, indem sie immer mehr Jugendliche aus den Vereinen für die Hitlerjugend gewinnen konnten. Im Juli 1934 bestimmte ein Abkommen zwischen dem Reichssport- und dem Reichsjugendführer, dass für Jugendliche der Beitritt zu einem Verein automatisch die Mitgliedschaft zur HJ bedeute. Und die »Richtlinien für Leibeserziehung in Jungenschulen« setzten im Oktober 1937 den Fußball mit genauen Trainingsabläufen im Lehrplan fest. Die wöchentlichen Sportstunden wurden dadurch auf fünf erhöht – gemäß Hitlers Erklärungen in *Mein Kampf*, dass das »Heranzüchten kerngesunder Körper« wichtiger sei als »die Ausbildung der geistigen Fähigkeiten«. Die Richtlinien betonten ausdrücklich: In dieser »Gemeinschaftserziehung« wurden Gehorsam, Einordnung und Kameradschaftsgeist gedrillt; sie zielte auf »Wehrfähigkeit« und »Rassenpflege«.

Nach der Machtübernahme 1933 erschien in Fußballzeitschriften die Mitteilung, der Verband habe das »Führerprinzip« übernommen. Nachweislich gehörten in den oberen Gremien vor dem Januar 1933 wenige der NSDAP an; danach waren es aber nur wenige, die nicht der Partei beitraten. Einige Herren vom DFB äußerten sich sofort begeistert über das neue Regime, dessen Vorgaben sie sich zu befolgen befleißigten – ob eher aus ökonomischen, opportunistischen oder tatsächlich aus ideologischen Gründen, darüber sind sich historische Analysen uneins. Immerhin erklärte Felix Linnemann, der Präsident des Verbands, 1934 unmissverständlich: Die Aufgabe des DFB bestehe darin, »seine Mitglieder zu staatstragenden, einsatzbereiten Volksgenossen des nationalsozialistischen Staates heranzubilden«.

Da im Verband der Eindruck vorherrschte, im Konflikt um den Amateurfußball seien die Befürworter der Profiliga vor al-

190  Andere Schlachten

lem jüdische Vereinsfunktionäre, kam ihm deren Ausschluss gelegen. Immerhin gebärdete sich der DFB nicht so strikt wie die Deutsche Turnerschaft, die ihre »Vollarisierung« noch schärfer formulierte als die Nürnberger Rassengesetze. Aber auch im DFB waren seit seinen Frühzeiten das Rassendenken und die Behauptung von der biologischen Überlegenheit der Deutschen präsent.

Im April 1933 verfassten einige süd- und mitteldeutsche Clubs, darunter Bayern und 1860 München, der 1. FC Nürnberg und Eintracht Frankfurt, FC Kaiserslautern und die Spielvereinigung Fürth, eine im *Kicker* publizierte Resolution: Man stelle sich »freudig und entschieden« für die »Entfernung der Juden aus den Sportvereinen« zur Verfügung. Die Praxis sah in den nächsten zwei Jahren doch nicht immer so resolut aus: Die Frankfurter Eintracht, die über die Region hinaus den Ruf eines »Judenclubs« hatte, nahm noch 1935 jüdische Mitglieder auf.

Kurt Landauer, der Präsident von Bayern München, und andere jüdische Funktionäre hatten sich im März 1933 zum Rücktritt gezwungen gesehen. Die überzeugten Nazis waren im Verein allerdings in der Minderheit, so dass sie sich nicht ganz durchsetzen konnten. Im November 1937 wurde mit Franz Nußhardt ein Präsident gewählt, der nicht der NSDAP angehörte. Ein Jahr später durfte er zwar formal nicht mehr an der Spitze des FC Bayern stehen, tatsächlich führte er ihn jedoch bis 1943. Landauer sperrten die Nazis nach der »Reichspogromnacht« 1938 in Dachau ein, im folgenden Jahr schaffte er es ins Exil nach Genf. Als der Club 1940 dort ein Match gegen Servette austrug, besuchten einige Kicker ihren ehemaligen Präsidenten; dafür mussten sie zu Hause in München einen heftigen Rüffel hinnehmen.

Im Juni 1943 publizierte Otto Nerz, der bis 1936 Reichstrainer und ab 1933 SA-Mitglied war, eine radikale antisemitische Artikelserie im Berliner *12 Uhr-Blatt*. Die Juden hätten einen »unheilvollen und zersetzenden« Einfluss auf das deutsche Ver-

einsleben gehabt, schrieb er: »Besonders in der Berufsspieler-
frage machten die Juden und ihre Hörigen der oberen Führung
das Leben dauernd sehr schwer. In der Krise vor 1933 war die
Gefahr der Verjudung auch im Fußball sehr groß.«

Im März 1933 beschloss der DFB, keine Arbeitervereine aufzunehmen, denn deren »klassenkämpferische Ziele« seien völlig
abzulehnen.

Am Abend des 19. März gab er in Berlin ein Bankett, das traditionell sowie international üblich jedem Länderspiel folgte.
Nach dem Kampf auf dem Rasen wollte man sich distinguiert
völkerverbindlich geben, sei doch der Sport, wie man immer
wieder betonte, unpolitisch. Eigentlich hätte das Match gegen
Frankreich am 5. März stattfinden sollen; für diesen Sonntag hatte jedoch Hitler Neuwahlen ansetzen lassen, die Gäste
fürchteten um ihre Sicherheit. FIFA-Präsident Jules Rimet
beruhigte seine Landsleute und vermittelte, so dass man den
Termin um zwei Wochen verschob. Nach dem 3:3-Unentschie-
den sprach Felix Linnemann, der Vorsitzende des DFB, in seiner Bankettrede politische Worte: Er sei sich sicher, dass »der
Kampf gegen den Bolschewismus nicht nur ein Frühling
Deutschlands sei«.

Vor den Olympischen Spielen 1936 stellte dann Reichssport-
führer Hans von Tschammer und Osten fest, man habe nun die
»Zerschlagung der politischen Bünde der Leibesübungen, vor
allem der sozialistischen Organisationen« erfolgreich geschafft;
die nationalsozialistisch geführten Vereine seien dabei, die »ehe-
mals marxistischen Turner und Sportler« einem »unauffälligen
Umerziehungsprozess zuzuführen«.

Otto Nerz äußerte sich überzeugt, es sei gewiss kein Zufall, dass
mit Hitlers Regierungsantritt die Siegesserie des deutschen Nationalteams begonnen habe. Vom »Aufschwung zur Weltgel-
tung« schrieb er im Dezember 1935 in seinem Brief an den Kader der Nationalelf: »Seit Adolf Hitler Deutschland führt, geht

192  Andere Schlachten

es auch mit dem Fußball aufwärts! Er schuf die Voraussetzungen für Eure Siege!«

Das totalitäre Regime erhebt totalen Anspruch auf alle Bereiche des Lebens; es verbreitet eine ganzheitliche Erzählung, die –
vorgeblich von höheren Mächten getragen – unausweichlich
einen Sieg des Eigenen verspricht. Diktatoren tendieren offenbar zur Vorstellung, auch auf dem Sportfeld Ergebnisse befehlen zu können: Nachdem die Deutschen 1941 an Hitlers
Geburtstag gegen die Schweiz 1:2 verloren hatten, ordnete
Goebbels an, es dürfe »vor allem kein Sportaustausch gemacht
werden, wenn das Ergebnis im Geringsten zweifelhaft sei«; und
nach der Niederlage gegen Schweden im September 1942 in
Berlin verbot der Propagandaminister weitere Matches in der
Reichshauptstadt.

Nach dem dritten Platz bei der Weltmeisterschaft 1934 setzte
es die erste herbe Niederlage ausgerechnet mit Symbolpauken-
schlag bei den Olympischen Spielen 1936. Gegen Norwegen
verloren die Deutschen vor den Augen Hitlers 0:2. Goebbels
notierte im Tagebuch: »Der Führer ist ganz erregt, ich kann
mich kaum halten. Ein richtiges Nervenbad. Das Publikum
rast. Ein Kampf wie nie. Das Spiel als Massensuggestion.« Wütend verließ Hitler vorzeitig das Stadion. Nerz wurde auf Urlaub
geschickt, verlor an Einfluss und 1938 seinen Posten. Das Amateurteam aus Österreich hingegen, das aus Kickern der Landes-
ligen bestand und nur mit einem einzigen aus der Hauptstadt
antrat, erkämpfte die Silbermedaille. Folglich stellte sich in
Wien erstmals die Frage einer gesamtösterreichischen Liga.

Beim »Anschlussspiel« am 3. April 1938 führte Sepp Herberger als Reichstrainer die deutsche Elf. An diesem Sonntag kamen 60 000 ins Wiener Praterstadion. Das Match sollte für die
Volksabstimmung in einer Woche werben, Spruchbänder verlangten: »Dem Führer Dein Ja.« Da optierten dann über 99 %
der Österreicher für ihre »Heimkehr ins Reich«; beim Fußball
sahen die Heimischen das offenbar doch ein wenig anders. Den
Bericht in ihrer Montagsausgabe betitelte die *Neue Freie Presse*

auf der Sportseite mit dem politisch opportunen »Hakenkreuz-
fahnen über dem Stadion« – allerdings kleiner gesetzt als die
Schlagzeile darunter: »Triumph der Wiener Fußballschule.«
Wie nun die Teams zu nennen seien, war nicht ganz klar. Zwar
Wiener Schule, aber: die »beiden deutschen Mannschaften«.
Beschönigend fand der Artikel eine scheinbar befriedigende
Erklärung dafür, dass das Match nicht mit dem angestrebten
(in manchen Quellen heißt es: »befohlenen«) Unentschieden
endete: »Die reichsdeutsche Elf trat gegen ihre Brüder aus
Deutschösterreich an und war darum von Haus aus um ihre
stärkste Waffe, den harten, unbeugsamen Kampfeswillen gebracht.« Hingegen die Wiener: »Diese elf Burschen, denen man
nicht allzu großes Vertrauen entgegengebracht hatte.«
    Auch dieses Stadion wurde von der Diktatur andersartig ge-
nützt. Die Welle von Verhaftungen im September 1939 traf in
Wien mehr als tausend jüdische Männer, einige wurden von
den Nazis im Praterstadion interniert.

In diesem Großnazireich freundeten sich das Deutsche und das
Österreichische beim Fußball nie wirklich an. Auf den Tribünen war bei Spielen um die Meisterschaft die Stimmung bisweilen recht aggressiv gegeneinander gerichtet. Im November
1940 trat Schalke 04 im Praterstadion gegen die Admira an. Da
das Publikum die Heimmannschaft vom Schiedsrichter grob
benachteiligt sah, äußerte es seinen Unmut lautstark und gewalttätig. Antideutsche Sprechchöre ertönten, die Scheiben
des Schalke-Busses wurden eingeschlagen, die Reifen des Autos
von Gauleiter Baldur von Schirach zerschnitten.
    Der Wiener Club, den die Nazis besonders schätzten, war
Rapid. Ihnen passten der sprichwörtliche Einsatzwille und die
Härte des Teams, das eben keine »jüdische Aura« verbreite wie
die Austria. In einem später geradezu mythisch zitierten Match
gewann Rapid 1941 die deutsche Meisterschaft gegen Schalke,
das schon 3:0 geführt hatte. Der »Bomber« Bimbo Binder erzielte innerhalb von acht Minuten drei wuchtige Tore zum 4:3.

194  Andere Schlachten

Schalke war gewiss der beliebteste Verein im Reich, die NS-Propaganda erklärte seine Erfolgsserie – sechsmal deutscher Meister zwischen 1934 und 1942 – zum »Sieg der Volksgemeinschaft«. Als das Team aus dem Ruhrpott im Juni 1936 das Endspiel gegen den 1. FC Nürnberg in Stuttgart austrug, füllten 75 000 Zuschauer das Stadion, davon weit mehr als die Hälfte aus Württemberg. Sie sahen sich zwei Mannschaften von anderswo an, die meisten auf den Tribünen drückten für Schalke die Daumen. Dies zeugt davon, dass trotz der regionalen Organisation des Sports eine überregionale Bindung durchaus existierte und wie populär der Fußball, insbesondere jener von Schalke, war.

Im Krieg wurde nach der Niederlage von Stalingrad der zivile Spielbetrieb sukzessive eingeschränkt. Mitte 1944 musste er fast überall eingestellt werden, da die Soldaten kaum noch dazu freikamen; zudem war nach dem Attentat auf Hitler am 20. Juli den Funktionsträgern des Regimes der Besuch von Wettkämpfen untersagt.

Das Match gegen die Slowakei im November 1942 war die letzte Begegnung der Nationalelf des NS-Regimes, die bis dahin als kriegswichtig eingestuft war. Da nun auch die besten Kicker an die Front sollten, versuchte Reichstrainer Sepp Herberger seine Spieler bei Truppenteilen unterzubringen, die weniger gefährlich schienen und eine Fußballmannschaft unterhielten. So wurde Fritz Walter zum Bodenpersonal des Jagdgeschwaders Graf versetzt, dessen Team »Rote Jäger« neben der Pariser Soldatenelf zu den besten und bekanntesten der »Sportlichen Soldatenkämpfer« gehörte.

In Paris organisierte der Nachrichtenoffizier Richard Herrmann die Auswahl, die insgesamt 39 Begegnungen bestritt und bei Großveranstaltungen in deutschen und französischen Städten für Unterhaltung sowie Propaganda sorgte. Mit Fritz Walter und Karl Hohmann verstärkt, trat sie 1941 gegen Schalke an; Hannover 96 schlug sie 6:4, den AS Roma 6:0. Herrmann hatte gute Kontakte zum DFB-Funktionär Peco Bauwens, dem er 1941/42 einige Treffen mit dem FIFA-Präsidenten Jules Rimet vermittelte.

Im August 1943 schrieb der *Kicker-Fußball*, der Zeitschrift sei es unmöglich, alle Matches zu registrieren, »die sich deutsche Soldatenmannschaften in jeder Woche an allen Fronten liefern. Wo nur eine Gefechtspause eingetreten ist, wo nur ein Stück flacher Wiese hinter der Linie vorhanden ist, wird das braune Leder getreten.«

Im Naziregime verblieb der Fußball nicht auf dem Feld des Spiels.

In dem nun »Oberdonau« genannten Oberösterreich (der Name Österreich durfte ja nirgendwo aufscheinen) wurde gegen Ende des Krieges die Landesmeisterschaft von der »Mauthausener Spielgemeinschaft« dominiert. Es war das Team des SS-Personals im Konzentrationslager, tatsächlich trat es als »SS Mauthausen« an. Die Heimspiele fanden direkt beim Lager statt, der Platz lag an der Südseite des KZ.

Für die Meisterschaft 1944/45 hatte die Sportgau-Führung den Aufstieg von SS Mauthausen in die oberste Klasse verfügt. Rudi Strittich, der bekannte Spieler und Trainer von Steyr, erzählte der Zeitschrift *Ballesterer* als Zeitzeuge: Die Gegner seien in der SS-Uniform in die Kabine gekommen, nach dem Spiel wieder in die Uniform geschlüpft und hätten zu einem Bankett im Lager eingeladen. Bedient haben Häftlinge, »die haben wir nicht ansprechen dürfen«. Im Match habe der Schiedsrichter auf Elfmeter für Steyr entschieden: »Da ist gleich der Offizier hinein, der oberste von der SS, und hat den Schiedsrichter beinahe verhaften lassen.«

Nach der Befreiung verordneten die US-Truppen, an der Stelle des Fußballplatzes ein Massengrab anzulegen.

Der Österreichische Fußballverband und der Landesverband führen heute in ihren Statistiken nur eine Herbstrunde 1944 an: als Tabellenersten einen »ATSV Mauthausen I«, der alle sechs Spiele gewonnen hatte, an zweiter Stelle den LASK, auf Platz sieben »ATSV Mauthausen II«. Die Funktionäre änderten also ihrerseits im Nachhinein einen unbequemen Namen, von SS auf das unauffällige ATSV – proklamierte sich doch das neue Österreich zum Opfer. Und als wolle man belegen, dass der Fußball vom Horror des Regimes verschont geblieben sei.

Das war er eben nicht; seine Verbindung mit dem Todesernst trat mitunter deutlich zutage. Als die Wehrmacht Leningrad belagerte, trugen die in der Stadt Eingeschlossenen extra Fußballspiele aus, über die in der ganzen Sowjetunion berichtet wurde, um die Situation positiv zu zeigen und den optimistischen Durchhaltewillen zu propagieren. Fußball als Beleg für Normalität. Solange man kickte, konnte die Lage nicht so schlimm sein.

In der kleinen Kiewer »Freizeitliga«, die nach der Eroberung der Stadt durch die Wehrmacht eine Normalisierung bezeugen sollte, gewann im August 1942 die ukrainische Firmenmannschaft FC Start, deren Kern von Dynamo kam, gegen die deutsche Flakelf zunächst mit 5:1, dann im Retourmatch mit 5:3. Einige Spieler wurden nach dem Sieg umgebracht. Die Legende erzählt, die Deutschen hätten ihre Gegner mit dem Tode bedroht, falls sie zum zweiten Mal triumphieren sollten. Fußballerische Ehre, Verve und Freiheitsliebe hätten jedoch die Oberhand behalten und mit jedem Tor näher zum Genickschuss geführt.

Nach heutigem Forschungsstand verhaftete die Gestapo tatsächlich zehn Tage nach dem Match neun Kicker und schickte sie in das berüchtigte Todeslager Siretz. Drei wurden von der SS ermordet, von einem verliert sich die Spur im Gestapo-Hauptquartier, die anderen überlebten. Es bestand jedoch kein direkter Bezug zum Match; der konkrete Anlass war vermutlich, dass einer aus dem Team als sowjetischer Agent aufgeflogen war – Dynamo Kiew war vom NKWD, dem sowjetischen Staatssicherheitsdienst, gefördert worden. Bald nachdem die Rote

Armee die Stadt im November 1943 zurückerobert hatte, stand in der *Iswestija*, alle Spieler seien erschossen worden. Überlebende, das passte nicht in die Legende vom »Todesmatch« und wurde von Stalins Propaganda verschwiegen. Sie ließ vielmehr die Geschichte von den Männern im roten Trikot, die mit ihrem Leben bezahlten, in Schulbüchern, Dokumentationen, Artikelserien vermitteln. Zur Zeit des Kalten Krieges zeigte der sowjetische Film *Die dritte Halbzeit* von 1962, wie die Gestapo die Kicker gleich nach dem Schlusspfiff abführt und erschießt. Die Vorlage für das Drehbuch war offenbar der Roman *Ihr größtes Spiel* von Alexander Borstschagowski, der 1960 auf Deutsch in der DDR erschien.

In Kiew erinnern heute drei Skulpturen an die getöteten Spieler. Und die Legende von den ermordeten Siegern, die sich um ihrer Freiheit und ihres Fußballs willen nicht zur Niederlage zwingen lassen wollten, wird immer noch erzählt und geglaubt.

## Stalinismus

Dimitri Schostakowitsch nahm den Fußball als Rückzugsort, an dem er die Angst vor der Verhaftung vergessen konnte, obwohl über den Stadioneingängen riesige Porträts von Stalin hingen. Über die Meisterschaft und seinen Verein Stalinez Leningrad führte der Komponist Buch. Er notierte die Torschützen, während die Presse sie nicht nennen durfte, da es ja um das Kollektiv gehen musste. »Das Stadion«, soll er gemeint haben, »ist in diesem Land der einzige Ort, wo man laut die Wahrheit über das sagen kann, was man sieht.«

Nach Ende des Bürgerkriegs verkündete Lenin 1921 die Neue Ökonomische Politik. Die folgenden Debatten drehten sich auch darum, welche Stelle man dem Sport zuweisen und ob der Staat ihn unterstützen solle. Auf keinen Fall kam der kapitalis-

## 198 Andere Schlachten

tische Professionalismus in Frage, und die Olympische Bewegung, die ja Arbeiter nicht gefördert hatte, war den Kommunisten zu elitär. Sie führten das »Produktionsprinzip« ein, schufen in der ganzen Sowjetunion neue Sportkollektive. Dafür waren zunächst die Stadien zu klein, das größte in Moskau fasste nur 15 000 Zuschauer; 1928 wurde die Dynamo-Arena für 35 000 fertig, nach dem Umbau 1935 konnte sie 55 000 aufnehmen.

Der Fußball durfte also nicht als Beruf gelten, war aber dennoch als eine Art Produktion zu verstehen. Die geforderte Zweckdienlichkeit unterschied sich im Grunde nicht von der Forderung vor dem Weltkrieg, als Militärs im deutschen Kaiserreich und in anderen Ländern erklärt hatten, das Kicken bereite die Männer zum Fronteinsatz vor. In Stalins Sowjetunion äußerte sich ein derartiger Einsatz des Sports dadurch, dass seine Förderung ab 1931 unter dem Namen »Bereit zur Arbeit und Verteidigung der UdSSR« stand. 1934 wurde der Titel »Verdienter Meister des Sports« eingeführt, als seien die Athleten Handwerker. Jedenfalls wurde ihnen deutlich mitgeteilt, ihre sportliche Leistung müssten sie als Planerfüllung verstehen. Später, als dann die UdSSR 1952 an den Olympischen Spielen teilzunehmen begann, nannte man sie nach der praktischen Sprachordnung »Staatsamateure«.

Ebenfalls 1934 trat die Sowjetunion dem Völkerbund bei, und im Sommer 1935 beschloss die Komintern eine Zusammenarbeit mit demokratischen Kräften gegen den Faschismus. In dieser Perspektive sollten nunmehr auch sportliche Begegnungen mit bürgerlichen Teams stattfinden. Noch 1935 organisierten die Sowjets einige Fußballmatches gegen tschechische Mannschaften, im Januar 1936 spielte eine Auswahl von Spartak und Dynamo Moskau gegen Racing in Paris. Die Mitgliedschaft in der FIFA lehnte die UdSSR ab, da der Weltverband von »antisowjetischen Faschisten« geleitet werde.

Bis zu diesem Zeitpunkt hatte die FIFA der Türkei ausnahmsweise genehmigt, gegen die Sowjetunion in der Form von Städte- oder Universitätsauswahlen zu kicken. Nun informierte sie jedoch die Türken, dass die Erlaubnis nicht mehr gelte. Wer nicht im Rahmen des Weltverbandes stehe, mit dem könne man auch keine sportlichen Beziehungen pflegen.

In der schnellen Industrialisierung und Urbanisierung der Stalin-Zeit erhielt der kollektive Sport die Aufgabe zugewiesen, die man ihm nicht nur in Diktaturen auftrug: das Gemeinschaftsgefühl zu steigern. Er werde dazu beitragen, hieß es, den tüchtigen Sowjetmenschen zu schaffen, der dann körperlich sowie geistig überlegen sei. »Fisikultura« nannte man das Konzept.

1936 wurde eine nationale Liga installiert, die wichtigen Fußballmatches setzte man an politischen Feiertagen an. Bis auf wenige Ausnahmen stammten die Spieler aus der Arbeiterschaft; sie sollten den Leistungsgedanken repräsentieren und zugleich vorführen, dass Erfolg nur im Kollektiv zu erzielen war. Tatsächlich galt dies bis zum Ende des Sowjetsystems als charakteristischer Stil der Teams aus der UdSSR, in denen individuelle Ballkünste weniger Anklang zu finden schienen.

Einen organisatorischen Unterschied zu West- und Mitteleuropa erzwang das Klima. Die Meisterschaft wird in Russland auch heute nach dem Kalenderjahr ausgespielt. Die ersten Matches der Saison verkündeten nach der langen Winterpause den Beginn der wärmeren Saison, man setzte sie immer an einem Feiertag an und leitete sie mit Aufmärschen, Reden und Musik ein.

Das Stadion diente der Propaganda. Jedes größere verfügte über eine Regierungsloge, Politiker verfügten über den Sport. Sie bestimmten Trainer und oft auch Aufstellungen.

Die meisten Mannschaften vertraten bestimmte Machtgruppen. Entsprechend geht die starke Gegnerschaft der Moskauer Clubs Dynamo und Spartak darauf zurück, dass der Erstere vom Innenministerium, der Zweite von einer Industriekooperative gestützt wurde. Eine derartige Rivalität erzeugt symbolhafte Bilder, sie äußert sich in Zuweisungen, sie konzentriert sich in einem Ruf. Dynamo spiele diszipliniert, schlage lange

200　Andere Schlachten

Pässe und verrichte enorme Laufarbeit; Spartak improvisiere, sei weniger vorhersehbar, verfüge über eine gute Ballkontrolle und praktiziere ein genaues Zuspiel.

In den späten dreißiger Jahren fungierte Lawrenti Beria als Präsident von Dynamo. Wie Stalin stammte er aus Georgien, dort war er für Verfolgung und Terror zuständig. Im November 1938 übernahm er die Leitung des Staatssicherheitsdienstes NKWD. Beim Fußball kannte er sich aus, früher hatte er selbst gekickt. Sein Club verlor im Juni 1937 im randvollen Moskauer Stadion gegen ein baskisches Team, das während des Spanischen Bürgerkriegs mittels seiner Tournee Geld für die Republik einspielte. Die Niederlage verursachte den Ärger von Beria, der sich noch steigerte, als der Rivale Spartak gegen die ermüdeten Basken 6:2 siegte.

Im folgenden Jahr gewann Spartak durch ein umstrittenes Tor im Pokalsemifinale gegen Berias Lieblingsmannschaft Dynamo Tiflis, darauf im Endspiel 3:1 gegen Stalinez Leningrad. Beria brachte die Angelegenheit vehement vor das Zentralkomitee. Die Partei befahl, das Halbfinale zu wiederholen – nachdem das Finale schon gespielt war.

Im Zuge der »Säuberungen« wurden dann sowohl der Leiter der Kooperative, die Spartak unterstützte, als auch die besten Spieler des Vereins, darunter der Kapitän der Nationalelf, verhaftet.

Auf Dauer erschien es den Sowjets weder für den Sport noch für ihre Propaganda günstig, keine internationalen Wettkämpfe durchführen zu können.

1938 reiste Rudolf Pelikan, der als Präsident des tschechischen Verbandes und im Vorstand der FIFA wirkte, nach Moskau. Dort teilte er den Verantwortlichen die Bedingungen mit, die der Weltverband stellte, um die UdSSR aufzunehmen. Sie dürfe den Sport nicht mehr zur politischen Propaganda benützen (als ob das nicht just in jenen Jahren Mussolini oder Hitler so hielten), sie müsse die Amateurbestimmungen respektieren (als ob das in Brasilien oder Österreich gerade der Fall sei) und Mitglied des Internationalen Olympischen Komitees, des IOC, werden. Die UdSSR trat dann erst nach dem Weltkrieg 1946 der FIFA bei. Für den November 1945 hatte die britische Regierung Dynamo Moskau zu vier Matches eingeladen, um den Sieg über Hitlerdeutschland zu feiern – gegen Chelsea gelang vor 85 000 Zuschauern an der Londoner Stamford Bridge ein Unentschieden, gegen Cardiff und Arsenal gewann Dynamo. Das erste offizielle Ländermatch spielte die Sowjetunion 1952 bei den Olympischen Spielen in Helsinki. Funktionäre und Politiker glaubten auf eine enorm starke Mannschaft zählen zu können, hatte sie doch zur Vorbereitung die berühmten Ungarn mit 2:1 besiegt. Stalin hatte den Beitritt zum IOC betrieben, da ihm im Kalten Krieg eine internationale Propaganda durch den Auftritt beim weltweit größten Sportereignis gelegen kam. Er rechnete freilich nicht damit, dass die Fußballer im Wiederholungsmatch des Achtelfinales ausgerechnet gegen Jugoslawien verlieren würden, gegen Tito, der ihm die Gefolgschaft aufgekündigt hatte. Nach der Niederlage ordnete Stalin an, dass die schuldigen Spieler – jene des Armeevereins ZSKA Moskau, die den Kern der Elf bildeten – in alle Winkel der Sowjetunion zu zerstreuen seien.

Die UdSSR trug zwei Jahre lang kein Ländermatch mehr aus; 1956 wurde sie in Melbourne Olympiasieger.

Für den 21. August 1955 war der Weltmeister Deutschland nach Moskau gebeten worden. Da man im Kalten Krieg gerade eine Pause einlegte, konnten die bundesdeutschen Fußballer einen recht angenehmen Empfang erleben. Auf dem Rasen war es jedoch mit den Freundlichkeiten vorbei. Hans Schäfer, der Angreifer der Siegerelf von Bern, erzählte, sie hätten es mit Sturmläufen der Sowjets zu tun bekommen, »als wollten sie Berlin noch einmal erobern«. Die UdSSR gewann 3:2.

Wenig später reiste auch Bundeskanzler Konrad Adenauer erstmals nach Moskau.

# Nationale Erzählungen und weltweites Echo

*Massenerlebnisse, Neuanfang bis zum Wunder-Diskurs*

Da der Fußball ab den zwanziger Jahren Massen bewegte, verstanden ihn Politiker aller Couleurs als günstige Gelegenheit für die eigene Propaganda. Man sah sie auf den Ehrentribünen der Stadien, direkt beim Match und später in den Medien, oft in den Wochenschauen auf der Kinoleinwand. Beim unverdächtigen Spiel meinten sie sich unverdächtig volksverbunden zu geben.

Totalitäre Systeme wollen sich einen umfassenden Zugriff auf Öffentlichkeit und Massenbewegungen verschaffen. Für Franco wie auch, bei allen Unterschieden, für Mussolini, Hitler, Stalin, Salazar, später für die argentinischen und brasilianischen Generäle erschien es von politischer Bedeutung, den Fußball national zur Befriedung mittels Befriedigung und international zur Eigenwerbung zu benützen. Nicht nur aus diesem Grund stellten sie ihn unter ihre Kontrolle. Immerhin kam ein zahlreiches Publikum zusammen, zwar heterogen, aber als leicht zu verbindende Stadionmasse. Eine günstige und zugleich heikle Situation für Diktaturen, denn die Masse könnte sich eventuell unbotmäßig Luft verschaffen. Folglich bemühten die totalitär Herrschenden strenge Regeln und Angst, umfassende Propaganda-Erzählungen und erhebende Legenden, die eine Gemeinschaftsbildung in ihrem Sinne lenken sollten. So drückten sie dem Spielfeld den Stempel ihrer Symbolik auf.

Die totalitäre Macht will das ganze Leben nach ihren Vorgaben bestimmen. Demnach erscheint es nicht verwunderlich, dass sie Sportresultate zu beeinflussen sucht. Ein derartiger

Massenerlebnisse, Neuanfang bis zum Wunder-Diskurs   203

Vorfall, ob Gerücht oder Tatsache, gehört offenbar zur Geschichte jeder Diktatur: Mussolini korrumpierte WM-Schieds-
richter; Franco ordnete den Sieg von Real gegen Barcelona an;
der Staatssicherheitsdienst ließ im Stalinismus ein Match wiederholen, weil das Ergebnis nicht genehm war; die Nazis sollen 1938 das Remis im »Anschlussspiel« befohlen und 1942
siegreiche Ukrainer umgebracht haben; die argentinische Junta
könnte bei der WM 1978 zum Vorteil des eigenen Teams eingegriffen haben.

Spätestens mit Ende des Zweiten Weltkriegs und vor allem
angesichts des NS-Verbrechens war klar, dass große Menschenmengen nicht mehr ganz unverdächtig erscheinen konnten.
Im Deutschen hatten Konzepte wie »Volk«, »Nation«, »Heimat« eine Zeit lang einen gefährlichen Unterton, und Gemeinschaftsbildung, wenn auch im Stadion, mochte an Ereignisse
erinnern, bei denen nun die meisten lieber nicht dabei gewesen
sein wollten.

Im Krieg war Fußball gespielt worden, sogar im KZ Theresien-
stadt (so ist es in einer Szene des NS-Propagandafilms *Der
Führer schenkt den Juden eine Stadt* von 1944 zu sehen). Freilich
hatte es Einschränkungen gegeben, zeitweise war das Kicken
unmöglich.

In der Schweiz wurden wegen der Lebensmittelknappheit
Sportplätze zu Kartoffelfeldern gemacht. Die Nationalligen
trugen ihre Matches aus. 1943/44 gewann Lausanne vor Servette Genf; im Frühling 1945 wurden die Züricher Grasshoppers mit großem Vorsprung vor Lugano und Young Boys Bern
Meister.

Die Südamerikaner schränkten ihren Spielbetrieb nicht ein.
Die kontinentale Meisterschaft im Ligasystem, jede Elf gegen
jede, sah 1942 in Uruguay die Gastgeber und 1945 in Chile die
Argentinier als Sieger. Allein diese beiden Nationalteams traten
in der Zeit, in der auf der halben Welt der Krieg tobte, insgesamt neunmal gegeneinander an.

204    Nationale Erzählungen und weltweites Echo

Mit dem Frieden ging man in Europa neuerlich daran, Meisterschaften zu organisieren. Die Franzosen trugen bald nach der Befreiung von Paris 1944 ihr erstes Match gegen Belgien aus, noch vor Kriegsende reisten sie zum Auswärtsspiel in die Schweiz. Die englischen Ligen mussten ab 1940 pausieren; 1946/47 wurden sie wiederaufgenommen, den Titel errang Liverpool.

Die FIFA untersagte jegliche Begegnung mit deutschen Mannschaften. Trotz der Beteuerungen, Sport sei unpolitisch, konnte nun nicht einmal der Weltverband, der Fußball fortwährend in ideologischer Neutralität verstanden wissen wollte, die Männer auf dem Rasen und die Massen in den Stadien unpolitisch sehen. Man brauchte nur an den populärsten Kicker des Hamburger SV der zwanziger Jahre zu denken: Otto »Tull« Harder war SS-Wärter im KZ Sachsenhausen gewesen und wurde als Kriegsverbrecher verurteilt.

Bald aber durfte sich auch in jenen Ländern, in denen Aufmärsche nichts Gutes bedeutet hatten, wieder eine Masse öffentlich zeigen – im Stadion.

Seit den späten zwanziger Jahren arbeitete Elias Canetti an seiner breiten Studie *Masse und Macht*. Das Werk erschien 1960.

Jegliche Menschenmenge, ob Hetzmasse oder Festmasse, ob offene oder geschlossene Masse, strebe nach Dichte und suche eine Richtung, beobachtete der spätere Nobelpreisträger für Literatur. Den Nationen schrieb er Massensymbole zu, den Deutschen das Heer, den »marschierenden Wald« – im Hintergrund seiner Analyse standen für Canetti, der im englischen Exil lebte, Hitler und die NS-Bewegung. Darauf bezog er wohl auch seine Deutung, dass die Masse unbesehen Befehlen folge. Vor allem die heftige Kritik von marxistischer Seite fand, dass dies viel zu kurz greife und dass im Buch Geschichte »vergeheimnist« werde.

Dennoch bietet Canetti für das Verhalten im Stadion interessante Erklärungsansätze. Der wichtigste Vorgang für die Masse sei die Entladung, da werde Trennendes aufgehoben, so dass sich alle gleich fühlen. Dazu äußere sich das Bedürfnis nach Lärm, der eine Verstärkung bewirke und weitere Verstärkung in Aussicht stelle. Rhythmisch, mittels einer Choreographie von Händen und Füßen wie im Tanz, forme sich eine Gemeinde. Sie betreibe die Entladung mitunter bis zur Zerstörungssucht – was wir seit den achtziger, neunziger Jahren von den Hooligans kennen. Ein auffallender Zug der Masse sei es, dass sie sich leicht verfolgt fühle und diese Empfindung stark auslebe. Daraus resultiere eine Reizbarkeit gegen jegliche, ein für alle Mal deklarierten Feinde.

Laut Canetti schafft die Arena eine zweifach geschlossene Masse. Sie ist nach außen abgegrenzt und bildet mit dem Rücken zur Stadt eine leblose Mauer, nach innen hingegen eine Wand von Menschen, die sich im Rund gegenseitig wahrnehmen. Der Raum und die Anzahl der Plätze sind beschränkt, die Masse muss sich nach innen entladen. Zeremonien und Regeln haben die Aufgabe, die Gemeinschaft in Bahnen zu lenken. Sie kommen einem starken Bedürfnis entgegen: Lieber ein Stadion voller Gläubiger als eine unsichere ganze Welt. Was *Masse und Macht* in diesem Zusammenhang einer Kirche zuweist, lässt sich in etwa auf die Sportarena übertragen: Gleichmäßigkeit des Besuchs, vertraute Rituale, genaue Wiederholung sichern ein gezähmtes Erlebnis, das gelenkt werden kann.

Anfang Dezember 1945 sahen 60000 Zuschauer im Wiener Praterstadion das erste Ländermatch nach dem Krieg, ein 4:1 gegen Frankreich. Auf der Ehrentribüne saß neben Vertretern der Alliierten und heimischen Politikern der FIFA-Präsident Jules Rimet. Die Franzosen hatten ein besonderes geopolitisches Interesse, Österreich mit seiner »Kultur von alters her« als mitteleuropäische katholische Gegenposition zum preußischen Militarismus zu fördern. An der Grenze ließ der Kommandeur des französischen Sektors, General Béthouart, Tafeln aufstellen, die den aus Deutschland Einreisenden mitteilten, dass sie Freundesland betraten: *Autriche, pays ami.*

Die christlichsoziale ÖVP und die sozialdemokratische SPÖ gründeten und beherrschten die Zweite Republik (1945 erreichten sie zusammengezählt 94,38 Prozent der Stimmen; bis 1983 immer über 90 Prozent). Nach der Katastrophe, nach Austrofaschismus und Nationalsozialismus, verband sie der politische Wille, eine nationale Identität zu schaffen und zu festigen. Diese konnte allerdings mit der historischen Realität und der Erfahrung der meisten Menschen im Lande kaum übereinstimmen. Die Befreiung von der NS-Barbarei nannte man folglich bezeichnenderweise »Besatzung«. Man bemühte sich, die politischen Kämpfe der Ersten Republik, vor allem den Bürgerkrieg 1934, und das Deutschtum zu vergessen, um eine Demokratie zu errichten und die Bevölkerung an dieses Österreich zu binden. Die Moskauer Deklaration – in der die Alliierten am 1. November 1943 erklärt hatten, sie könnten Österreich als erstes Opfer von Nazideutschland sehen, wenn es einen Beitrag zu seiner Befreiung leiste – wurde als nationaler Freispruch aufgefasst. »Gemeinsam in die Zukunft« hieß die Parole des Aufbauens und zugleich des Verdrängens.

Die Große Koalition stützte ihre intensive Förderung des Nationalbewusstseins auf die Unschuld von Natur, Kultur und Sport. Als sie im Oktober 1946 die 950-Jahr-Feiern der ersten urkundlichen Erwähnung von Österreich abhielt, ließ sie als zentrale Veranstaltung eine Sportwoche durchführen. Der Unterrichtsminister erklärte, sie diene dazu, dass »das Bewusstsein einer Eigenkultur in breitesten Schichten Wurzel« fasse.

Besonders unterstützt wurden die Skifahrer, deren Erfolge man als Werbung für den Tourismus einsetzte. Die drei Goldmedaillen von Toni Sailer, der bei den Olympischen Spielen 1956 in Cortina d'Ampezzo in allen alpinen Bewerben siegte, und seine zwei Erfolge bei der WM 1958 in Bad Gastein (nur den Slalom gewann ein anderer Österreicher, Josl Rieder) bewirkten einen ähnlichen Identitätsschub wie in der BRD das

Massenerlebnisse, Neuanfang bis zum Wunder-Diskurs    207

»Wunder von Bern«. Man hatte nun ein »weißes Wunderteam«
vorzuweisen, das kollektive Erfolgserlebnisse in Aussicht stellte,
ja zu garantieren schien, zudem im unschuldigen Weiß.

Dazu das »Wirtschaftswunder«. Es fällt auf, wie oft in jenen
Jahren das Mirakulöse bemüht wurde. Nach der Katastrophe
das Wunder – das war die Erzählung, die für das »Gemeinsam
in die Zukunft« eine starke, jedoch wesentlich weniger aggressive kollektive Identität formte. Dazu war es günstig, auf die
mythische Ebene zu gelangen, denn der Mythos vermag schnell
und ohne rationalen Schritt ins Gute zu schwenken. Das Wunder ist unerklärlich, also braucht man sich um Erklärungen
nicht zu kümmern.

Die österreichischen Fußballer knüpften mit ihrem Stil an das
Wunderteam an; mit ihrem Kurzpassspiel gelang ihnen 1950
ein hocheingeschätzter Sieg gegen Schottland in Glasgow. Da
ab 1949 die oberste Klasse nicht mehr nur aus Wiener Clubs gebildet war, folglich Staatsliga hieß, entwickelten sich Spielniveau und Interesse in den Bundesländern sehr stark. Ebenfalls
1949 wurde ein Sporttoto eingeführt, jedes Ländermatch war
ausverkauft, der Fußball populär. Im Wahlkampf 1952/53 ließ
die ÖVP Plakate mit Metaphern vom grünen Rasen anbringen:
Der Finanzminister war als Tormann gezeichnet, der den »In-
flationsball« der SPÖ mit seiner Parade abwehrt.

Bei der Weltmeisterschaft 1954 aber setzte es im Semifinale
ein 1:6-Debakel gegen Deutschland. Das »Scheiberlspiel« erschien nun als veraltet, und wegen der harschen Kritik im
Lande gingen einige Teamspieler wie Ernst Happel ins Ausland,
vor allem nach Frankreich.

Der letzte Sieg gegen Deutschland war den Österreichern
1931 gelungen. Als die beiden Nationalteams im September
1951 erstmals nach dem Krieg aufeinander trafen, gewannen
die Deutschen in Wien mit 2:0. Kein einziger Erfolg in 47 Jahren, kein einziger Erfolg bis zum 21. Juni 1978 im argentini-

schen Córdoba. Und so skandieren deutsche Fans im Wiener Stadion mit Vorliebe »Fußball ist kein Wintersport«.

Am 24. Juni 1945 kickte im zerstörten München Bayern gegen Wacker. Da die Alliierten dafür keine Genehmigung erteilt hatten, nahmen sie den Vorsitzenden des FC Bayern fest und steckten ihn für zwei Tage ins Gefängnis.

Ein regulärer Spielbetrieb setzte in Deutschland im November ein. In der amerikanischen Zone konnte die Oberliga Süd für 1945/46 das volle Programm mit 16 Mannschaften abwickeln; auch in der französischen Zone startete die Meisterschaft, hier allerdings mit weniger Teams; in Berlin wurde die Stadtmeisterschaft ausgetragen. Die Sowjets erlaubten in ihrer Zone den Fußball erst mit der Saison 1946/47.

Um die Deutsche Meisterschaft wurde wieder ab 1947 gespielt. Doch vier Wochen vor der Endrunde trat im Westen die Währungsreform in Kraft – sie führte zu erheblichen politischen Spannungen und schließlich zur Teilung, zur Gründung von BRD und DDR. Folglich trat der sächsische SG Planitz aus der Sowjetzone nicht an. Im Finale siegte am 8. August 1948 der 1. FC Nürnberg gegen das Kaiserslautern von Fritz Walter mit 2:1, 75000 drängten sich im Kölner Stadion. Eine gesamtdeutsche Meisterschaft sollte es erst 1991/92 wieder geben.

Deutlich war nach der NS-Zeit das Bedürfnis nach anderen Bewegungen, im kaputten Land bot der Fußball eine Pause in schweren Zeiten. Die Tribünen waren überfüllt. 1949 sahen beim Endspiel im Stuttgarter Neckarstadion 92000 den Sieg von VfR Mannheim, im folgenden Jahr 95000 im Berliner Olympiastadion den Titelgewinn des VfB Stuttgart. Wer nicht vor Ort sein konnte, wollte den Spielen im Radio folgen. Am 18. November 1945 übertrug Radio Stuttgart die zweite Halbzeit von VfB Stuttgart gegen Fürth in der Oberliga Süd. Das Studio Hamburg des Nordwestdeutschen Rundfunks strahlte von HSV gegen Schalke zu Ostern 1946 die erste Direktreportage nach dem Krieg aus, dieser Sender bot im September 1952 auch die erste Konferenzschaltung von sechs Matches. Das Finale um die Deutsche Meisterschaft 1948 übertrugen alle Sender des Landes. Und als 1950 angekündigt wurde, dass man nun wieder international antreten dürfe und ein Ländermatch gegen die Schweiz auf dem Programm stehe, nahm die Nachfrage in den Rundfunkgeschäften stark zu. Bis auf eine Ausnahme wollten zunächst alle Sender nur die zweite Halbzeit übertragen; die Reaktionen des Publikums waren jedoch so heftig, dass künftig dem Fußball mehr Platz gegeben wurde.

Mit den Reportagen und den breiten Berichten in der Presse fand die Sprache des Fußballs zunehmend Eingang in den Jargon des Volksvermögens.

Ende September 1950 erklärte die FIFA Deutschland neuerlich zu ihrem Mitglied.

Es ist ein wichtiges Signal, mit welchem Programm man eine neue Ära beginnt.

Das wiederaufgebaute Wiener Burgtheater eröffnete am 14. Oktober 1955, wenige Monate nach der Unterzeichnung des Staatsvertrags und der Souveränität des Landes, mit Grillparzers Österreich-Gründungs-Stück *König Ottokars Glück und Ende*. Gegen wen man zuerst Fußball spielte, war wohl eine praktische, zugleich jedoch eine hoch ideelle Wahl. Die ersten beiden Matches nach dem Krieg trugen die Österreicher gegen Ungarn in Budapest aus – dass man im Wiener Prater dann gegen Frankreich antrat, erhielt auch eine politische Dimension.

Die Deutschen luden zu ihrem ersten Länderspiel nach dem Krieg am 22. November 1950 die Schweiz nach Stuttgart ein; 115 000 sahen den heimischen 1:0-Sieg.

Von der Eidgenossenschaft kam eine wichtige humanitäre Unterstützung für Deutschland, darunter ab September 1945 die »Bücherhilfe«. Schweizer Intellektuelle reisten nach Großbritannien, um dort in den Lagern für deutsche Kriegsgefangene Vorträge zu halten, bevor sie dies auch in den Besatzungszonen der westlichen Alliierten durchführen konnten: Dort

210  Nationale Erzählungen und weltweites Echo

gestalteten 1948 und 1949 fast 120 Schweizer Referenten 1200 Kurse und Vorträge. Man habe »das Erdreich aufgelockert für eine demokratische Saat«, erklärte ein Verantwortlicher in Bern. Ab Herbst 1945 gab es einen Austausch zwischen Universitäten, die Schweiz lud deutsche Professoren und Studenten ein. Enorme ideelle Wirkung erzielte die erste internationale Fußballbegegnung im Nachkriegsdeutschland, als am 26. März 1948 die Elf der Universität Bern in Bonn gegen das dortige Uniteam antrat: Unter den Zuschauern saßen viele Prominente aus Politik und Kulturleben. Im Herbst wurden darauf Städtespiele ausgetragen, München gegen St. Gallen, Karlsruhe gegen Basel, Stuttgart gegen Zürich – jedes Mal vor großer Publikumskulisse. In Osteuropa mussten deswegen die eidgenössischen Gesandtschaften scharfe Proteste hinnehmen, und die FIFA verhängte eine Geldstrafe gegen den Schweizer Verband.

Der Fußball fungierte als Türöffner. Ab 1949 führten die Schweiz und die BRD informelle Gespräche auf höchster politischer Ebene. Ein Handels- und Zahlungsabkommen wurde im August 1949 unterzeichnet, eine Reihe von bilateralen Verträgen bewirkte bis 1954 die Normalisierung der Beziehungen. Die Visumpflicht für Deutsche fiel dann 1953, das Einreiseverbot für NS-Belastete 1954.

Die Medien verstanden die symbolische Bedeutung des Länderspiels vom November 1950; sie sahen es als politisches Signal und als Impuls für die internationalen Beziehungen. 400 Journalisten kamen an jenem 22. November nach Stuttgart.

In diesem Jahr hatte die Weltmeisterschaft in Brasilien stattgefunden. Deutschland durfte nicht teilnehmen, wie Ungarn konnte auch Österreich aus finanziellen Gründen nicht dabei sein. Den Schotten war die Reise zu beschwerlich; Frankreich sollte einspringen, sagte jedoch ebenfalls ab. Als sich dann die Veranstalter an Portugal wandten und aus Lissabon vom ehemaligen Kolonialherrn ein Nein zur Antwort erhielten, war die Empörung in Brasilien groß.

Amtierende Weltmeister waren die Italiener. Die Azzurri mussten jedoch sehr geschwächt antreten, da die Mannschaft von AC Turin bei einem Flugzeugabsturz ums Leben gekommen war (darunter der Vater von Sandro Mazzola, dem Star von Inter Mailand in den sechziger, siebziger Jahren). Der Club hatte die heimischen Wettbewerbe dominiert und sechs Jahre lang im eigenen Stadion nicht verloren; beim Ländermatch gegen Ungarn waren 1947 zehn Spieler des *Grande Torino* eingelaufen. In der Meisterschaft 1947/48 hatten sie 125 Tore in 40 Spielen geschossen. 1949 stand der AC Turin fünf Spieltage vor Ende als Meister fest und reiste zu einem Freundschaftsmatch nach Lissabon. Beim Rückanflug auf Turin krachte am 4. Mai ihre Maschine im Nebel auf der Spitze des Hügels von Superga in einen Teil der Basilika, in der sich die Grabstätte des Hauses Savoyen befindet. Eine halbe Million Menschen bildeten den Trauerzug. Die Jugendmannschaft spielte die Saison zu Ende.

In Brasilien schieden die Italiener in der Vorrunde aus.

Die Finalrunde sah in Rio de Janeiro eine andere nationale Tragödie, die die Masse im Stadion zum Schweigen und zum Weinen brachte.

1954 erfolgte die Gründung des europäischen Verbandes UEFA. Im selben Jahr endete die Weltmeisterschaft mit dem »Wunder von Bern«.

»Reden wir nicht vom Krieg, reden wir vom Fußball«, schrieb der deutsche Spielführer Fritz Walter 1959.


### Vorläufiges Ende der Poesie im Fußball?

Am 12. Dezember 2001 besuchte der Schweizer Botschafter das neue Kanzleramt in Berlin. Er brachte ein kleines Geschenk der Eidgenossenschaft mit, schön verpackt in einem feinen Behälter. Zunächst sah man nicht mehr als ein wenig Erde und

212 Nationale Erzählungen und weltweites Echo

Gras. Die Beschreibung jedoch wies dieses Stück Rasen als Reliquie des Gründungsmythos der erfolgreichen Bundesrepublik Deutschland aus. Fünfundzwanzig Quadratzentimeter aus dem Berner Wankdorf-Stadion, das im August abgerissen worden war.

Ein Teilchen von einem Ort der Erinnerung, der konkret ausgedient hatte, ideell aber bis heute seinen Platz im kollektiven Gedächtnis hat. Es spielt immer noch die Bilder vor: Ein kräftiger Stürmer im weißen Trikot setzt halbrechts am Strafraum zum Schuss an; ein Torwart im schwarzen Dress wirft sich auf glitschigem Boden mit verzweifelt gestreckter Hand in seine rechte untere Ecke, ohne an den Ball heranzukommen, der gerade über die Linie flitzt; ein regen- und schweißnasser Kapitän hält eine Trophäe, neben ihm eine müdgekämpfte Mannschaft mit erstaunt glücklicher Miene; Menschenknäuel stehen vor den Auslagen von Elektrogeschäften, in denen kleine Apparate Bilder zeigen.

Der Nationalismus hatte in Deutschland einen so gewaltigen Dämpfer erhalten, dass er nach dem Mai 1945 verpönt war und öffentlich kaum auftreten durfte. Im Fußball konnte er sich äußern. Sein Symbol, den Reichsadler, sah man nach wie vor auf den Trikots der Nationalmannschaft.

In der Zeit des beginnenden Wirtschaftswunders wurde das kollektive Erlebnis medial verstärkt. Vor der Weltmeisterschaft 1954 waren in Westdeutschland 28 000 Fernseher angemeldet, 1955 bereits 170 000. Gemeinsam mit den mitreißenden Worten aus dem Rundfunkgerät sorgten die Live-Bilder im TV für den Eindruck, man sei mitten im Geschehen. Wenn in der Radioreportage Herbert Zimmermann rief, »aus dem Hintergrund müsste Rahn schießen – Rahn schießt«, so war das kein Bericht im Nachhinein, sondern ein erzählerisches Hineinziehen ins Gegenwärtige. Das Gemeinschaftsgefühl konnte ohne Umschweife und ohne schlechtes nationalistisches Gewissen ausgelebt werden.

Die WM, die in der Schweiz ausgetragen wurde, war die erste, deren Bilder mit dem Fernsehen in Direktübertragung weit aus den Stadien hinausreichten. In Deutschland (auch in der DDR) saßen im Verlauf des Turniers immer mehr Menschen bei ihren Radios; in den Städten der BRD, die langsam die Kriegswunden verdeckt hatten, drängte man sich an den Schaufenstern. Vor einen Laden hatte man sogar einen LKW-Anhänger gestellt, auf dem eine Art kleine Tribüne aufgebaut war, um möglichst vielen den Blick auf den Fernseher in der Auslage zu ermöglichen. Nach dem Ende der NS-Zeit und deren gewaltigem Schulderbe war nun doch wieder ein internationaler Erfolg in Reichweite. Gegen die großartigen ungarischen Ballkünstler, deren Team als das beste der Welt galt, durfte man sich allerdings keine reellen Chancen ausrechnen.

Und dann ereignete sich am 4. Juli 1954 das »Wunder von Bern«. 3:2 gegen die Profis aus Ungarn. Man war Weltmeister.

Ungarns »Goldene Mannschaft« verlor nach einem 3:5 gegen Österreich im Mai 1950 vier Jahre lang kein einziges Match. Bei den Olympischen Spielen 1952 in Helsinki brauste sie im Semifinale mit 6:0 über den Titelverteidiger Schweden hinweg, im Finale schlug sie Jugoslawien 2:0.

Tito hatte 1948 mit Stalin gebrochen. Und so hatte Mátyás Rákosi, der Vorsitzende der moskautreuen ungarischen KP, dem Teamchef Gusztáv Sebes vor dem Spiel gegen Jugoslawien telefonisch eindringlich die politischen Spannungen verdeutlicht. Noch dazu hatten diese jugoslawischen Kicker im Achtelfinale die große Sowjetunion besiegt, somit Stalin gedemütigt. Eine Niederlage sei inakzeptabel.

Auch als die Goldene Mannschaft 1953 nach England eingeladen wurde, stand sofort die Politik mit auf dem Feld. Beiden Seiten war klar, welche Propagandawirkung das Match zu erzielen vermochte. Das kommunistische Regime in Budapest wollte zunächst nur zustimmen, wenn der Sieg garantiert werde – auch im Sport meinte es offenbar, die Resultate der

Planwirtschaft im Voraus festlegen zu können. In England erklärte Harold Wilson, der spätere Labour-Premierminister, dass man zweifellos gewinnen werde. Sicher dürfte er sich nicht gewesen sein, denn er betonte, der Sieg sei jedenfalls nötig. Wilson hatte Ungarn besucht; dort würden die Machthaber wie in anderen totalitären Staaten »sportliche Triumphe als Rechtfertigung für ihre ›überlegene‹ Lebensweise ansehen«.

Im November 1953 siegten die Ungarn in Wembley 6:3. Es war die erste Niederlage der englischen Nationalelf auf heimischem Boden. Gegen die Ballkünstler um den »Major« Ferenc Puskás, um Czibor, Bozsik, Kocsis und gegen die von Sebes ausgeklügelte Taktik mit dem »hängenden« Mittelstürmer Nándor Hidegkuti, der sich zurückfallen ließ und dann aus der Tiefe des Raums kam, fanden die Engländer kein Mittel. Bezeichnend das 2:1 in der 21. Minute: Puskás umdribbelte im Strafraum drei Gegner und schob den Ball zu dem heranbrausenden Hidegkuti. Über das 3:1 drei Minuten später, als Puskás mit einem tollen Trick Billy Wright aussteigen ließ, schrieb der *Times*-Reporter: »Wright schoss an ihm vorbei wie ein Feuerwehrauto, das zu einem falschen Brand gerufen wurde.«

Im *Daily Worker*, dem Zentralorgan der englischen Kommunisten, war zu lesen: »Wenn diese Mannschaft durch staatliche Kontrolle entstanden ist, dann sollten wir uns auch eine staatliche Kontrolle wünschen.«

Beim Rückspiel in Budapest erlitten die Engländer im Mai 1954 mit 1:7 ein Debakel, die höchste Niederlage, die ein englisches Nationalteam je hinzunehmen hatte.

In Ungarn diente der Fußball als Ersatzbefriedigung, insbesondere in dieser politischen Situation. Das Regime benützte die Siege zur Legitimierung seiner Macht, Mátyás Rákosi sagte in seinem Rechenschaftsbericht auf dem Parteikongress im Mai 1954: »Die Errungenschaften der guten Arbeit in unserer Volksdemokratie zeigten sich auch in der Entwicklung des Sports, in den Erfolgen, die die ungarischen Sportler bei internationalen Treffen erzielen konnten.« Dem politischen System und den Sportresultaten wurde derart eine kausale Beziehung zugeschrieben – strategisch günstig bei Siegen, hingegen ungünstig bei Niederlagen, die ja so auf das Regime rückwirken. Umso dringender braucht es Erfolge.

Die kommunistische Propaganda hob die einfache Herkunft der Kicker hervor. Sie befahl ihnen den medial begleiteten Besuch von Bergwerken und einen Tag Bauarbeit bei der Errichtung des Nep-Stadions; sie brachte die Mutter von Nándor Hidegkuti als Stachanov-Arbeiterin und Aktivistin in die Zeitungen und Wochenschauen.

Für den Großteil der Bevölkerung hingegen bedeuteten die Siege einen ideellen und die Stadien einen konkreten Fluchtort vor der Diktatur, in diesem Rahmen waren sogar oppositionelle Gefühlsausbrüche möglich. Die Maiaufmärsche und Arbeiterkongresse empfanden die meisten als erzwungene Kollektiverlebnisse, im Sport fanden sie eine zwanglose Gemeinschaft. György Dalos vermerkt pointiert: »Der beispiellose Fortschritt des ungarischen Fußballs erfolgte in einer Zeit, die für die Gesellschaft eine ständig wachsende Serie von Niederlagen mit sich brachte.«

Als die Deutschen in der Vorrunde der WM in Basel auf diese Ungarn trafen, kamen sie 3:8 unter die Räder. Für die weitere Folge sollte es nicht unbedeutend sein, dass Puskás beim Stand von 5:1 schwer von Liebrich gefoult wurde. Der »Major« fiel bis zum Finale aus und vermochte da nicht ganz auf der Höhe seines Könnens zu wirken.

Die deutschen Medien zeigten sich von der Niederlage erschüttert. Im Nachhinein interpretierten sie es freilich als geschickten Schachzug von Sepp Herberger, dass er in diesem Match mit vielen Ersatzspielern angetreten war. Unumstritten war der Nationaltrainer keineswegs. Als im Mai das Endspiel um die deutsche Meisterschaft in Hamburg ausgetragen wurde und Hannover 96 gegen Kaiserslautern deutlich hoch mit 5:1 gewann, hörte man aus einer Kurve Rufe, die bald im ganzen

216 Nationale Erzählungen und weltweites Echo

Stadionrund dröhnten: »Her-ber-ger, Her-ber-ger.« Der Nationalcoach erhob sich auf der Ehrentribüne, ein Pfeiforkan ertönte. Herberger hatte den WM-Kader bekanntgegeben: Im Aufgebot stand kein einziger Spieler des neuen Meisters, dagegen waren um den Kapitän Fritz Walter vier weitere Lauterer einberufen.

Nach der Niederlage gegen Ungarn entschied ein neuerliches Match gegen die Türkei über den Aufstieg. Die Deutschen siegten 7:2, im Viertelfinale schlugen sie die Jugoslawen 2:0. In bekannter Diktion schrieb *Bild*, Helmut Rahn habe in der 84. Minute den »Endsieg« realisiert. Im Semifinale warteten die Österreicher.

Diese hatten am 26. Juni in Lausanne die Gastgeber Schweiz mit 7:5 aus der WM eliminiert. Es war der heißeste Tag des ganzen Turniers, vierzig Grad maß man im Schatten. Die österreichischen Erzählungen vom Match schildern immer den Sonnenstich des eigenen Tormanns Kurt Schmied, die Schweizer Erzählungen malen ihrerseits dieses Handicap des eidgenössischen Keepers Eugène Parlier aus – die fußballerische Legende hat immer zwei Seiten. Nach 18 Minuten führte die Heimmannschaft schon 3:0, dann zogen die Österreicher innerhalb von guten zehn Minuten auf 5:3 davon und vergaben sogar einen Elfmeter. Mit 5:4 ging man in die Pause. In der Kabine verlor Schmied kurz das Bewusstsein, die Betreuer versorgten ihn mit Eisbeuteln und kaltem Tee. Ernst Happel sagte: »Wir müssen jede Flanke abwehren, damit der Kurtl entlastet wird«; er selbst stoppte kurz vor dem Abpfiff einen Ball riskant, aber spektakulär mit seinem Hinterteil, »was wollt's, is eh nix passiert«. Es war passiert, dass man im Halbfinale der Weltmeisterschaft stand.

Da aber setzte es ein bitteres 1:6 gegen die Deutschen; der zweite Tormann Walter Zeman war außer Form. Die Niederlage schmerzte nicht nur wegen des verpassten Endspiels gegen den Erbgegner Ungarn, grenzte sich doch die Zweite Republik seit 1945 so intensiv gegen alles Deutsche ab, dass auf den Stundenplänen der Schulen nicht »Deutsch«, sondern »Unterrichtssprache« stand. Nun wollte man dieses Deutsche nicht schon wieder als überlegen sehen müssen, und sei es im Stadion. Man verstand den eigenen Fußball ja als Ausdruck eines lockeren Esprit, des Wiener »Schmäh«, die Mannen um Herberger und Fritz Walter jedoch als harte Arbeiter und Balltreter einer Ordnung, die keine artistische Phantasie zulasse. Obwohl Österreich schließlich gegen Uruguay den dritten Platz erreichte und damit den größten Erfolg seiner Fußballgeschichte, wurden die Spieler in der heimischen Öffentlichkeit beschimpft. Happel, der als Symbolfigur des Wiener Schmähs galt, fühlte sich derart geschmäht, dass er Wien verließ und seine Karriere in Frankreich fortsetzte.

Am 4. Juli war das Berner Wankdorf-Stadion randvoll. Von den 60 000 Zusehern war fast die Hälfte aus Deutschland gekommen. Es regnete und regnete, nachdem am Vormittag noch die Sonne geschienen hatte (so erzählt es die Legende mit schönem Kontrast; tatsächlich war die erste Tageshälfte kühl und wechselhaft wolkig). Ein »Fritz-Walter-Wetter«, das die athletischen Deutschen physisch und durch ihren Glauben an den Vorteil psychisch begünstigte. Sie hatten die neuen, leichteren Fußballschuhe mit den neuen Schraubstollen von Adi Dassler, dem Gründer der Firma Adidas. Die Stiefel der Ungarn wurden im Regen deutlich schwerer und gewährleisteten einen weniger guten Stand auf dem nassen Boden.

Der mythisch aufgeladenen Erzählung ist es dienlich, wenn auch die Naturmacht eingreift. Der Wettergott habe den Geist von Spiez unterstützt. Die deutsche Elf hatte in Spiez am Südufer des Thuner Sees Quartier bezogen und dort nach schwierigem Beginn zu großem Teamgeist gefunden. Von dieser Kameradschaft, wie sie in der Wehrmacht ein wesentliches Schlagwort gewesen war, um das Kollektiv zu formen, berichteten die Medien gerne. So stellten sie die Heldenlegende auf den Boden der Männertreue und erhöhten sie mit Gott und Geist.

Der »Wunder«-Diskurs hatte Saison. Man sprach vom Konditionswunder, vom Fräuleinwunder, vom Wirtschaftswunder, und Bundeskanzler Konrad Adenauer galt als Wundergreis.

Zehn Jahre zuvor hatte man noch auf eine Wunderwaffe gehofft. Nunmehr konnte man nicht die Vorsehung bemühen, sondern bezog sich auf den Himmel. In der Berichterstattung war oftmals vom »Himmelsgeschenk« die Rede. So war in dieser Fußballmystik auch »dem Fritz sein Wetter« ein Geschenk des Himmels, und Helmut Rahn sagte über seinen entscheidenden Treffer im Endspiel: »Der Ball segelte über die Gruppe hinaus und fiel mir wie ein Geschenk des Himmels auf den Fuß. Ich brauchte ihn nur noch ins Tor zu knallen.«

Die Ungarn führten durch Tore von Puskás und Czibor 2:0, der deutsche Keeper Toni Turek sah zunächst nicht gut aus. Die Deutschen im weißen Trikot mit dem Reichsadler kämpften, Max Morlock gelang der Anschlusstreffer, Helmut Rahn erzielte den Ausgleich. Die Ungarn griffen heftig an, Hidegkuti traf den Pfosten, Kocsis die Latte. Der nasse Boden störte ihre technische Überlegenheit, die Deutschen störten. Herbergers Taktik war klug, er hatte Hidegkuti als entscheidenden Spieler ausgemacht und ihm eine harte Manndeckung verpasst. Dennoch stießen die Ungarn immer wieder gefährlich vor. Kohlmeyer rettete auf der Linie. Und Toni Turek hielt nun alles, der Reporter Herbert Zimmermann nannte ihn einen »Fußballgott« – das bewirkte dann eine massive kirchliche Kritik, die Folgen bis in die Rundfunkräte hatte und Zimmermann beinahe seine Karriere gekostet hätte. In bekannter Diktion sollte die *Frankfurter Allgemeine* am folgenden Tag berichten: Jeder Mann erfüllte »seine Pflicht mit letzter Kraft«.

In der 84. Minute zog Helmut Rahn vom Strafraumrand ab. Grosics streckte sich vergebens, der Ball flitzte flach ins Eck. 3:2 für Deutschland. Die Ungarn stürzten sich in letzte Gegenangriffe. Puskás schoss ein, der englische Schiedsrichter gab das Tor nicht. Ob es tatsächlich Abseits war, lässt sich bis heute nicht sagen. Abpfiff, eine Jubelmenge auf dem Feld, Jules Rimet überreichte den WM-Pokal. Fritz Walter, auf dessen Kapitänsschleife in gotischer Schrift »Spielführer« stand, hielt ihn hoch. Die *Frankfurter Allgemeine* berichtete: »Machtvoll« fielen »die 25 000 deutschen Zuschauer in das Deutschlandlied ein«. Sie sangen jedoch nicht die friedlich gestimmte dritte Strophe, die mittlerweile offiziell galt, sondern die erste, in der »Deutschland über alles in der Welt« steht. Der Journalist von *Le Monde* fühlte sich dabei nicht wohl: »Die Erde zittert. Es regnet. Es regnet, und mir ist kalt. Eben schon, als die 60 000 Deutschen brüllten, überlief mich ein Schauer.« Dem Pariser wurde gleich das ganze Stadion, unbesehen aller anderen Zuschauer, zu einem germanischen Rund. »Strahlend, jung, begeistert singen sie kraftvoll, dass die ganze Welt es hören und wissen soll, dass wieder einmal ›Deutschland über alles‹ ist.«

Die heimischen Kommentatoren jubilierten. Es gehe auch ohne Berufsspieler; man sehe nun, was Autorität, Teamgeist und hartes Training bewirken können. Die neuen Weltmeister waren zwar keine Profis, aber der symbolträchtige Sieg brachte natürlich einen entsprechenden Lohn. Als Prämie erhielt jeder 1000 Mark und 200 Mark pro Einsatz, dazu kamen Geschenke wie Kleinwagen, Kühlschränke, Polstergarnituren als Symbole des Wirtschaftswunders und für manche Kicker die Lizenz für eine Tankstelle oder einen Toto-Kiosk.

Bei der Heimfahrt mit der Bahn säumte eine enorme Festmasse die Strecke. Die Siegesfeier des DFB fand im Münchner Löwenbräukeller statt. Der Verbandspräsident Peco Bauwens sprach in seiner Rede von der »Repräsentanz besten Deutschtums« und vom »Führerprinzip«. Als er auch noch Wotan, dem germanischen Kriegsgott, dankte, sah sich der Bayerische Rundfunk gezwungen, mitten in der Berichterstattung auf Tanzmusik umzuschalten.

Man hätte es wissen können, die Diktion war vorhersehbar. Bauwens war am 1. Mai 1933 der NSDAP beigetreten, Mit-

*Abb. 12:* WM 1954, Empfang der deutschen Weltmeisterelf in München: »Spielführer« Fritz Walter mit dem Jules-Rimet-Pokal und Bundestrainer Sepp Herberger.

gliedsnummer 2103982; 1948 hatte er erklärt: »Bei den hohen Idealen, die wir vertreten, hört die Demokratie auf.«

Nur drei Jahre nach Ende des Nazi-Horrors war er mit seiner Einstellung im DFB nicht allein. Den geschäftsführenden Bundesvorstand bildeten acht Herren, drei davon hatten der NSDAP angehört. Bei der Gründungsfeier des DFB am 10. Juli 1949 erinnerte Bauwens ausdrücklich an die Funktionäre, die in der NS-Zeit tätig gewesen waren: An deren Verhalten gebe es nichts auszusetzen. Und die 1954 publizierte offizielle Geschichte des DFB von Carl Koppehel, der seit 1934 Mitglied der Geschäftsführung war, wollte das Dritte Reich nicht negativ bewerten.

Nach dem Sieg in Bern waren im Triumph die alten Phrasen wieder zu hören. Und Jahre später, im Fall Fuchs, schimmerten Einstellungen von früher durch.

Gottfried Fuchs vom Karlsruher FV hatte 1912 bei den Olympischen Spielen in Stockholm in einem einzigen Match gegen Russland zehn Tore erzielt, immer noch der Rekord in der deutschen Nationalelf. Im Ersten Weltkrieg war er Artillerieoffizier und wurde viermal verwundet. 1937 musste er als jüdischer Deutscher ins Exil, 1972 starb er in Montreal. Die Nazis löschten seinen Namen aus den Fußballstatistiken. Als man dann für 1972 die Einweihung des Münchner Olympiastadions plante, erinnerte sich Sepp Herberger des Kickers Gottfried Fuchs: Er sei der »Beckenbauer seiner Jugend« gewesen. Herberger beantragte beim DFB, Fuchs als Ehrengast zum Münchner Eröffnungsspiel gegen die Sowjetunion einzuladen. Die Verbandsherren erteilten ihm eine Absage, ihre Gründe klingen lächerlich. Man wolle keinen Präzedenzfall schaffen, der bei der angespannten Finanzlage in Zukunft erhebliche Kosten verursachen würde – Fuchs war der einzige noch lebende jüdische Fußballer, der für Deutschland gespielt hatte (Julius Hirsch, der mit ihm im Club und in der Nationalelf gekickt hatte, war in Auschwitz ermordet worden). Im Sommer 1972 erhielt jeder Nationalspieler für den EM-Sieg 10 000 DM; der Flug von Montreal nach München hin und retour kostete damals knapp 1800 DM. Im dreizehnköpfigen Präsidium des DFB saßen zwei ehemalige NSDAP-Mitglieder, ein Dritter war bei der SS gewesen.

Die Radioreportage, in der Herbert Zimmermann das Wunder von Bern mitreißend erzählt, wurde selbst zur Devotionalie sowie zum deutlichen Ausdruck eines kollektiven Selbstverständnisses. Die letzten Szenen seines Streifens *Die Ehe der Maria Braun*, einer großen filmischen Metapher deutscher Nachkriegsgeschichte, die 1979 in die Kinos kam, hat Rainer Werner Fassbinder mit Zimmermanns Livebericht unterlegt. Als am Ende im Haus das Gas explodiert, hört man: »Aus! Aus! Aus! Das Spiel ist aus! Deutschland ist Weltmeister!«

Die Parallelen des Fußballs und der Politik in der BRD hat Norbert Seitz hervorgehoben: An der Spitze des Staates und der Nationalmannschaft standen zwei Patriarchen, Konrad Ade-

222 Nationale Erzählungen und weltweites Echo

nauer und Sepp Herberger, der »Chef«, wie der Titel des 1964
erschienenen Buches von Fritz Walter lautet. Die Identifikationsfigur nach dem Spielführer von 1954, »uns Uwe« Seeler,
verkörperte ebenfalls die Maxime »Effizienz und Erfolg«. Die
Siegesgeschichte von deutschem Fleiß und fairem Kampf griff
in dieser Zeit besonders gut; auch die SPD mit ihrer Parole »Sozialismus ist Arbeit« vermochte sich in den Weltmeistern von
Bern zu finden.

Der WM-Titel war für die Menschen in der BRD der erste
internationale Sieg nach der Kriegsniederlage. Er gab wieder
Selbstachtung, er schuf eine positive Identifizierung mit dem
Staat. Viele Interpreten sehen etwas zu euphorisch geradezu
eine symbolische Heilung der Verletzung von 1945 und sprechen vom »tatsächlichen Gründungsjahr der BRD«. Es habe
ein geringes symbolisches Angebot für die kollektive Identität
bestanden und dieses Defizit habe der Fußball unverdächtig
abgebaut.

Diese Weltmeisterschaft erlangte nicht nur für die Westdeutschen eine politisch-gesellschaftliche Bedeutung. Am Turnier
in der Schweiz nahm auch Südkorea teil. Das Team hatte in der
Qualifikation gegen Japan gewonnen – und im Lande verstand
man diesen Sieg als sportliches Zeichen der endgültigen Unabhängigkeit nach der japanischen Besatzung.

Die ungarischen Spieler hatten erstmals seit vier Jahren verloren, noch dazu im wichtigsten Match ihrer Karriere. Auf der
Heimreise verließen sie den Zug vor dem Budapester Haupt-
bahnhof, da sie von der Enttäuschung im Land wussten.

Die Niederlage war auch eine Niederlage des Regimes. Die
Situation war in den kommunistischen Staaten nach dem Berliner Aufstand von 1953 ohnehin angespannt. Nun bewirkte
das Resultat von Bern, immerhin der Titel des Vizeweltmeis-
ters, die erste Protestkundgebung im stalinistischen Ungarn.
Die Machthaber hatten die Siege für ihre Propaganda benützt,

## Vorläufiges Ende der Poesie im Fußball? 223

also machte man sie auch dafür verantwortlich, dass die Hoffnungen enttäuscht worden waren. In Budapest zog eine aufgebrachte Masse vor das Gebäude des Fußballverbands und zur nationalen Sportzeitung. Es wurden Geschäfte geplündert, man sah Szenen wie dann 1956. Auf die Demonstration und die Ausschreitungen war die politische Führung nicht vorbereitet, sie hatte ja – wie alle im Land – nie und nimmer mit einem Sieg der Deutschen gerechnet.

Als dann 1956 in Budapest die sowjetischen Panzer rollten, zerstörten sie auch eine Spielkultur. Die Goldene Mannschaft, die im Jahr davor eine Serie von zehn Siegen und zwei Unentschieden geschafft hatte, zerbrach. Der Berufsfußball wurde verboten, unter dem Dach des Regimes hielt man Staatsamateure. Die meisten Stars flüchteten ins Ausland: Puskás ging zu Real Madrid, wo er erst nach einer internationalen Sperre wieder die Freiheit zu kicken erlangte, Kocsis und Czibor landeten bei Barcelona, wo schon Kubala spielte, der 1950 das Land verlassen hatte.

Der ungarische Autor Peter Esterházy erzählt in der Fiktion seines Buchs *Deutschlandreise im Strafraum*, was geschehen wäre, wenn Rahns Schuss nicht ins Tor gegangen wäre, sondern Puskás zum 3:2 getroffen hätte. In Ungarn wäre die Masse euphorisch gewesen, das Regime hätte mitgesiegt, der Triumph hätte die politische Unzufriedenheit überdeckt, die Goldene Mannschaft hätte ja weiter gewonnen; also wäre es nicht zum Aufstand von 1956 gekommen, somit auch nicht zu noch größerem Unmut im Ostblock – und so weiter. Laut Esterházys Fiktion hätte andererseits der BRD dieser Aufschwung gefehlt, die USA hätten das Interesse an diesem Westdeutschland verloren – und so weiter.

Gar nicht fiktional erklärte Esterházy 2010 im Interview mit *11 Freunde*: »Die ungarische Wunderelf war ein zwiespältiges Phänomen. Einerseits war sie, wie gesagt, eine Projektionsfläche für Illusionen, andererseits haben die Kader sie auch für ihre Zwecke ausgenutzt.« Bei der Heimkehr der Spieler »konn-

224 Nationale Erzählungen und weltweites Echo

ten die Menschen öffentlich zusammenkommen, um sie zu begrüßen oder zu beschimpfen. Solche Massenversammlungen hätten die kommunistischen Kader sonst nicht zugelassen.« Ein Sieg hätte sich jedoch »nicht so auf das Nationalbewusstsein übertragen können wie in Deutschland, wo alle dachten: ›Wir sind wieder wer!‹ Das war nur in einer Demokratie möglich.«

Im Wiener Kaffeehaus fragte der Schriftsteller Friedrich Torberg nach der ungarischen Niederlage von Bern, ob dies das Ende der Poesie im Fußball sei. Und Willy Meisl antwortete: »Nein, nur das Ende des Hexameter.«

*Tragödie im Maracanã, Stern im Rasunda*

Der dunkelhäutige Junge im dunkelblauen Trikot mit der Nummer 10 lauert im Strafraum, knapp an der Sechzehnerlinie. Dem Tor hat er halb den Rücken zugewandt, um nach links außen zu blicken. Von dort kommt der Ball hoch herein. Der Junge nimmt ihn mit der Brust mit, an dem dicht bedrängenden Verteidiger vorbei. Er lässt das Leder kurz einmal aufspringen, überhebt den nächsten Gegner, umläuft ihn und schießt volley, bevor der Ball den Boden erreicht, ins linke untere Eck. Die »Heja-Sverige«-Rufe sind verstummt. Die Medien werden von einem »Wundertor« berichten.

Man schreibt den 29. Juni 1958. Es ist die 55. Minute im Finale der Weltmeisterschaft. Im Rasunda-Stadion von Stockholm trifft Schweden, der Gastgeber, auf Brasilien. Ein Siebzehnjähriger mit schmalem Gesicht, der jüngste Spieler des Turniers, hat gerade das 3:1 für die Gäste erzielt. Als die Seleção nach dem 5:2 – auch das letzte Tor hat der unglaublich flinke, geschmeidige und unglaublich technisch versierte Junge geschossen – den Jules-Rimet-Pokal entgegennimmt, legt Pelé seinen Kopf auf die Schulter von Tormann Gilmar und weint.

Ein neuer Hexameter war bei dieser WM zu bewundern. Im Rasunda-Stadion ist ein Stern aufgestiegen, den weltweit die meisten Experten und Fans für den besten Spieler in der Geschichte des Fußballs halten sollten.

Als er neun ist, hört Edson Arantes do Nascimento, den sie Pelé rufen, im Radio die Reportage eines anderen Endspiels. Vor dem Anstoß reden der Vater und seine Freunde über die Euphorie in der kleinen Stadt Bauru im Bundesstaat São Paulo und von der Siegesfeier, die man vorbereitet hat. Es ist Sonntag, der 16. Juli 1950.

Nach dem Abpfiff hat der kleine Edson den Eindruck, »als habe Brasilien den Krieg verloren«. Er kann nicht zu weinen aufhören, auch den Erwachsenen kommen die Tränen. Am Abend sind die Straßen leer, am nächsten Tag hat keiner seiner Freunde Lust Fußball zu spielen. Im Maracanã-Stadion von Rio hat Uruguay die siegessicheren Gastgeber völlig unerwartet 2:1 geschlagen und sich zum Weltmeister gemacht. In Brasilien ist es eine nationale Katastrophe, die sich in das kollektive Gedächtnis gräbt.

In den dreißiger, vierziger Jahren wurde der Fußball in Brasilien von der geistigen und der politischen Elite verstärkt in den Prozess der Nationsbildung einbezogen. Einige Intellektuelle übertrugen Stilmerkmale populärer Kunst auf die eigene Spielweise; ebenso verfuhren sie mit traditionellen Inszenierungen des Körpers wie Samba und Capoeira. Mário Filho, Gilberto Freyre und José Lins do Rego sahen die *brasilidade*, die Brasilianität, im Fußball ausgedrückt, in dem sich afrikanisches Erbe mit Musik und Tanz verbinde. An diese Kulturelemente geknüpft, vermochte er in derart zirkelschlüssiger Betrachtung auch als kulturelle Repräsentation des Nationalcharakters zu gelten.

Der Estado Novo des Diktators Getúlio Vargas schuf, um dem Sport eine zentrale Organisation zu geben, 1941 den Con-

226 Nationale Erzählungen und weltweites Echo

selho National de Desportos. Die neue Struktur im neuen Staat war als Stütze der Nationsbildung gedacht, die auf dem Spielfeld im *Estilo brasileiro* verkörpert sein sollte. Dazu propagierte das Regime den Sport als »gesunde Aktivität«, die es in seinen Kampagnen gegen andere Formen der Unterhaltung, vor allem gegen das Glücksspiel, ins Treffen führte. Somit setzte es den Fußball in seiner Politik zunehmender Disziplinierung ein und verstand ihn nicht nur als körperliche, sondern auch als soziale sowie moralische Schulung. Entsprechend missbilligte man den Bodycheck, der anderswo den Regeln entsprechen mochte; und da dieser *tranco* als stilfremd galt, entwickelte sich ein weniger körperbetontes Spiel: Bessere Techniker waren folglich im Vorteil.

Zu der in dieser Zeit in vielen Bereichen ausgerufenen Abkehr von europäischen Vorbildern passte es auch, dass die brasilianischen Teams das WM-System zwar zunächst aufnahmen, dann jedoch auf ihre Art anlegten: Mit Vorliebe zogen sie das Spiel in diagonal vorgetragenen Angriffen auf.

Die 1950 im eigenen Land stattfindende Weltmeisterschaft erschien als ideale Gelegenheit, dieses Brasilien als Land der Zukunft und seine eigene Interpretation des Futebol mit Erfolg global zu präsentieren.

Unter der Diktatur von Getúlio Vargas, der 1937 seinen Neuen Staat ausgerufen hatte, war 1938 die Bewerbung erfolgt. Brasilien hatte gerade bei der WM in Frankreich den dritten Platz belegt, sein Star Leônidas da Silva hatte alle begeistert. FIFA-Präsident Jules Rimet versprach, dass das nächste Turnier an das größte lateinamerikanische Land vergeben werde. Nun wollte man diesem Nachkriegseuropa vorführen, dass man gereift und fortschrittlich sei. Die Diktatur war Vergangenheit (Vargas hatte im Oktober 1945 zurücktreten müssen), ein moderner Staat war im Entstehen. Dessen Leistungen sollten gezeigt werden: Architektur und Bauwirtschaft, die mit dem Maracanã das bei weitem größte Stadion der Welt schufen

Tragödie im Maracanã, Stern im Rasunda   227

und später die neue Hauptstadt Brasília konstruieren würden; eine perfekte Organisation; und schließlich der Erfolg auf dem Feld. Um dies gebührend im Bild zu verbreiten, führte man 1950 das Fernsehen ein.

Die Praxis gestaltete sich jedoch viel schwieriger. Die FIFA vergab im Juli 1946 auf ihrem Kongress in Luxemburg die WM tatsächlich an Brasilien, allerdings schon für Mitte Juni 1949. Innerhalb dieser Frist erwies sich das Problem der Infrastruktur als unlösbar. Im ganzen Land stand noch kein einziges großes Stadion – die Städte stellten nur wenig Geld für Sportanlagen zur Verfügung; die Clubs finanzierten sich zu einem beträchtlichen Teil durch ihre *sócios*, die den Verein als ihren sozialen Ort betrachteten, aber kaum große Investitionen tätigen konnten. Die Spielstätten waren meist veraltet und zu klein. 1943 war die Holztribüne des Stadions von São Cristóvão zusammengebrochen, 1947 verfügte das 1919 erbaute Rund von Fluminense über 25 000 Plätze, jenes von Vasco da Gama aus dem Jahr 1927 über 35 000. Flamengo hatte 1938 für knapp 26 000 gebaut, Botafogo im selben Jahr nicht größer. Nur das recht neue Pacaembu in São Paulo konnte über 60 000 aufnehmen.

Am 6. Dezember 1941 erließ die Regierung Vargas ein Dekret für ein Nationalstadion. Da unklar blieb, wo und wie es gebaut werden sollte, entbrannte alsbald der »Kampf um das Stadion«. Der Journalist Mário Filho vermerkte in aller Deutlichkeit, es müsse ein starkes architektonisches Symbol sein, das darstelle, zu welchen Leistungen die Nation fähig sei: »An das Stadion zu glauben, heißt an Brasilien zu glauben.« Nun trat aber das bekannte Phänomen auf, das offenbar ebenfalls zur Brasilianität gehört. Alles verzögerte sich, die Planung ging langsam vonstatten, der Bau schritt nicht gerade flott voran. Das WM-Turnier musste auf Juni und Juli 1950 verschoben werden.

Schließlich fasste das Maracanã offiziell über 180 000 Zuschauer. *A Noite* schrieb: »Nun besitzen wir eine Bühne von phantastischen Ausmaßen, auf der die Welt unsere Errungen-

schaften und unsere sportliche Größe bewundern kann.« Und
das *Jornal dos Sports* jubelte, das Stadion habe Brasilien eine
neue Seele gegeben.

In dieser Arena sollte die brasilianische Seele einen enormen
Dämpfer erfahren.

Die Weltmeisterschaft wurde nach der Vorrunde nicht im Cup-
System ausgetragen, sondern in einer Gruppe der letzten vier
Teams. Am Schlusstag des Turniers stand das Match der Haus-
herrn gegen den kleinen Nachbarn Uruguay auf dem Programm. Formal war es nicht das Finale, konkret aber schon.
Ein Unentschieden würde der Seleção zum Titelgewinn reichen. Sie hatte in der Endrunde hoch gegen Schweden mit 7:1
und gegen Spanien mit 6:1 gewonnen, während Uruguay
gegen Spanien nur ein 2:2-Remis und gegen Schweden ein
knappes 3:2 geschafft hatte. In Rio de Janeiro wie im ganzen
immensen Land war man sich des Sieges sicher; er würde die
Größe Brasiliens erstrahlen lassen. Voller Zuversicht ver-
knüpfte man das Spiel mit der Zukunft der Nation.

Am Samstag, den 15. Juli 1950, rief die Tageszeitung *Diário
Carioca* schon am Vorabend der Entscheidung den Sieger aus:
»Der Weltfußball hat einen neuen Meister. Der neue König
heißt Brasilien.« Das Team befand sich zur Vorbereitung im
Stadion São Januário; an ein Training war aber nicht zu denken. Andauernd kam Besuch von Politikern und Anhängern,
überschwänglich beglückwünschten sie jeden einzelnen der
künftigen Weltmeister. Das Übungsgelände wurde zum Wall-
fahrtsort vor der Zeit.

Am Sonntag wurden die Spieler um sieben Uhr früh ge-
weckt, um zur Messe zu gehen. Die Frühausgabe von *O Mundo*
brachte ein Foto der Mannschaft mit der Unterschrift: »Dies
sind die Weltmeister.« Und kurz vor Anpfiff sprach der Bürgermeister von Rio: »Ihr Fußballer, in wenigen Stunden werdet ihr
von Millionen Landsleuten als Weltmeister bejubelt!« – im Maracanã waren es 200 000 Zuschauer.

Das Match brachte eine andere Tonart. Die Urus hatten nichts zu verlieren, sie kickten hochkonzentriert. Kapitän Obdulio Varela wich Ademir nicht vom Leibe, so dass der brasilianische Stürmerstar wirkungslos blieb. Das schuf allerdings gelegentlich Platz für Friaça, den Rechtsaußen der Seleção, und als dieser zwei Minuten nach der Halbzeitpause das 1:0 erzielte, begann die Masse auf den Rängen zu feiern. Der Ausgleich durch Juan Schiaffino beunruhigte nicht sonderlich. Mit diesem Resultat war man Weltmeister und man würde ja noch treffen, schließlich blieb Ademir praktisch nie ohne Goal und hatte beim Turnier bereits neunmal eingeschossen.

Das Tor für Uruguay hatte Alcides Ghiggia vorbereitet. In der 79. Minute flitzt er auf dem rechten Flügel in Richtung Strafraum, zu schnell für Juvenal und Bigode. Diesmal flankt er nicht, wie er das beim ersten Treffer getan hat, sondern läuft und schießt zur Überraschung von Tormann Barbosa in die kurze Ecke.

Stille im Stadion. *Silêncio mortal*, nennen das die Kommentatoren.

Der Film vom Match zeigt Ghiggia im Lauf, die Strafraumlinie staubt weiß auf. Ghiggia schießt mit links. Die Kamera folgt dem Ball, verliert ihn, schwenkt zum Pfosten, als habe Ghiggia nicht getroffen. Dann erfasst sie den Ball in der Torecke. Tormann Barbosa hat ein Knie am Boden, den Kopf gesenkt. Langsam erhebt er sich. Er wird sich nie wieder erheben.

Nach dem Abpfiff saß eine verzweifelte Masse auf den Tribünen. Auch auf dem Rasen schien die Orientierung verloren zu sein. Jules Rimet stand mit dem Pokal da, die Siegerehrung konnte nicht nach Plan ablaufen. Schließlich drückte der FIFA-Präsident dem uruguayischen Kapitän Varela die Trophäe einfach in die Hand.

Stunden nach Ende des Matches weinten noch Fans im Maracanã. Einige Menschen im Land nahmen sich das Leben. Auf den Straßen der Städte herrschte Unruhe. Man machte die Re-

230 Nationale Erzählungen und weltweites Echo

gierung mitverantwortlich für die Niederlage – manche Historiker meinen, dies habe das Comeback des früheren Diktators Getúlio Vargas erleichtert, der dann im Oktober demokratisch zum Staatspräsidenten gewählt wurde.

Im *Jornal dos Sports* berichtete José Lins do Rego: »Ich sah eine besiegte Nation, ja mehr noch, eine Nation ohne Hoffnung.«

Für den Anthropologen Roberto DaMatta ist es die »größte Tragödie der jüngeren brasilianischen Geschichte, weil sie kollektiv erlebt wurde und dem ganzen Land das Bild einer verlorenen historischen Gelegenheit einprägte«. Das *Maracanaço*, das »Fatale Finale«, wurde seither so oft erzählt und beschrieben, dass es in Brasilien zum mythischen Inbegriff aller heimischen Niederlagen wurde. Folglich stellen die brasilianischen Medien vor der zweiten Heim-WM 2014 die ängstliche Frage, ob es nicht ein zweites 1950 geben werde.

Als Schuldige wurden gleich nach dem Match ausgerechnet drei dunkelhäutige Spieler ausgemacht: der Verteidiger Juvenal, der Mittelfeldspieler Bigode und Barbosa, den Journalisten immerhin zum besten Tormann des Turniers wählten. Ein einziges Mal stand Barbosa noch in der Seleção, verarmt starb er 2000. Kurz vor seinem Tod erzählte er, wie ihn zwei Jahrzehnte nach dem tragischen Goal in einem Geschäft eine Frau erkannt und zu ihrem Sohn gesagt habe: »Schau ihn dir an, das ist der Mann, der ganz Brasilien zum Weinen gebracht hat.« Und als er einmal die Nationalelf im Trainingslager besuchen wollte, verweigerte man ihm den Zutritt: Er bringe Unglück. 1963 lud Barbosa Freunde zum Grill und verbrannte dazu die Torpfosten des seither erneuerten Maracanã.

Der Verband hielt sich auch an ein Objekt. Die weißen Trikots mit blauem Kragen hätten zu wenig Patriotismus vermittelt. Mit einer Zeitung in Rio schrieb er einen Wettbewerb für neue Dressen aus – so entstand das gelb-grüne Trikot, das die Seleção erstmals im März 1954 beim Sieg gegen Chile trug. Es wurde zum stärksten und weltweit verbreiteten Symbol Brasiliens.

Alcides Ghiggia wechselte 1953 zu AS Rom und spielte auch – wie Juan Schiaffino, der nach Uruguays viertem Platz bei der WM 1954 zu AC Milan ging – für die italienische Nationalelf. Er erzählt, er sei so um das Jahr 2000 nach Brasilien gereist und an der Grenze von einer jungen Zollbeamtin gefragt worden, ob er »der Ghiggia« sei. Erstaunt habe er geantwortet, das sei doch schon 50 Jahre her. Da habe sie gesagt: »Aber in Brasilien spüren wir diesen Moment noch heute.«

Das vermochten offenbar die inzwischen erreichten WM-Titel nicht zu verdrängen.

Mit Pelé wurde Brasilien immerhin 1958 erstmals Weltmeister, noch dazu in Europa – kein anderes Team aus den Amerikas und keine europäische Elf hat das Turnier auf dem anderen Kontinent gewonnen. Und mit Pelé endeten zunächst einmal die Rassen-Debatten im brasilianischen Fußball.

Im Semifinale gegen Frankreich erzielte der Siebzehnjährige innerhalb von gut zwanzig Minuten einen Hattrick. An diesem 24. Juni 1958 siegte die Seleção 5:2 über die Franzosen, in deren Reihen mit Just Fontaine der Schützenkönig der WM – bislang unerreichte dreizehn Tore in sechs Matches – und mit Raymond Kopa einer der besten europäischen Stürmer standen.

Beim Finale gegen Schweden liefen drei schwarze und zwei afroindianische Spieler für Brasilien ein. Es war das erste multiethnische Team, das Weltmeister wurde.

232   Nationale Erzählungen und weltweites Echo

## Kollektive Orientierung: Erzählung vom Genie, Seleção und Politik

Im Finale von Stockholm hatten die Schweden früh den ersten Treffer erzielt. Brasiliens Mittelfeldregisseur Didi holte den Ball aus dem Tor und rief seiner Mannschaft zu, nun würden sie also richtig loslegen. Darauf war im Rasunda-Stadion ein weiteres brasilianisches Ballgenie zu bewundern. Am rechten Flügel machte Garrincha mit den Gegnern offenbar, was er wollte. Zwei seiner unnachahmlichen Dribblings, zwei scharfe Hereingaben, die Vavá verwertete, und die Seleção führte 2:1.

Pelé war der gute Farbige, Mané Garrincha nannte man *Alegria do povo*, die Freude des Volkes. Der für seine sozialkritischen Dramen und seine Fußballglossen berühmte Nelson Rodrigues berichtet eine bezeichnende Reaktion des Publikums bei einem Spiel von Botafogo gegen Fluminense. Wenn Garrincha »den Ball nahm und seinen Tanz aufführte, dann lachte die Menge, sie lachte einfach; sie lachte aufrichtig und mit einer Glückseligkeit sondergleichen«. Die Menschen auf den Tribünen seien nicht mehr nur Fans der einen oder der anderen Mannschaft gewesen, sondern man »sah und spürte nur noch den magischen Spielzug. Es war die pure ästhetische Wonne der Zuschauer«.

Eine Figur im Erzählband *Fausto Coppis Engel*, den der italienische Schriftsteller Ugo Riccarelli 2001 publizierte, sieht die Beine von Pelé als »außerordentlich, eine leuchtend glatte Haut, eine harmonische Muskulatur«, als seien sie von Michelangelo modelliert – das lässt Riccarelli in seiner Fiktion den Entdecker von Mané Garrincha 1983 an dessen Sterbebett weinend murmeln. Dann zeigt er auf das letzte Lager des früheren Ballkünstlers, der an seinem simplen, ungeschickten Gemüt und am Alkoholismus zugrunde ging: »Die Beine von Mané hingegen waren zwei Lebenslinien, gekrümmt wie das Schicksal der Ärmsten.« Es seien die Beine der armen Teufel aus den Favelas, und deshalb hätten sie ihn so sehr geliebt. Die

»Beine liefen in die eine Richtung, Mané und der Ball in die andere«.

Volksmärchen spielen auf der ganzen Gefühlsskala, mit »Alles oder Nichts«. Sie schaffen dauernd Helden und Bösewichte, Könige und Bettler, Triumph und Niederlage. Von den genialen Kickern erzählt man, wieder und wieder. Man sieht sie in den Medien, sie werden besungen. Ein Lied von 1958 heißt einfach *Mané Garrincha*; 1963 kam der biographische Film *Garrincha. Alegria do povo* in die Kinos.

Bei der Weltmeisterschaft, die 1962 in Chile ausgetragen wurde, verteidigte Brasilien seinen Titel. Das Turnier dürfte das härteste und gröbste in der Geschichte der WM gewesen sein. Im zweiten Match der Seleção erlitt Pelé eine Verletzung, so dass er für alle übrigen Spiele ausfiel. Die Mannschaft wurde nunmehr von Garrincha getragen und zum Titel geführt. Nelson Rodrigues schrieb vom »Sieg des brasilianischen Menschen«: »Wir sind 75 Millionen Könige.«

Mané Garrincha, der seinen Namen von einem bunten Urwaldvogel hatte, starb 1983 in Armut; er wurde nicht einmal fünfzig Jahre alt. Sein Leben gibt die typische Erzählung vom Genie ab, das ganz am Boden endet.

Von Geburt an hatte er zwei extrem unterschiedliche Beine, eines um sechs Zentimeter länger als das andere, das linke nach außen gekrümmt, das rechte nach innen, ein O und ein X. Mit dieser Voraussetzung und der außergewöhnlichen Antrittsschnelligkeit war er für Verteidiger unberechenbar. Dafür verhielt er sich außerhalb des Spielfeldes umso einfacher, seine ganze Karriere blieb er bei Botafogo, das ihn dauernd mit schlechten Verträgen benachteiligte. Auf dem rechten Flügel dribbelte er, wie es schien, oft bloß aus Spaß. Er überspielte einen Gegner, kam mit dem nächsten über die Seitenlinie hinaus, dribbelte aber weiter, alle schauten begeistert zu, auch der Schiedsrichter, der abzupfeifen vergaß. Garrinchas Legende bietet zahlreiche Anekdoten in der Art, sie erzählen ihn als

Fußballpoeten mit geringer Intelligenz. Bei der Spielerbesprechung soll er in ein Donald-Duck-Heft geschaut haben, während der Trainer die Taktik vorgab und schließlich zu ihm sagte: »Und du – du machst, was immer du willst.«

Solange Pelé und Garrincha zusammen spielten, verlor die Seleção kein einziges Mal. Den Spaßvogel auf dem rechten Flügel schätzten die meisten Brasilianer höher als Pelé, verkörperte er doch am intensivsten die Lust am Spiel. Noch zu Lebzeiten wurde ein Stadion nach ihm benannt. Nach seinem Tod betonte der Schriftsteller Carlos Drummond de Andrade: »Das Schlimmste ist, daß die Traurigkeit zurückkommt, und wir haben keinen anderen Garrincha zur Verfügung. Wir brauchen einen neuen, der unseren Traum nährt.«

Am 1. April 1964 putschte in Brasilien das Heer, nachdem Präsident João Goulart Reformen für die Landwirtschaft, für Industrie und Bildung angekündigt hatte, die den Militärs zu sozialistisch schienen. Die Armee blieb einundzwanzig Jahre an der Macht, unterstützt von den USA, vorgeblich wegen

*Abb. 13:* Mané Garrincha, »die Freude des Volks«, hier in Chile bei der WM 1962 (gegen den englischen Verteidiger Ray Wilson).

Kollektive Orientierung: Erzählung vom Genie, Seleção und … 235

einer »kommunistischen Bedrohung« und, wie so oft, einer befürchteten Unfreiheit gleich durch konkrete Unfreiheit zuvorkommend. Es war nicht das erste und nicht das einzige Mal, dass demokratische Werte geschützt werden sollten, indem man die Demokratie abschaffte.

Am 19. Juli 1966 verlor die Seleção in Liverpool gegen Portugal 3:1. Damit wurde sie ausgerechnet vom ehemaligen Kolonialherrn, über den man sich in den gebildeten Schichten Rios und São Paulos gern lustig machte, in der Vorrunde aus dem WM-Turnier eliminiert. Sechs Tage später explodierte in Recife eine Bombe, die dem Verteidigungsminister galt.

Repression und Gewalt stärkten für die Anhänger der Macht ihre Identifikation mit Staat und Nation, schwächten sie hingegen für die Oppositionellen. Die Militärdiktatur schränkte das öffentliche Leben ein, installierte die Zensur, internierte viele Menschen und trieb viele ins Exil, darunter die Sänger Caetano Veloso und Gilberto Gil, die Erfinder der *Tropicália*, die kulturelle Offenheit anstrebten und Klänge der *Música Popular* sowie des Bossa Nova mit Bob Dylan, den Beatles, Jimmy Hendrix, Bob Marley verbanden.

Im Vergleich zu den wesentlich tödlicheren Diktaturen in Argentinien, Uruguay und Chile setzten die brasilianischen Militärs nicht auf breite Mord- und Folterkampagnen. Auch sie unterhielten Todesschwadrone, ließen Menschen verschwinden. Während in Argentinien Zehntausende umgebracht wurden, waren es in Brasilien vermutlich etwa 800. Zu der geringeren Gewalttätigkeit des Regimes dürfte es beigetragen haben, dass Fußballerfolge die Massen ruhigstellten. Nachdem die Seleção 1966 ausgeschieden war, folgten heftigere Ausschreitungen und verstärkte Repression.

Die meisten Brasilianer hatten den dritten Titel in Folge erwartet, umso größer war die Bestürzung über die Niederlage in England. Die Szenen ähnelten jenen von 1950: Selbsttötungen, Nervenzusammenbrüche, Fahnen auf halbmast, Trauerflor an den Türen.

236 Nationale Erzählungen und weltweites Echo

Aus den Fenstern der Bürohäuser in Rio und São Paulo flogen schwarzes Kohlepapier sowie Schreibmaschinenbänder. Der uruguayische Schriftsteller Eduardo Galeano erzählt, »eine tanzende Prozession von Trauernden« sei durch die Straßen gezogen und habe »den nationalen Fußball« begraben.

Der Fußball war seit den dreißiger Jahren ein zentrales Element der Identifikation. Das nützten die Militärs beim Sieg in der Weltmeisterschaft 1970, als eine überragende Mannschaft um Pelé mit ihrem Offensivwirbel das Finale gegen die abwehrstarken Italiener mit 4:1 gewann.

Die Eindrücke von den Spielen waren nunmehr dadurch verstärkt, dass sie bildhaft in die Häuser kamen: Vierzig Prozent der Haushalte besaßen einen Fernseher, für die WM in Mexiko war das Farb-TV eingeführt worden. Das Tor von Jairzinho zum 1:0 gegen England beschreibt Galeano: »Tostão bekam den Ball von Paulo César zugespielt und trieb ihn, soweit er konnte. Er fand ganz England im eigenen Strafraum versammelt.« Er überspielte zwei Gegner und passte zu Pelé. »Drei weitere Spieler fielen sofort über ihn her: Pelé tat so, als liefe er mit dem Ball weiter, und die drei Gegner liefen ins Leere, während er abbremste, sich drehte und den Ball Jairzinho zuschob«, der von hinten heranbrauste. »Jairzinho hatte das Abschütteln von Verfolgern gelernt, als er sich im härtesten Elendsviertel von Rio de Janeiro durchschlug: Er schoß los wie eine schwarze Kugel, wich einem Engländer aus, und der Ball, die weiße Kugel, schlug ins Tor von Banks.«

Im selben Jahr gaben die Diktatoren vor, das politische Leben wieder zu öffnen. Sie organisierten Wahlen, manipulierten sie und konnten ihre Mehrheit als doppelten Erfolg verbuchen: Demokratisierung sowie Machterhalt.

Den Militärs kam der so großartig erspielte WM-Titel gerade recht, da sie ein glückliches Brasilien vorführen wollten. Dazu propagierten sie ein Wirtschaftswunder: zwischen 1969 und 1973 stieg das Brutto-Inlandsprodukt jährlich um elf Prozent, die Inflation lag stabil bei achtzehn Prozent, multinationale Konzerne investierten im Land, große Bauprojekte wurden angetrieben. Während der Propagandaoffensive des Regimes ging zugleich die Repression in die Offensive, was wiederum eine Reaktion der linken Opposition zur Folge hatte. Die urbane Guerilla schlug stärker zu, im September 1969 wurde der US-Botschafter Charles Burke Elbrick entführt. Darauf verschärfte die Diktatur die Zensur und hieß die Todesschwadrone härter zugreifen; allerdings gelangten die Methoden der Militärs, Folter und Morde, an die Weltöffentlichkeit.

Gerade im zeitlichen Umfeld der WM eskalierte die Lage. Im März 1970 kidnappten Guerillas den japanischen Konsul, für ihn wurden Gefangene ausgetauscht und ins Exil geschickt. Der Propagandaslogan des Regimes setzte auf Polarisierung: *Brasil, Ame-o ou Deixe-o*, »Brasilien, liebe es oder verlasse es«.

Die Generäle mussten ein starkes Interesse an sportlichen Erfolgen haben, besonders in dieser Situation, in der sie die Heimatliebe ausstellten. Nachdem Pelé 1969 sein tausendstes Tor erzielt hatte, empfing ihn Staatspräsident General Médici in Brasília, verlieh ihm den Orden für nationale Verdienste und den Titel Comendador. Um Siege auf die Fahnen ihres Regimes heften zu können, galt es sich der politischen Verlässlichkeit oder zumindest der Gleichgültigkeit der Akteure zu versichern. Der Teamchef João Saldanha war ihnen nicht geheuer, er wurde durch Mario Zagallo ersetzt.

Während der WM exekutierte die Guerilla am 11. Juni den entführten deutschen Botschafter. Drei Tage darauf gewann die Seleção im Viertelfinale im mexikanischen Guadalajara 4:2 gegen Peru, am 21. war sie zum dritten Mal Weltmeister, der Jules-Rimet-Pokal blieb in Brasilien.

Beim Empfang in Brasília posierte General Médici, der Diktator, mit dem Pokal und köpfte vor den Kameras einen Ball: Symbolisch zeigte sich die Macht am Sieg direkt beteiligt. Der Marsch, der für das Team komponiert worden war, machte die Regierung zu ihrer Hymne – ein weiteres sinnbildliches Ando-

238 Nationale Erzählungen und weltweites Echo

cken an den Erfolg. »Jetzt hält niemand mehr Brasilien auf«, unterstützte Pelé in Werbespots. 1972 wurde er von einer Zeitung in Montevideo über die Diktatur befragt und antwortete, es gebe keine Diktatur. Seine Heimat sei *um país liberal*, da lebe ein freies Volk glücklich, denn die Regierenden wüssten, was für das Volk das Beste sei, und würden mit Toleranz und Patriotismus regieren.

An verherrlichenden Liedern mangelte es nicht. Aber man sang auch andere, in denen die Revolte zwischen den Zeilen stand. Gilberto Gil komponierte 1975 *Prezado Amigo Afonsinho* über den Spieler von Botafogo, einen Medizinstudenten aus der Mittelklasse, der als Erster gegen das gängige System im Fußballbetrieb vorgegangen war. Gegen das Arbeitsministerium hatte Afonsinho das Recht eingeklagt, seinen Vertrag selbst aushandeln zu dürfen, und hatte eine »Protestmannschaft« organisiert.

Bei der Weltmeisterschaft 1974 in Deutschland versuchten sich die Brasilianer im Kraftfußball nach europäischer Art, 1978 in Argentinien sah es nicht viel besser aus – als hätte das militärische Regime auf die Kicker abgefärbt. Erst 1982 ließ die Seleção wieder den *Futebol-arte* sehen und begeisterte; sie lief jedoch in die italienischen Konter und schied aus.

Ihr Kapitän und Spielmacher war Sócrates, die treibende Kraft der »Corinthianischen Demokratie«, die bis 1984 einen Beitrag zur Liberalisierung leistete. Die Corinthians sind der populärste Verein São Paulos, seinen Fanclubs gehörte Anfang der achtziger Jahre mehr als die Hälfte der Stadtbevölkerung an. Als das Team 1977 im Viertelfinale der brasilianischen Meisterschaft in Rio antrat, fuhren 85 000 Anhänger hin und feierten dann dort drei Tage lang den Sieg. Mit einem Soziologen und ehemaligen Präsidenten des Clubs schufen Stars wie Sócrates, der nach seiner Karriere das Medizinstudium abschließen sollte, demokratische Strukturen im Verein, aus denen später die Fußballergewerkschaft hervorging.

Kollektive Orientierung: Erzählung vom Genie, Seleção und ... 239

Ihre Popularität setzte die Mannschaft für die Bewegung zur Wiedereinführung freier Wahlen ein. Für den 15. November 1982 organisierten die Militärs Parlamentswahlen; sie meinten damit an Legitimation zu gewinnen – und die Corinthians traten zu ihren Matches mit Dressen an, auf denen »Demokratie« stand; im November zeigten dann die Rücken ihrer Trikots die Aufforderung zur Wahl zu gehen: »Wählt am 15.« Der Urnengang brachte einen Sieg der Opposition; 1984 erfolgte die freie Wahl des Staatspräsidenten.

1989 gewann Fernando Collor de Mello die Präsidentschaftswahlen, sein häufig eingesetztes Schlagwort war »modern«. Der Nationaltrainer Sebastião Lazaroni propagierte einen modernen Fußball, er verkündete die »Ära Dunga«. Der Kapitän der Seleção war beim VfB Stuttgart engagiert, dort spielte Dunga im defensiven Mittelfeld. In Brasilien war es neu, dass die Identifikationsfigur ein stilbestimmender Star der Verteidigung sein sollte. Für das *Jogo bonito* konnte das nicht stehen. Die Medien sprachen von einem »Fußball der Resultate« wie von den »Gewerkschaften der Resultate«, die mit Collor gegen den linken Gewerkschaftsverband auftraten.

Vor der WM in Italien 1990 führte man im Land eine breite Debatte um die kulturelle Identität und die Modernisierung, und am 10. Juni befragte das *Jornal do Brasil* Prominente: »Ist die Ära Dunga ein Symptom für eine Ära der Mittelmäßigkeit im brasilianischen Fußball?« Das Turnier gab eine Antwort. Nach mühsamen knappen Siegen (nur 1:0 gegen Costa Rica) schied die Elf im Achtelfinale gegen Argentinien aus – sie hatte insgesamt nicht mehr als magere vier Tore erzielt.

Zwei Jahre später trat Collor zurück, um einer Amtsenthebung wegen Korruption zuvorzukommen. Die Seleção wurde nun von Carlos Alberto Parreira gecoacht. Im Gegensatz zur traditionellen Vorstellung vom besonderen brasilianischen Stil und zum Entsetzen der Fans des *Futebol-arte* ging er davon aus, dass auch der Fußball globalisiert sei. Die Mannschaft stützte

240 Nationale Erzählungen und weltweites Echo

sich auf eine gute Defensive und hatte vorne mit Romário und Bebeto zwei schnelle, gefinkelte Stürmer. Nach der Niederlage im Qualifikationsmatch gegen Bolivien schrieb die *Folha de São Paulo*, Fußball mit Parreira sei wie Coitus interruptus.

Mit dem »modernen«, »europäischen« Stil wurde 1994 die Nationalelf in den USA zum vierten Mal Weltmeister: im Elfmeterschießen, der Held war der Tormann. Im Triumph gedachten die Spieler des im Mai tödlich verunglückten Formel-1-Weltmeisters Ayrton Senna. Er verkörperte Brasiliens Aufstieg in die »Erste Welt«, er symbolisierte den Platz in der technischen Moderne – und das Scheitern.

Im Juli, während in den USA und in den Fernsehern die WM lief, verkündete Fernando Henrique Cardoso den *Plano Real*, die neue an den Dollar gekoppelte Währung. Der Staatspräsident, dessen Sportminister kurzzeitig Pelé war, führte eine Politik der Privatisierung, er zielte auf die Eingliederung in den Weltmarkt und auf Stabilisierung ab. Sowohl für Cardoso als auch für Parreira bedeutete Modernität keine magische Formel, beide setzten nicht auf einen brasilianischen Sonderweg.

Eine Übereinstimmung von Politik und Fußball bedeutet all dies allerdings nicht; es sind ähnliche Auswirkungen ähnlicher Strategien auf unterschiedlichen Feldern. Sie zeigen Einstellungen und einen Duktus, die breiter gesellschaftlich wirkten.

Der Fußball vermag in Brasilien eine wesentliche kollektive Orientierung in einer instabil erlebten Umwelt zu vermitteln. Die Abgeordneten wechseln oft und oft die Parteien, von 1986 bis 1994 hatte man sechs verschiedene Währungen – dagegen heißt es »Einmal Flamengo, bis zum Tod Flamengo«.

## Kreolischer Stil und harte Realität: argentinische Werte

Der große, drahtige Spieler im hellblau-weiß gestreiften Trikot mit der Nummer 10 steht leicht gebückt knapp vor dem kleinen glatzköpfigen Mann in Schwarz. Der schaut ihn von unten an, es wirkt herausfordernd, auf der Brust trägt er das Emblem der FIFA. Seine rechte Hand sieht man nicht, ihre Geste wird gleich den Großen vom Platz weisen. Er ist der Sprache des Spielers nicht mächtig, und dieser will das Handzeichen der Ordnungsmacht nicht deuten.

Man schreibt den 23. Juli 1966. Vor 88 000 Zusehern hat im Wembley-Stadion der Hausherr England im Viertelfinale der Weltmeisterschaft Argentinien zum Gegner. Das Match ist ruppig, der deutsche Schiedsrichter Rudolf Kreitlein hat zu tun. Die Härte von Nobby Stiles ist gefürchtet, die Gäste halten sich auch nicht zurück. Nach einer Serie von Fouls läuft in der 35. Minute der argentinische Kapitän Antonio Rattín hinter Kreitlein her und ruft ihm Worte zu, die der Deutsche nicht versteht. Aber eine Beleidigung hört er heraus. Er pfeift ab, er schließt Rattín aus. Der begreift nicht, er hat ja nur einen Dolmetscher gefordert. Der Schiedsrichter weist wiederholt mit der Rechten vom Feld, zu den Kabinen. Der Kapitän weigert sich. Das Spiel ist acht Minuten lang unterbrochen. Bis zwei englische Polizisten den Argentinier vom Platz führen.

Zu zehnt haben die Gäste gegen elf Engländer und das aufgebrachte Publikum keine Chance mehr. In der 79. Minute kommt eine hohe Flanke in den Strafraum, der Kopfball von Geoffrey Hurst bringt den mühsamen 1:0-Sieg der späteren Weltmeister.

Nach dem Match bespricht sich Kreitlein mit dem britischen Refereebetreuer. Und dem kommt im Auto vor einer Verkehrsampel die Idee, man solle den Schiedsrichtern in Zukunft Karten in die Hand geben. Eine gelbe bedeute Verwarnung, eine rote Ausschluss. Bei der nächsten WM wird man sie einsetzen.

Mit dem Schlusspfiff ist das Treffen nicht vorbei. Die Argen-

*Abb. 14:* WM 1966 in England: Der deutsche Schiedsrichter Kreitlein verweist den argentinischen Kapitän Antonio Rattín des Feldes.

tinier sind außer sich, die FIFA belegt den Verband mit der höchsten Geldstrafe. In Buenos Aires titelt die Zeitung *La Razón* »Skandal in Wembley«. Der deutsche Schiedsrichter habe die Hausherren begünstigt, während der englische Referee im Viertelfinale Uruguay gegen Deutschland zwei Urus vom Platz gestellt hat.

Die Südamerikaner fühlen sich benachteiligt, Argentinien und Uruguay erwägen, aus der FIFA auszutreten. Ihre Spieler hat man des Feldes verwiesen, die ruppigen Europäer wie

Nobby Stiles jedoch nicht. Allein gegen Pelé begingen Bulgaren und Ungarn in insgesamt zwei Stunden 16 schwere Fouls, der Star schied verletzt aus, keiner der Übeltäter wurde frühzeitig in die Kabine geschickt.

Die Rivalität zwischen den Argentiniern und den Engländern war eine alte Geschichte. In den folgenden Jahren wurde sie immer wieder geschürt, bis zum Falklandkrieg von 1982.

Der Journalist und Schriftsteller Juan José de Soiza Reilly erzählte aus seiner Kindheit gegen Ende des 19. Jahrhunderts, dass auf einem Platz neben dem Irrenhaus von Buenos Aires ein paar blonde Jugendliche einen Ball getreten haben. Wer die seien, habe er seinen Vater gefragt. »Verrückte. Verrückte Engländer.« Und Engländer waren es, die das erste »Länderspiel« am Rio de la Plata austrugen: 1889 kickten in Uruguay die Engländer von Montevideo gegen die Engländer von Buenos Aires.

Argentinien erlebte um 1900 einen Wirtschaftsboom, vor allem durch die Ausfuhr landwirtschaftlicher Produkte. Das durchschnittliche Einkommen lag damals auf einem höheren Niveau als in der Schweiz oder in Schweden, es glich in etwa jenem in Deutschland. Das Rindfleisch war weltberühmt, der größte Abnehmer war Großbritannien, das dafür Industriegüter lieferte und Kapital im Land anlegte. So konnte das Eisenbahnnetz ausgebaut werden, in seiner Dichte war es bald einzigartig in Lateinamerika; achtzig Prozent davon befanden sich in britischem Besitz.

Zwischen 1880 und 1914 kamen fünfeinhalb Millionen Einwanderer. Buenos Aires, damals die größte Stadt in Südamerika, zählte 1880 knapp 300 000 Einwohner, 1914 über einundhalb Millionen, davon die Hälfte aus dem Ausland, vor allem aus Spanien und Italien. Zur Jahrhundertwende lebte hier die größte britische Community außerhalb des Empires. Und so verwundert es nicht, dass in Buenos Aires 1867 der erste Fußballclub des Kontinents erstand. Thomas Hogg und seine Brüder organisierten ihn, nachdem die englische Tageszeitung der

Stadt, *The Standard*, die Association-Regeln publiziert hatte. 1883 wurde dann Alexander Watson Hutton, der die Buenos Aires English High School geschaffen hatte, zum Gründungspräsidenten der Argentine Association Football League gewählt.

Die Familien der Oberschicht bezogen ihren Reichtum aus den Ländereien, die schon lange in ihrer Hand waren und die sie ausdehnen konnten, nachdem 1878 bis 1880 unter General Roca ein Großteil der Indigenen ausgerottet worden war. Zur Vertretung ihrer Interessen hatten die Großgrundbesitzer die Sociedad Rural geschaffen, ihr gesellschaftlicher Treffpunkt war der Jockey Club von Buenos Aires. Der Fußball interessierte sie erst, als er so populär geworden war, dass er wesentlich zur Identifikation mit der Nation diente.

Getragen wurde diese Entwicklung von der Arbeiterschaft und besonders von der breiten Mittelschicht, die sich mit dem ökonomischen sowie urbanen Aufschwung früh bildete. Und in allen Kreisen verwies man stolz auf das Lebensniveau, das weit höher war als in den Nachbarländern.

Die Verbreitung des Fußballs und seine steigende soziale Bedeutung hingen sowohl mit der intensiven Modernisierung nach 1900 zusammen (Elektrifizierung, Boulevards, Straßenbahnen, Kinos), als auch konkret mit den neuen Clubs, die Einwanderer aufnahmen und eine Konkurrenz gegen die britischen Teams bildeten: 1901 River Plate, 1903 Racing, 1905 Independiente, Estudiantes de la Plata und Boca Juniors. Als Racing 1913 die Meisterschaft gewann, feierte man dies als Sieg der landeseigenen Mischung, somit der *primer gran equipo criollo*.

Zunächst bezeichnete man die in Argentinien geborenen Nachkommen der Spanier als Kreolen. Später erfuhr das Wort eine Umdeutung und meint nun die plurikulturelle Melange im Land.

Im Kreolischen konstruierte man die argentinische Ursprünglichkeit, dazu brauchte es einen Widerpart, von dem es sich abzuheben galt. Diese Mannschaften hatten sich vom britischen Football emanzipiert, auf dem Feld agierten sie nicht als Spanier oder Italiener. Sie spielten auch nicht als Gauchos, sondern als Städter. Und in der eigenen Art der Mischung, propagierte man, würden sie eben »kreolisch« das neue, eigenständige Argentinische darstellen. Das musste im Stil auszumachen sein. Jenen der Briten nannte man »Luft-Stil«. Während sie kraftvoll kickten, lange hohe Pässe schlugen und kaum individuell die Gegner überspielten, basierte der »kreolische Erd-Stil« auf kurzen, präzisen Flachpässen und einfallsreichem Dribbling. Den Übergang vom angelsächsischen zum kreolischen Fußball sah man als natürliche Folge des *Melting Pot*.

Argentinien feierte 1910 den hundertsten Jahrestag seiner Unabhängigkeit. Zugleich mit dieser Rückbesinnung begannen sich öffentliche Debatten um die Frage der nationalen Identität und des Selbstbewusstseins zu drehen. Die massive Einwanderung legte das Konzept des Melting Pot nahe, die herrschenden Klassen setzten intensiv auf Assimilation. Dazu brauchte es ein entsprechendes Schulsystem, folglich des Lesens und Schreibens kundige Einwohner, und eine Kulturindustrie. Presse, Kino und später das Radio lieferten dem schnell gewachsenen Massenpublikum in den Städten die Erzählung von der nationalen Identität als Männlichkeitsideal: der Gaucho, der ländliche Viehhirte, als Modell der »Argentinität«.

Allerdings schloss die Gaucho-Mythologie zunächst die Einwanderer- und Arbeitermilieus aus, so dass wiederum der Druck zur Anpassung stieg. Der Nationalismus wurde auch den unteren Schichten in den Schulen gepredigt, da jedoch der Gaucho nicht in ihren Alltag passte, nahmen sie sich die Sportler zu ihren Helden. Diese Idole fanden sie ab den zwanziger Jahren in den Medien vor, als neue Blätter wie *Crítica* und *El Mundo* sie mit einem direkten Stil ansprachen – derart wurde der Tango zum Symbol der Populärkultur und der Großstadt; der Fußball war das andere tragende Element.

Da er eine gewichtige Rolle bei der Herausbildung einer

nationalen Identität und bei der Bindung an dieses kollektive Selbstbild spielte, unterstützten ihn die Autoritäten und die Medien. Man baute größere Stadien, man übertrug die Matches im Radio, man schuf Spektakel für die Massen.

Die Regierungsgeschäfte führte bis 1916 die Partido Autonomista; sie vertrat die traditionelle Oberschicht und setzte auch illegale Mittel zum Machterhalt ein: Gewalt, Einschüchterung, Wahlbetrug. Lange Zeit vermochte dadurch die Opposition im Rahmen der Gesetze keine Veränderung zu bewirken.

Als Racing 1913 Meister wurde, war gerade eine demokratische Öffnung erfolgt. Im Jahr zuvor hatte man das allgemeine Wahlrecht – für Männer – beschlossen; die Unión Cívica Radical ging 1916 aus den Urnen als Sieger hervor und regierte bis 1930. In der Zeit schritt die Industrialisierung so weit voran, dass die Arbeiterschaft stark an Bedeutung gewann. Da der Fußball das wichtigste Element ihrer männlichen Freizeitkultur war, zeigten sich Politiker und Geschäftsleute zunehmend daran interessiert. Staatspräsident Marcelo Torcuato de Alvear nahm das Spiel im Stadion so wichtig, dass er 1926 im Streit zwischen den zwei Ligen in Buenos Aires vermittelte, die seit sieben Jahren getrennt ihre Meisterschaften durchführten.

Die Radikale Partei hatte das Problem, dass ihre Wähler aus allen Schichten stammten. Sie konnte sie also nur über eine neue kollektive Identität auf sich vereinen. Da kam der Fußball gerade recht, er eignete sich bestens als Bindemittel der nationalen Ideologie.

Einen gewichtigen Beitrag leistete dazu *El Gráfico*. Die Zeitschrift verkaufte 1930 allein in Buenos Aires hunderttausend Exemplare und galt als Lateinamerikas »Sportbibel«. Ihr bekanntester Kolumnist war Ricardo Lorenzo Rodríguez, genannt Borocotó, der aus Uruguay stammte – er schuf den Mythos des *Fútbol rioplatense*. In einem Beitrag von 1928 erklärte er es als völlig logisch, dass der angelsächsische Einfluss ausgedient habe: Der lateinamerikanische Charakter sei weniger diszipliniert und methodisch, er würde den Individualismus nicht für das Kollektiv aufgeben. Deswegen sei dieser Fußball agiler und attraktiver. Die Zeitschrift verkündete den kreolischen Stil als *la nuestra*, im Gegensatz zu jenem der Briten.

*El Gráfico* baute mit am Nationalismus und am Männlichkeitsbild. Derart verband die Zeitschrift die Mittelschicht, aus der ihre Autoren kamen, und die unteren Schichten.

Die Konstruktion des Sportnationalismus braucht die Unterscheidung. Das originale Eigene sah man im Spielstil, seine konkrete Ausformung ist bis heute die stereotype Figur eines Jungen, des *Pibe* – Lionel Messi repräsentiert ihn, Maradona nannte man *El pibe de oro*. 1919 erschien der Prototyp auf dem Cover der ersten Ausgabe der Kinderzeitschrift *Billiken*, die derselbe Verlag herausbrachte wie *El Gráfico*. Es zeigte den »Sieger der Saison«, einen Jungen im Fußballdress, der die Spuren eines heftigen Kampfes trägt und somit im Gegensatz zum herrschenden Erziehungsideal des sauberen Kindes steht.

Das argentinische Selbstbewusstsein hatte man im Widerspruch zu den Briten gesteigert. Und internationale Erfolge bewirkten, dass sich eine breite Masse im nationalen Stil und in der nationalen Identität, die man ihr erklärte, wiederfinden konnte. Auf seiner Europatournee gewann Boca Juniors 1925 die Matches mit spielerischer Leichtigkeit, wie die Medien in Buenos Aires berichteten und dabei besonders auf den Gegensatz zum *Kick and Rush* hinwiesen. Drei Jahre später stand die Nationalelf im Finale der Olympischen Spiele von Amsterdam und verlor erst im Wiederholungsspiel gegen den Nachbarn von der anderen Seite des Rio de la Plata. Dort erlitt sie zwar auch bei der WM 1930 die Niederlage im Endspiel, aber die Urus verachtete man als rohe Kicker, die ihre Gegner von hinten zu halten pflegten. Diese »Charruan-Umklammerung« bezeichneten die Argentinier als uruguayisch-indianisch, ihr stellten sie die eigene »aristokratische Eleganz« gegenüber.

Der Sportnationalismus braucht Erfolge als Bindemittel. Er

248    Nationale Erzählungen und weltweites Echo

braucht auch Helden und schafft wiedererkennbare Gesichter
wie den Linksaußen Raimundo »Comet« Orsi oder den harten
Verteidiger Luis Monti.

Man vermag sich die Aufregung und Empörung vorzustellen, wenn Helden die Seiten wechseln.

In den dreißiger Jahren gingen einige Kicker in das Her-
kunftsland ihrer Familien zurück, denn in Italien verdienten
sie besser. In der Elf der Azzurri, die 1934 den WM-Titel gewannen, standen vier ehemalige Teamspieler aus Buenos Aires:
neben Orsi und Monti die Stürmer Demaria und Guaita. Der
argentinische Verband protestierte, dass die »Fahnenflücht-
linge« für ein anderes Land antraten. Als er damit nicht durch-
drang, schickte er eine Amateurmannschaft zum Turnier nach
Italien und beschloss nach deren frühzeitigem Ausscheiden,
auf eine weitere Beteiligung bei Weltmeisterschaften zu verzichten.

Um die Abwanderung der Stars aufzuhalten, bildeten die »großen Fünf« – Boca Juniors, River Plate, Independiente, Racing
und San Lorenzo de Almagro – einen Profiverband, der nur
finanzstarke Vereine akzeptierte. Sie meinten es sich leisten zu
können, da sie einen enormen Zuwachs an Mitgliedern zu ver-
zeichnen hatten.

Zwischen 1931 und 1966 gewannen diese Clubs alle Meistertitel, sie stellten eine gesellschaftliche Institution dar.

Besondere Aufmerksamkeit gilt bis heute den Derbys zwischen Boca und River, die man als *Superclásico* bezeichnet. River war 1908, sieben Jahre nach der Gründung, in die oberste
Liga aufgestiegen. Boca war 1905 von Absolventen des Colegio
Comercial Sur im Genueserviertel La Boca beim Hafen ins Leben gerufen worden. Als von 1919 bis 1926 zwei Verbände bestanden, eine Asociación und eine Federación, gehörte Boca
der einen an, River der anderen. Mit der Etablierung der Profiliga 1931 trat die Rivalität bei ihren Matches ungewöhnlich heftig zutage. Das erste Spiel endete mit einer Raufschlacht.

Kreolischer Stil und harte Realität: argentinische Werte  249

Die Aggressionen sollten in der Liga nicht ungewöhnlich bleiben. Das Wiener *Sport-Tagblatt* brachte am 24. November 1932 auf seiner Titelseite die Schlagzeile *Revolverschießerei in der argentinischen Meisterschaft* und berichtete, River Plate habe sich den Titel geholt, aber im Entscheidungsspiel gegen Independiente sei es zu »Tumultszenen« gekommen, »wie sie sich selbst in Südamerika noch nicht ereignet hatten«. 60 000 Zuschauer seien im Stadion gewesen, man habe Raufereien und eine Schießerei erlebt, drei Schwerverletzte und etwa hundert Leichtverletzte seien zu beklagen. »Daß das Spiel trotzdem abgehalten wurde, wird man in Europa vielleicht gar nicht verstehen«, meinte die Zeitung. Da River Plate mit 3 : 0 gewann, habe das Publikum die unterlegene Mannschaft »ausgepfiffen und mit Bierflaschen beworfen«. River Plate sei nämlich sehr unpopulär und werde das »Team der Millionäre« genannt, weil der begüterte Verein den Spielern »ganz unglaublich hohe Ablösesummen und Handgelder« bezahle.

Die Krise der dreißiger Jahre kennt man in Argentinien als *Década infame*. Ab 1914 war die Inflation gestiegen und der Reallohn gesunken, was auch einen Rückgang des Kulturkonsums bedeutete. Es gab immer mehr Arbeitslose und immer öfter Streiks. Die Wirtschaftskrise von 1929 bewirkte weitere Absatzverluste und somit geringere Staatseinnahmen. Also erschwerte man den Zugang für Einwanderer: In den dreißiger Jahren kamen nur etwas über 70 000 ins Land.

Im September 1930 putschten sich Militärs an die Macht. In der Diktatur traten die Verbindungen zwischen Politik und Fußball noch deutlicher hervor. General Augustín Pedro Justo, der argentinische Präsident von 1932 bis 1938, erklärte öffentlich, dass er ein Anhänger von Boca Juniors sei. Sein Schwiegersohn leitete den Verein von 1939 bis 1946, in dieser Zeit wurde das Boca-Stadion *La Bombonera* mit staatlicher Unterstützung gebaut.

250    Nationale Erzählungen und weltweites Echo

Nach dem Konflikt um die abgewanderten Stars, die 1934 für Italien siegten, trat die argentinische Nationalelf bis Mitte der fünfziger Jahre nur auf dem eigenen Kontinent an; 1945 bis 1947 gewann sie dreimal hintereinander die südamerikanische Meisterschaft. Im Januar 1947 besiegte San Lorenzo de Almagro auf seiner Tournee die spanische Nationalelf in Madrid mit 6:1; sonst maß man sich kaum mit europäischen Teams.

Die Erfolge und das Selbstbewusstsein stützten die Vorstellung, man spiele den besten Fußball der Welt. Schien nicht River Plate mit seiner legendären Stürmerreihe Muñoz, Moreno, Pedernera, Labruna und Loustau unbesiegbar? Als die Spieler 1948 für bessere Gehälter streikten und Alfredo Di Stéfano wie viele andere nach Kolumbien wechselte, mit Millonarios Bogotá gegen Real siegte und dann in Madrid der große europäische Star wurde – da sah man dies in Buenos Aires als weiteren Beweis der eigenen überlegenen Klasse, denn bei River Plate sei dieser Di Stéfano noch nicht sonderlich aufgefallen.

Auch 1950 nahm Argentinien nicht an der Weltmeisterschaft teil, obwohl sie in der Nachbarschaft, in Brasilien, stattfand. Man munkelt, dass die Regierung eine Niederlage befürchtet habe; ein Scheitern hätte nicht zu den gerade gängigen Parolen vom »Goldenen Zeitalter« gepasst.

Großbritannien hatte seine immense Bedeutung für die argentinische Wirtschaft nach dem Ersten Weltkrieg eingebüßt, dafür war der Einfluss der USA immer stärker geworden. Allerdings gestalteten sich die Beziehungen zu den Nordamerikanern mit dem Beginn des Zweiten Weltkriegs schwierig, da nicht wenige argentinische Militärs achsenfreundlich mit den Deutschen sympathisierten.

Gegen die Alliierten sprach auch die antibritische Konstruktion des eigenen Fußballs, die dann von 1946 bis 1955 im Peronismus intensiv in den Vordergrund gerückt wurde. Mit einem 3:1 in Buenos Aires siegte die Nationalelf 1953 erstmals gegen England – die Football Association in London zählte dieses

Kreolischer Stil und harte Realität: argentinische Werte    251

Match allerdings nicht, in ihren Annalen und Statistiken erscheint es nicht, da man nur ein B-Team gestellt habe.

Juan Domingo Perón verfügte über einen starken Rückhalt in der Bevölkerung. Er propagierte zunächst eine Klassenversöhnung, kritisierte die Oligarchen, arbeitete mit Gewerkschaften zusammen, führte bezahlten Urlaub und eine Rente ein. Seine Frau Evita kam aus der Unterhaltungsindustrie und übte einen großen politischen Einfluss aus; nachdem sie 1952 nur dreiunddreißigjährig an Krebs gestorben war, wurde sie zur nationalen Ikone.

In der Frühzeit des Perón-Regimes nahm der Kulturkonsum zu, in die Fußballstadien strömten viel mehr Zuschauer. Bald erwies sich Perón jedoch als Demagoge und zeigte autoritäre Tendenzen. Zu Beginn der fünfziger Jahre waren die ökonomischen Schwierigkeiten nicht mehr zu übersehen, 1953/54 stieg die Inflation deutlich und die Kaufkraft ging spürbar zurück.

Als Boca Juniors 1954 die Meisterschaft gewann, widmete der Vereinspräsident den Sieg Perón, denn er habe dem argentinischen Sport seine Vitalität verschafft.

Für den Populismus war es ein noch wichtigeres Bedürfnis als zuvor und somit eine wesentliche Strategie, das Volk an seine Vorstellung von Nation zu binden. Der Fußball half, ein starkes Wir-Gefühl zu formen; man zelebrierte ihn als nationales Ritual. Zu seiner Verbreitung dienten die Medien, die den Konsum von Kultur und Sport zu verknüpfen vermochten und dadurch über die Klassengrenzen wirkten.

Einige Filme der Zeit handeln vom Fußball, den sie als Möglichkeit des Aufstiegs zeigen. In diesen Streifen sind alle Spieler Dribbler, alle repräsentieren sie den kreolischen Stil. *Con los mismos colores* (Mit denselben Farben) von 1953 schildert Kindheit und Karrierebeginn von drei tatsächlichen Stars, darunter Alfredo Di Stéfano, bis sie gemeinsam in der Nationalmannschaft spielen. Die Nation erscheint hier als größere Reproduktion des Viertels.

252 Nationale Erzählungen und weltweites Echo

Durch einen Putsch kamen 1955 andere Offiziere an die Macht, Argentinien war dann von 1966 bis 1973 und von 1976 bis 1983 eine Militärdiktatur.

Die Einschätzungen über den Perónismus sind recht unterschiedlich. Jedenfalls brachte das Ende des Regimes große Veränderungen. Die Diktatur verbot sogar das Wort »Perón« und alle damit verbundenen Symbole, der Leichnam Evitas wurde heimlich außer Landes gebracht. Auch im Sport ließen die neuen Machthaber alles entfernen, was an Pérón erinnerte.

1957 gewannen die Argentinier erneut die Südamerika-Meisterschaft. Im Jahr darauf meinten sie voller Zuversicht bei der WM in Schweden antreten zu können. Es setzte jedoch nicht nur eine Niederlage gegen Deutschland, sondern vor allem ein 6:1-Debakel gegen die Tschechoslowakei. Für die Nation, die sich selbst das Topniveau im Fußball attestierte, war dies ein traumatisches Scheitern – umso mehr, als der ungeliebte Nachbar Brasilien mit seinem faszinierenden Spiel den Titel holte.

Die »Katastrophe von Malmö« bewirkte heftige Reaktionen in den heimischen Medien. Die Journalisten meinten, sie entspreche dem Niedergang der Wirtschaft: Auch deren Krise sei darauf zurückzuführen, dass man die Eigenständigkeit betont und sich zu sehr abgekapselt habe. Man dürfe nicht mehr den »kreolischen Stil« pflegen, von Europa müsse man den Körpereinsatz und von Brasilien das 4–2–4-System übernehmen. Kurz: Argentinien benötige dringend eine Modernisierung. Das wurde zum Schlagwort der folgenden Jahre.

Tatsächlich schaffte es Argentinien, sehr viel mehr ausländisches Kapital ins Land zu bekommen: 1957 waren es 20 Millionen Dollar, vier Jahre später 348 Millionen. In diesem Zeitraum wurde zudem die Erdölproduktion verdreifacht. Man trieb die Modernisierung voran, folglich veränderten sich die Konsumgewohnheiten. Das passte zu der »Allianz für den Fortschritt«, die die USA mit lateinamerikanischen Staaten bildeten, um linke Revolten sowie wesentliche soziale Veränderun-

Kreolischer Stil und harte Realität: argentinische Werte    253

gen in armen Ländern zu vermeiden. Man baute Supermärkte, man entwickelte das Fernsehen: 1953 gab es in Argentinien 5000 Geräte, 1960 schon 800 000 und 1973 3,7 Millionen. Die Lebensformen der Oberschicht wirkten zu altmodisch und abgehoben, es galt dem trendigen Typus des Managers nachzueifern.

Die neue Einstellung und die Veränderungen zeigten sich auch im Fußball. Er sollte ein modernes Spektakel bieten, das mehr Offenheit und Effizienz zeige. Die Vereine erwarben ausländische, vor allem brasilianische Spieler; sie orientierten sich an europäischer Taktik, um das Kreolische zu disziplinieren. Zum »technischen Direktor«, also Manager, der Nationalmannschaft bestellte der Verband 1962 Juan Carlos Lorenzo, der gerade in Italien Trainer und dort von einem argentinischen Landsmann beeinflusst war. Bei Inter Mailand hatte Helenio Herrera das kompakte Defensivspiel, das *Catenaccio*, eingeführt – der 1910 in Buenos Aires Geborene, der nun über vier Staatsbürgerschaften verfügte, ließ die Spieler vor dem Match nicht aufwärmen, sondern exerzieren. César Luis Menotti, der dann 1978 die Argentinier zum WM-Titel führte, verurteilte dieses Catenaccio: »Es ist erstaunlich, wie in einem Land mit einer künstlerisch so hoch entwickelten Sensibilität und so viel Lust an der Kreativität ein Fußball existieren kann, der seine besten Momente von Montag bis Sonntag Mittag hat – bis das Spiel angepfiffen wird.« Leicht erhält man den Eindruck, diese Taktik gehe vom 0:0 aus, das es zu verteidigen gelte, und folge einer ökonomischen Logik, die an die Stelle der Erzählung vom schönen Fußball trete.

Die Modernisierung war auch im Kino zu sehen. Der 1963 herausgekommene Film *Pelota de cuero* (Der Lederball) führt vor, wie Marcos Ferretti, ein fiktiver Mittelfeldspieler der Boca Juniors, durch den neuen Star ersetzt wird – den Antonio Rattín im Streifen verkörpert. Der altgediente Kicker steht für die Treue zum Viertel und zu den Vereinsfarben; und als der europäische Trainer seine Taktik ausgibt, hält ihm Ferretti das un-

254 Nationale Erzählungen und weltweites Echo

belastete Naturtalent der Argentinier entgegen. Da er daraufhin seinen Platz im Team verliert, nimmt er sich das Leben. Das Neue will sich nicht mit Sentimentalitäten abgeben, die Modernisierung wird ihren Preis haben.

Rattín führte 1966 bei der Weltmeisterschaft in England das argentinische Team als Kapitän aufs Feld. Juan Carlos Lorenzo fungierte erneut als Nationalcoach – nach dem Misserfolg bei der WM in Chile hatte man ihn abgelöst, inzwischen hatte er italienische Vereine trainiert. Sein Vorbild waren die deutschen Weltmeister von 1954, die die Kunst der Ungarn mit Kraft zerstört hätten, wie er meinte: »Bislang haben wir Fußball gespielt, jetzt rennen wir Fußball.«

Und dann kamen das Viertelfinale gegen England und der deutsche Schiedsrichter Kreitlein.

Die Reaktionen auf den »Skandal von Wembley« reichten in Buenos Aires bis zum Verfolgungsszenario, die Mächtigen unter dem englischen FIFA-Präsidenten Stanley Rous hätten sich gegen die Länder der Peripherie verschworen. Auf der einen Seite schimpfte der englische Teamchef Alf Ramsey, seine Mannschaft habe gegen *animals* gespielt. Auf der anderen Seite bereitete Buenos Aires seinen Kickern einen begeisterten Empfang, und der Diktator Juan Carlos Onganía erklärte sie zu moralischen Siegern. Er war nach einem Putsch im Juni von der Armee zum Präsidenten bestimmt worden, setzte die Verfassung außer Kraft, löste Parlament und Parteien auf, ließ die Universität der Hauptstadt besetzen, Intellektuelle verfolgen und führte eine konservativ-katholische Politik gegen alles Moderne.

Dem aggressiven Nationalismus kamen die Erfolge heimischer Clubs im südamerikanischen Meistercup gelegen, zudem gewannen sie 1967, 1968 und 1975 den Weltpokal. Das minderte die Unzufriedenheit. Die Inflation betrug 1966 über dreißig Prozent, das Regime untersagte Lohnerhöhungen, die Arbeitslosigkeit stieg.

Kreolischer Stil und harte Realität: argentinische Werte   255

1967 holte Racing in einem überaus ruppigen Match gegen Celtic Glasgow den Weltpokal. *El Gráfico* schrieb am 5. November: »Die großen Freuden, die dem Land beschert sind, gehen fast immer auf Heldentaten zurück, so wie Racing sie heute vollbracht hat.«

Im folgenden Jahr trat im Weltfinale Estudiantes de la Plata gegen Manchester United an. Der Club aus Buenos Aires zählte nicht zu den »fünf Großen«, das eigene Stadion war zu klein für dieses Match. Es fand in der geradezu mythischen Bombonera von Boca Juniors statt, wo sich zwei Meter neben der Outline steil die Tribünen erheben und mit der Nähe des Publikums die Stimmung verstärkt ist. Was es zu sehen bekam, war ein unfairer Kampf mit einer Unzahl von Fouls. Ein Spieler wurde ausgeschlossen, Estudiantes siegte 1:0. Am 27. September titelte *The Mirror* »The night they spat on sportsmanship«; und wieder kam die nun schon bekannte Zuweisung: *El Gráfico* zitierte den Tormann von Manchester, die Gegner seien Tiere. Das Rückspiel in England endete 1:1 unentschieden, der Schiedsrichter verwies George Best und einen Spieler von Estudiantes des Feldes. Die argentinischen Zeitungen schrieben, das Fair Play sei eine Lüge.

*El Gráfico* hatte am 3. Mai 1967 das erfolgreiche Team charakterisiert: Es sei »ein Fußball, der im harten Training der Arbeitswoche erkämpft wird und am siebten Tag mit ebenjener Effizienz losbricht, die das Spielschema vorsieht. Denn Estudiantes produziert seine Punkte weiterhin so, wie es seinen Fußball produziert: mehr mit Mechanik als Talent, mehr mit Siegeswillen als Geschmeidigkeit.« Die Siege seien ein Triumph der neuen Mentalität, die von Stärke und Arbeit, Disziplin und Entschlossenheit geprägt sei. Diese Werte vertrat die Diktatur.

Als jedoch im Oktober 1969 beim Match gegen AC Mailand argentinische Spieler die Gegner so gewalttätig angriffen, dass sie ihnen schwere Verletzungen zufügten, verhaftete die Polizei drei Kicker von Estudiantes. Der Diktator ließ sie zu Gefängnisstrafen verurteilen und den Tormann lebenslang sperren.

256 Nationale Erzählungen und weltweites Echo

Diese Gewalt erklärte das Regime nun zur nationalen Schande, die Mannschaft setzte es mit dem Feind, der Stadtguerilla, gleich.

### Ritueller Kampf, Fußballrausch: Peruanischer Clásico, kolumbianische Mágicos

Derbys stärken kollektive Identität. Für diese großen Matches in gegenpoliger Nachbarschaft verfügt die soziale Abgrenzung über gemeinsame Eckdaten – Resultate und Spielszenen, Statistiken und Geschichten – sowie über mythische Elemente. Bei den regelmäßig stattfindenden Auseinandersetzungen mit dem einfach charakterisierten und in seiner Symbolik leicht erkennbaren Gegner tritt das Andere dauernd unverändert auf. Es erlaubt dem Selbstgefühl, sich ebenso definitiv und deutlich aufzubauen, indem es sich zum Gegenbild des Anderen macht. Das Eigene braucht man nicht ideell zu konstruieren; man hat es als Trikot und Schal übergezogen, man hat es in der Masse um sich, noch dazu emotionsgeladen. Und das sichtlich Andere ist nicht weit hergeholt, sondern beim Derby eben geographisch in einer Metropole, topographisch dann im Stadion konzentriert. Die Gruppendynamik gibt Sicherheit, das Ritual gibt Heimat.

Celtic gegen Rangers, Liverpool gegen Everton, Manchester City gegen United, Milan AC gegen Inter, Roma gegen Lazio, Dortmund gegen Schalke, Rapid gegen Austria. Dabei stehen einander mit der Vereinszugehörigkeit weitere Zuweisungen gegenüber: Bürger gegen Arbeiter bei FC Sevilla gegen Betis, Katholiken gegen Protestanten in Glasgow, Weiße gegen Farbige und Ober- gegen Unterschicht in Lima. Und wenn es in einer Metropole wie Paris kein Derby gibt, da sich nur ein einziger Verein in der oberen Spielklasse etablieren konnte, dann werden der eigene Anspruch und ein Spielstil zum Gegner.

Ritueller Kampf, Fußballrausch … 257

Die großen Derbys in Lateinamerika heißen *FlaFlu*, Flamengo gegen Fluminense, Peñarol Montevideo gegen Nacional, Boca Juniors gegen River Plate, Alianza gegen Universitario in Lima.

Wie in den meisten Ländern Südamerikas war in Peru die heimische, weiße Elite anglophil und übernahm den Fußball von den Engländern. Intensiv begann sie sich erst dafür einzusetzen, als sie sich in einer Zeit populistischer Politik sportlich und dadurch in den Medien von der Unterschicht überholt fühlte.

Nach der Unabhängigkeit von 1821 hatte sie ihre ethnische und kulturelle Hierarchie ihrer Konstruktion der Nation zugrunde gelegt; die Spanier waren ausgewiesen worden, die Briten hatten sich der dadurch unbesetzten ökonomischen Felder bemächtigt. Ab den frühen zwanziger Jahren erfuhr der Fußball Unterstützung von höchster Stelle. Präsident Augusto Leguía bediente sich einer populistischen Strategie, um die Massenparteien auszumanövrieren, und ließ daher den Fußball staatlich organisieren. So wurde 1922 der Verband geschaffen, das Nationalteam trat fünf Jahre später bei der Südamerikameisterschaft erstmals an, die man im neuen Estadio Nacional von Lima austrug. Szenen der Matches konnten die Peruaner im Kino bewundern, da die Regierung regelmäßig eine Filmgesellschaft subventionierte, damit sie dauerhaft »mit den Kinobildern Propaganda für die Nation« mache. Film und Sport sollten vorführen, dass das Land modernisiert worden sei. Für Populismus und Propaganda forcierte man auch das Radio, das in den dreißiger Jahren Fußballspiele zu übertragen begann. Ein enormes Interesse rief 1936 die Reportage des Viertelfinales beim olympischen Turnier in Berlin hervor. Fünftausend Menschen standen vor dem Gebäude der Zeitung *El Comercio*, um dem Match gegen die Amateurelf aus Österreich zu folgen.

Peru gewann nach Verlängerung 4:2. Nach dem letzten Tor waren aber peruanische Fans auf den Platz gelaufen, die Österreicher reichten einen Protest ein und verlegten dabei den Zwi-

258  Nationale Erzählungen und weltweites Echo

schenfall auf das 2:2. Die Turnierleitung ordnete ein Wiederholungsmatch an, worauf Peru alle seine Sportler aus Berlin abzog.

Abseits der Oberschichtenbezirke wurde Alianza Lima 1901 gegründet, der Club hatte von Anfang an ein proletarisches Image. Auch als er bald zur besten Mannschaft im Land aufgestiegen war, hielt er an seinem Stadion im Arbeiterviertel La Victoria fest und fand die meisten Anhänger in der farbigen Bevölkerung.

Der Rassismus war gängige Praxis. Mit einigen Spielern von Alianza wurde im Nationalteam, das für die Südamerikameisterschaft 1929 trainierte, derart umgegangen, dass sie den Kader verließen. Darauf schloss die Liga ihren Club aus. Die weiße Elf aber musste in Buenos Aires bei allen drei Spielen Niederlagen hinnehmen, sie schoss nur ein einziges Tor und kassierte zwölf. Die Elite hütete sich allerdings, das Debakel öffentlich mit dem Fehlen wichtiger Kicker zu erklären, da sie keinesfalls zugeben wollte, dass Dunkelhäutige wesentlich zu einer kulturellen Leistung Perus beitragen könnten. Der gesperrte Verein trat zu freundschaftlichen Begegnungen in der Region um Lima an; dabei soll die Mannschaft den europäischen Stil abgelegt haben. Im folgenden Jahr nahm die Liga Alianza wieder auf. Und im Team, das dann das olympische Viertelfinale 1936 eigentlich regulär gewann, standen einige Farbige; Alejandro Villanueva, der »afroperuanische« Mittelstürmer von Alianza, wurde nach der Rückkehr vom Staatspräsidenten als Held empfangen.

Der große Gegner von Alianza ist seit den späten zwanziger Jahren der Club, der seit 1931 Universitario de Deportes heißt und von Anfang an mit der weißen Oberschicht verbunden war. Studenten gründeten ihn 1924, bis 1928 trugen sie nur Freundschaftsspiele aus. Dann nahm der Verband sie direkt in die erste Division auf, da die Kicker aus den »besten Familien« kamen und die Herrschaften sich von ihnen eine erfolgreiche

Konkurrenz gegen die bislang die Liga dominierende Unterschicht versprachen. Im ersten Match gegen Alianza führte die Studentenelf zur Überraschung des Publikums in der zweiten Halbzeit 1:0, als der Schiedsrichter wegen einer Rauferei unterbrechen musste und von jeder Seite zwei Spieler des Feldes verwies.

Dem stark sozialen, emotionalen Anfang entsprach die Folge, die Treffen der beiden Clubs wurden bald zum Clásico. Sie mobilisierten nicht nur die Gegnerschaft von Fans zweier Fußballclubs, sondern darüber hinaus eine ethnische und soziale Rivalität. Vom ersten Spiel an erklärten die Universitario-Anhänger einen »Rassenkampf von oben«, und die Medien machten es sich zur formelhaften Gewohnheit, vom Match der *Negritos* gegen die *Doctores* zu berichten. Gesellschaftliche Gegensätze werden im Stadion ritualisiert ausgetragen.

Ende der sechziger, Anfang der siebziger Jahre begann eine interessante Wandlung. Da die Zuwanderung aus den Andenregionen in die Hauptstadt enorm anstieg, veränderte sich die soziokulturelle Struktur in Lima. Im Zuge dieser Entwicklung wurde Universitario langsam zu einem populären Team, das auch ärmere Schichten anzog. Auf dem Rasen äußerte sich dies bald bildhaft: Der Star der Mannschaft war nicht mehr der blonde Alberto Terry aus einem Villenvorort, sondern Hector Chumpitaz aus einer Sozialsiedlung. Die Anhänger von Alianza belegten die billigeren Plätze in der Südkurve des Stadions, jene von Universitario waren zunächst auf den bequemeren Plätzen gesessen. Auf ihren T-Shirts zeigten sie Heimat und Selbstwert: »Universitario ist mein Vaterland, die Nordkurve sein Heer. Mit uns, wer will – gegen uns, wer es schafft.«

Zur selben Zeit begann sich die heimische Literatur genauer mit dem Fußball zu befassen, indem sie mit ihm die Erfahrungen der urbanen Mittelschichtjugend darstellte: etwa *Los cachorros* von Mario Vargas Llosa und *Huerto cerrado* von Alfredo Bryce Echenique.

In den achtziger Jahren entstand durch die weiter zunehmende Migration eine neue städtische Unterschicht, dadurch trat die Veränderung in der Fan-Struktur nunmehr deutlich hervor. Zu den »cremefarbenen« Anhängern von Universitario in der Nordkurve stießen immer mehr Ärmere, die sich die Osttribüne nicht leisten konnten. Und in den blau-weißen Sektor von Alianza, deren Fans sich – in Jargon-Inversion von »negro« – als *Grone* bezeichnen, kamen nun auch Leute aus »besseren« Vierteln. Die Gruppen waren somit nicht mehr sozial definiert, sondern durch ihre Farben und durch ihren Ort im Stadion.

Die Fanclubs machten dann das »Gesetz der Straße« zu ihrer Werte-Ordnung; dies bedeutete Militarisierung, die sich sprachlich ausdrückt. 1991 hieß es: »Die Nordkurve glaubt nicht an Tränen. Wir bitten nicht um Gnade und wir gewähren auch keine.« »Schützengraben« nennen die Anhänger ihre Nordkurve, »Südkommando« heißt ein Fanclub von Alianza.

Die Entwicklung einer Fußballnation zur Horde lässt sich in Kolumbien ersehen.

Als die olympische Bewegung 1927 im Land Fuß fassen konnte, kam einem Schweizer Militärberater dabei eine wesentliche Rolle zu. An den Spielen in Berlin nahmen erstmals Athleten aus Kolumbien teil, wo sich jedoch lange Zeit der Sport nicht sonderlich ausbreiten konnte und es nur wenige Vereine gab. Das änderte sich 1948 mit der Gründung der professionellen Fußballliga, die sich vom Verband abspaltete und deswegen unabhängig gute Kicker aus ganz Südamerika verpflichten konnte. Diese »Fußballpiraterie«, wie ihre Gegner sie bezeichneten, profitierte vom Spielerstreik in Argentinien. Beim Meister Millonarios Bogotá heuerte nicht nur Alfredo Di Stéfano an; als größten Star sah man Adolfo Pedernera von River Plate, wo er »Napoleon« gerufen wurde – die Kolumbianer nannten ihn »El Maestro«.

In dieser Zeit galt das Land als Eldorado des Fußballs. Zu-

Ritueller Kampf, Fußballrausch ... 261

gleich erlebte die Gesellschaft sowohl einen Bürgerkrieg als auch eine tiefgreifende Veränderung: Die Industrialisierung bewirkte ein Wirtschaftswachstum von fünf Prozent pro Jahr; die Städte wuchsen rasant durch Zuwanderung; man baute die Infrastrukturen aus, was auch dem Sport zugutekam, der immer mehr zur Repräsentation genützt wurde. Diese Gründerzeit und die Jahre kurz davor sahen die meisten Vereine der Profiliga entstehen. Deportivo Independiente Medellín gab es zwar schon seit 1914 und América seit 1927, aber Deportivo Cali wurde 1943 ins Leben gerufen, Millonarios 1946, Universidad 1948.

Die Politiker, die den Ausbau des Systems Fußball unterstützten, verfolgten damit ein eminent strategisches Ziel: Das Stadion und die Matches sollten als Ventil für die tödlichen Aggressionen wirken. In den vierziger Jahren hatte die politische Gewalt dramatisch zugenommen, am 9. April 1948 wurde Jorge Eliécer Gaitán, der äußerst populäre Vorsitzende der Liberalen, ermordet. Er war für die Ärmeren eingetreten, die vom Boom nichts hatten. Seit einem Jahr verfügte er über die Mehrheit im Parlament und galt als aussichtsreichster Kandidat für die Präsidentschaftswahlen 1950. Sein gewaltsamer Tod zeitigte verheerende Auswirkungen. Der Mörder wurde gelyncht, die konservative Regierung für die Tat verantwortlich gemacht. Heftige Straßenkämpfe ließen ein zerstörtes Zentrum von Bogotá zurück, bei diesem *Bogotazo* blieben 3000 Tote liegen, der folgende Bürgerkrieg zog sich bis Anfang der sechziger Jahre hin, dieser *Violencia* fielen 200 000 Menschen zum Opfer.

Kurz nach jenem fatalen 9. April wurde die Profiliga geschaffen. Ihre politische Mission trat dann sichtbar hervor, als sie im September 1949 bei allen Spielen für die *Concordia Nacional*, die nationale Eintracht, eine Schweigeminute durchführen ließ, während der Spruchbänder mit der Aufschrift »Paz, concordia y patria« hochzuhalten seien.

Wie eng Politik, Fußball und Medien verbunden waren, zeigt die Geschichte des Engagements von Pedernera. Der Funktio-

262 Nationale Erzählungen und weltweites Echo

när der Millonarios, der nach Buenos Aires reiste, um den Maestro zum Transfer zu bewegen, hatte Empfehlungsschreiben der Regierung und eines Pressemoguls in der Tasche. Jener Vertreter des Clubs schaffte es, dass die Behörden den ausländischen Profis leicht Aufenthaltsgenehmigungen ausstellten. Dazu gebrauchte er ein unwiderlegbares Argument: Es gehe ja schließlich darum, eine Zerstreuung zu bieten und die Vorfälle des 9. April aus der Volksseele zu bannen. Der Fußball zur Befriedung – und zur Verschleierung der Realität.

Pedernera landete im Juni 1949 in Bogotá, am Flughafen empfingen ihn 5000 Fans.

In den folgenden fünf Jahren erlebte das Land, das immerhin in der härtesten Phase des Bürgerkriegs stand, eine frenetische Fußballbegeisterung, deren Höhepunkt 1952 der 4:2-Sieg der Millonarios über Real Madrid war.

In den siebziger, achtziger Jahren begannen kolumbianische Drogenbosse in den Fußball zu investieren. Zum einen halfen ihnen die kaum behördlich eingesehenen Spielertransfers und Vereinsstrukturen bei der Geldwäsche, zum anderen erhielten sie über die Clubs Zugang zur Oberschicht. In ihren Händen lagen nach Angaben von 1997 achtzig Prozent der Anteile an den Spitzenteams. Das »Blaue Ballett« der Millonarios gehörte einem Chef des Medellín-Kartells; er soll keinen Abgang geduldet und den Spielern gedroht haben: »Wenn einer dieser Bastarde versucht, den Verein zu verlassen, wird er am nächsten Tag nicht mehr aufwachen.«

Justizminister Rodrigo Lara Bonilla wies 1983 den Kongress auf die Rolle der *Mágicos* im Profifußball hin. Die von ihm angeordnete Untersuchung bestätigte alle Befürchtungen. Man veröffentlichte sie erst 1988, da war der Minister nicht mehr am Leben; 1984 war er erschossen worden. Die Drogenkartelle ließen Schiedsrichter entführen und umbringen; wer das Wettgeschäft störte, lebte gefährlich. Und während des Putsches im November 1985, als etwa hundert Menschen starben, darunter elf Mitglieder des obersten Gerichts, zeigte das Fernsehen – nur Fußball.

Von 1985 bis 1987 stand dreimal in Folge América aus Cali, eine vom dortigen Kartell kontrollierte Mannschaft, im Finale der Copa Libertadores; 1989 gewann Nacional Medellín diesen südamerikanischen Cup.

Große Chancen rechnete man sich bei der WM 1994 in den USA aus, hatte Kolumbien doch in der Qualifikation im September 1993 gegen Argentinien, das mit Maradona angetreten war, 5:0 gewonnen. Und kein Geringerer als Pelé zählte das Team zu seinen Favoriten. Im ganzen Land verstand man sich als Fußballnation und träumte vom Finale, die Werbewirtschaft setzte die Kicker zur Reklame für allerlei Produkte ein. Bevor die Mannschaft zum Turnier abreiste, bekam sie vom Staatspräsidenten die höchsten Orden umgehängt. In einem Hotel in Cali wurde sie von den Mágicos empfangen – besagt ein Gerücht, das immerhin auf Telefongespräche zwischen Spielern und Drogenhändlern verweisen kann, die die Polizei abgehört hat.

Kolumbien schied in der Vorrunde aus. Es unterlag Rumänien mit 1:3. Es folgte ein schlechtes Match gegen die Gastgeber; Andrés Escobar verschuldete ein Eigentor zum 2:1-Sieg der USA, auf die 19:1 gewettet werden konnte.

Nur zehn Tage später wurde Andrés Escobar auf dem Parkplatz eines Restaurants in Medellín erschossen. Sein Mörder war Leibwächter bei Drogenbossen.

»Später würde man mir bestimmt die Frage stellen: Wo waren Sie, als Escobar ermordet wurde?«, überlegt sich die Hauptfigur im 2004 erschienenen Roman *Los Informantes* des Kolumbianers Juan Gabriel Vásquez. Der Vorfall und die Berichterstattung im Fernsehen sind für den Ich-Erzähler eine Art Knotenpunkt des privaten und des gesellschaftlichen Lebens. Escobars Begräbnis, heißt es, »hatte das Gewicht des Wirklichen«, der Mord sei »eine neue Etappe des *Jetzt-ist-das-Land-wirklich-beim-Teufel*«.

*Abb. 15:* WM 1998, Montpellier, Kolumbien gegen Tunesien: Gedenken an Andrés Escobar.

Die Wochenzeitschrift *Semana* brachte ein Foto des Erschossenen mit dem Untertitel: »Der Mord an Andrés Escobar bestätigt als jüngste – nicht letzte – Episode das wahre Wesen dieser Horde, auf deren Bezeichnung als Land wir beharren.«

2001 fand die Copa América in diesem Kolumbien statt.

Kurz davor wurde ein Mitglied des Organisationskomitees von der marxistischen Guerilla FARC entführt, in den Städten kamen bei Anschlägen zwölf Menschen ums Leben. Brasilianische Spieler erklärten: »Wir haben Angst.« Einige Verbände fanden die Situation »untragbar«; als sie forderten, das Turnier auf Januar 2002 zu verschieben, wurde der Entführte überraschend freigelassen. Argentinien und Kanada sagten dennoch ab. Europäische Clubs weigerten sich ihre Legionäre abzustellen, Bayern München ließ Giovane Elber und Lucio nicht reisen, andere wie Roberto Carlos, Rivaldo und Cafú entschlossen sich selbst, zu Hause zu bleiben.

Die Kolumbianer traten komplett an. Sie siegten ohne ein einziges Gegentor.

## Aufbruch in den Sechzigern

Alfredo Di Stéfano steht morgens auf dem Flughafen von Madrid, draußen blinzelt der Maitag. Die Betreuer reichen Fruchtsäfte. Man unterhält sich gedämpft. Mit den Kollegen aus Barcelona lässt sich doch reden, im Trainingslager hat das Zusammenspiel gut geklappt. Di Stéfano schaut durch die Fensterwand. Ein offener Wagen fährt langsam vor, er hat Koffer und Kistchen und ein Netz mit Bällen geladen.

Hinten bespricht dieser merkwürdige Kubala, der nun schon für die dritte Nation im Team steht, mit Luis Suárez, Europas Fußballer des Jahres, und mit Francisco Gento, dass man sich die neue Trophäe holen werde. Im Oktober hatten sie die Polen locker geschlagen, 4:2 in Warschau und 3:0 zu Hause. Real war vor einem knappen Jahr zum vierten Mal in Folge zur besten Mannschaft des Kontinents gekrönt geworden. Mit den Russen werde man auch fertig, da könne Jaschin noch so großartig halten. Nach dem Europacup die Europameisterschaft, sagt der kleine flinke Gento.

Di Stéfano dreht sich zu den anderen, die vier gelten als Wundersturm, und sieht Kubala gerade einen kleinen flachen Behälter ins Sakko stecken. Von den letzten Abenden kennt er das. Er, der als ausnehmend schnelles Konditionswunder aus Argentinien wegging, wundert sich. Dass das der Coach von Barcelona, sein Landsmann Helenio Herrera, nicht abgestellt hat. Immerhin bleibt dieser Kubala ein Phänomen – eine derartige Technik, eine solche Übersicht, dieses Spielverständnis, das ist auch in ganz Südamerika kaum zwei, dreien gegeben. Die Schwarze Spinne, wie sie Jaschin nennen, möge sich gefasst machen.

Ein Mann im dunklen Anzug betritt hastig den Raum. Er blickt sich ernst um, hält inne. Finster geht er auf den Trainer und die zwei Herren vom Verband zu. Ein Reden und Gestikulieren und rote Gesichter.

Aus!, ruft der Trainer. Aus. Wir fliegen nicht.

Kurz ist es so still, dass Di Stéfano den Ventilator hört.

Der Generalisimo, sagt ein Verbandsherr, möchte nicht, dass wir zu den Roten reisen. Dem Kommunismus kein Entgegenkommen.

Alfredo Di Stéfano ruft heiser: Warum? Warum? Und dann überschlagen sich die Stimmen.

Die Mannschaft werde also nicht nach Moskau fliegen. Zum Hinspiel im Viertelfinale der *Coupe Delaunay*, der Europameisterschaft für Nationalteams, wird sie nicht antreten. Warum?, schreit Di Stéfano in den Saal am Flughafen von Madrid.

So soll es sich im Wesentlichen zugetragen haben.

Man schrieb den Mai 1960.

Am nächsten Tag war in Zeitungen außerhalb Spaniens die Schlagzeile zu lesen: »Fußballspiel fällt Kaltem Krieg zum Opfer.«

Der europäische Verband, die UEFA, hatte zu vermitteln versucht. Es wäre kein gutes Zeichen, wenn gleich der erste Cup der Nationen von der Politik beherrscht würde. Man könne das Match auf neutralem Boden austragen. Die Sowjetunion lehnte ab, sie war im Recht. Ihr Team kam kampflos in die Endrunde, Spanien wurde mit einer Strafe von 2000 Schweizer Franken belegt.

Wie zuvor wirkte die internationale Lage auf den Fußball ein, sowohl auf die praktische Organisation als auch auf seine Diskurse. Der Kalte Krieg und seine militärischen Metaphern finden sich in den Fußballberichten jener Jahre. Die beginnende westeuropäische Integration, von der Schuman-Deklaration 1950 bis zur Gründung der EWG 1957, trug zur Entwicklung der Medien und der Technik bei. Und dies wiederum stützte die Internationalisierung des Spielbetriebs, die besonders von der Installierung des Flutlichts in den Stadien und vom Aufschwung des Fernsehens profitierte.

Ein Kontinent, der von einer so abgeriegelten Grenze in zwei Lager geteilt war, dass man vom Eisernen Vorhang sprach, trug über diese Grenze hinweg mehr und mehr sportliche Wettbewerbe aus. Die Verbände und ihre Funktionäre verkündeten, ihr Sport habe nichts mit Politik zu tun, und natürlich hatte Sport mit Politik zu tun.

Die erste Europameisterschaft der Nationalteams fand 1960 statt, die Endrunde mit vier Mannschaften wurde in Frankreich ausgetragen. Der Plan für ein solches Turnier bestand schon lange, und wieder waren Franzosen die Initiatoren: 1927 hatte Henri Delaunay der FIFA seinen Vorschlag für einen europäischen Länderpokal unterbreitet. Nachdem die UEFA 1954 gegründet worden war und man Delaunay zu ihrem ersten Generalsekretär gewählt hatte, kamen einflussreiche Herren auf die Idee zurück. Die umsatzstarke Pariser Sportzeitung *L'Équipe* betrieb ihrerseits zur selben Zeit das Projekt für eine europäische Clubmeisterschaft und lud Vertreter der großen Vereine nach Paris ein. Darauf erklärte die FIFA bei einem außerordentlichen Kongress, solche Turniere könnten nur vom Kontinentalverband organisiert werden.

Paris war selbstverständlich Austragungsort für den Auftakt beider Bewerbe. Der *Coupe des Champions Européens* sah sein erstes Endspiel am 13. Juni 1956 im Prinzenparkstadion. Real Madrid besiegte den französischen Meister Stade de Reims mit 4:3; das erste Tor der Königlichen erzielte Alfredo Di Stéfano,

1958 wurde er mit zehn Treffern Schützenkönig des Europacups.

Einige Monate vorher hatte die UEFA beschlossen, ein Turnier für Nationalteams durchzuführen. Allerdings fand sie noch nicht viele Teilnehmer – erst mit dem deutlichen internationalen Aufschwung des Fußballs und der Etablierung der großen Wettbewerbe, mit der Modernisierung und der stärkeren Präsenz der Medien leistete sich ab Ende der sechziger Jahre kein Land von vornherein eine Absage. 1960 war weder England gemeldet noch Deutschland, weder Italien noch die Schweiz. Bis einschließlich Viertelfinale wurden Hin- und Rückspiel ausgetragen; zur Endrunde kamen nur vier Teams in einem Land zusammen, das man erst fixierte, als die vier Teilnehmer feststanden. Das System wurde bis 1976 beibehalten; ab 1980 spielten dann acht Mannschaften in zwei Gruppen, wobei der Gastgeber automatisch qualifiziert war.

Bei der ersten Europameisterschaft zog 1960 die Sowjetunion, die im Achtelfinale die Ungarn eliminiert hatte, wegen der Absage der Spanier kampflos in die Endrunde ein. Während sie in Marseille gegen die Tschechoslowakei gewann, setzte sich Jugoslawien in Paris gegen Frankreich mit drei Toren in drei Minuten 5:4 durch, obwohl die Franzosen ohne ihre verletzten Stars Fontaine, Kopa und Piantoni schon 3:1 und 4:2 geführt hatten. Das Finale sahen die Machthaber und ihre Medien in den beiden Ländern als Revanche für das Match bei den Olympischen Spielen 1952; da hatte sehr zur Wut Stalins das Team seines abtrünnigen Genossen Tito die große Sowjetunion gedemütigt, da hatte es sehr zur Freude Titos seine Elf den machtarroganten Russen gezeigt. In Paris verloren die Jugoslawen in der Verlängerung 2:1; die UdSSR mit ihrem überragenden Tormann Lew Jaschin war Europameister.

Da die Spanier nicht nach Moskau gereist waren, boten sie sich an, die nächste EM-Finalrunde zu veranstalten. Diesmal hatten 29 der 33 Mitgliedsländer der UEFA zugesagt. Deutschland war nicht gemeldet, Nationaltrainer Sepp Herberger betrachtete den Wettbewerb als »reine Zeitverschwendung«. Die große Überraschung war der Sieg Luxemburgs gegen die Niederlande im Achtelfinale. Im Endspiel bezwang Spanien die Sowjetunion mit 2:1. Franco saß auf der Ehrentribüne, nach dem Sieg lud er die Elf zum Empfang in seine Residenz.

Beim dritten Mal fehlte keines der im europäischen Fußball maßgeblichen Länder. Allerdings war in diesem Frühsommer 1968 auch Veranstalter Italien vom politischen und gesellschaftlichen Umbruch betroffen. Es gab heftige Streiks und Studentenunruhen mit hunderten Verletzten, die Universität Rom wurde geschlossen. Für die Nationalelf stand besonders viel auf dem Spiel, da die Azzurri bei ihrem letzten internationalen Großturnier völlig enttäuscht hatten – sie waren in der Vorrunde der WM 1966 in England gegen Nordkorea ausgeschieden, die Spieler hatten in aller Heimlichkeit zu Hause landen müssen. Inzwischen hatte Inter Mailand mit seinem Spielmacher Sandro Mazzola gegen Real Madrid den Europacup gewonnen.

Im Semifinale des Wettbewerbs, der nun erstmals offiziell Europameisterschaft hieß, kam es zu einem einzigartigen Vorfall. Auch nach Verlängerung stand es in Neapel zwischen Italien und der Sowjetunion 0:0. Den Sieger musste nun der Schiedsrichter ermitteln, indem er eine Münze aufwarf. Die Präsidenten der beiden Verbände verlangten, dass dies nicht auf dem Spielfeld geschehen dürfe. Die Münze müsse aus einem neutralen Land stammen; man fand eine kanadische. Mit dem Referee begaben sie sich in seine Kabine, die beiden Kapitäne warteten vor der Tür, die Mannschaften und das Publikum im Stadionrund – bis Giacinto Facchetti jubelnd auf den Rasen lief.

Dass nicht der Sport entschieden hatte, das wollte doch niemand mehr erleben. Also wurde für künftige Turniere ein Elfmeterschießen vorgesehen.

Auch im Endspiel gegen Jugoslawien mussten die Italiener in die Verlängerung; es blieb beim Remis, im Wiederholungsmatch siegten die Azzurri mit 2:0.

270 Nationale Erzählungen und weltweites Echo

Schaut man sich die Fernsehbilder dieser Begegnungen in ihrem leicht verschwommenen Schwarz-Weiß an, so fällt nicht nur auf, um wie vieles schneller der Fußball seither geworden ist und dass damals nach einem Tor einfach scharenweise Fotografen ins Feld drängten. Da die Manndeckung im Allgemeinen nicht so eng betrieben wurde, gab es weniger Halten und Zerren, aber es ging mitunter ungemein ruppig zur Sache. Das Semifinale, das die Jugoslawen gegen den Weltmeister England 1:0 gewannen, war ein derart brutales Match, dass ein Schiedsrichter nach heutigen Maßstäben ein paar Ausschlüsse verhängt hätte.

Ein Höhepunkt des gewalttätigen Fußballs war die – von extremer Defensivtaktik geprägte – Weltmeisterschaft, die 1962 in Chile stattfand. Im Match der Gastgeber gegen Italien verwies der englische Referee zwar zwei Azzurri des Feldes. Aber dass der chilenische Stürmer Lionel Sanchez ein paar Meter vom Linienrichter entfernt einen Gegner niederboxte, wurde nicht geahndet. Nach der Vorrunde waren vierzig Spieler verletzt, so dass der FIFA-Präsident Stanley Rous die Kapitäne und Trainer der im Turnier verbliebenen Teams in sein Hotel beorderte, um ihnen ins Gewissen zu reden – ohne nennenswerte Wirkung. Die Strategie, die in erster Linie auf das Verhindern von Toren abzielt, bewirkt eine wenig attraktive, überaus harte Spielweise.

Auch im Fußball achtete man in dieser Zeit verstärkt auf Effizienz und bemühte sich, das Risiko geringzuhalten. Beim Turnier in Chile wurde Garrincha mit vier Treffern Schützenkönig, 1958 hatte Just Fontaine dreizehn erzielt; 1962 lag der Durchschnitt bei 2,78 Toren pro Match, in Schweden hatte er 3,6 betragen – 1970 stieg dann der Schnitt wieder auf knapp 3, in Mexiko war Gerd Müller mit zehn Toren bester Schütze.

Der Prophet der Defensive war Helenio Herrera. Er formte Inter Mailand ab 1960 zum Prototyp des *Catenaccio* (das heißt »Sperrkette«), indem er die Taktik des »Schweizer Riegels« von Karl Rappan übernahm. Die Rede vom attraktiven Offensivspiel sei »nichts als romantisches Geschwätz«, sprach der Trainer von Inter 1962 nach seiner Rückkehr aus Chile, wo er – nur für die WM – die spanische Nationalelf gecoacht hatte. Die Effizienz hatte ihm der Vereinspräsident, der Besitzer eines riesigen Energiekonzerns, befohlen. Erfolgreich ließ Herrera sein Team mit fünf Mann in der Abwehr und vier im Mittelfeld verteidigen und dann schnell vorstoßen. Dreimal wurden sie so italienischer Meister, zweimal gewannen sie den Europacup und einmal den Weltpokal. Für Herrera und seine Mannen hieß es, beim Anpfiff stehe das Match null zu null, schlechter dürfe das Ergebnis nie werden, dieses Remis sei immer noch besser als eine Niederlage.

Die gegensätzliche Idee vom Fußball vertrat der ungarische Trainer Béla Guttmann, der 1957 das kreative 4–2–4-System nach Brasilien gebracht hatte. Mit Benfica Lissabon gewann er zweimal den Europacup, das zweite Mal 1962 mit seiner Entdeckung Eusébio, der beim 5:3 über Real Madrid die beiden entscheidenden Treffer erzielte. Guttmann erklärte: Wir können schon Tore hinnehmen, wenn wir ohnehin eines mehr schießen als der Gegner.

Die fußballerische Auseinandersetzung Defensive gegen Offensive wurde in dem Moment virulent, als die großen internationalen Wettbewerbe eine sehr populäre Erfolgsgeschichte zu erzählen begannen und Siege oder Niederlagen eine – nicht zuletzt ökonomisch sowie politisch – höhere Bedeutung erhielten. Dies geschah interessanterweise zu einer Zeit, als sich auf 1968 hin der Konflikt progressiv gegen konservativ verschärfte und dann wesentliche gesellschaftliche Veränderungen brachte. Die Große Erzählung der jüngeren Generation hieß auf allen Gebieten Freiheit: politische und sexuelle Befreiung, Emanzipation der Frauen und Gleichberechtigung, Ende des Rassismus und der Unterdrückung, Befreiung von der Alleinherrschaft bürgerlicher Hochkultur und von Kleiderzwängen. Helenio Herrera hingegen befehligte seine Mannschaft geradezu militärisch, von romantischen Legenden hielt er nichts; er ging von der Sicherheit aus, die mehr als dreißig Jahre später die neue Große Erzählung bilden sollte.

Im Lauf der sechziger Jahre wurde der Fußball tatsächlich zum globalen medialen Ereignis. Die WM in Chile 1962 fand für die europäische Wahrnehmung am anderen Ende der Welt statt, von dem man nur ein fernes Echo mitbekam. Vier Jahre später begeisterte das Turnier in England den ganzen Kontinent, in den Kinos lief danach sogar ein feiner Dokumentarfilm in Farbe. Und 1970 verzeichneten die Übertragungen aus Mexiko, für die das Farbfernsehen eingeführt wurde, hohe Einschaltquoten – manche bis mitten in der Nacht, obwohl man Matches auch in der Mittagshitze anpfiff, um in Europa die beste Sendezeit zu bespielen. Man war nun global organisiert, jedoch wie in Kolonialzeiten in erster Linie auf den »alten Kontinent« bezogen.

Eben in jenen Jahren, in denen das Friedensprojekt der europäischen Einigung zu greifen begann und der Nationalismus sich zurückbilden sollte, beflügelten die Wettbewerbe in den Stadien die Nationalgefühle. Die Entwicklung, die mit dem ökonomischen und gesellschaftlichen Aufschwung des Fußballs mitzog, fand sich dann durch die Postmoderne gestützt, die eine Hochkultur nicht mehr strikt von einer Unterhaltungskultur trennen wollte. Später schufen der Neoliberalismus und das Bosman-Urteil, das den Spielermarkt in der EU öffnete, multinationale Clubmannschaften, so dass sich die Nationalgefühle noch stärker auf die Länderteams konzentrierten.

Dass der kommerzielle Fußball zum umfassenden Durchbruch kam, als der »Wiederaufbau« geschafft war und eine Wohlstandsgesellschaft mehr Freizeit bot, ist am besten in der Bundesrepublik Deutschland ersichtlich.

Das nicht ganz befriedigende Abschneiden bei der Weltmeisterschaft in Schweden und das frühe Ausscheiden 1962 führten zahlreiche Experten nicht zuletzt darauf zurück, dass es im

Land weder eine allgemeine oberste Liga noch einen Berufsfußball gab. Im Aufgebot für Chile stand mit Horst Szymaniak
ein Profi, der sein Geld bei Catania in Italien verdiente; in der
folgenden Saison ging Helmut Haller zu Bologna.

Im internationalen Aufschwung der Zeit war die deutsche
Amateurposition nicht mehr haltbar, 1963 wurden Bundesliga
und Professionalismus eingeführt. Eine indirekte staatliche
Subvention bedeutete es, dass die jedenfalls gewinnorientierten
Vereine als gemeinnützig eingestuft wurden (das gilt bis heute
für die FIFA und die UEFA und gibt ihnen eine Sonderstellung,
die zwielichtige Vorgänge fördert). Zwar fixierte der deutsche
Verband für die »Lizenzspieler« eine Gehaltsobergrenze, die
Clubs hielten sich jedoch nicht an dieses Limit. Da sie im Geheimen doch höhere Löhne zahlten, schufen sie von Anfang an
einen Graubereich. Öffentlich einsehbar wurde er, als sich her-
ausstellte, dass Spiele manipuliert worden waren. Nach dem
Bundesligaskandal von 1970/71 gab der DFB im folgenden Jahr
den Markt frei.

Auf der britischen Insel gelang in den sechziger Jahren einem
Phänomen der U-Kultur der Durchbruch: Pop, Rock und Beat
verbreiteten den jugendlichen Freiheitsdiskurs gegen konservative Formen und Normen; *Street fighting Man* und *Revolution* waren Hits, Drogen wie LSD erschienen als *Lucy in the Sky
with Diamonds* besungen. Zur gleichen Zeit begannen die gewalttätigen Fans, die Hooligans, die englischen Stadien sowie
ihr Umfeld mit ihrer rituellen Form des Kampfes unsicher zu
machen.

Die erste Pop-Ikone des Fußballs spielte bei Manchester
United, das 1965 Meister wurde und darauf im Europacup gegen Benfica antrat. Das Heimspiel wurde 3:2 gewonnen, in Lissabon gab der Trainer Matt Busby die Taktik aus, man solle ab-
wartend beginnen und dann nach einer Viertelstunde langsam
aus der Deckung kommen. Der Freiheitsdrang von George Best
war stärker, nach zwölf Minuten hatte der Nordire schon zwei

Tore erzielt. Busby mahnte in der Kabine, der junge Mann habe wohl nicht zugehört: »You obviously weren't listening.« Manchester siegte 5:1.

Zwei Jahre später gewann die Mannschaft den Europapokal. Geführt wurde sie von Bobby Charlton, der 1958 das Flugzeugunglück in München überlebt hatte, bei dem acht Spieler des Teams ums Leben gekommen waren. Ihr Wirbelwind im Sturm war der in Belfast geborene, langmähnige George Best, den man den »fünften Beatle« nannte. In diesem Jahr 1968 wurde er zu Europas Fußballer des Jahres gewählt. Er schoss beidbeinig, seine Dribblings waren ungewöhnlich, sein Verhalten nicht nur auf dem Spielfeld unvorhersehbar. Im Finale ging es in Wembley wieder gegen Benfica, nach der regulären Spielzeit stand es 1:1. In der Verlängerung zog Best los und erzielte das 2:1, schließlich gewann Manchester United 4:1.

Mit fünfundzwanzig Jahren war George Best aber praktisch am Ende seiner großen Karriere; er wechselte die Vereine, man sah ihn oft in Nachtclubs, auf dem grünen Rasen hatte er nur mehr einige tolle Auftritte. Er starb 2005. Nicht einmal sechzig war er geworden, seinem Begräbniszug in Belfast folgten hunderttausend Fans – die typische Erzählung vom Genie und seinem Absturz.

Das Endspiel der Weltmeisterschaft 1966 sahen in Wembley 97 000 Zuschauer und die Queen, vor den Fernsehern waren es 400 Millionen Menschen. Dieses Turnier bewies, welches ökonomische Potential im Fußball steckte, so dass er immer mehr Sponsoren anzog. Und diese WM verbreitete Bilder, die tief ins kollektive Gedächtnis eingingen. Damals begann die intensive Wirkung der reproduzierbaren Images im Imaginativ der Erzählung vom Fußball und der Welt.

## »Uns Uwe« im Bild

Der Mann wirkt klein und geknickt. Den Kopf hat er gesenkt, er scheint in sich zu schauen. Das Foto hält ihn so für die Nachwelt fest, dass man den Eindruck hat, er trotte müde auf einen zu. Dabei wartet rechts von ihm die Musik, ein mächtiger Tubaspieler mit rundem Gesicht, dahinter die Reihen unter einer Art Tropenhelm. Sie stehen stramm in britischen Uniformen. Links geleitet ein Polizist den Müden im schwarz-weißen Dress, die Hand auf seinem Rücken, als wolle er ihn gutmütig anschieben.

Zwei englische Polizisten waren einige Tage zuvor im selben Stadion im Einsatz. Diesmal jedoch streng, fordernd, autoritär. Es galt den Kapitän der Argentinier, den der deutsche Schiedsrichter ausgeschlossen hatte, vom Feld zu schaffen.

Nun scheint der eine Uniformierte einen schwer Geschlagenen zu trösten, während die farbenfroh Uniformierten auf der

*Abb. 16:* Uwe Seeler, Wembley 1966.

anderen Seite bald zum Triumphmarsch anheben werden. Sieg und Niederlage in einer Momentaufnahme, die bleibt.

Man schreibt den 30. Juli 1966. Die Deutschen haben gegen die Engländer im Wembley-Stadion gerade das Finale der Weltmeisterschaft in der Verlängerung 2:4 verloren.

Uwe Seeler, dessen geknickter Abgang so eindringlich auf dem Foto erscheint, hat gewiss ein Bild im Kopf, das er nie vergessen kann. Das »Wembley-Tor«, als Geoffrey Hurst in der 101. Minute unbewacht im Strafraum zum Schuss kommt und die Unterseite der Querlatte trifft. Der Ball prallt zu Boden, springt auf – ob auf der Linie oder mit ganzem Umfang dahinter, das wird bis heute diskutiert. Davon gibt es Fotos und Simulationen aus allen möglichen Perspektiven, immer noch sieht man den Tormann Hans Tilkowski hinter sich schauend fliegen, als liege er für alle Zeiten unbeweglich in der Luft, immer noch sieht man Wolfgang Weber heraneilen und das Leder per Kopf über das Tor ins Aus befördern, noch immer jubeln die Engländer. Dann tritt Schiedsrichter Dienst aus der Schweiz auf, er bemerkt seinen Kollegen aus der Sowjetunion an der Seitenlinie mit erhobener Fahne, er läuft zu ihm, sie besprechen sich, man weiß nicht wie, und Dienst zeigt zum Mittelpunkt. Das Tor ist das Wembley-Tor. Ob zu Recht oder nicht: Die Legende ist stärker als jeder Bildbeweis.

Die Engländer werden Weltmeister. Uwe Seeler und die deutschen Spieler sind erschöpft, sie sind Zweiter, sie sind enttäuscht. Und die Bilder bleiben.

Das Foto vom unendlich müden Uwe Seeler vermag den Anfang der global verbreiteten Bildhaftigkeit, den Anstoß einer medialen Bilderkette, die über Jahrzehnte hält, zu repräsentieren. Es ruft sogleich ein anderes Bild hervor. Es vermittelt nach wie vor Gefühle, es steht wiedererkennbar für ein Ereignis und erzählt eine Legende. Es passt zur Figur – zur Legende gehört der Typus des unglücklichen Verlierers; die Verfeinerung des Typus ist jener, der sich doch immer wieder vom Boden erhebt.

»Uns Uwe« rufen die Fans Seeler in dialektal bodenständiger Form. Sie identifizieren sich mit ihm, indem sie ihn zu einem der Ihren machen. »Uns Uwe« ist Seeler zu einer Zeit, als die Werte, die er verkörpert, an Wert zu verlieren beginnen. Er steht für das Image der Ortsgebundenheit, als die Ära vermehrter, auch kurzfristiger Migration in vielen Bereichen einsetzt. Er bedeutet Kampfgeist, Treue, Ehrlichkeit. Mit sechzehn kommt er in die Mannschaft des Hamburger SV, für den er Jahr für Jahr um die dreißig Meisterschaftstore schießt. Im Oktober 1954 debütiert er mit siebzehn in der deutschen Elf. Vierzehn Jahre später erklärt er, einer der besten Mittelstürmer der Welt, seine internationale Karriere als beendet, dann kämpft er sich auf die dringenden Bitten von Teamchef Helmut Schön doch noch mal für die WM 1970 zurück.

»Uns Uwe« ist das Idol, das die Weltmeister von 1954 mit den Weltmeistern von 1974 verbindet; er hat mit Fritz Walter gespielt, er stand mit Franz Beckenbauer im Nationalteam. Und schon kommt ein anderes Bild. Ein sonnenheißes Spielfeld, eine weite hohe Flanke von schräg links, Seeler springt, das Tor im Rücken, um einen Deut höher als sein Gegner und gibt dem Ball mit dem Hinterkopf gerade die entscheidende Wende, dass er über den Keeper hinweg ins Netz fliegt – es ist der 2:2-Ausgleich gegen England in der mexikanischen Mittagshitze, diesmal siegen die Deutschen in der Verlängerung; sie lagen im Viertelfinale dieser WM 1970 schon 0:2 zurück.

So sieht man, so schätzt man Uwe Seeler: mit größtmöglicher Anstrengung das kleinste Fünkchen Chance nützend; äußerst mannschaftsdienlich wie der »Geist von Spiez« – in Mexiko spielt Gerd Müller auf Seelers angestammtem Posten des Mittelstürmers, »uns Uwe« rackert hinter ihm – und in Momenten wie bei jenem Kopfball mit dem Improvisationsgeist der jungen Bayern und Gladbacher. »Uns Uwe« ist der Ausdruck regionaler sowie überregionaler Anerkennung und Identität.

Der Gegentypus im Neoliberalismus ist dann vierzig Jahre

später David Beckham, der sich mit seiner Frau selbst zur weltweiten Marke gemacht hat, die von den USA bis China funktioniert, also selbst in Ländern ohne ausgeprägte Fußballtradition. Beckham ist der Agent seines Körpers. In einem abstrakten kapitalistischen System, das global von Unternehmen beherrscht wird, repräsentiert er den Spielertypus des Eigenunternehmers, der nicht nur seine Haut zu Markte trägt, sondern gezielt von diesen Strukturen profitiert.

Uwe Seeler blieb während seiner ganzen Karriere beim HSV. Alle Auslandsangebote lehnte er ab, darunter jenes von Inter Mailand, das ihn mit der damals höchsten Transfersumme lockte. Er gewann nie einen großen internationalen Titel; der DFB ernannte ihn zum Ehrenspielführer der Nationalelf, Hamburg machte ihn zum Ehrenbürger.

In Deutschland treten Regionalismen besonders deutlich zutage. Das Land war nie und nicht im Entferntesten ein zentralistisches Gebilde wie Frankreich, sondern einer der am stärksten untergliederten Kulturräume Europas. Bis zur späten Gründung der Bundesliga und auch darüber hinaus wirkte eine starke regionale Identifizierung im Fußball, da man über keine nationale Spielklasse verfügte.

Auch der Sport hängt mit Traditionen und Kultur der Region zusammen. Er knüpft an ein Heimatbewusstsein an, das in der Nazizeit gefördert, danach aber dennoch nicht als ideologische Konstruktion abgewertet wurde. In der Weltmeisterelf von 1954 standen sechs Spieler aus der Pfalz, beim Triumphzug feierte man sie in Kaiserslautern weniger als nationale Helden, sondern als Botschafter der Pfalz. Der Kapitän der Mannschaft wurde bis zu seinem Tod 2002 als »Einheit von Person und Region« gesehen – die Arena auf dem Betzenberg heißt nun Fritz-Walter-Stadion.

Noch in den siebziger Jahren kamen bei den Clubs der Bundesliga die allermeisten Anhänger und viele Spieler aus dem heimatlichen Feld der Vereine: Günter Netzer und Jupp Heynckes aus Mönchengladbach, Herbert »Hacki« Wimmer und Berti Vogts aus der Umgebung; Franz Beckenbauer und Georg »Katsche« Schwarzenbeck aus München, Sepp Maier aus Anzing, Paul Breitner und Bernd Dürnberger aus Freilassing, Franz »Bulle« Roth aus Kaufbeuren.

Einen deutschen Legionär, der gerade beim AC Mailand engagiert war, zeigt ein anderes Foto. Es ist rechts hinter dem Tor aufgenommen, am linken Bildrand sieht man durch die Maschen des Netzes den Keeper mit der Nummer 1 in geduckter Haltung. Den Ball wird er nicht erreichen, weiß man. Denn auf der anderen Seite der Aufnahme liegt ein großer, schlanker Spieler im schwarz-weißen Dress schief in der Luft, den rechten Arm in der Höhe, das rechte Bein weit nach vorn gestreckt. Gerade hat er den Ball getroffen, er schwebt über der Fünfmeter-Linie.

Karl Heinz Schnellinger – »ausgerechnet er«, werden sie in Italien sagen – erzielt am 17. Juni 1970 in der letzten Minute des WM-Semifinales in Mexiko gegen die Azzurri den Ausgleich zum 1:1. Das Match, das man Jahrhundertspiel nennen und an das im Azteken-Stadion eine Ehrentafel erinnern wird, geht in die Verlängerung und wird zur Legende.

*Parallelerzählung: Politischer und fußballerischer Stil*

Damit eine Mannschaft funktioniere, bedürfe sie einer leitenden Idee, erklärte César Luis Menotti, der Coach der argentinischen Weltmeisterelf von 1978; die Deutschen hätten »die Ordnung zu ihrer Idee erhoben«.

Es war lange Zeit eine weitverbreitete Ansicht, dass im deutschen Fußball »gearbeitet« werde. Und als Ausnahmen nannte man dann den »Schalker Kreisel« der dreißiger Jahre, der sich wegen der polnischen Herkunft vieler Spieler in seiner Art unterschieden habe, oder die »Fohlenelf« von Mönchengladbach in den späten sechziger Jahren. Die Mannschaft, deren Durchschnittsalter knapp über zwanzig lag, stieg 1965 zugleich mit Bayern München in die Bundesliga auf; sie hatte 95 Tore geschossen. Für Helmut Böttiger bedeutete Gladbach gegen Bayern: »Radikalität oder Nüchternheit, Reform oder Pragmatismus.« Die weiten Pässe von Günter Netzer »atmeten den Geist der Utopie« und versprachen »Entgrenzung«, erzählt die Legende von den jungen Stürmern und Drängern.

Kaum sei jedoch Helmut Schmidt Bundeskanzler geworden, sei das deutsche Spiel verflacht. Und 1986 beklagte Karl-Heinz Bohrer die »negative Ästhetik des Staates, die inzwischen bis auf den Stil des Nationalsports durchgeschlagen ist«.

Die Denkweise von Intellektuellen sucht Zusammenhänge. Ein Ereignis wie das »Wunder von Bern« fordert – über die Legende hinaus – die Ergründung seiner gesellschaftlichen Beziehungen geradezu heraus. Seither haben Geistesmenschen immer wieder beobachtet und analysiert, wie Fußball und Umfeld aufeinander einwirken. Klaus Theweleit, der den Fußball als »Realitätsmodell« bezeichnet, baut gar an einem intellektuellen Mythos, wenn er meint: »Wer mitbekommt, was sich im Fußball wann und wie verschiebt, ist über andere Gesellschaftsbereiche *osmotisch* informiert.«

Parallelitäten im Regierungsstil der deutschen Bundeskanzler und Bundestrainer stellt Norbert Seitz 1987 dar: der autoritäre »Alte« Konrad Adenauer und der autoritäre »Chef« Sepp Herberger, die vorsichtig offenen Neuerer Willy Brandt und Helmut Schön, die Verwalter des Stillstands Helmut Kohl und Jupp Derwall. Ja, es spiegle sich die Geschichte des Landes in seinem Fußball.

Tatsächlich erscheinen manche Phänomene in interessanter Gleichzeitigkeit; sie kausal verknüpfen zu wollen, ist aber in den meisten Fällen eher Konstruktion denn Analyse. Parallelerzählungen vermögen allerdings durchaus reizvolle Geschichten und erkenntnisfördernde Anregungen zu bieten.

Parallelerzählung: Politischer und fußballerischer Stil   281

Laut Seitz habe in den fünfziger Jahren die SPD »in ihren Heimspielorten des Ruhrreviers den Fußball als Illusionsersatz bitter nötig« gehabt. Als der Gewerkschaftsbund 1958 seine Maifeier plante, wollte er sie ins Niedersachsen-Stadion verlegen, um die Arbeiterschaft anzusprechen. »Die meisten von uns stehen doch Sonntag für Sonntag auf dem Sportplatz«, erklärte ein DGB-Funktionär dem *Spiegel* am 30. April.

Nach den Arbeiterkickern, wie die Weltmeister von 1954 vor allem im Ausland gesehen wurden, betraten Anfang der sechziger Jahre die fußballerischen Angestellten das Feld. Während »uns Uwe« eben heimatverbunden blieb, sah man die nach Italien gezogenen deutschen Profis in dieser Rolle, der man eine berechnende Spielweise zuschrieb – erlebte sie doch gerade dort mit dem Catenaccio ihren Höhepunkt. »Mauern« nannte man die Defensivtaktik. 1961 ließ die DDR die Berliner Mauer errichten; 1962 war die WM in Chile vom Mauern und von Brutalitäten geprägt, so dass sich der österreichische Reporter Heribert Meisel wie ein »Kriegsberichterstatter aus der vordersten Fußballfront« vorkam.

Konrad Adenauer hatte seine Politik nach dem »Wiederaufbau« in erster Linie zur Erhaltung des Besitzstands geführt, 1957 lautete sein Slogan im Wahlkampf »Keine Experimente«. Adenauer trat 1963 zurück, Herberger ein Jahr später. Als der Fußball auch in Deutschland von seinen Autoritäten als Wirtschaftszweig anerkannt und mit der Bundesliga der Professionalismus eingeführt wurde, begann die Regierungszeit des Kanzlers Ludwig Erhard, der für soziale Marktwirtschaft stand und ein Fußballfan war.

Die Vizeweltmeister von 1966 vergleicht Seitz mit der großen Koalition, die er in Uwe Seeler und Franz Beckenbauer verkörpert meint: Kraft und Ästhetik, Kampf und spielerische Akzente. Mit dem Beginn der Ära Willy Brandt fällt 1969 der Anfang des Offensivfußballs von Borussia Mönchengladbach unter Trainer Hennes Weisweiler zusammen, ein »Aufbruch in den freien Raum«. 1970 bis 1974 habe Nationalcoach Helmut

## 282 Nationale Erzählungen und weltweites Echo

Schön eine Mischung aus Technik und Kampf auf den grünen Rasen gebracht, dargestellt von Beckenbauer und Schwarzenbeck, von Stan Libuda, dem Dribbelkünstler, und Gerd Müller, dem »Vollstrecker«.

1972 schafften die Konservativen mit ihrem Misstrauensantrag gegen Willy Brandt keine Mehrheit, die SPD konnte darauf bei den Wahlen einen klaren Erfolg verbuchen. Die Nationalelf, die im April dieses Jahres die Engländer in Wembley 3:1 besiegte und dann die Europameisterschaft gewann, sei nach verbreiteter Meinung die stärkste deutsche Mannschaft gewesen, die es je gegeben habe, schreibt Seitz aus seiner Sicht des Jahres 1987 und hebt ihr avanciertes System hervor. Die Aufbruchsstimmung im Staat finde eine Entsprechung in der Spielweise der deutschen Mannschaft, besonders im gemeinsamen Auftreten von Beckenbauer und Netzer. 1974 sei dieser Glanz schon etwas verblasst, das Spiel »verflacht«; Helmut Schmidt löste Brandt ab. Dem Geist der Utopie folgte der Pragmatismus, meinten heimische Beobachter.

Der WM-Titel wurde gebührend gefeiert, hatte jedoch nicht die große Bedeutung für das nationale Selbstbewusstsein wie jener von 1954. Die Erzählung war eine andere, schließlich hatte man inzwischen 1968 erlebt und nun eine andere politische Lage, schließlich waren die Spieler jetzt Profis. In den Medien erschienen sie nicht als selbstlose Helden; vielmehr wurde berichtet, dass sie mit dem DFB über die Höhe der Siegesprämie verhandelten. Nach 1968 galten in Gesellschaft und Fußball die Werte der fünfziger Jahre als überholt, insbesondere das militärisch Autoritäre.

Es ging weniger darum, sich bis zum Letzten zu verausgaben und den Willen eines Chefs durchzuführen. Die Tugenden von Einsatz und Mannschaftsgeist kannte man von früher, auch die Signalwörter »Opfer«, »Helden«, »Kampf«, »Schicksal«. Das Team gestaltete sich aber als ein Zusammenspiel von Individualitäten, geleitet von ihresgleichen, den »Führungsspielern«, die eine »funktionelle Autorität« verkörperten. Der Philosoph

Parallelerzählung: Politischer und fußballerischer Stil    283

Gunter Gebauer behauptet: »Antiautoritär wie die Studenten-bewegung trat die deutsche Elf 1972 in Wembley auf« (beim 3:1-Sieg über England im Viertelfinale der Europameisterschaft), sie habe »respektlos die alten Mythen« entzaubert, »agil, schnell, gewitzt, trickreich« gegen das englische *Kick and Rush*.

Im Vergleich zu 1954 hatte sich die gesellschaftliche Situation wesentlich geändert. Die Bildungsreform trug zur sozialen Öffnung bei, im Kulturleben wurde nun Populäres aufgenommen, die bildende Kunst setzte Comics und Elemente der Werbung ein. Während in den fünfziger Jahren für die meisten Menschen der Oberschicht und besonders des Bildungsbürgertums der Fußball eine vulgäre Angelegenheit dargestellt hatte, erlangte er im Kulturwandel nach 1968 und mit dem postmodernen Slogan *cross the border, close the gap* Ansehen bei Kultureliten: Peter Handke, Wim Wenders und Theaterregisseur Jürgen Flimm veröffentlichten ihre Kickleidenschaft und übertrugen sie auf das Feld ihrer Kunst.

Das »Wunder von Bern« war für die Bundesrepublik ein wichtiges Erlebnis positiver Gemeinschaft. Die Siege bei der Europameisterschaft 1972 und bei der Heim-WM 1974 machten den Fußball noch stärker zum Mittel der Repräsentation. In der sinnlich erfahrenen Zuspitzung eines Ereignisses führten sie vor, dass die Nachkriegszeit endgültig vorbei war, und vermittelten bildhaft ein junges Land mit neuer politischer Führung und neuen Leitbildern.

Der Schwung der Aufbruchsstimmung war Mitte der siebziger Jahre sowohl in der Politik als auch im Fußball vorbei; man war nun um eine pragmatischere Einstellung bemüht, die zunächst auf Effizienz aus war.

Das erste Match bei der WM 1974 gewannen die Deutschen gegen das gering eingeschätzte Chile mühsam mit 1:0, dazu brauchte es einen Weitschuss des Verteidigers Paul Breitner. Publikum und Medien zeigten sich enttäuscht. Es folgte ein 3:0 gegen Australien im Hamburger Volksparkstadion, wo einige

284 Nationale Erzählungen und weltweites Echo

Zuschauer Beckenbauer als »Bayernschwein« beschimpften, der darauf wenig kaiserlich zu ihnen hinspuckte. Vier Tage später verlor der eine deutsche Staat gegen den anderen, die BRD 0:1 gegen die DDR. Was man in der Vorrunde erlebte, das war nicht der »Geist von Spiez«; die Stimmung im Team symbolisierte eher die »Nacht von Malente«, die nach dem Ort des Trainingslagers so benannt wurde. Dort gab es Streit um die Spielweise, da Beckenbauer offenbar für eine bessere defensive Absicherung eintrat, und um Geld: Für den Titel hatte der DFB 30 000 DM pro Mann vorgesehen, den Spaniern und den Brasilianern hatten ihre Verbände angeblich 150 000 versprochen; man einigte sich auf 70 000.

Nach dem 2:1-Finalerfolg gegen die Niederlande gehörten die Weltmeister endgültig zum Establishment, auch der sich in den Medien gern progressiv gebende Breitner – das vermitteln auch die Fotos, die sie mit Zigarren bei der Siegesfeier zeigen. Ihre Frauen waren damals jedoch nicht zum Festbankett zugelassen, ein Funktionär soll ihnen den Zutritt verweigert und gerufen haben: »Hier herrschen Zucht und Ordnung.« Vier Jahre später, nach der WM in Argentinien, schrieb der Historiker Joachim Fest in der *Frankfurter Allgemeinen Zeitung*, der DFB und sein Präsident Hermann Neuberger »stehen merkwürdig abseits dieser Gesellschaft«. Unvergessen sei, wie Neuberger »den Frauen der deutschen Spieler die Tür weisen ließ, während er selber und sein Funktionärstross mit dem ganzen persönlichen Anhang zu Tische saßen«.

Die soziale Wertigkeit der Stars äußerte sich in der Folge im Image von Bayern München, bald »FC Hollywood« genannt. Das Streben nach Effizienz war auf dem grünen Rasen erkennbar. Praktisch mit einem einzigen Angriff holten sich die Bayern 1976 den Europacup gegen *Les Verts* von Saint Etienne, die in Frankreich eine enorme Euphorie entfacht hatten. Ein paar Wochen später verlor die deutsche Nationalmannschaft das Endspiel der EM gegen die Tschechoslowakei im Elfmeterschießen – der entscheidende Treffer ließ Phantasie Marke CSSR

Parallelerzählung: Politischer und fußballerischer Stil  285

aufblitzen: Antonin Panenka hob den Ball locker mitten auf das Tor, während Sepp Maier in eine Ecke flog.

Das scheußliche Beispiel der Effizienz war dann in der Vorrunde der Weltmeisterschaft 1982 im spanischen Gijón zu sehen: BRD gegen Österreich. Beiden genügte ein 1:0 der Deutschen zum Aufstieg und Algerien war ausgeschieden. Nach dem Tor in der 10. Minute verweigerten die zwei Teams achtzig Minuten lang das Spiel. Der Zweckfußball produzierte ein peinliches Ballgeschiebe; nach der Politik des Außenministers der BRD, der seit 1974 im Amt war, bezeichneten das die Medien als »Genscherismus«, dem sie ein strategisch freundschaftliches Politgeschiebe vorwarfen. Er wisse nicht, was die Journalisten wollen, sagte Tormann Toni Schumacher: »Für uns ging es heute schließlich um viel Geld.«

Bei der Europameisterschaft 1984 schied erstmals eine deutsche Nationalelf in der Gruppenphase aus, Franz Beckenbauer wurde daraufhin Teamchef. Laut Seitz ließ er neokonservativ spielen. Das habe der Ära Kohl und ihrem saturierten Stillstand entsprochen, die Querpasstaktik mit der Formel »den Raum eng machen« passe zur Buchhaltergesellschaft (den engen Raum im System der Holländer Anfang der siebziger Jahre stuft man hingegen als progressiv ein, immerhin war er eine Grundlage der faszinierenden Spielweise). Bei der WM 1990 in Italien, die Beckenbauer mit seiner Mannschaft gewann, saß Helmut Kohl auf der Ehrentribüne; vier Jahre zuvor hatte sich der Bundeskanzler nach dem Finale vorgedrängt, um neben Maradona ins Bild zu kommen.

Nach der Wiedervereinigung versprach Kohl am 1. Juli 1990 »blühende Gärten«; eine Woche später versprach Beckenbauer nach dem Sieg im Finale Unschlagbarkeit auf Jahre hinaus. Das 1:0 gegen Argentinien, das per Elfmeter fixiert wurde, und der Auftritt im Turnier wurde oft mit Kohls Politik verglichen: Ein knapper Erfolg, egal wie. Bei der EM 1996 erklärte der Bundeskanzler: »Hier gibt es keine Schönheitspreise zu gewinnen.«

286  Nationale Erzählungen und weltweites Echo

*Abb. 17:* Helmut Kohl und Franz Beckenbauer nach dem Finalsieg bei der WM 1990.

## Jugoslawien

Am 13. Mai 1990 tritt im kroatischen Zagreb das heimische Team von Dinamo gegen Roter Stern aus dem serbischen Belgrad an. Beide Clubs haben bekannt aggressive Anhänger. Als sich die Spieler vor dem Match aufwärmen, stürmen die kroatischen Bad Blue Boys auf den Platz, in Richtung Auswärtskurve. Die Mannschaft von Roter Stern flüchtet in die Kabine. Im Stadionrund, auf den Tribünen und auf dem Feld, beginnt eine Schlacht. Am Ende sind fast achtzig Polizisten und sechzig Zuschauer verletzt. Die kroatischen und die serbischen Fanclubs haben den Kampf geplant, die Belgrader Delije führt Zˇeljko Ražnatović. Ihn nennen sie Arkan – viele der Delije schließen sich dann seinen Arkan-Tigern an, einer der wildesten Truppen im wilden Konflikt, der das Land in Flammen setzen wird. Der Jugoslawienkrieg hat begonnen. Auf dem Fußballplatz.

Zehn Jahre zuvor, am 4. Mai 1980, tritt im kroatischen Split das heimische Team von Hajduk gegen Roter Stern aus dem serbischen Belgrad an. In der 41. Minute steht das Match unentschieden. Aus den Lautsprechern kommt eine Ansage. Tito ist im slowenischen Ljubljana gestorben. Die Spieler beider Mannschaften halten sich neben dem Schiedsrichter und weinen, einige liegen schluchzend auf dem Rasen. Die Begegnung wird abgebrochen.

Als das Nationalteam sein erstes Match austrug und im August 1920 bei den Olympischen Spielen in Antwerpen gegen die Tschechoslowakei mit 0:7 unterging, hieß das Land auf Deutsch SHS-Staat, ab 1929 dann Königreich Jugoslawien. Es war der Staat der Serben, Kroaten, Slowenen, Bosnier, Montenegriner, Herzegowiner. Vor dem Ersten Weltkrieg blieb der Fußball regional; der Landesverband YFA wurde 1919 in Zagreb ins Leben gerufen, nachdem die Kroaten zuvor schon ihre eigene Fußballföderation gegründet hatten. Eine nationale Meisterschaft führte man 1923 ein, einzig Hajduk Split blieb bis 1940 dauernd in der Liga.

Da die Beziehungen zwischen den Verbandsfilialen der einzelnen Ethnien konfliktreich waren, gestaltete sich die Organisation schwierig. Vor allem bei den Matches zwischen kroatischen und serbischen Teams herrschte oft eine explosive Stimmung. Am 25. Juli 1926 trat im Meisterschaftsfinale Građanski Zagreb im heimischen Stadion gegen die Mannschaft von Jugoslavija Belgrad an, die von 1500 Anhängern begleitet wurde. Die Begegnung wurde äußerst hart geführt; der Schiedsrichter war nicht unparteiisch, er unterstützte eine kroatische nationalistische Organisation. Als er gegen Ende des Spiels Elfmeter für Građanski gab, liefen Belgrader Zuschauer aufs Feld, gefolgt von Zagrebern, und es begann eine wüste Rauferei.

Mitten in einer Verbandssitzung wurde die YFA im November 1929 von der Polizei aufgelöst. König Alexander errichtete seine Diktatur, benannte den Staat in Jugoslawien um und

288 Nationale Erzählungen und weltweites Echo

teilte ihn in neun Provinzen ein. Der neue Verband musste FAY heißen; das politische Klima schlug auf den Sport durch.

In der Mannschaft, die 1930 zur Weltmeisterschaft nach Uruguay reiste, standen nur Spieler aus den serbischen Vereinen von Belgrad und Novi Sad sowie drei, die in Frankreich engagiert waren. Sie gewannen in der Vorrunde 2:1 gegen Brasilien, 4:0 gegen Bolivien und erreichten das Semifinale, wo sie gegen den späteren Weltmeister Uruguay verloren. Der Kapitän war Milutin Ivković, der nach seiner Fußballerkarriere Mediziner und Politiker wurde. 1936 protestierte er dagegen, dass die Olympischen Spiele in Nazi-Deutschland stattfanden; 1943 wurde er in Belgrad von der Gestapo verhaftet und im KZ erschossen.

Nach Ende des Zweiten Weltkriegs führte Titos Jugoslawien die zu seinem Sozialismus passenden Namen ein; die Vereine hießen nun Sloboda (Freiheit), Napredak (Fortschritt), Metalac, Proleter, Dinamo, Partizan. Die Machthaber sahen bald den Sport als internationales Schaufenster und unterstützten den Versuch, die Mittel zu optimieren. Hervorragende kroatische Spieler wie Vladimir Beara, der als einer der besten Torhüter der Welt galt, »Tschik« Čajkovski und Branko Zebec wurden vermutlich auf politischen Befehl nach Belgrad transferiert, um dort starke Teams zu formen.

Einen symbolträchtigen Erfolg für das Tito-Regime nach seiner Abkehr von Stalin bedeutete 1952 der Sieg gegen die Sowjetunion im Achtelfinale bei den Olympischen Spielen von Helsinki – die von der Propaganda genützten Emotionen gingen umso stärker hoch, als die Begegnung äußerst dramatisch verlief. Das Match wurde im Radio übertragen und von Lautsprechern auf den Straßen ausgestrahlt; es muss tatsächlich ein soziales Ereignis gewesen sein, da es einige literarische Werke und Filme wie Emir Kusturicas *Papa ist auf Dienstreise* (*Otac na službenom putu* erhielt 1985 die Goldene Palme in Cannes) zur Illustration der historischen Lage einsetzten. Bei Regenwetter führte Jugoslawien eine Viertelstunde vor Ende mit 5:2, dann gelangen der UdSSR binnen kurzem noch drei Tore zum Ausgleich, so dass der sicher scheinende Triumph in Enttäuschung umschlug. Die neuerlich in Euphorie und gesteigerten Nationalstolz kippte, als die Jugoslawen das Wiederholungsspiel mit 3 : 1 für sich entschieden. Im Finale unterlagen sie den Ungarn.

Bei den Europameisterschaften von 1960 und 1968 stand Jugoslawien im Endspiel; ab Mitte der achtziger Jahre hatte es wieder eine starke Mannschaft aufgebaut. Als Teamchef fungierte Ivica Osim, er stammt aus Sarajevo.

In der Innenstadt von Sarajevo gab es einen Lebensmittelladen, der im Lauf der sechziger Jahre für die Ärmeren des Viertels zum Geheimtipp und schließlich allgemein bekannt wurde. Dort konnte man sich mit dem Notwendigen versorgen und anschreiben lassen, ohne am Ende des Monats selbst bezahlen zu müssen. Da erschien immer der Gentleman in Fußballschuhen, wie sie ihn nannten, und beglich alle gestundeten Rechnungen. Asim Ferhatović wollte nicht weiter bedankt werden, er kam einfach und zahlte und ging. Im Stadion feierte man ihn als Idol, in der Stadt bewunderte man ihn. Der Laden und der wohltätige Kicker, das ist eine jener Fußball-Tatsachen, die als Legenden erzählt werden.

Asim Ferhatović, genannt Hase mit kurz gesprochenem a, spielte bei FK Sarajevo, immer mit der Nummer 9. Der starke Raucher mit dem sozialen Herz galt als genial gefinkelter Stürmer, 1964 wurde er Torschützenkönig der Liga, drei Jahre später gewann er mit seinem Team die jugoslawische Meisterschaft. Als er 1968 seine Karriere beendete, machte er damit nicht nur die Anhänger des Clubs, sondern fast die ganze Stadt traurig. *Oslobodenje*, die bekannteste Zeitung, schrieb damals *Jedan je Hase* (Es gibt nur einen Hase), in den achtziger Jahren schuf eine heimische Rockband den Song *Dan kada je otišo Hase* (Der Tag, als Hase ging). 1987 starb Asim Ferhatović, er war nur 54 Jahre alt geworden. Seiner Beerdigung folgten so viele Menschen, dass der Begräbniszug über zehn Kilometer

290 Nationale Erzählungen und weltweites Echo

lang war; die Taxichauffeure brachten die Leute gratis zum
Friedhof, sonst fuhren sie nirgendwohin.

Das Idol des anderen großen Vereins der Stadt, des Eisen-
bahnerclubs Željezničar, war Ivica Osim. Er sollte der letzte
Teamchef von Jugoslawien werden.

Das bosnische Kultursystem ließ seit Anfang des 16. Jahrhunderts vier Konfessionsgemeinschaften miteinander einigermaßen auskommen. Im 19. Jahrhundert wurden jedoch das
Religiöse und das Nationale gleichgesetzt; die dadurch entste-
henden Spannungen führten oft und oft zu Gewalttätigkeiten.
Und der Krieg zerstörte dann ab Frühjahr 1992 die Gesellschaft
in Bosnien völlig. Zuvor hatten vier Kulturgruppen immerhin
Verhaltensformen gefunden, die das gemeinsame Leben erträg-
lich machten, betont der bosnische Schriftsteller Dževad Karahasan, der dafür Goethes Ausdruck »Toleranz ohne Gleichgültigkeit« verwendet.

So mag es kaum verwundern, dass viele in Bosnien erzählen,
Sarajevo sei der letzte Ort gewesen, wo das Publikum die jugoslawische Nationalelf noch unterstützt habe – woran Ivica
Osim gewiss großen Anteil hatte. Tatsächlich sprachen sich im
multiethnischen Umfeld Trainer und Fußballer gegen die politische Vereinnahmung aus.

Der endgültige Zerfall des Staates begann an jenem 13. Mai
1990 im Stadion von Zagreb.

Beim Kampf der Fanclubs und der Polizei auf dem Rasen
attackierte der Dinamo-Spieler Zvonimir Boban einen Polizisten. Vor laufender Kamera trat er ihm in den Bauch, das Fernsehen übertrug diese Bilder landesweit. Er galt sodann als Symbol des kroatischen Widerstands gegen die Macht der Serben,
da er einen ihrer Ordnungshüter – der (es klingt wie eine historische Ironie) Kroate war – angegriffen hatte. Dragan Stojković, der Kapitän von Roter Stern Belgrad, erzählt, Boban sei
später zu ihnen in die Kabine gekommen, habe sie begrüßt und
gesagt »Alles wird gut werden«, worauf er die Antwort erhalten

habe: »Wovon sprichst du? Siehst du nicht, was da abgeht?«
Boban wurde aus dem jugoslawischen Kader für die Weltmeisterschaft in Italien suspendiert.

Die Gewalt war in dieser heftigen Form in den achtziger Jahren in die Stadien eingezogen; sie kleidete sich mit den Symbolen des Nationalen und trug so zu dessen Verbreitung bei. Dies drückte eine schwere Krise der jugoslawischen Gesellschaft aus, in der die Vergangenheit mit all ihren Konflikten und Opfern kaum aufgearbeitet worden war. Nach dem Tod Titos, dem mächtigen Mythos des Zusammenhalts, ließen sich die Schwierigkeiten nicht mehr mit dem Einheitsmantel zudecken: Die wirtschaftlichen Probleme nahmen zu, die Inflation und die Arbeitslosigkeit stiegen, die meisten Republiken stellten sich gegen den Zentralstaat und forderten ihre Autonomie, die Säulen des Regimes – Partei, Armee und Polizei – verloren an Glaubwürdigkeit. Noch dazu wirkte es sich verschärfend aus, dass Jugoslawien durch das Ende des Ostblocks seine geopolitische Bedeutung einbüßte.

In den Stadien spielte das Nationale zunehmend einen ethnischen Zusammenhalt und die chauvinistische Männlichkeit vor. Immer öfter verstanden sich die Fans zunächst als Mitglieder der Nation und dann erst als Anhänger ihres Vereins, so dass für sie auch beim Match ihre Ethnie wichtiger war als der Club. Dem entsprachen die Fahnen und die Sprüche, die in den achtziger Jahren auf die Tribünen kamen; sie prägten das Kriegsgesicht der neunziger Jahre. Aus der zu wenig beleuchteten Zeit um den Zweiten Weltkrieg sah man nun Tschetnik- und Ustascha-Abzeichen in der Sportarena. Leader, von denen manche später Warlords wurden, organisierten die Kohorten der Fans und eine aggressive Choreographie. So schaukelte sich ein Ritual der Gewalt auf, das mit Sprechchören begann und auf den Tod hinauslief.

Bei den Straßenkämpfen rund ums Stadion skandierten an jenem Maitag 1990 die Zagreber Bad Blue Boys wieder und wieder »Tudjman«; dabei war Franjo Tudjman, der die nationalistische Partei leitete und zum ersten Staatsoberhaupt von Kroatien gewählt werden sollte, zu frühen Tito-Zeiten der Präsident von Partizan Belgrad gewesen. Bereits 1989 hatten kroatische Anhänger bei Spielen gegen serbische Mannschaften gegen Slobodan Milošević geschrien »Slobo, du entgehst dem Messer nicht«, während von den serbischen Tribünen die Antwort »Slobo, Slobo, Serbien ist mit dir!« gedröhnt hatte. Mit den Namen der Politiker, die den Zerfall betrieben, schallte der Konflikt von den Tribünen bis zum Schlachtfeld. Im vorgeblich sportlichen Rahmen verdrängte der Ernst der Kriegsrufe den Ernst des Spiels. Die Gewalttätigkeit der Anhängerclubs konnte direkt mit den Fans in die jeweilige Armee übernommen werden; die Bad Blue Boys gehörten in Kroatien zu den ersten Freiwilligen.

Hinter der Westtribüne des Maksimir-Stadions in Zagreb steht heute ein Denkmal. Darauf ist zu lesen: »Allen Fans von Dinamo, für die der Krieg am 13. V. 1990 im Maksimir-Stadion begonnen hat und mit der Hingabe am Altar der Heimat Kroatien endete.«

Im selben Zagreber Stadion spielte das jugoslawische Nationalteam drei Wochen später, am 3. Juni 1990, gegen die Niederlande. Die 20 000 Zuschauer buhten die Heimelf aus und pfiffen die Hymne nieder.

Bei der WM in Italien schaffte es die immer noch vereinte jugoslawische Mannschaft ins Viertelfinale gegen Argentinien. Nach einer halben Stunde mussten sie zu zehnt spielen, da einer von ihnen ausgeschlossen worden war. Bis zum Ende der Verlängerung hielten sie ein Unentschieden, es ging ins Elfmeterschießen. Troglio und Maradona scheiterten, aber auch Stojković und Brnović. Es kam Faruk Hadžibegić. Um den Tormann zu täuschen, schoss er mit seinem schwächeren rechten Fuß. Das erwies sich als Selbstüberlistung, Goycoechea hielt den schlecht getretenen Ball.

Mehr als zwanzig Jahre nach dem Turnier von 1990 sagte Ivica Osim über die Stimmung im Team: »Die Spieler und ich

waren froh, wenn wir nicht angerufen wurden. Das war nämlich immer das Zeichen, dass jemand gestorben war. Das war
keine Atmosphäre, um Fußball zu spielen.« Im Nachhinein ver-
mischen sich ihm zwei Zeitebenen zur Legende: Der Krieg als
militärische Auseinandersetzung begann 1992.

Serbische Journalisten hatten Osim, der zugleich Coach der
Nationalelf und von Partizan Belgrad war, beschimpft. Als einer von ihnen bei der Weltmeisterschaft mit ihm ein Interview
führen wollte und ihm die Hand zum Gruß hinstreckte, über-
sah Osim das und fragte: »Auf Französisch oder Englisch?« Die
Kicker spielten die Matches in Italien nicht mehr für die Nation, sondern für ihn, den »Chef« – läutete ihr Telefon, mussten sie immer befürchten, dass man ihnen aus Belgrad, Zagreb
oder Sarajevo verbieten würde, für dieses jugoslawische Team
anzutreten.

Im September desselben Jahres übertrug das Fernsehen die
Begegnung Hajduk Split gegen Partizan Belgrad und im ganzen Land sahen die Menschen live auf den Bildschirmen, wie
kroatische Fans die jugoslawische Fahne verbrannten. Das Spiel
wurde abgebrochen, der Kommentator sprach von einem »Zeichen der Zeit«.

Nur ein paar Wochen später, Mitte Oktober, marschierten die Massen in Zagreb. Franjo Tudjmans Stab brachte die
größte Demonstration kroatischen Nationalbewusstseins auf
die Beine und stellte das eigene Symbol vorgeblicher historischer Kontinuität auf: Titos Kommunisten hatten die Statue
des heimischen Helden Banus Jelačić entfernt, nun thronte sie
wieder auf dem Hauptplatz. Um dem Nationalismus die wichtige sportliche Note zu verleihen und dieses Feld chauvinis-
tischer Emotionen zu besetzen, fand am selben Tag das erste
Match der kroatischen Nationalmannschaft – gegen die USA –
statt. Die Unabhängigkeitserklärung folgte später, wie Slowenien deklarierte sich Kroatien im Juni 1991 zum souveränen
Staat. Zu den ersten Amtshandlungen von Tudjman gehörte
die Wiedergründung des eigenen Fußballverbands.

294 Nationale Erzählungen und weltweites Echo

Es bestand aber immer noch das gesamtjugoslawische Nationalteam, es qualifizierte sich für die Europameisterschaft 1992 in Schweden. Allerdings brachen nun die Konflikte auch im Team aus. In Bosnien-Herzegowina fielen die ersten Schüsse des Krieges im Frühjahr 1992, danach spielten keine Bosnier mehr in dieser Elf, die ohne sie nach Schweden abreiste. Als sie in der Schweiz umstiegen, erwartete sie ihr bosnischer Kollege Hadžibegić auf dem Flughafen, lud sie zum Kaffee ein und wünschte ihnen viel Glück. So wird es erzählt – als möge der Fußball zumindest ein wenig Menschlichkeit in die Geschichte bringen.

Die Jugoslawen waren in Schweden, in ihrem Staat war Krieg. Dass er am Ende nicht mehr existieren würde, konnte man sich denken. Die UEFA zögerte. Kurz vor Beginn des Turniers trat Ivica Osim zurück. Er war bis dahin der Meinung gewesen, Fußball vermöge über behauptete Volksgrenzen hinweg verbindend zu wirken. Nun erklärte er, dass er es mit seinem Gewissen nicht vereinbaren könne, »Teamchef der Fußball-Auswahl eines Landes zu sein, dessen Exponenten meine Heimatstadt zerstören«. Im April 2003 betonte er im Interview mit der Zeitschrift *ballesterer*: »Wir konnten nicht glauben, dass so etwas passieren würde«; er frage sich »inzwischen auch, ob nicht irgendwem in Europa dieser Krieg ganz recht gekommen ist«.

Im Krieg, sagte Osim, sei in Sarajevo ein ganzes Trainingszentrum mit ein paar Plätzen zum Friedhof umfunktioniert worden.

Zehn Tage vor Beginn des EM-Turniers folgten FIFA und UEFA der Resolution 757 des UNO-Sicherheitsrats. Sie bestimmte Sanktionen gegen Serbien und Montenegro, darunter einen sportlichen Boykott. Sepp Blatter, damals Generalsekretär des Weltverbandes, ließ verlauten: »Der Sport muss sich nun einmal der Entscheidung der Politik beugen.« Die Jugoslawen hatten abzureisen, für sie kamen die Dänen, von denen einige schon auf Urlaub gewesen waren – und wurden Europameister.

Mitten im Krieg, am 20. März 1994, wurde in Sarajevo gekickt. 8000 Zuschauer kamen ins Zetra-Stadion; vor dem Anpfiff spielte die Militärkapelle der UNO-Armee *In the Mood* von Glenn Miller.

Im Juni des Vorjahres hatte eine Granate bei einem Match fünfzehn Fans getötet, am 5. Februar waren auf dem Markale-Marktplatz bei einem Einschlag 68 Menschen ums Leben gekommen. Weil die internationale Schutztruppe von der Bevölkerung massiv kritisiert worden war, ließ der britische General der Onprofor nun ein Match zwischen dem Team seiner Soldaten und dem FK Sarajevo austragen. Dafür organisierte er eine strenge Luftüberwachung: vier US-Flieger F16, drei britische Kampfhubschrauber.

Nach dem Friedensschluss mussten internationale Matches, bei denen Kriegsgegner aufeinandertrafen, eine Zeit lang auf neutralem Boden stattfinden. Im Juli 1997 trugen dann Croatia Zagreb und Partizan Belgrad ihr Hin- und Rückspiel in der Qualifikation zur Champions League in den eigenen Stadien aus. Der Croatia-Präsident gehörte zum Führungskreis der Regierungspartei und verkündete entsprechend: »Das Spiel hat nationale Bedeutung.« Auf der anderen Seite hielt sich der Trainer der Serben auch nicht zurück: »Wir werden Croatia stürzen, denn Motivation werden unsere Spieler zur Genüge haben.« Von früheren Gemeinsamkeiten wollte man nichts mehr wissen; immerhin hatte Tudjman, der nun Croatia für seine nationalistische Politik reklamierte, als General der jugoslawischen Armee eine Belgrader Vergangenheit und der Star von Croatia, Robert Prosinečki, hatte vor dem Krieg bei Roter Stern gespielt.

Inzwischen hatte es bei den Kroaten einen Namenswalzer gegeben – keine Seltenheit bei einem Regimewechsel, der den Symbolhaushalt umstellt, um ganz andere Bindungen zu propagieren. Dinamo hieß zunächst wieder wie vor Tito Gradanski, dann ab 1993 Croatia. Und als die Bad Blue Boys aus dem Krieg zurückkamen, fanden sie ihren Club Dinamo nicht

296  Nationale Erzählungen und weltweites Echo

mehr vor; also wendeten sie sich gegen Tudjman. Erst nach dessen Tod durfte im Jahr 2000 der Verein wieder den gewohnten Namen tragen.

Zu Lebzeiten hatte Tudjman noch die Genugtuung, dass Kroatien bei der WM 1998 in Frankreich bis ins Semifinale kam und knapp gegen den Gastgeber, den späteren Turniersieger, verlor. Selbstverständlich erklärte das Regime den dritten Platz zum eigenen Erfolg und benützte ihn als Stütze des Nationalbewusstseins.

Zur Qualifikation für diese Weltmeisterschaft 1998 waren fünf Länderteams aus dem ehemaligen Jugoslawien angetreten: Kroatien, Slowenien, Mazedonien, die Bundesrepublik Jugoslawien und Bosnien-Herzegowina, das in Bologna spielte, da es über kein den FIFA-Normen entsprechendes Stadion verfügte.

Im Oktober 1999 stehen sich Kroaten und Serben im Maksimir-Stadion von Zagreb neuerlich gegenüber. Die Arena ist stärker denn je ein nationales Symbol für Abwehrkampf und Wiederaufbau, gleich nach dem Krieg hat man sie ebenso schnell renoviert wie die katholischen Kirchen. Obwohl der Staat über zu wenig Geld verfügt, hat Tudjman dies ausdrücklich angeordnet.

Nun kicken hier die beiden Mannschaften um die Qualifikation für die Europameisterschaft, die im folgenden Jahr in Belgien und den Niederlanden stattfinden soll. Beim Hinspiel hat es ein Unentschieden gegeben, die Kroaten müssen gewinnen, um bei der EM dabei zu sein. Teamchef Miroslav Blažević folgt der nationalistischen Ideologie von Tudjman, den er privat gut kennt, und betont mit entsprechendem Pathos: »Es geht um die Herrschaft auf dem Balkan.« Lang vor dem Anstoß sind die Tribünen voll. Die serbischen Spieler kommen in ihren dunkelblau-weiß-roten Dressen, in den Farben Jugoslawiens, auf das Feld, und sofort skandieren 38 000 Menschen »Vukovar! Vukovar!« – in der kroatischen Stadt in Ostslawonien hatten die serbischen Kämpfer zahlreiche Bewohner geradezu abgeschlachtet und eines der grausamsten Verbrechen in diesem wilden Konflikt begangen. Das Match endet 2:2, das kroatische Team fährt nicht zur EM.

Sechs Jahre später, wieder im Oktober, findet im Belgrader Stadion von Roter Stern das Qualifikationsspiel zur WM in Deutschland statt. Hausherr Serbien-Montenegro, wie Land und Team nun heißen, tritt gegen Bosnien-Herzegowina an.

Und man erlebt, wie serbische Fanhorden zehn Jahre nach Ende des Krieges auf bosnische Anhänger losgehen. Elf werden verletzt. Es ertönen die Sprechchöre, die auf Ratko Mladić, den Massenmörder von Srebrenica, und auf dieses Massaker vom Juli 1995 verweisen: »Töte den Türken«, »Dank dir Ratko«, »Messer, Stacheldraht, Srebrenica«.

# Modernisierung, Spielweisen

*Jahrhundertspiel – Fernsehen, Fans, Globalisierung*

Der Fußball hat die Grautöne abgelegt. Es ist eine neuartige Wahrnehmung, dem Match nicht in Schwarz-Weiß zu folgen. Man findet das recht passend zum lateinamerikanischen Flair, wie man es sich eben vorstellt. Die Schwenks ins Publikum zeigen sonnige Gesichter, rotweißgrüne Fähnchen, breite bunte Hüte. Bei der Eröffnungsfeier steigt eine Luftballonpracht auf. In jedem Stadion stechen die Werbetafeln grell hervor.

Bei dieser Weltmeisterschaft in Mexiko scheinen auch die Spielzüge farbenfroh. Die Brasilianer in gelb-blauen Dressen glänzen mit ihrem *Jogo bonito*, wie man es kaum je gesehen hat, mit Kickfreude und Überraschungen. Der tschechoslowakische Keeper Viktor wird fast Opfer so eines Geniestreichs, als Pelés plötzlicher Schuss von der Mittellinie über den arglos weit vor seinem Tor Stehenden hinwegfliegt, knapp daneben. Die Azzurri kommen aus der gesicherten Verteidigung vor ihrem spektakulären Schlussmann Albertosi über die Trickser Mazzola und Rivera zu Sturmläufen von Riva und Boninsegna. Sogar die schwarz-weißen Dressen der Deutschen meint man so bunt wahrzunehmen wie die Dribblings von Libuda, die elegant unwiderstehlichen Vorstöße von Beckenbauer, die blitzschnellen Aktionen von Gerd Müller, der in entscheidenden Momenten im Strafraum seine Gegner in die Zeitlupe versetzt.

Es ist für die WM 1970 nicht nur das Farbfernsehen eingeführt worden, man bekommt auch eine zweite Zeitzone und zwei Geschwindigkeiten nach Europa geliefert. Draußen die Juninacht, drinnen der mexikanische Sonnentag und Wieder-

holungen, die wichtige Szenen in langsame Bewegungen auf-
gliedern, während *Replay* auf dem Bildschirm steht. Das Ereignis ist in seinen Einzelheiten reproduzierbar, der Torschuss
kein unwiederbringlicher Moment. Und beim Match, das man
später auf der Tribüne in seinem europäischen Stadion verfolgt, ertappt man sich bald einmal dabei, dass man nach einem
Treffer auf das *Replay* wartet.

In Farbe spielen die Italiener in den blauen Trikots gegen die
Deutschen in den weißen. Es geht um den Einzug ins Finale.
Als man sich wieder aus dem Fernsehstuhl erhebt, ist draußen
Mitternacht vorbei. Gebannt hat man das Match erlebt, das
eines der spannendsten in der Geschichte des medialen Fußballs ist und seither im Reklamejargon der Medien Jahrhundertspiel heißt.

Am 17. Juni 1970 erfolgt der Ankick um 16 Uhr Ortszeit. Im
Azteken-Stadion von Mexiko City führen die Italiener vor mehr
als 100 000 Zuschauern bis zur letzten Minute. Dann kommt
die Flanke von links, in die Schnellinger zum Ausgleich hinein-
grätscht. Die Deutschen spielten zuvor Angriff auf Angriff gegen das Tor von Albertosi, Overath traf die Latte, einmal wurde
der Ball gerade noch auf der Linie vor Gerd Müller weggespit-
zelt. In der Verlängerung ist Franz Beckenbauer sehr beeinträchtigt, ein Foul hat ihn zu Fall gebracht, wegen der verletzten Schulter trägt er den Arm an die Brust gebunden. In der
95. Minute ein Corner von Libuda, Uwe Seeler köpft, zwei
Italiener zögern, Gerd Müller spritzt dazwischen – vorbei an
Albertosi, der dem Leder nachzukrabbeln scheint, rollt es
langsam zum 2:1 über die Linie. »Wenn Sie jemals ein echtes
Müller-Tor gesehen haben, dann jetzt«, ruft der TV-Kommen-
tator, während das Team um Müller an der Seitenlinie einen
kurzen Freudentanz vollführt. Sie mögen sich im Finale wäh-
nen: Welcher Gegner würde nach diesen Anstrengungen bei
dieser Hitze noch die Kraft haben, das Match zu drehen. Kurz
darauf spielen die Blauhemden einen Freistoß in den Strafraum und Sigi Held lässt Burgnich den Ball am Sechsmeter vor

die Füße springen. Sepp Maier ist gegen den Treffer aus kurzer Distanz chancenlos, es steht wieder unentschieden. Ein Flachschuss von Riva bringt die Azzurri in der 104. Minute neuerlich in Führung. »Man müsste schon fast von einem Wunder sprechen, würde es der deutschen Mannschaft wieder gelingen, den Ausgleich zu erzielen«, sagt der Kommentator beim Seitenwechsel. Und dann, zehn Minuten vor Ende der Nachspielzeit, ein Corner von rechts, wieder springt Seeler höher als die Verteidiger, köpft in Richtung Tor und dort verlängert Müller mit dem Kopf ins Netz zum 3:3. Aber im Gegenzug überläuft Boninsegna links seinen Gegner, gibt flach zur Mitte und Schnellingers Vereinskollege Gianni Rivera vom AC Mailand schießt zum 4:3 ein.

Sechs Tore innerhalb von zwanzig Minuten. Alle Höhen und Tiefen, schließt der Kommentator, so eine Dramatik habe er noch nie erlebt.

Als das Match abgepfiffen ist, hat man das Gefühl, dass diese Bilderübertragung in Farbe nun im richtigen Leben angekommen sei, zugleich jedoch wieder eine andere Ebene der Realität geschaffen habe.

Das Fernsehbild hat die Wahrnehmung zu beeinflussen begonnen. Die Grund-Einstellung ist der Kameraschwenk, der einen Teil des Spielfeldes nicht zeigt; er verstärkt den Eindruck von der Tiefe des Raums und schafft die Ahnung, dass außerhalb des momentanen Blickfeldes eine Überraschung lauere. Mit zunehmender Technisierung kam das Travelling dazu, das einen im Match mitlaufen lässt. Und heute wollen die TV-Events ihre Zuschauer aus allen Blickwinkeln in das Geschehen hineinziehen, zum Teil einer umfassenden Inszenierung machen, die weit über die neunzig Minuten und den Fußballplatz hinausreicht.

Eine in Europa nicht übertragene, weniger spielerische Realität hatte Mittelamerika im Vorfeld der WM erlebt.

Im Juli 1969 ist auf Hausmauern in der honduranischen

Hauptstadt Tegucigalpa »Rache für das drei zu null« zu lesen, während die Stadt von der Luftwaffe des Nachbarlandes bombardiert wird. Nach den Qualifikationsmatches, deren Sieger gegen Haiti um einen Startplatz bei der Weltmeisterschaft antreten soll, führen El Salvador und Honduras ihren Fußballkrieg.

Beim Hinspiel in Tegucigalpa zogen honduranische Fans vor das Hotel der Salvadorianer, um ihnen in der Nacht die Ruhe zu nehmen. Sie schrien und schlugen auf Kochtöpfe, sie hupten und ließen Knallfrösche krachen. Am nächsten Tag fiel das Siegestor dennoch erst kurz vor dem Abpfiff der Begegnung und die derart ungastlich behandelten Gäste verloren 0:1. Darauf erschoss sich zu Hause, in El Salvador, aus Verzweiflung eine junge Frau; sie erhielt ein Staatsbegräbnis, an der Spitze des Trauerzugs marschierten Ehrengarde, Regierung und Nationalteam.

Die honduranische Mannschaft verbrachte ihrerseits vor dem Retourmatch in San Salvador eine unbequeme Nacht. Mit Panzerwagen wurde sie ins Stadion geführt, am Rande des Spielfeldes stand die Nationalgarde mit Maschinengewehren. Während der Hymne ertönte ein Pfeiforkan, die Flagge von Honduras ging in Flammen auf, man hisste einen schmutzigen Fetzen. Dem 3:0 folgten wilde Ausschreitungen, zwei Menschen starben, 150 Autos aus Honduras wurden angezündet. Einige Stunden später waren die Grenzen zwischen den beiden Ländern gesperrt.

Das Entscheidungsspiel fand Ende Juni in Mexico City statt, die beiden Sektoren waren von fünftausend Polizisten getrennt. In der Verlängerung siegte El Salvador 3:2.

Am nächsten Tag brach Honduras die diplomatischen Beziehungen ab. Der Krieg begann, er kostete sechstausend Menschen das Leben. Ende Juli schlossen die beiden Staaten Waffenstillstand, den Friedensvertrag unterzeichneten sie erst 1980.

Diesen Fußballkrieg lösten zwar die Treffen auf dem Sport-

302   Modernisierung, Spielweisen

platz aus. Aber der wesentliche Grund war die Landreform in Honduras, die sehr zum Nachteil der Immigranten aus El Salvador ausfiel. Riesige Anbauflächen gehörten der United Fruit Company, und da die heimischen Bauern eine Agrarreform forderten, enteignete die Militärregierung die 300 000 Salvadorianer im Land. Binnen dreißig Tagen hatten sie in ihre Heimat zurückzukehren; viele wurden interniert, meist in Stadien.

Das WM-Finale im Azteken-Stadion entschied die Seleção gegen die Italiener fulminant mit 4:1 für sich. Kapitän Carlos Alberto hielt den Jules-Rimet-Cup in die Höhe und konnte ihn nach Hause mitnehmen; die Trophäe blieb in Brasilien, das nach 1958 und 1962 nun zum dritten Mal gewonnen hatte.

Damals kamen alle 22 Spieler des Kaders von heimischen Vereinen – 2006 waren dann mit zwei Ausnahmen alle bei europäischen Clubs. Da kamen auch im argentinischen Team bloß drei Kicker, davon zwei Torleute, aus der eigenen Liga. Zwei Monate nach dieser WM in Deutschland trugen Brasilien und Argentinien ein Freundschaftsmatch aus, aber weder in Rio noch in Buenos Aires, sondern im Stadion von Arsenal London.

Ende der neunziger Jahre hatte ein fußballerischer Ausverkauf Südamerikas begonnen. Aus Brasilien wurden allein 2004 etwa 850 Spieler ins Ausland veräußert, die dafür eingenommenen 15 Milliarden Dollar entsprachen drei Prozent des heimischen Bruttoinlandsprodukts. Das kleine Uruguay exportierte zwischen 2002 und 2012 über 1400 Spieler, ein bezeichnender Ausspruch in Montevideo lautet: *en el fútbol el objetivo es emigrar.*

Mit der intensiven TV-Reportage als Event und der Übertragung in bunter Realität über Zeitzonen hinweg hatte die Globalisierung eingesetzt, die sich nunmehr auf alle Bereiche und Belange des Fußballs auswirkt. Das Fernsehen brachte neuartige Möglichkeiten der Finanzierung mit sich, so dass die

Matchkarten seither nur noch einen geringen Teil der Einnahmen ausmachen. Eine Zeit lang, in den achtziger Jahren, kümmerten sich denn auch Vereine und Verbände weniger um das Publikum und den Zuschauerschnitt. Dann aber begann man das Spiel nicht einzig als Spiel zu verkaufen, sondern vielmehr als ausführlichen Event. Das besondere Ereignis braucht Begeisterung; der mediale Event braucht die begeisterte Masse.

Eine begeisterte Masse lässt sich leicht zu begeisterten Konsumenten machen. Die Kommerzialisierung scheint zunächst Bindungen – der Spieler und der Fans an den Verein – zu schwächen und einer Gemeinschaft weniger ideellen Sinn zu bieten. Es ist jedoch ab den neunziger Jahren vielen Vereinen gelungen, ihre Anhänger mit der Marke des Clubs zu mobilisieren, indem sie Tradition und Kommerz verknüpften; zugleich organisierten sich die Fans in Gemeinden und stärkten so ein Gruppenbewusstsein. Auf der Ebene der nationalen Verbände stülpte man dem Kommerz einen Nationalismus über, der ja insbesondere im Europa der EU oft auf das Feld des Spieles ausweicht.

Im Zusammenhang mit dieser Entwicklung äußerten sich im Fußball verstärkt Prinzipien des Marktes, der Werbung und des Showbusiness. Wie in allen Teilen der Unterhaltungsbranche fanden sich Elemente einer kurzzeitigen Gegenkultur bald einbezogen. Die Rockmusik von *Street fighting Man* wurde Mainstream, George Best der erste Kicker als Pop-Ikone. Walter Jens meinte 1974 in *Netzer kam aus der Tiefe des Raumes*, der Fußball habe bis in die sechziger Jahre »viele Relikte aus vorkapitalistischer Zeit« bewahrt und »Widersprüche zur herrschenden Ökonomie entwickelt«. Davon kann seither keine Rede mehr sein.

Der Aufbruch, der gegen Ende der sechziger Jahre sowohl in der Gesellschaft als auch im Fußball wirksam wurde, hatte nicht zuletzt ökonomische Gründe. *France Football* bemerkt: »1963 hatten die Fans im Stadion noch ›She Loves You‹ gesungen und den Rest der Woche in den Docks gearbeitet. Ende der

304  Modernisierung, Spielweisen

Sechziger oder Anfang der Siebziger waren sie bereits entlassen und arbeitslos. Wir sprechen hier von der Entwurzelung der Arbeiterklasse, die ihrerseits die Wurzel des Spiels war. Der Fußball macht indessen so weiter, als wäre nichts gewesen.« Mit diesem Schluss täuscht sich die Pariser Zeitschrift, denn die Wurzel des Spiels war die Elite, und die soziale Entwicklung um 1970 brachte tatsächlich wesentliche Veränderungen, die im Stadion und im Umfeld ihre Konsequenzen zeitigten.

Nach wie vor ist allerdings der Fußball mit Bildern proletarischer Männlichkeit verknüpft. Die Arbeiterklasse ist zwar nicht mehr jene, aus der Uwe Seelers Vater Erwin kam, der wohl der bekannteste deutsche Arbeiterfußballer war. Aber das Fernsehen liefert immer noch *working class heroes* wie Paul Gascoigne und Wayne Rooney, die aus Arbeiterfamilien stammen, ins Haus. Und im Kinofilm *Looking for Eric* gibt Cantona, das Idol von Manchester United, der desillusionierten Unterschicht wieder Illusionen.

In den achtziger, neunziger Jahren wurde der Fußball endgültig zum wesentlichen Teil der globalisierten Unterhaltungsindustrie. Nach dem bunten Beginn im TV und der spielfarbenfrohen WM von 1970 verlief diese Entwicklung nur etwas gebremst, weil zwischendurch die Taktik wieder auf Defensive baute, so dass die Matches nicht mehr so attraktiv waren. Es kamen weniger Zuschauer in die Stadien – die direkte Realität dort bot im Vergleich zur neuartigen Qualität des Fernsehens damals keinen kostengünstigen Event.

Außerdem waren in diesen Jahren einige Katastrophen zu beklagen. Bei einem Drittligaspiel geriet 1985 die baufällige Holztribüne in Bradford in Brand, 57 Menschen kamen ums Leben. Zwei Wochen später, am 25. Mai, fand das Finale des Europacups der Meister im Brüsseler Heysel-Stadion statt; Hooligans von Liverpool randalierten, 39 Anhänger von Juventus Turin wurden zu Tode gedrückt. Im April 1989 waren die Stehplätze beim Cup-Semifinale im Sheffielder Hillsbo-

*Abb. 18:* Brüssel, Heysel-Stadion, 25. Mai 1985.

rough überfüllt, bei der Massenpanik starben 96 Fans des FC Liverpool. In den meisten Ligen Europas brachte die Saison 1985/86 den Höhepunkt des Zuschauerrückgangs.

Vereine und Verbände reagierten, indem sie die Infrastrukturen modernisierten und entsprechend die Eintrittspreise anhoben. Die Stehplatzsektoren, die ein Symbol der Verbindung mit der Arbeiterkultur darstellten, erschienen nun gefährlich und unangemessen; sie mussten großzügiger angelegten Sitzplätzen weichen. Dafür baute man die Gitter ab, so dass die strikte Trennung zwischen Spielfeld und Tribünen wegfiel – ein architektonischer Kompromiss der beiden Großen Erzählungen Freiheit und Sicherheit, die seit Ende der achtziger Jahre gesellschaftspolitisch miteinander konkurrieren.

In dieser Zeit begann die Liberalisierung der Märkte; jene der elektronischen Medien brachte enorme TV-Einnahmen. Da in erster Linie die Spitzenclubs davon profitierten, setzten sie sich immer mehr von den übrigen Vereinen ab. Die Finanzkraft konnte sich zudem bald über die Grenzen hinweg auswirken.

306 Modernisierung, Spielweisen

1995 verkündete der Europäische Gerichtshof das Bosman-Urteil, nachdem der belgische Profi Jean-Marc Bosman sein Recht eingeklagt hatte, seinen Beruf beim französischen Zweitligisten Dunkerque ausüben zu können, ohne dass an seinen Ex-Club Transfergeld fließen müsse. Juridisch war ab nun klargestellt: Ablösezahlungen für vertragsfreie Spieler seien illegal und in der EU müsse ein »freier Personenverkehr« gewährleistet sein. Das heißt, dass ein Club in seiner Mannschaft beliebig viele Ausländer aus der Europäischen Union haben kann und dass die Spieler nicht so sehr Transferobjekte sind, sondern eher Vertragspartner der Vereine.

Das Urteil bedeutet weiter, dass sich der Fußball nicht im abgeschlossenen eigenen Spielraum bewegt und dass er – trotz gegenteiliger Vorstöße, die Funktionäre bisweilen bis heute andenken – doch der allgemeinen Jurisdiktion untersteht. Der Richterspruch bewirkte eine völlige Veränderung des Fußballmarktes, da nun die Gehälter der Kicker enorm anstiegen und die Spitzenligen ihren nationalen Charakter aufgaben. Obwohl die Globalisierung die »Mannschaft ohne Eigenschaften« fördere, existiere »so etwas wie eine spezifische deutsche, englische, italienische, spanische Fußballkultur«, beobachtet Harald Irnberger. Der Fußball sei die große Welt, in der die kleine ihre Probe hält.

Die Vermarktung florierte. Die Fernsehrechte für die WM 1990 ließen umgerechnet 62,6 Millionen Euro in die Kassen der FIFA fließen, 1994 waren es 72,5 Millionen, 1998 dann 89 Millionen; 2002 folgte der gewaltige Sprung auf 875,4 und 2006 auf 989,3 Millionen Euro. Ähnliche Zahlen sind bei den großen Ligen ersichtlich. In Frankreich gab es 1984/85 für die TV-Rechte umgerechnet 0,8 Millionen Euro, 1998/99 schon 106, 2004/05 dann 375 und 2008/09 die erneut enorme Steigerung auf 668 Millionen Euro.

1997 erwarben der deutsche Kirch-Konzern und die Schweizer Sportmarketing-Gesellschaft ISL, die aus dem Dunstkreis des Weltverbandes selbst kam, von der FIFA die Rechte für die WM 2002 und 2006. Als Kirch erklärte, man werde das Ereignis nur im Pay-TV sehen, gab es heftige Proteste. Die *Woche* brachte die Überschrift »Die Fußball-Diebe« und die *Süddeutsche Zeitung* titelte »Fußball für alle«, während der *Spiegel* darauf verwies, dass die Nationalelf seit Jahrzehnten ein fixer Bestandteil der deutschen Alltagskultur sei, und die *Zeit* gar das »Grundrecht Fußball« verteidigte. Am 23. Juni 1997 erließen der Europäische Rat und das Europäische Parlament die Verordnung »Fernsehen ohne Grenzen«, die den freien Zugang zur Übertragung von Ereignissen vorschreibt, die für die Gesellschaft von höchster Bedeutung sind. Die Mitgliedsstaaten erstellten eine entsprechende Liste und nannten fast ausschließlich Sportveranstaltungen – nur Österreich und Italien machten auch auf Kultur, sie gaben das Neujahrskonzert und den Opernball sowie die Festspiele von San Remo an. Innerhalb des europäischen Einheitsprojekts achteten die Staaten wieder einmal auf ihre eigene Sphäre: Die »höchste Bedeutung« legten sie in Bezug auf die nationale Identität fest, hatte doch die EU selbst vorgegeben, die für alle frei zugänglichen TV-Events müssten »eine besondere nationale Resonanz« und für die Nation eine verbindende Funktion haben.

Als der französische Präsident Jacques Chirac 1997 auf Staatsbesuch in Südafrika weilte, stellte er fest, dass sich die meisten Gespräche um die Weltmeisterschaft drehten, die im folgenden Jahr in Frankreich stattfinden sollte. Nach seiner Rückkehr erkundigte er sich, ob es Studien über die Fußballbegeisterung gebe, worauf er aus dem Kulturministerium die Antwort erhielt, man habe 1985 das Projekt »Rituelle Praktiken im gegenwärtigen Frankreich« finanziert. Es sei eine wissenschaftliche Studie über die Fans in Marseille, Turin und Neapel gewesen, im Parlament habe man jedoch debattiert, wozu man ein so triviales Projekt unterstütze. Die linke Mehrheit sei offenbar nicht an der Erforschung des populären Enthusiasmus interessiert

308  Modernisierung, Spielweisen

gewesen; 1993 habe man unter der nunmehr rechten Regierung ein derartiges Projekt wieder subventioniert.

Die verbindende Funktion, die von der EU in »Fernsehen ohne Grenzen« angesprochen ist, zeigt sich öffentlich am deutlichsten in den Fangemeinden. Sie treten so vehement auf, dass sie nicht selten von Polizeikordons eskortiert werden. Nach dem älteren Phänomen der Hooligans gibt es heute ein internationales Netzwerk der »Ultras«. Mit ihren Gesängen und den bengalischen Feuern symbolisieren sie einen Eventcharakter, bei dem das Spiel immer randständiger wird. Manche dieser Extremisten interessieren sich nicht für den Fußball, sondern ausschließlich für den von ihnen veranstalteten Event. Damit wiederum können zahlreiche traditionelle Anhänger nichts anfangen. Dass Fanclubs sich nunmehr gelegentlich auch im Politischen zu treffen vermögen, zeigten im Juni 2013 jene – ansonsten verfeindeten – der beiden Istanbuler Großclubs Galatasaray und Fenerbahce, die gemeinsam gegen die türkische Regierung demonstrierten.

Der Hooliganismus kam wie das Wort von der britischen Insel. Gruppen, die sich Ultras nannten, entstanden Anfang der siebziger Jahre aus der Anhängerschaft von Sampdoria Genua, dann in ganz Italien, in Frankreich, Spanien, Portugal, Jugoslawien. Sie waren militanter als die damaligen Fans in England, sie markierten ihr Territorium im Stadion. Bald hatten sie die Zusammensetzung und Verortung des Publikums auf den Tribünen wesentlich verändert, indem sie ihre »Kurven« mit ihrer besonderen Intensität und ihren heftigen Symbolen des Männlichkeitskultes gefüllt hatten. Von der Arena des FC Liverpool an der Anfield Road übernahm man dafür die Bezeichnung *Kop*, die 1964 weite mediale Verbreitung fand, als auf der damals größten Stehplatztribüne Europas der Meistertitel der *Reds* mit der Vereinshymne *You'll never walk alone* und mit Beatles-Songs gefeiert wurde.

Seinen ersten Höhepunkt in den Medien erlebte der Hooliganismus in der Regierungszeit von Maggie Thatcher, 1979 bis

Jahrhundertspiel – Fernsehen, Fans, Globalisierung   309

1990. Ihr Neoliberalismus brachte Privatisierungen, dadurch fielen Arbeitsplätze für die jüngere Generation weg. Zugleich begann die Eiserne Lady die Vorteile des Sozialstaates rückgängig zu machen, so dass eine No-Future-Generation entstand, die ihrem Mangel an Perspektiven gewalttätig Ausdruck gab. In der Gruppe ging das am besten auf den Tribünen und im Umfeld der Stadien. Gegen die Urheber der Ausschreitungen führte die Polizei 1986 in großem Ausmaß die Aktion »Own Goal« durch. Die Katastrophen von Bradford und Heysel bestätigten offenbar Thatcher in ihrer Offensive gegen die Hooligans; die Premierministerin befürwortete ausdrücklich, dass die englischen Clubs für fünf Jahre von den europäischen Wettbewerben ausgeschlossen wurden.

Da die maßgeblichen Vereine dadurch jedoch große finanzielle Verluste erlitten, forderten sie, eigene Verträge mit Radio und TV abschließen zu dürfen. Dies war einer der Anlässe, die dann 1992 zur Gründung der Premier League führten.

Inzwischen hatten in Hillsborough 96 Fans ihr Leben gelassen. Die Boulevardzeitung *Sun* und die Thatcher-Regierung zeigten auf die Verantwortlichen, die sie schnell in den Hooligans ausfindig gemacht hatten. Erst 2012 kamen die wahren Umstände an die Öffentlichkeit: Versagen der Behörde, unterlassene Hilfeleistung.

Nachdem die Seleção 1970 in Mexiko mit ihrem faszinierend offensiven Spiel den dritten Weltmeistertitel geholt hatte, konnte man hie und da auf den Straßen der großen europäischen Städte brasilianische Trikots auftauchen sehen. Es war ein Zeichen, dass sich der Fußball zu einem weltumfassenden System zu entwickeln begonnen hatte. Zwar blieb er noch stark regional verankert, und viele Clubs stehen nach wie vor für bestimmte Viertel wie Botafogo und Flamengo in Rio. Mit dem Fernsehen fing jedoch eine Globalisierung der Anhängerschaft an, die sich später mit dem billigen Flugverkehr und den technischen Möglichkeiten der Internetgesellschaft verstärkte.

310 Modernisierung, Spielweisen

Heute bestehen zahllose transnationale Anhängerschaften und ein Stadiontourismus, das *Ground hopping*.

Die Globalisierung ist ein Schlagwort, das nach dem Zusammenbruch des Ostblocks ab 1989 seine mediale Hochkonjunktur als unausweichliches Credo erlebte. Der Chef der Welthandelsorganisation verkündete 1996, die Globalisierung schreite wie ein Naturgesetz fort; sie unterbrechen zu wollen, das »wäre, als versuchte man, die Rotation der Erde zu stoppen«. Das Phänomen ist freilich wesentlich älter; manche Historiker setzen frühe Phasen ab dem 16. Jahrhundert an.

Da der Fußball ab den 1920er Jahren in vielen nationalen Gesellschaften zum dominierenden Sport geworden war, hatte er die Nationsbildung verstärkt. Die Mannschaft konnte als Mythos im Bild der Gesellschaft aufgehen. Die Erzählung des Zusammenhangs zwischen Siegen und Fortschritt vermittelte einfache Erklärungen von komplexen Vorgängen. So hieß es in Montevideo, das moderne Uruguay sei durch zwei Varelas entstanden, durch José Pedro Varela, den Reformer in der zweiten Hälfte des 19. Jahrhunderts, und durch Obdulio Varela, den Kapitän der Weltmeistermannschaft von 1950.

Mit dem Ende des Kalten Krieges richtete sich das Augenmerk von Medien und Gesellschaften viel stärker auf globale Bezüge, auf das vielschichtige und bewegliche Weltsystem sowie auf die Vielfalt und Melange von Kulturen. Auch im Fußball konnte man sich nicht mehr im Wesentlichen auf Europa und Südamerika beschränken; die WM wurde eben 1970 und nochmals 1986 an Mexiko vergeben, 2002 dann an Japan und Südkorea, 2010 an Südafrika. Die Globalisierung, die in vielen Bereichen vor allem eine Amerikanisierung ist, wirkt derart auf diese Events: Coca Cola und Nike sponsern die Weltmeisterschaften. Und die massenhafte Migration von Kickern macht Match für Match die Internationalisierung ersichtlich.

Eine *Fiesta Futbol* steigt regelmäßig im Norden Ecuadors. Die Otavalo Indios treffen zu Hause zusammen, Stadt und Region

heißen nach ihren fünfzigtausend indigenen Bewohnern Otavalo. In aller Welt sind sie als Straßenmusiker oder als Textil-
arbeiter unterwegs. Einmal im Jahr kommen diese Reisenden
der Globalisierung zu ihren Wurzeln zurück – um ihr Kicktur-
nier auszutragen.

Der Fußball zieht die einen hinaus und die anderen zurück.
Etwas Verbindendes hat er so und so.

## Systeme 1: der Raum der Holländer

Der Fußball wird auf abgegrenztem Feld gespielt; und doch
kennt er die Tiefe des Raums.

Er lebt von Strategien, wie der Platz zu besetzen sei und wie
sich das Team darauf bewegen solle. Das Kollektiv vermag nicht
nur selbst mit dem Raum zu verfahren, sondern kann ihn zudem für den Gegner einschränken. Eine entscheidende Folge
der Abseitsregel ist es, dass man unter bestimmten Bedingungen einen Teil des Feldes praktisch der anderen Mannschaft
entzieht oder ihr zumindest den Zugang wesentlich erschwert.

Die ersten großen Raumarchitekten des Fußballs im Me-
dienzeitalter, die Taktik und Spielweise revolutionierten, waren
die Holländer unter der Führung des Trainers Rinus Michels
und des genialen Stars Johan Cruyff. Beim Regisseur von Ajax
Amsterdam und der *Oranjes*, des Nationalteams der Niederlande, zeigten sich auf dem Rasen und außerhalb des Stadions
Auswirkungen der Veränderungen, die man mit dem Zeit-
zeichen »1968« versehen hat: eine kritische Betrachtung des
Bestehenden sowie der Versuch, über Traditionen und Normen
hinweg neue Lösungen zu finden. Diese Einstellung entsprach
der jungen Generation in einem Staat, der um 1970 in Europa
als Hort der Freiheit galt. »Warum sind die Dinge so geregelt?«,
war die neue fragende Grundhaltung; und Cruyff stellte als
Erster in Frage, warum bei Turnieren die Verbandsfunktionäre

312   Modernisierung, Spielweisen

versichert seien und sie, die Spieler, nicht. Vor allem war er der Motor eines neuen taktischen Systems – das, bei ein wenig spekulativer Freiheit der Betrachtung, aus dem Verhältnis der Holländer zu ihrem Raum heraus entwickelt wurde. Immerhin meint Klaus Theweleit im Gegensatz zur Systemtheorie von Niklas Luhmann: »Systeme einer Gesellschaft werden von jedem Teilsystem aus, das man gut genug kennt, wahrnehmbar, verstehbar und beschreibbar.«

In seinem Buch *Brilliant Orange* mit dem Untertitel *The Neurotic Genius of Dutch Football* beschreibt David Winner den Raumgewinn der Holländer. Dessen Beginn setzt er mit Rinus Michels und seinem Nachfolger Stefan Kovács bei Ajax Amsterdam an, mit Cruyff und Johan Neeskens, die später Michels zum FC Barcelona folgten und dort das Spielsystem weiterführten.

Wie auch die Grundzüge der holländischen Malerei von Vermeer bis Mondrian lasse sich die »Fußballrevolution« von der Besonderheit des Raumgefühls aus der »künstlichen Herstellung Hollands« herleiten. Das Land musste man dem Meer abgewinnen; das bewirkte eine Raumordnung, die immer wieder vom menschlichen Schaffen geregelt, neu ausgeweitet oder eingedämmt wurde. Man sah den Boden in Quadrate und Rechtecke geteilt, von Deichen und kilometerlangen geraden Straßen strukturiert, in einem geplanten Wechsel von Wasser- und Landflächen. Diese Wahrnehmung habe über die Jahrhunderte Denk- sowie Verhaltensweise beeinflusst und ein strukturell abstraktes Raumgefühl ausgebildet, dessen Anwendung im Laufe der Geschichte oft nachzuweisen ist. So hatten die Niederländer des 17. Jahrhunderts im Krieg gegen die Spanier das Land durch künstliche Überschwemmungen für den Feind eng gemacht.

Der Fußball der späten 1960er Jahre sei eine Folge der Raumabstraktion und zur selben Zeit entstanden, als die calvinistisch geprägten Niederlande sich liberalisierten. Sie erlebten einen Wirtschaftsboom, entwickelten ihren Sozialstaat und

Systeme 1: der Raum der Holländer    313

lösten langsam die strikten gesellschaftlichen Trennungen auf,
die »Versäulung« in Protestanten und Katholiken, in Liberale
und Sozialisten. Im Dezember 1962 war in Amsterdam das
erste Kunst-Happening zu erleben; 1963 bildete sich bei den
Protesten gegen die konservativen Studentencorps eine links-
alternative Studentenunion, die dann – als erste in Europa –
1970 ein reelles Mitbestimmungsrecht an den Universitäten erreichte. Über den Kanal kam die Popmusik aus London; 1965
entstand die Provo-Bewegung, die gegen die Macht des Groß-
kapitals und der heimischen Konzerne wie Shell oder Philips
auftrat. Auch mit ihrer Forderung nach einer anderen Ver-
kehrspolitik, die im Urbanen Fahrräder bevorzugen sollte, trug
sie zum neuen Stadtbild Amsterdams bei, das bald zum Treffpunkt europäischer Hippies wurde. In diesem Ambiente galten
die langhaarigen Ajax-Kicker als Ikonen und Cruyff als Modell
für die Jugend wie John Lennon in England.

In der Mannschaft war Johan Cruyff der »Fußballdenker«,
der den anderen Spielern Räume und Linien wies, der oft und
oft über Bewegung, Schnelligkeit und Flächenaufteilung sprach.
Er betonte ganz im Sinne der gesellschaftlichen Entwicklung
seiner Generation: »Spiele gewinnt man, indem man kreativer
als der Gegner ist.« Und es erschien eine Spur provokant, als er
sagte, man solle »weniger laufen, mehr genießen« – denn tatsächlich verlangte das System seiner Teams eine enorme Lauf-
leistung.

1973 holte sich Ajax zum dritten Mal hintereinander den
Europacup der Meister; im selben Jahr kam ein sozialdemokra-
tischer Ministerpräsident an die Regierung, der zum Motto er-
kor: »Die Phantasie an die Macht.«

In späteren Interviews wollten einige der Ajax-Stars jener
Ära selbst freilich keine direkten Zusammenhänge zwischen
ihrem totalen Fußball und der gesellschaftlichen Entwicklung
erkennen. Dennoch sticht es ins Auge, dass der Aufschwung in
beiden Bereichen zur gleichen Zeit erfolgte. Und ganz unberührt von Verhaltens- sowie Sichtweisen, die mit der Macht ih-

314 Modernisierung, Spielweisen

res Fortschritts an die Öffentlichkeit drängten, wird man in den Vereinen und auf dem Spielfeld nicht geblieben sein.

Die Niederlande hatten 1964 noch im EM-Achtelfinale gegen den kleinen Nachbarn Luxemburg verloren; nur sieben, acht Jahre später wurde hier der progressivste und wohl beste Fußball der Welt gespielt.

Rinus Michels rettete Ajax zunächst vor dem Abstieg, dann gewann der Verein von 1966 bis 1973 sechsmal die Landesmeisterschaft. Als die Mannschaft 1972 im Finale des Europacups 2:0 gegen Inter Mailand siegte – beide Tore erzielte Cruyff –, schrieb die internationale Presse vom Tod des Catenaccio und vom Triumph des totalen Fußballs. Im selben Jahr holte sich Ajax gegen die Argentinier von Independiente auch den Weltpokal.

Feyenoord Rotterdam war das zweite große Team des Landes. Unter dem Wiener Trainer Ernst Happel, der selbst den Donaufußball gespielt hatte und dann bei der WM 1978 Nationalcoach der Niederlande sein sollte, gewann der Club den Europacup der Meister ein Jahr vor Ajax, im Mai 1970 mit einem 2:1 gegen Celtic Glasgow.

Der offensiv ausgerichtete *Voetbal totaal* der Niederländer funktionierte in ihrem kreativen Kollektiv.

Die Viererkette der Abwehr stand möglichst nahe an der Mittellinie, um durch Abseits und aggressiven Druck den Raum zu verkleinern, so dass der Gegner vom Feld nur noch die Hälfte zu nutzen vermochte – dieses »Räume eng machen« gehört heute zu den Grundbegriffen der Taktik. Bei Ballbesitz wurde hingegen der Platz in seiner ganzen Breite genützt, das Spiel mit schnellem Flügelwechsel und Diagonalpässen, die den Angreifern Räume öffneten, auseinandergezogen. Das schuf überraschende Situationen, zu denen auch die Kunst beitrug, dem Ball unvorhersehbare Flugbahnen zu geben. Der oftmalige Wechsel der Formation im Lauf des Matches brachte

Systeme 1: der Raum der Holländer    315

einen Gewinn an Beweglichkeit des ganzen Teams, verlangte
aber, dass eine Lücke sofort vom Nächstplatzierten geschlossen
wurde. Das bedeutete, dass alle Feldspieler gemeinsam ver-
teidigten und angriffen. Sie mussten also über eine ausgezeichnete Kondition und eine sehr gute Technik verfügen, über
ein ausgeprägtes taktisches Verständnis und die Fähigkeit, das
Spiel zu beschleunigen.

Die derart dynamische Spielweise repräsentierte Cruyff als
Regisseur selbst am besten, da er überall auf dem Feld zu finden
sein konnte, dort und da überraschend auftauchte. Seine Team-
kollegen erzählten, dass er mit Michels das Spielfeld in Planqua-
drate oder Dreiecke aufgeteilt hatte und dass im Training das
Verschieben der ganzen Formation immer wieder geübt wurde.

Eines der bezeichnenden Tore dieses totalen Fußballs ist
das dritte beim 4:0 über Argentinien im WM-Match 1974. Die
Oranjes spielen aus der Abwehr heraus den Ball zu Cruyff, der
ihn auf der Mittellinie zu Arie Haan zurückpasst und sich
sofort nach links vorne an die Seitenlinie bewegt. Haan überlässt, offenbar zur Überraschung der Gegner, das Leder dem
von hinten anstürmenden Verteidiger Ruud Krol, der zu Cruyff
nach außen weitergibt. Dieser zieht sehr schnell nach innen,
ein kurzes Dribbling an einem Argentinier vorbei, zugleich
blickt Cruyff auf, sieht die Bewegung im Zentrum und flankt
genau auf den Kopf des daherflitzenden Johnny Rep, der aus
kurzer Distanz trifft.

Im Finale gegen Gastgeber Deutschland haben die Niederländer Anstoß. Sie lassen den Ball über mehrere Stationen laufen, als ob sich jeder einmal langsam mit ihm anfreunden
müsse. Die Männer um Beckenbauer scheinen sich auch erst
warm zu traben. Da tritt plötzlich Cruyff vom Mittelkreis aus
mit dem Leder an, dem totalen Tempowechsel kommt Vogts
nicht nach und Uli Hoeneß kann den Kapitän der Oranjes am
Rand des Strafraums nur durch ein Foul stoppen. Johan Neeskens verwandelt den Elfmeter; die Holländer führen 1:0, da haben die Deutschen noch kein einziges Mal den Ball berührt.

316  Modernisierung, Spielweisen

Dann jedoch verläuft das Match anders, Paul Breitners Penalty und Gerd Müllers trockener Schuss aus der Drehung bringen die Entscheidung zum 2:1. Das Team, das in diesen Jahren wohl den besten Fußball spielt, wird 1974 nicht Weltmeister, auch nicht 1978.

Die Niederlage im WM-Finale von München haben viele in den Niederlanden als das größte sportliche Trauma des Landes im 20. Jahrhundert bezeichnet, das auch der Titelgewinn bei der Europameisterschaft 1988 in Deutschland nur teilweise aufzuwiegen schaffte. An jenem Sommerabend 1974 gingen neun Millionen Menschen, also sechzig Prozent der Bevölkerung auf die Straßen; es war die größte öffentliche Versammlung seit der Befreiung von der nationalsozialistischen Besatzung. 1988 machte dann in den Niederlanden der Satz die Runde, nun hätte man das – im Krieg von den Deutschen geklaute – Fahrrad der Oma zurückgebracht. Die gegenseitige Abneigung der Deutschen und der Holländer, ja der Hass saß jahrelang auf den Tribünen und spielte auf dem Rasen mit: Deutlich zeigte sich dies bei der WM 1990, als Frank Rijkaard gegen Rudi Völler spuckte und der Schiedsrichter beide ausschloss.

1973, nachdem die Franco-Diktatur Spaniens Grenzen für ausländische Kicker geöffnet hatte, unterschrieb Johan Cruyff beim FC Barcelona, wo nun Rinus Michels als Trainer fungierte. Der Verband wollte seinen Star nicht ziehen lassen; Cruyff hatte ihn unter Druck gesetzt um wechseln zu dürfen. Bis 1978 spielte er bei Barça, zehn Jahre später wurde er dort Technischer Direktor.

Mit Michels verpflanzte er die Spielweise zu den Katalanen. »Laufen kann jeder«, erklärte er, »aber wer sechzig, siebzig Meter läuft, wird sein technisches Vermögen nicht mehr ausspielen können. Daher muss man den Ball laufen lassen und darauf achten, dass es immer freie Anspielstationen gibt.« Bei Barcelona schuf er dazu eine Trainingseinheit, *rondos* nannten sie dort die Übung, die heute in jedem Team gängig ist: Die Spieler bilden einen Kreis, der Ball zirkuliert schnell, während zwei im Kreis versuchen, die Zuspiele zu erwischen – weiterentwickelt brachte dies das *Tiki Taka*, mit dem Barça und die spanische Elf seit einigen Jahren ihre Titel holen.

Auch anderswo fand der totale Fußball der Holländer Nachahmung.

In der Sowjetunion führte ihn Valeri Lobanowskyi bei Dynamo Kiew ein. Er entwickelte neue Trainingsmethoden und arbeitete mit der Sportwissenschaft und der Medizin zusammen. Die Leistungsfähigkeiten jedes Spielers ließ er genau analysieren, sowohl die körperlichen als auch die technischen und taktischen. Dazu dienten medizinische Tests und die systematische Bewertung der Aktionen im Match. Alle Mannschaften des Vereins übernahmen das System der Niederländer, um eine Kontinuität zu gewährleisten. Derart gewann Dynamo Kiew, das zeitweise fast identisch mit dem UdSSR-Team war, sieben Meisterschaften zwischen 1974 und 1986, in den beiden Jahren jeweils den Europapokal der Pokalsieger.

Der Schriftsteller Juri Andruchowytsch erzählt, Loban – wie man Valeri Lobanowskyi nennt – sei in der unabhängigen Ukraine geradezu ein Nationalheiliger geworden, während bei der im Lande ausgetragenen EM 2012 nur ein mittelmäßiges Team mit mittelmäßigen Spielern antrat, gut bezahlt von Oligarchen: »Was uns bleibt, sind die Legenden.« Und Andruchowytsch fügt hinzu: »Meine Verzweiflung hat eine philosophische Dimension. Es ist nicht nur das Scheitern eines bestimmten Fußballprojekts. Es ist das Scheitern des Rationalismus.«

Diese Holländer und ihr System waren – wenig rational – zur Legende geworden. Der stämmige Ajax-Verteidiger Barry Hulshoff erinnert sich, dass er erst viel später verstanden habe, an einer außerordentlichen Entwicklung beteiligt gewesen zu

318    Modernisierung, Spielweisen

sein. Als Junge hatte er das weiße Ballett von Real mit Alfredo
Di Stéfano verehrt, das er im Schwarz-Weiß-TV erlebt hatte.
Nach dem Ende seiner Spielerkarriere war Hulshoff kurz als
Trainer in Griechenland tätig. Da sei er einmal in ein Dorf ge-
kommen, dort habe er einen alten Mann getroffen, der seine
Hand gehalten und zu weinen begonnen habe: »Ich hatte keine
Ahnung, was vor sich ging, bis es mir der Dolmetscher erklärte.
Im Dorf gab es früher keinen Fernseher, und der Alte sei zwei
Stunden lang ins nächste Dorf gegangen, um dort die Spiele
von Ajax zu erleben, so wie ich die Spiele von Real Madrid ge-
sehen hatte, gemeinsam mit vielen Menschen vor einem Bildschirm. Der Alte liebte Ajax, und nun stand ein Mann vor ihm,
den er damals in Schwarz-Weiß verehrt hatte.«

Indes hatten die Holländer 1978 – Johan Cruyff spielte nicht
mehr in der Nationalelf – debattiert, ob sie an der WM teilnehmen sollten. Im Veranstalterland Argentinien herrschte die Militärdiktatur. Die Oranjes traten dann doch an, im Finale trafen
sie auch dort auf die Gastgeber. Den Generälen verweigerten
sie den Handschlag.

*Das pervertierte Stadion: südamerikanische Diktaturen*

Am 11. September 1973 putschten in Chile die Militärs, unter-
stützt von den USA und deren Außenminister Henry Kissinger.
Sie bombardierten den Amtssitz des Staatsoberhauptes, ver-
setzten das Land in den Schrecken des Ausnahmezustands und
errichteten ihre Gewaltherrschaft, in der die Ermordung der
Gegner Prinzip war. Der demokratisch gewählte Präsident, der
Sozialist Salvador Allende, bezahlte wie viele andere mit seinem
Leben. Das riesige Estadio Nacional von Santiago, in dem das
Finale der Weltmeisterschaft 1962 stattgefunden hatte, verwen-
dete die Diktatur nun als Gefängnis für politische Häftlinge.

Das pervertierte Stadion: südamerikanische Diktaturen    319

Die chilenische Elf hatte die entscheidenden Begegnungen für die Teilnahme an der WM 1974 gegen die Sowjetunion auszutragen. Nachdem das Spiel in Moskau 0:0 geendet hatte, weigerte sich die UdSSR, zum Retourmatch am 21. November 1973 in Santiago anzutreten, in einem Stadion, in dem noch einige Tage zuvor gefoltert und exekutiert worden war.

Die Junta wollte jedoch der Welt vorführen, dass unter ihrem Regime Normalität herrsche. Folglich lehnte der chilenische Verband einen anderen Austragungsort im Land mit der typischen Formel ab, hinter der sich Funktionäre trotz besseren Wissens immer wieder verstecken: Das »wäre eine politische Lösung, die mit dem Sport nichts zu tun habe«.

Darauf schickte die FIFA ihren Vertreter, einen Schweizer Juristen, vor Ort. Dieser erklärte nach der Besprechung mit Offizieren in seinem Rapport, der entweder von seltener Naivität oder von zynischem Kalkül zeugt, gegen das Stadion sei nichts einzuwenden: Die ganze Anlage, auch »der Rasen befand sich in herrlichem Zustand«; »alle Gefangenen befanden sich noch in den Kabinen« – hier würden vorwiegend Ausländer festgehalten, um ihre Identität zu überprüfen, das Stadion werde vor dem Spiel »gesäubert«. In den FIFA-News stand tatsächlich, dass in Chile »das Leben wieder normal ist«. Zu jenem Zeitpunkt waren noch 2000 Menschen im Stadion gefangen; zuvor sollen es 40 000 gewesen sein.

Der Weltverband, der sich in schöner Regelmäßigkeit frei von Politik deklariert, wies den Protest der Sowjetunion ab. Das Team der UdSSR reiste nicht an, und Augusto Pinochet, der Chef der Militärjunta, ließ ein Phantommatch ablaufen. Auf den Tribünen saßen Soldaten, elf Spieler standen auf dem Platz, einer schoss zum 1:0 für Chile ins Tor; darauf konnte kein Gegner den Anstoß durchführen und der österreichische Schiedsrichter Erich Linemayr pfiff das kürzeste Spiel seiner Karriere ab. Die Resultat-Buchhalter der FIFA werteten es mit 2:0 für Chile. Die Sowjetunion belegten sie mit einer Strafe von 5000 Schweizer Franken, und der chilenische Verband for-

*Abb. 19:* Santiago de Chile, Estadio Nacional, September 1973.

derte (allerdings ohne Erfolg) einen hohen Schadenersatz für die entgangenen Einnahmen aus Kartenverkauf und Fernsehrechten.

Es war nicht das erste Mal, dass ein Stadion von einer Diktatur als Ort der Gewalt und Repression benützt wurde. Eine Arena ist eingegrenzt und leicht abschließbar, sie kann gut Schauraum und zugleich Überwachungsraum sein (heute filmen beim Match zahlreiche Kameras jeden Sektor); unter den Tribünen birgt sie zudem abgelegene Zellen. Freilich vermag die Masse eine Sportstätte auch zu Orten des Widerstands oder des Karnevals zu machen. Liest man Michel Foucaults *Überwachen und Strafen*, so fallen Parallelen zu Gefängnissen auf. Sport erscheint in diesem Licht als eine soziale Praxis, die Foucault als Ausdruck der »Disziplinargesellschaft« beschreibt.

Dass das Stadion eine sichere Art der Aufbewahrung von Massen bietet, haben Nazis und französische Kollaborateure 1942 in Paris genützt, als sie im Velodrome d'Hiver 13 000 jüdische Gefangene deportationsbereit einsperrten. Und in den letzten Jahrzehnten gab es kaum einen Krieg, in dem nicht ein Stadion als Kerker, für Folter und Exekutionen Verwendung fand wie das Olympic Stadium in Kabul, in dem die Taliban Hinrichtungen durchführten.

Das Estadio Nacional von Santiago de Chile wurde zum fixen Begriff eines derartigen Repressionsortes, zum konzentrierten Bild für die Verbrechen des Pinochet-Regimes. In Europa nahm man es umso stärker wahr, als Salvador Allende von Linken zum Modell für einen demokratischen, humanen Sozialismus erhoben wurde, sein Ende also das Ende von Hoffnungen und Träumen bedeutete – davon zeugen die zahlreichen Solidaritätskomitees, die alsbald entstanden. Die Geschehnisse in diesem Stadion sind heute gut dokumentiert, sie erhalten dennoch eine mythische Dimension. Der ermordete Sängerpoet Víctor Jara soll hier sein letztes Lied geschaffen haben (tatsächlich war es wahrscheinlich im kleineren Estadio Chile, das ebenfalls als Folter- und Exekutionsstätte diente; seit 2004 ist es nach Jara benannt). Und da Allende im Estadio Nacional am 5. November 1970 seine Antrittsrede gehalten hatte, verbindet dieser Gedächtnisort den Anfang und das Ende seiner Ära.

Bei der Weltmeisterschaft 1978 saßen die Zuschauer ebenfalls in den Stadien einer Militärdiktatur.

Am 23. Juli 1966 hatten die Argentinier in Wembley jenes Match gegen England verloren, bei dem Antonio Rattín ausgeschlossen worden war; fünf Tage später putschte die Armee unter General Juan Carlos Onganía. Der Diktator sah den Sport als politische Bühne; beim Empfang der aus London zurückgekehrten »heroischen Spieler« verurteilte er das englische Publikum aufs Schärfste.

Unter seinem Regime kam es mehrmals zu schweren Unruhen in den Städten; im Fußball nahm die Gewalt auf den Tribünen, außerhalb der Stadien und auf dem Feld deutlich zu. Der moderne Stil, der sich an europäischer Organisation und Effizienz orientieren wollte, hatte mit dem Aufstieg von Estudiantes de la Plata, der härtesten Mannschaft in der heimischen Fußballgeschichte, den kreolischen Stil in den Hintergrund gedrängt.

322  Modernisierung, Spielweisen

Nach einer kurzen Übergangsphase gab es 1973 freie Wahlen, welche die Perónisten für sich entschieden. Aber schon drei Jahre später griff die Armee wieder ein – in den siebziger Jahren beileibe keine Seltenheit in Lateinamerika. Die Junta unter General Videla wurde von Liberalen unterstützt, die derart einen Ausweg aus der Wirtschaftskrise sahen. Die argentinische Gesellschaft sei krank, sie müsse wieder zu den konservativen Werten bekehrt werden, hieß es. Dazu schufen die Militärs ihren Terrorapparat, der innerhalb eines Jahres 15 000 Menschen umbrachte und spurlos verschwinden ließ (insgesamt waren es dann etwa 30 000), Zehntausende zu politischen Gefangenen machte und viele ins Exil trieb. Diese mörderische Disziplinierung der Gesellschaft brachte keineswegs den von der Diktatur angekündigten wirtschaftlichen Aufschwung mit sich, im Gegenteil: Die Löhne sanken deutlich, die Inflation stieg und stieg.

Bereits 1966 in England hatte die FIFA die zwölf Jahre später stattfindende Weltmeisterschaft an Argentinien vergeben. Sobald die Junta 1976 an der Macht war, erklärte sie die WM per Gesetz zum »nationalen Interesse«; insgesamt investierte sie 700 Millionen Dollar, also zehn Prozent des jährlichen Staatsbudgets – das Turnier erwies sich jedoch dann als ökonomisches Desaster: Die Organisatoren hatten mit mindestens 50 000 Touristen gerechnet; es kamen siebentausend, dafür eine größere Anzahl an Journalisten als je zuvor zu einer WM.

Die internationalen Instanzen des Fußballs und alle Beteiligten, die gern von der Politikferne ihres Sports phantasieren, hätten sich über die Intentionen der Diktatoren völlig im Klaren sein können. Im Oktober 1975 sprach sie Videla in Montevideo aus; er hätte nicht deutlicher zu sein vermocht: »Wenn es notwendig zur Wiederherstellung des Friedens im Lande ist, dann müssen alle im Wege stehenden Personen sterben. Es müssen so viele Menschen wie nötig in Argentinien sterben, damit das Land wieder sicher ist.« Und der Gouverneur der Provinz Buenos Aires listete auf: »Erst werden wir die Subver-

siven töten, dann ihre Kollaborateure, dann die Sympathisan-
ten, danach die Indifferenten und zum Schluss die Lauen.«

Das wollte die FIFA nicht gehört haben. Der Präsident
des DFB, der zugleich Vizepräsident des Weltverbandes war,
erklärte gar der *Sport-Illustrierten* im April 1978 die Machtübernahme der Militärs als »Wende zum Besseren«: Das Demokratieverständnis der Südamerikaner sei eben anders, durch
Diktaturen würden die Menschen »ab und zu mal wieder wach-
gerüttelt in Richtung gesundem Demokratieverständnis«. Jenem Hermann Neuberger bescheinigt heute der DFB auf seiner offiziellen Seite »Ziele und Visionen im Weltformat«. Am
26. Juni 1978 schrieb Joachim Fest in der *Frankfurter Allgemeinen Zeitung*: »Autoritär geführt, ein Relikt aus obrigkeitlichen
Verhältnissen«, so existiere der DFB, trotz seines Millionenan-
hangs, vielfach auch im Widerspruch zu den Normen und Vorstellungen der Gesellschaft.

Einige Nationalspieler stellten sich die Frage, ob man bei der
Weltmeisterschaft im Land und in den Stadien einer derartigen
Diktatur teilnehmen solle. Schließlich reisten alle an.

Die deutsche Delegation bekam dann das Militärische recht
nah zu spüren. Sie war im Erholungsheim der argentinischen
Luftwaffe untergebracht; dort erhielt sie Besuch vom NS-Flie-
geridol und nach wie vor bekennenden Nazi Hans-Ulrich
Rudel – immerhin war Argentinien ja das Land, in dem viele
Kriegsverbrecher untergetaucht waren; in der Andenstadt Ba-
riloche gab es geradezu eine derartige Kolonie. Dieser Gast bei
der Nationalmannschaft erschien nun doch einigen Politikern
in der BRD nicht opportun, und der Bundestag schickte seinen
Vertreter, um den Vorfall zu untersuchen und für politisch weniger bedenkliche Zustände im Teamquartier zu sorgen.

Berti Vogts soll die von der Junta ausgestellte Normalität bestätigt haben: Er habe keinen politischen Gefangenen gesehen.
Im Hochglanz-Band, den Vogts bald nach dem Finale über
die WM herausgab, beginnt das Vorwort des »Chefredakteurs«

324 Modernisierung, Spielweisen

Karl-Heinz Huba mit den Worten: »Wozu der Fußball in der Lage ist, das wurde in dreieinhalb Wochen des Juni 1978 wieder einmal überdeutlich.« Die Medien hätten gute Arbeit geleistet, denn die »totale Berichterstattung aus Argentinien führte zur totalen Hysterie«; nie zuvor sei Fußball erschöpfender dargestellt worden. Das Buch, behauptet er, »soll ein Spiegelbild dessen sein, was in diesen Tagen von Argentinien geschah« – keine Rede von Diktatur, keine Rede von Folterungen und Morden. Nur von der »Diktatur der Taktik« schreibt Jürgen Werner. Und der erste Satz der Einleitung von Berti Vogts lautet: »Es wäre schön, sagen zu können, Fußball ist ja nur ein Spiel«.

Was aber außerhalb des Spielfeldes passierte und was in diesen Stadien geschehen war, interessierte all diese Herren offenbar nicht. Immerhin zitiert der Band einen Artikel der *Süddeutschen Zeitung* von Claus Heinrich Meyer: »Aber in Argentinien gab es nichts zu dichten«; der »Riesenzirkus des Fußball-Show-Sports mit seinen überschaubaren Regeln« sei eine »heile, übersichtliche Gegenwelt zur Unübersehbarkeit des privaten, öffentlichen, politischen Lebensspiels«. Die daraus abgeleitete »absurde Ideologie der Nicht-Ideologie« sei »begierig und gemeinschaftlich von der argentinischen Militärjunta, dem Weltfußballverband und dem sogenannten einfachen Fußball-Fan in aller Welt verbreitet worden«.

WM-Worte verkündete auch Kardinal Ratzinger urbi et orbi: »Kaum irgendein anderer Vorgang auf der Erde kann eine ähnliche Breitenwirkung erzielen«, das Spiel möge »eine Art von versuchter Heimkehr ins Paradies« sein, es symbolisiere »das Leben selbst«. Und der spätere Papst Benedikt XVI. schließt: »Die Freiheit aber lebt von der Regel, von der Zucht, die das Miteinander und das rechte Gegeneinander, die Unabhängigkeit vom äußeren Erfolg und von der Willkür erlernt. Das Leben ein Spiel – wenn wir in die Tiefe gehen, könnte das Phänomen einer fußballbegeisterten Welt uns mehr geben als bloß Unterhaltung.«

Man war sich einig. Papst Paul VI. schickte seinen Segen für das Turnier; General Videla eröffnete die WM »im Zeichen des Friedens« und verlieh dem FIFA-Präsidenten João Havelange eine besondere Auszeichnung. Dem Brasilianer war wohl die Situation in Argentinien nicht fremd: In seinem Land herrschte ebenfalls eine Militärdiktatur; im Weltverband übte er selbst seine absolute Macht aus, zudem besaß er Firmen, die auch mit Waffen handelten.

Havelange sagte in die Kameras: »Endlich kann die Welt das wahre Argentinien kennenlernen.« Sein Ehrengast Henry Kissinger verdeutlichte: »Dieses Land hat auf allen Ebenen eine große Zukunft.«

Immerhin, heißt es, hätten die Militärs während der Weltmeisterschaft nicht mehr als siebzig Menschen verschwinden lassen.

### »Wir alle sind im Endspiel« und die Hand Gottes

»25 Millionen Argentinier nehmen an der WM teil«, verkündete die Propaganda der argentinischen Diktatur 1978. Am 23. Juni hieß es im Editorial der größten Sportzeitschrift *El Gráfico*: »Wir sind im Endspiel angekommen. Nicht nur die Spieler, sondern wir alle.« Um das Finale zu erreichen, hatten die Hausherren einen hohen Sieg über Peru nötig gehabt.

Immerhin wussten sie genau Bescheid: Brasilien hatte seine Partie vorher auszutragen, damit die Argentinier das Resultat des Konkurrenten kannten. Sie mussten mit vier Toren Unterschied gewinnen.

Auch in Peru herrschten Militärs; eine Absprache zwischen den beiden Diktaturen soll mit 35 000 Tonnen Getreide sowie einem Kredit von 50 Millionen Dollar besiegelt worden sein. Jedenfalls verzichteten die Peruaner auf vier Stammspieler, zudem auf das traditionelle Trikot. Einer aus dem Team erzählt von einem ungewöhnlichen Besuch in der peruanischen Ka-

326 Modernisierung, Spielweisen

bine: General Videla und Henry Kissinger hätten sie mit Nach-
druck auf die »lateinamerikanische Einheit und Brüderlich-
keit« hingewiesen. Bis zur 43. Minute schien ein mageres 1:0
auf der Anzeigetafel auf, dann stürmten die Argentinier fast beliebig durch die Verteidigung der Gegner und trafen fünfmal
innerhalb einer halben Stunde.

Bis zum Anpfiff des Finales, das mit einiger Verspätung begann, taten die Organisatoren alles, was gerade noch am Rande
des Erlaubten möglich war, um den Gegner Holland zu stören.
Argentinien brauchte den Sieg.

Kurz vor Schluss stand es 1:1 unentschieden. In aussichtsrei-
cher Position traf Rob Rensenbrink nur den Pfosten, die Holländer scheiterten um ein paar Zentimeter. Das Match ging
in die Verlängerung. Dann kam der große Moment des Mario
Kempes, des einzigen Argentiniers, den Teamchef César Luis
Menotti von einem ausländischen Verein einberufen hatte. Der
Angreifer von Valencia, der Schützenkönig des Turniers wurde,
beteuerte in der Folge ganz im Sinne der heimischen Begeis-
terungswelle, die von den Machthabern und den Medien geschürt worden war: »Das zweite Tor im Finale schossen 25 Millionen Argentinier.«

Was die Generäle mit Gewalt angingen, hätte also der Welt-
erfolg auf dem Feld bewirkt, auf dem in neunzig Minuten eine
Legende zu entstehen vermag: die Einheit der Nation, die als
Ganzes sich in die Elf und schließlich in die Beine von Kempes
hineinversetzt habe, so dass er als Torschütze nicht nur er selbst,
sondern das gesamte Volk gewesen sei. Um aber alle Menschen
in der Weite Argentiniens anzusprechen, hatte man zunächst
dem urbanen Fußball das ländliche Symbol landwirtschaftlicher Stärke beigeben müssen, das den Mythos der Nation verkörpert: Den Gaucho hatte man in der populär gemeinten Ver-
niedlichung als *Gauchito* mit den Zügen eines unschuldigen
Kindes zum offiziellen WM-Maskottchen gemacht.

Der umfassende Ausdruck der Begeisterung kam dem Regime recht. Denn wer hier nicht einstimme, verweigere die Ge-

»Wir alle sind im Endspiel« und die Hand Gottes    327

meinschaft und erweise sich somit als subversiv. Während die
Militärs die Einigkeit und die Rasse als Gründe für den Sieg
hervorhoben – damit also sich selbst die Richtigkeit ihrer Propaganda bestätigten –, fand Menotti die Erklärung nur auf
dem Fußballfeld. *El Flaco*, der Schmale, wie man den Trainer
mit dem markanten Gesicht und den nackenlangen Haaren
nannte, war als Sympathisant linker Ideen bekannt. »Beim
Fußball der Linken«, sagte er, »spielen wir nicht einzig und
allein um zu gewinnen, sondern um besser zu werden, um
Freude zu empfinden, um ein Fest zu erleben, um als Menschen zu wachsen.« In einer Hinsicht traf er sich allerdings mit
den Generälen: Sie verkündeten den »traditionell argentinischen Lebensstil«; er schwor das Nationalteam auf *la Nuestra*,
die spezifisch argentinische Spielweise, ein. An die 25 Millionen Landsleute dachte auch er. In der Kabine gab er vor dem
Finale seiner Elf aufs Feld mit: »Wir spielen nicht für die Ehrentribüne voller Militärs, wir spielen für die Leute. Wir verteidigen nicht die Diktatur, sondern die Freiheit.« Wie die Holländer gab César Luis Menotti bei der Siegerehrung den Generälen
nicht die Hand.

*El Gráfico* brachte nach dem Endspiel 600 000 Exemplare auf
den Markt, die höchste Auflage seiner Geschichte. Darin waren die Aktionen der Junta sowie der Kicker als gemeinsame
Handlung »eines ganzen Volkes« dargestellt und der Triumph –
wie die Propaganda des Regimes es vorgeschrieben hatte – als
Rückkehr in ein goldenes Zeitalter. Man sah sich selbst am Höhepunkt einer historischen Entwicklung angekommen, während man andere Nationen äußerst schematisch abwertete. So
unterschob die derart weit verbreitete Nummer der Zeitschrift
den Niederländern eine Verbindung zu Drogen und Homose-
xualität, die Schotten zeichnete sie als Alkoholiker.

Eine Kritik am Fußball des Teams oder an Menotti war während des Turniers nicht gestattet. Es musste der starke Eindruck
gefördert werden, den dann der offizielle argentinische Film
über das Ereignis im Titel ausdrückte: *La fiesta de todos*.

328 Modernisierung, Spielweisen

Das Turnier war ein Erfolg der Junta; über die ökonomischen Verluste sprach man nicht. Den Fußball-Effekt hatte man global übertragen, die Militärs waren neben internationalen Persönlichkeiten auf den Tribünen zu sehen gewesen. Videla hatte den Weltpokal von Argentinier zu Argentinier überreicht – welche Symbolkraft.

Den Realitäten im Land hielt sie jedoch nicht stand, und mit der Niederlage der Militärs auf ihrem Terrain, im Falklandkrieg gegen Großbritannien im Juni 1982, war diese Diktatur am Ende.

Für einen Siebzehnjährigen sei die aufgeladene Stimmung zu schwierig, befand Menotti und berief Diego Armando Maradona, der im Vorjahr in der Nationalmannschaft debütiert hatte, nicht in den Kader für die Heim-WM 1978. Der *Pibe de oro*, der Goldjunge, trug dafür dann wesentlich dazu bei, dass sich Argentinien 1979 auch den Junioren-Weltmeistertitel holte; Videla empfing das Team und Maradona in Buenos Aires. Die Militärs verstanden bald das Potential dieses Stars auf dem Platz und außerhalb der Stadien; als er ein Angebot des FC Barcelona erhielt, wollten sie zunächst den Transfer nicht genehmigen. Im Ausland ließ er sich weniger gut für das Regime einsetzen.

Bei der WM 1982 in Spanien scheiterte *la Nuestra* der Argentinier an den Brasilianern, die mit Sócrates, Falcão und Zico wieder zu ihrer faszinierenden Spielweise gefunden hatten; beim 1:3 verlor Maradona die Nerven und wurde ausgeschlossen. Im folgenden Jahr bestellte der Verband Carlos Bilardo zum Nationaltrainer. Und mit Ende 1983 begann der demokratische Übergang im Land, dessen Selbstbewusstsein im Falklandkrieg gewaltig gelitten hatte.

Bilardo stand in jener Mannschaft von Estudiantes de la Plata, die als härtestes Team in der Geschichte des ohnehin nicht zimperlichen argentinischen Fußballs galt. In der Nationalelf setzte er nun erneut auf Disziplin und Kraft; über den Trumpf der

»Wir alle sind im Endspiel« und die Hand Gottes   329

Genialität – die für matchentscheidende Überraschungen zu
sorgen vermochte – verfügte er mit Maradona. Dessen Image
erreichte spätestens mit dem Titel und zwei ungewöhnlichen
Toren bei der Weltmeisterschaft 1986 die Dimension eines
Mythos, der trotz zahlreichen Rückschlägen bis heute zumindest in Argentinien anhält.

Der Maradonismus sei die Überwindung des Perónismus
mit anderen Mitteln, erklärt Pablo Alabarces, der die Beziehungen zwischen Gesellschaft und Fußball im Land eingehend
analysiert hat. Für viele Argentinier bilde Maradona eine Art
postmoderner Synthese der beiden schillerndsten Figuren der
heimischen Zeitgeschichte: Perón und Evita; andere Interpreten sehen wiederum eine Melange aus Evita und Che Guevara.
Die Dimension ist damit bezeichnet; es ist jedenfalls ein Mythos aus Mythen.

Ein solcher hält sich nicht an Landesgrenzen, wiewohl er innerhalb Argentiniens am besten funktioniert, da hier die Zuta-
ten am intensivsten ineinandergreifen. Er kann gut auf Neapel,
wo es an metaphysischen Überhöhungen nicht mangelt, über-
gehen. Unterm Vesuv erzählt man sich eine passende Legende.
Um den Transfer Maradonas von Barça nach Neapel zu ermöglichen, hätten Tausende Fans ihr Geld zusammengelegt und wären wegen der Ausfuhrbestimmungen alle mit dem Schiff nach
Barcelona gefahren, um dort die Summe zu überreichen, neun
Millionen Dollar – wie man bei Prozessionen die Statue eines
Heiligen mit Geldscheinen belegt.

Die Grundzutaten aus der christlichen Heilsgeschichte erhielt der Mythos Maradona zunächst in Argentinien: die arme
Herkunft und das Motiv der Verkündigung. Ernsthaft wird
nach wie vor erzählt, vor der Geburt habe sich Maradona mit
einem Fußtritt angekündigt und seine Mutter habe im Moment der Geburt »Tor!« gerufen. Als Neunjähriger sagte er in
die TV-Kamera, er wolle in der ersten Liga und in der Nationalelf spielen und Weltmeister werden – das wird im argentinischen Fernsehen nach wie vor gerne gezeigt und mit WM-To-

330   Modernisierung, Spielweisen

ren von 1986 unterlegt. Der *Pibe de oro*, heißt es in der Legende
weiter, sei aus seinem Viertel am Rande von Buenos Aires, dem
er später auch als Weltstar verbunden geblieben sei, im Zentrum angekommen, als er vom kleinen Club Argentinos Juniors zu Boca Juniors wechselte – »im Zentrum ankommen«
war eine gängige populistische Formel der Politik, die Perón,
Evita und dann Carlos Menem verkörperten.

Menem wurde im Mai 1989 zum Staatspräsidenten gewählt;
Maradona, der ihn unterstützte, stand mit ihm im Juli bei
einem Benefizspiel auf dem Rasen. Sechs Jahre später setzten
beide erneut ihr Image gemeinsam ein. Nach seiner fünfzehn-
monatigen Sperre wegen Dopings benötigte der Fußballstar die
öffentlichen Auftritte, und der Politiker kämpfte um seine Wiederwahl. Sie trafen sich im sentimentalischen Populismus. Er
unterstütze den Präsidenten, weil dessen Sohn gestorben war,
erklärte Maradona. Und zog sich zurück, als der Populist unpopulär wurde.

Dem Metaphysischen blieb er treu. »Es war ein bisschen die
Hand Gottes und ein bisschen Maradonas Kopf«, sprach er
über eines seiner berühmten Tore, die er bei der WM 1986 im
Azteken-Stadion von Mexico City im Viertelfinale gegen England erzielte.

Die erste Halbzeit war torlos geblieben. Sechs Minuten nach
der Pause hatte ein englischer Verteidiger im Strafraum nur
einen hohen Abschlag zustande gebracht, der Keeper eilte
aus dem Tor, der um zwanzig Zentimeter kleinere Maradona
sprang ebenfalls, aber mit hochgestrecktem Arm, so dass er
das Leder flink mit der Hand ins Tor beförderte. Viele hatten
das so gesehen, nur der Referee und sein Linienrichter nicht.
Argentinien führte 1:0. Die Engländer protestierten vehement,
auch im Nachhinein gab es heftige Debatten. Maradona blieb
unbeeindruckt. Er habe sich – seiner veröffentlichten und dem
eigenen Mythos folgenden Meinung nach – nicht nur nichts
zuschulden kommen lassen, sondern habe gar gemäß der Verkündigung die Hilfe der höchsten Macht erhalten.

*Abb. 20:* WM 1986, Argentinien gegen England, Maradonas »Hand Gottes«.

Vier Minuten später entschied Maradona das Match mit einem regulären Treffer, den die FIFA 2002 zum »WM-Tor des Jahrhunderts« wählte und an den die Maradona-Statue am Eingang des Azteken-Stadions erinnert. Es war eine Einzelaktion, als habe er das Team gar nicht nötig. Ein ungemein rasant fintenreiches Dribbling über sechzig Meter ließ die ganze englische Defensive stehen, sechs Gegner spielte Maradona aus, bevor er ins Netz schoss.

Im Finale gegen Deutschland wurde er hart gedeckt, mannschaftsdienlich gab er den Pass zum 3:2-Siegestor durch Jorge Burruchaga.

Über das Viertelfinale gegen England sagte Diego Maradona einige Jahre später, ausdrücklich eine Revanche für den Falklandkrieg ansprechend: »Es ging darum, ein ganzes Land zu besiegen.«

Gemeinschaft schafft Mythen, Mythos schafft Gemeinschaft.

332  Modernisierung, Spielweisen

## Córdoba und Gijón

»I wer narrisch«, ruft Edi Finger ins Radiomikrophon und
fühlt sich offenbar dem Irrsinn nah. Während der deutsche
Kommentator mit netter Sympathie, die ihn sogar zum Gebrauch eines fremden Dialektwortes animiert, vermerkt: »Österreich führt, auch wenn sie etwas schlampert auf dem Rasen
spielten, man führt mit 3:2, und das ist eine absolute Überraschung, das ist ein Riesenerfolg.« Zuvor hat Finger für den ORF
das Match zur Welthistorie in shakespeare'scher Dramatik erklärt: »Das ist eine Schlacht, wie wir sie lange nicht erlebt haben«, es gehe »um Sein oder Nichtsein«.

Man schreibt den 21. Juni 1978. Die »Schlacht« um »Sein
oder Nichtsein« sieht der Reporter auf dem Fußballplatz. Man
befindet sich im Argentinien der Militärdiktatur.

In der Gruppe A der zweiten WM-Finalrunde treffen die
Bundesrepublik Deutschland und Österreich aufeinander. Als
der israelische Schiedsrichter Abraham Klein vor 38 000 Zuschauern im La-Plata-Stadion der nordargentinischen Stadt
Córdoba die Partie anpfeift, ist es vor Ort 13 Uhr 45, dreiviertel
sechs vor den Fernsehschirmen in Mitteleuropa. Es ist sonnig,
es weht ein strammer Wind aus der Sierra.

Unmittelbar in der Nähe des Stadions von Córdoba befand sich
das Internierungslager mit dem zynischen Namen La Perla, in
dem die Militärdiktatur bis Ende 1979 über zweitausend Menschen quälen und viele ermorden ließ.

»Selbstverständlich gab es auch am 21. Juni 1978 Folterungen. Sie hörten nicht auf, auch während der Weltmeisterschaft
nicht«, sagt die Vizepräsidentin der *Madres de Plaza de Mayo*
dreißig Jahre danach zur Zeitschrift *Ballesterer*. Die Mütter, die
ihre verschleppten Kinder suchten, wurden während des Turniers durch ihre Demonstrationen auf dem zentralen Platz von
Buenos Aires, vor dem Präsidentenpalast, der *Casa Rosada*, bekannt. »Ein holländisches Kamerateam filmte unsere Proteste

Córdoba und Gijón    333

und so wurden wir weltweit gesehen und fanden internationale Unterstützung.«

Die Österreicher haben in der ersten Runde recht gut gespielt. Mit einem 2:1 gegen Spanien und einem 1:0 gegen Schweden stellten sie den Aufstieg sicher, bevor sie gegen Brasilien 0:1 verloren. Dann setzte es jedoch ein hohes 1:5 gegen den totalen Fußball der Niederländer und ein 0:1 gegen Italien. Nun hat man nichts mehr zu verlieren, der Rückflug ist gebucht.

Die Deutschen, immerhin die Titelverteidiger, können noch ins Finale einziehen. Allerdings müssten sie mit fünf Toren Unterschied gewinnen und auf ein Remis zwischen Holland und Italien beim zeitgleich ausgetragenen Match hoffen. Ein knapper Sieg würde für das Spiel um den dritten Platz reichen – dafür hätte dann tatsächlich der BRD sogar ein Unentschieden genügt, da die Niederländer die Azzurri mit 2:1 bezwingen. »Fünf Tore gegen Österreich, warum sollte uns das nicht gelingen?«, meint der Präsident des DFB.

Turnierarithmetik nennt man derartige Rechnungen im Vorhinein.

Vor dem Match erklären die Medien, dass das kleine Alpenland gegen den großen Nachbarn schon seit Jahrzehnten keine Chance mehr gehabt hat. Der bevorzugte Vergleich in der Wiener Presse ist der Kampf von David gegen Goliath, mit gelegentlichem Verweis auf historische Niederlagen wie die Schlacht von Königgrätz, als sich die Preußen 1866 die Vormacht im deutschen Sprachraum gesichert hatten. Damals waren die Habsburger schlampert vorgegangen. Das schnelle Zündnadelgewehr hatten sie nicht für nötig erachtet, »so schnell schießen die Preußen auch wieder nicht«, ist in den Volksmund eingegangen, und die Niederlage hat einen Schritt zum Untergang der Donaumonarchie bedeutet. Der Minderwertigkeitskomplex des kleinen Österreich nach 1918 ist sprichwörtlich.

Entsprechend scheint sich das Treffen in Córdoba zu entwickeln. Die Österreicher in rot-weißen Dressen spielen recht gut, das Tor schießen die Deutschen in Weiß-Schwarz, Rummenigge in der 19. Minute. Eine halbe Stunde vor Ende zahlt es sich aber doch aus, dass David gegen Goliath nicht aufgibt. In der Bedrängnis lenkt Berti Vogts den Ball ins eigene Tor. Es folgt ein aufregendes Hin und Her, das Publikum dankt es mit Zwischenapplaus. In der 66. Minute gelingt Hans Krankl ein toller Volley in die lange linke Ecke, Sepp Maier streckt sich vergebens. Im Gegenzug stellt Hölzenbein per Kopf auf 2:2 – in diesem Moment steht es in Buenos Aires beim Match der Niederlande gegen Italien ebenfalls noch unentschieden. Drei Minuten vor Abpfiff aber düpiert Krankl seine Bewacher und schießt zum 3:2 ein.

Es ist der erste Sieg über das große Deutschland nach 47 Jahren; und seither ist keiner mehr gelungen. Für Österreich bedeutet der Triumph trotzdem konkret nicht mehr als das Ausscheiden aus dem Turnier. Der Erfolg im Misserfolg, das scheint genauso bezeichnend für die austriakische Seele wie die Genugtuung, dass auf der Heimreise die deutschen Kicker im selben Flugzeug sitzen.

Das ist zwar vergänglich, Córdoba aber bleibt. 2009 wurde im Wiener Bezirk Floridsdorf der Cordobaplatz eingeweiht.

Die Sprache des österreichischen Radioreporters Edi Finger folgt den Emotionen. Je packender, umso mehr Dialekt. Beim 1:1 bemüht er die Himmelsmacht, natürlich hochdeutsch: »Wir wurden erhört.« Mit dem zweiten Tor gerät die Schilderung zunehmend in heimische Gefilde; da will die Darstellungskraft nicht mehr reichen: »Und der Krankl hat den Ball volley gnommen übern Kopf – 2:1. Was hab i Ihnen gsagt. Sie falln einander um die – um den Hals. Da steht der Krankl, der Hansiburli, ach also sei Papa, der Straßenbahner, wird sich freun, also schöner kammas garnet machen, da dada – da fehlen mir die Worte, da müßt ich ein Dichter sein.« Auf deutscher Seite bleibt der Kommentator Eberhard Hauffe nüchtern wie die Spielweise der Weiß-Schwarzen und erklärt den gegnerischen Stil mit der gängigen Formel von anno dazumal: »Halt so eine Art Wiener Kaffeehausfußball.« Das 2:3 vermerkt er anscheinend stoisch: »Für Maier gibt es da nichts zu halten.«

Da schreit Finger sein sich überschlagendes »Tor, Tor, Tor« und »I wer narrisch«. Als wärs für den offiziellen Matchbericht, führt er an: »Krankl schießt ein.« Danach gibt es kein Halten, die Reporterkabine im argentinischen Córdoba wird zum Wiener Heurigen: »Wir folln uns um den Hols, wir busseln uns ob«; ein »großartiges Tor unseres Krankl, der hot olles übaspüllt, und woattns no a bissl, meine Damen und Herrn, dann könn ma uns vielleicht a Vierterl genehmign«.

Der Österreicher privatisiert in der Verkleinerungsform. Der Fußball, analysierte der Wiener Germanist Wendelin Schmidt-Dengler, lege »die Nerven und mehr noch das Unbewusste blank«; die Erzählung davon habe die »klassische Form einer hochdramatischen Mauerschau«. Dass Edi Finger beim Ausgleich »2:2 für die Deutschen« gerufen hat, sei ein Ausdruck gesellschaftlichen Fühlens: »Schöner könnte ein Minderwertigkeitskomplex nicht gefasst werden.«

Die westdeutsche Presse hingegen klagt über die Minderwertigkeit der eigenen Elf und den »Mangel an Persönlichkeiten«. Joachim Fest verweist in der *Frankfurter Allgemeinen Zeitung* auf den DFB-Präsidenten Hermann Neuberger, der autoritär vorgegangen sei und etwa Paul Breitner vergrault hätte. Dieser erklärt: »Ich erkannte bald ein System, das mir nicht erlaubte, zu denken, was ich wollte, zu sagen, was ich dachte, und zu handeln wie ein selbständiger Mensch.« Fest betont, Neuberger habe alle Spieler, »die sich seiner derben Potentatenallüre nicht fügten«, aus der Mannschaft gedrängt. Das System der Entmündigung sei von einer »Ideologie der verschworenen Gemeinschaft« getragen – die im Ausland spielenden Kicker wie Beckenbauer und Stielike seien aus der Nationalelf verbannt worden, da sie »um des gemeinen Mammons willen« das Vaterland vergessen hätten.

336  Modernisierung, Spielweisen

In der *Hannoverschen Allgemeinen Zeitung* zieht Manfred
Lehnen ein ähnliches Fazit. Das Mittelmaß im Sport sei ein
Spiegelbild der Gesellschaft; in »diesen Tagen ist auf allen Gebieten der Typ des gehobenen Mittelmaßes gefragt, der Karrie-
rist, der nicht aneckt«.

Córdoba wurde zu Signal und Legende, Edi Fingers Reportage
zum Hit: Von der Langspielplatte verkaufte er 50 000 Exemplare.

Die österreichische Post brachte eine Briefmarke mit Krankls
entscheidendem Tor heraus. Und als der Wiener Bürgermeister sein Geleitwort im Buch *20 Jahre Córdoba* mit dem Titel
»Die Rache für Königgrätz« versah, konnte es als amtlich bestätigt gelten, dass dieses Fußballmatch in den Mythenkreis des
Deutschland-Komplexes eingegangen war.

Und so fand es sich natürlich auch oft und oft in der heimischen Literatur. Arno Geigers Familien- und Geschichtsroman
*Es geht uns gut* erhielt 2005 den erstmals vergebenen Deutschen
Buchpreis, er erzählt ein privates und öffentliches Österreich
der Jahre 1938 bis 2001. Die Hauptfigur »rattert die Aufstellung
der Mannschaft herunter, die vor einer Woche den amtieren-
den Weltmeister aus dem Bewerb der Fußball-WM geworfen
hat«, er »nennt die Torfolge inklusive Spielminuten und Torschützen«, er »erwähnt den einzigen Spielerwechsel des österreichischen Teams«.

Hier, in Geigers Roman, wird literarisch ersichtlich, dass das
Match bei der WM 1978 nicht nur deshalb eine derartige emotionale, symbolträchtige Bedeutung erhalten hat, weil man gegen Deutschland schon so lange nicht mehr gesiegt hatte. In
der Ära des Sozialdemokraten Bruno Kreisky, der von 1970 bis
1983 einer SPÖ-Alleinregierung vorstand, erfuhr das Land
einen enormen Modernisierungsschub; zugleich fühlte man
sich mit dem Bundeskanzler als Ersatzkaiser ein wenig impe-
rial. Am Ende der siebziger Jahre konnte das kleine Österreich
von sich den Eindruck haben, im Zentrum Mitteleuropas eine

Drehscheibe von Diplomatie, Handel und Kultur zu bilden. Es wurde gerade die UNO-City in Wien fertiggestellt; Kreisky versuchte im Nahost-Konflikt zu vermitteln und führte insgesamt eine eigenständige Außenpolitik. Nicht nur in diesem Bereich war es in jener Zeit ersichtlich, dass man sich deutlicher von der BRD abgrenzen wollte. Und da man sich nicht nur als Kulturnation, sondern auch als Sportnation verstand – man hatte ja das Wunderteam hervorgebracht –, war dieser Fußballsieg ein heftig ersehntes Ereignis sowie der Beweis, dass man mit den Großen mitzuhalten vermöge.

So ist das argentinische Córdoba ein austriakischer Gedächtnisort. Und selbstverständlich war auch vor dem Spiel gegen Deutschland zur WM-Qualifikation im September 2012 intensiv davon die Rede.

Das international gescholtene Negativerlebnis einer Begegnung der Deutschen und der Österreicher in den Dressen ihrer Nationalelf folgte 1982.

Das Ergebnis eines Matches lässt sich legal manipulieren, wenn beide Teams darin ihren Vorteil sehen und einverstanden sind. Sie brauchen nur das Spiel zu verweigern. Da sich der Fußball das nicht leisten kann, sonst würde er sein Publikum verlieren, gibt es solche Begegnungen nicht – mit einer so bekannten Ausnahme, dass der Name der spanischen Stadt Gijón alsbald den miesen Nichtangriffspakt in Erinnerung ruft. Stillschweigend haben ihn zwei Mannschaften geschlossen, die vier Jahre zuvor noch für so heftige Emotionen gesorgt hatten, dass sogar eine historische Schlacht zum Vergleich herangezogen worden war.

In diesen beiden Erzählungen stehen die Namen nicht mehr für konkrete Orte, sondern sind zu Sinnbildern und Signalen geworden – die Arena ist aus ihrer Umgebung herausgehoben, wie das bei WM-Turnieren auf FIFA-Order auch rechtlich geschieht: Im Stadion hat das Gesetz des Weltverbandes zu herrschen.

338 Modernisierung, Spielweisen

Die FIFA hat aus dem Match Argentinien gegen Peru bei der
WM 1978 zunächst keine Lehre ziehen wollen: Neuerlich sind
zwei Teams vor Anpfiff über das Resultat der Konkurrenten informiert; dies ermöglicht die »Schande von Gijón«.

Man schreibt den 25. Juni 1982.

In der Vorrunde der Weltmeisterschaft treffen im spanischen
Gijón wieder die BRD und Österreich aufeinander. Diesmal ist
die Konstellation für beide günstig: Bei einem 1:0 für die Deutschen kommen beide Mannschaften weiter und die Algerier,
die über die BRD mit 2:1 gesiegt hatten, sind ausgeschieden.

In der 10. Minute trifft Horst Hrubesch zum gewünschten
Ergebnis; »ist das eine Erleichterung«, bemerkt der deutsche
Kommentator. Bis dahin sieht es auf dem Rasen nach Fußball
aus, dann schieben beide Teams den Ball nur noch in den eigenen Reihen hin und her. Ein Pass nach vorne, zwei zurück. Aus
dem Publikum ertönen immer lautere Pfiffe. Der Anschein
eines Antritts, dann stopp und kehrt. Ein gemächliches Traben,
ein zufälliger Anflug eines Zweikampfs. Achtzig Minuten geht
das so. Die Pfiffe steigern sich zum Orkan, der Kommentator
gibt auf: »Sie erlauben mir sicher, dass ich Ihnen die Szenen, die
sich da unten abspielen, nicht weiter berede. Was hier geboten
wird, ist schändlich.« Die spanischen Zuschauer winken mit
weißen Taschentüchern wie beim schlechten Stierkampf.

Die Kicker stört das kaum. Hans Krankl sagt nach dem
Match: »Ich weiß nicht, was man will. Wir sind qualifiziert.«
Vier Jahre zuvor waren beide Teams ausgeschieden, nun kommen sie in die nächste Runde, basta. Der DFB-Präsident sieht
das nicht anders. Die deutsche Mannschaft habe das Recht,
langsam und auf Sicherheit zu spielen. Jupp Derwall, der Nationalcoach, der in diesem Treffen nichts zu coachen hat, pflichtet
bei, man habe sich wegen des öffentlichen Drucks so vorsichtig
verhalten. Damit ist die Schuld für die stillschweigende Schie-
bung auf die Medien geschoben.

Und als schließlich im Semifinale der Tormann Toni Schumacher den heranstürmenden Patrick Battiston brutal rammt,

*Abb. 21:* WM 1982, Semifinale Deutschland gegen Frankreich, Schumacher gegen Battiston.

trägt dies dazu bei, dass das Bild vom »hässlichen Deutschen« vor allem in Frankreich wieder hervorgeholt wird. Die Österreicher, die gegen Platinis Franzosen ausgeschieden waren, stehlen sich früher aus dieser Geschichte davon.

*Krisen, Neuerungen*

Dieses Semifinale in Sevilla gehört zu den spannendsten der WM-Geschichte. Die kampfstarken Deutschen wurden von Paul Breitner angeführt, hatten jedoch keine derart überragende Persönlichkeit wie Franz Beckenbauer in ihren Reihen. Den beim FC Barcelona engagierten Bernd Schuster hatte Jupp Derwall nicht einberufen, da er nach einem Länderspiel nicht

340  Modernisierung, Spielweisen

zur Party mitgekommen war, also gegen den Teamgeist versto-
ßen habe. Das sei Fahnenflucht, sagte der Bundestrainer im
Militärjargon. Der tiefere Grund, dass der in der spanischen
Liga äußerst erfolgreiche Mittelfeldregisseur aus der Mannschaft flog, war sein Konflikt mit Breitner, dessen Autorität er
nicht anerkannte. Als Breitner im April 1981 beim WM-Quali-
fikationsspiel gegen Österreich das Tempo drosseln wollte,
nahm ihm Schuster den Ball vom Fuß; »wir können nicht so
langsam spielen, ich bin doch nicht der Rasenmäher für den
Paul«, sagte er nach dem Match.

Ein grandioser Regisseur stand hingegen in der Mannschaft
der Franzosen, bei denen Michel Platini die Fäden zog. In Sevilla lagen sie in der Verlängerung durch tolle Treffer von Marius Trésor und Alain Giresse schon 3:1 in Führung. Uneinhol-
bar, hätte man meinen mögen, wenn man sich nicht an den
mittlerweile legendären Einsatz der Deutschen erinnert hätte,
deren Tore in letzter Minute – 1966 in Wembley, 1970 in Mexiko – geradezu eine sich selbst erfüllende Prophezeiung bildeten. Tatsächlich schafften sie auch in Sevilla den Ausgleich, entschieden das Elfmeterschießen für sich, zogen ins Finale ein
und fügten somit der mythischen Erzählung von der Rettung
im letzten Moment ein weiteres Kapitel hinzu.

*Les bleus* hatten in der regulären Spielzeit die Chance auf den
Sieg. Es stand 1:1. Patrick Battiston erlief einen Steilpass außerhalb des Strafraums vor Schumacher. Sein Schuss ging daneben, während der deutsche Tormann, sich wegdrehend, ihn mit
voller Wucht ansprang. Der Franzose war kurz bewusstlos, erlitt eine Gehirnerschütterung, verlor zwei Zähne. Der Schiedsrichter sah keinen Grund, auf Foul zu entscheiden.

Die französische Presse holte die Schimpfwörter für den
bösen Nazi-Deutschen hervor; *L'Equipe* schrieb »Toni Schumacher, Beruf Unmensch«. Die aufgeputschte Stimmung suchten Präsident François Mitterrand und Bundeskanzler Helmut
Schmidt mit einem gemeinsamen Kommuniqué zu beruhigen.

Die deutsche Elf verlor das Finale gegen Italien 3:1, die Azzurri wurden zum dritten Mal Weltmeister. Das 1:0 erzielte Paolo Rossi, der Schützenkönig des Turniers. Wie oft bei einer WM hatte sich der spätere Sieger in der Vorrunde schwergetan; die Italiener hatten dreimal remisiert und nur zwei Tore geschossen. Dann aber kamen die Momente des Paolo Rossi, der bis dahin wirkungslos geblieben war. Beim 3:2 über Brasilien traf er dreimal, beim 2:0 über Polen zweimal.

Für die Europameisterschaft, die 1980 zu Hause ausgetragen worden war, hatten die Gastgeber ohne Rossi auskommen müssen: Wegen der Manipulation eines Matches im Calcio war er gesperrt – damals das sichtbare Zeichen einer moralischen Krise im Fußball. Das Turnier in Italien führte zudem eine spielerische Krise vor Augen. Es fielen wenige Tore, die Heimmannschaft traf in drei Spielen überhaupt nur ein einziges Mal. Das Finale war von Kampf und mäßigem Niveau geprägt, die BRD siegte 2:1 gegen Belgien.

*Football and the Decline of Britain* heißt das Buch, das der britische Historiker James Walvin 1986 publizierte. Es trägt einen bezeichnenden Titel für diese Zeit, in der es um den englischen Fußball schlecht stand. Das Nationalteam begeisterte kaum; in der Qualifikation zur Europameisterschaft 1984 erlitt es eine 0:1-Heimniederlage gegen Dänemark, erreichte in Wembley nur ein 0:0 gegen Griechenland und musste dem Turnier in Frankreich fernbleiben.

Dort war der anfängliche Glanz von Präsident François Mitterrand verblasst, die Arbeitslosigkeit stieg, immer öfter sah man Streiks und Demonstrationen. Die EM brachte dem Land eine sportliche Pause von der Politik. Sie war ein organisatorischer Erfolg – neunzig Prozent der Eintrittskarten wurden verkauft (bei früheren Endrunden spielte man mitunter in halbleeren Stadien) – und *Les bleus* erfüllten die hohen Erwartungen. Sie holten sich den Titel, Platini wurde mit neun Toren in den fünf Spielen Schützenkönig.

Inzwischen nahmen in England die Gewalttätigkeiten der

342 Modernisierung, Spielweisen

Hooligans zu; die Unglücksfälle in den Stadien häuften sich und zeigten dramatisch, wie veraltet die Infrastruktur war. Walvin sieht dies im Zusammenhang mit den sozialen Veränderungen, die die Arbeiterklasse in ihrer alten Form aufzulösen begannen, und mit dem Thatcherismus und dessen oberstem Gebot, dem Glauben an den freien Markt.

Die Instanzen des Fußballs reagierten und versuchten ihren Sport attraktiver zu machen. Da zu oft zu defensiv gespielt wurde und man ein schlechtes Remis jedenfalls einer faszinierend anzusehenden Niederlage vorzog, wurde das Unentschieden abgewertet. Ab 1981 gab es dafür nach wie vor einen Punkt, für den Sieg aber nun nicht zwei, sondern drei Punkte. Hatte man bislang mit zwei Remis die gleiche Punkteanzahl erreicht wie mit einem Sieg, so brauchte man dazu nun schon drei Unentschieden. 1995 führte dann die Bundesliga dieses System ein; heute findet es weltweit Anwendung.

In den achtziger Jahren wurde im Fußball wie in den reichen europäischen Gesellschaften der Übergang zur kapital- und technikmächtigen Herrschaft eingeleitet. Dies äußerte sich zugleich in Krisen und in Neuerungen.

Auf dem Feld dominierten Defensive und Sicherheitskick, hohe Flanken in den Strafraum und Kopfballgrößen wie Horst Hrubesch, auf den Tribünen gewalttätige Fans. Es kamen weniger Zuschauer, und die Katastrophen im Brüsseler Heysel und in den englischen Stadien waren nicht dazu angetan, eine Trendumkehr zu bewirken. Allerdings hatten die Bewegungen von 1968 langfristig eine größere soziale Sensibilität hervorgerufen; im folgenden Jahrzehnt waren in einigen Ländern Sozialdemokraten an die Regierung gekommen und hatten Arbeitsbedingungen sowie Sozialleistungen verbessert. Mit zunehmender Technisierung wurden Reisen erschwinglicher, und auch die Erweiterung des TV-Angebots trug dazu bei, dass sich das Freizeitverhalten änderte.

Wenn der Fußball davon profitieren wollte, musste er wieder

attraktiver werden. Zunächst versuchte es der Weltverband mit einer Erweiterung des Angebots. Das WM-Turnier 1982 trug er erstmals mit 24 Teilnehmern aus: Nord- und Mittelamerika, Afrika sowie Asien mit Ozeanien konnten ab nun fix je zwei Teams entsenden. Dies brachte den Vorteil, dass die Endrunde weltweit präsent war und länger dauerte, dass es mehr Spiele und dadurch mehr Fernsehübertragungen gab. Intern war es ein gewichtiges Machtmittel: Wer für die Funktion des FIFA-Präsidenten kandidierte, konnte Startplätze versprechen und dafür Stimmen für seine Wahl gewinnen. Auch die Europameisterschaft erweiterte man schließlich 1996; in England waren 16 Nationalteams im Endturnier, da wurde erstmals ein Finale in der Verlängerung durch ein *Golden Goal* entschieden: Oliver Bierhoff schoss es zum deutschen Sieg über die Tschechen.

Die wesentliche technische Neuerung war das Kabelfernsehen, das eine größere Medienpräsenz ermöglichte und dadurch viel mehr Geld in die Kassen der Verbände und der Clubs brachte. 1985/86 zahlten ARD und ZDF für die Übertragungsrechte der Bundesliga umgerechnet sechs Millionen Euro an die Vereine, 1988/89 dann schon zwanzig Millionen – innerhalb von drei Jahren also mehr als das Dreifache. Mit der medialen Steigerung zogen die Geschäfte an. Der Kommerz breitete sich aus, Sponsoren umrahmten die großen Turniere. Die Mannschaften wurden wesentlich teurer, folglich brauchten die Vereine gewinnträchtige Wettbewerbe, bei denen sie sich als Werbefläche präsentieren konnten.

Zu diesem Zweck gründete der europäische Verband, die UEFA, 1992 die Champions League. Und um den Fußball schneller zu machen, wurde im selben Jahr die Rückpassregel eingeführt. Seither darf der Torwart den Ball maximal sechs Sekunden halten und vor allem darf er ihn nicht mit der Hand berühren, wenn er vom eigenen Mann kommt. Dadurch sind die Keeper gezwungen, die Funktion des mitspielenden letzten Mannes zu übernehmen und deswegen größere spielerische Fähigkeiten zu entwickeln.

344 Modernisierung, Spielweisen

1990 war die Abseitsregel geändert worden, so dass der Angreifer, der sich auf gleicher Höhe mit den Gegnern befindet,
nicht mehr zurückgepfiffen wird – auch dies eine Maßnahme
zur Begünstigung der Offensive. 1993 ging die internationale
Regelkommission gegen das ruppige Verhalten vor, das ja den
Fluss des Matches bricht: Ab nun sollte es einen Platzverweis
nach sich ziehen, wenn ohne Chance auf den Ball in die Beine
des Gegners gegrätscht wird; der Volksmund nennt das in
schillernder Bildhaftigkeit eine Blutgrätsche. Und zwei Jahre
später trug man dem größeren Verschleiß des »Spielermate-
rials« (wie es wirtschaftsgemäß heißt) Rechnung. Eine Mannschaft hatte deutlich mehr Begegnungen zu bestreiten als zuvor,
also erlaubte man drei Einwechslungen von der nun zahlreicher besetzten Reservistenbank.

Alle diese Neuerungen dienten dem Fußball als Spektakel,
das in der medialen Konkurrenz nicht langsam wirken durfte.
In diesen Jahren begannen die Medien ja auch die Wahrneh-
mungsgewohnheiten zu verändern, indem Fernsehen und Kino
schnellere Schnitte und häufigere Sequenzwechsel bevorzugten. Schauen wir uns heute die Aufzeichnung eines Matches
der achtziger Jahre an, kommen wir leicht ins Staunen, wie ge-
mächlich es damals in vielen Phasen auf dem Platz zuging.

In den neunziger Jahren stiegen die Zuschauerzahlen wieder.
Die Saison 1994/95 verzeichnete einen neuen Rekord der Bundesliga: Rund 30 000 kamen pro Match ins Stadion. Bei der
1994 in den USA ausgetragenen WM lag der Schnitt bei 68 600 –
das war fast ein Drittel mehr als beim bisher am besten besuchten Turnier.

Im folgenden Jahr bilanzierte der Schriftsteller Eduardo Galeano aus Montevideo wehmütig, die Geschichte des Fußballs
sei eine traurige Reise von der Lust zur Pflicht. Man habe ihn
zur Industrie gemacht, zum Schauspiel als Geschäft und derart
die Schönheit und die Spielfreude verbannt. Die Technokraten
des Profisports hätten ein Spektakel der Schnelligkeit und der
Kraft durchgesetzt, das die Phantasie verkümmern lasse.

Das wirkt bekannt kulturpessimistisch. Allerdings setzt Galeano fort: Zum Glück gäbe es aber immer wieder Akteure, die sich frech und aus reiner Freude ins verbotene Abenteuer der Freiheit stürzen würden.

Der Fußball war zum Familien-Entertainment und zum marktorientierten Sport geworden, der besonders der Mittelklassenmentalität entsprach, die in den achtziger Jahren ausgebildet worden war.

Die Vergabe der Weltmeisterschaft an die USA war ein Zeichen, dass der Soccer nun tatsächlich weltumfassend verstanden wurde, auch wenn er sich im Land der Gastgeber nie durchgesetzt hatte. Zugleich bedeutete das Turnier in den USA die ebenso umfassende Vermarktung und die Hingabe an den Kapitalismus. Dessen Symbole, die Logos der Sponsoren wie Coca Cola, verwob die FIFA mit dem eigenen Markenzeichen.

## Im Abseits

Das Publikum auf den Tribünen staunt. Wie sich diese Männer da unten auf dem Rasen den runden Ball zuspielen, das hat man hierzulande noch nicht gesehen. Es wirkt leichtfüßig, anders als die heimischen Kraftakte. Man bemerkt Finten, wie sie die eigene Geradlinigkeit auf dem Feld nicht kennt. Kurzweilig ist dieses Spiel, jedoch – man wüsste nicht zu sagen, warum und wie – wenig amerikanisch.

Ende April 1926 gewinnt das Team der jüdischen Hakoah aus Wien in New York 4:0 gegen eine Stadtauswahl. Die *Daily News* schreibt ausführlich über das Match und die Reaktionen des Publikums. 30 000 Zuschauer hätten das wirksame Kombinationsspiel der Gäste bewundert.

Der erste österreichische Profimeister, auf dessen Trikots der Davidstern prangt, ist auf Tournee; dafür hat man zu Hause an

346 Modernisierung, Spielweisen

der Donau extra das Programm der Meisterschaft angepasst. Das *Sport-Tagblatt* titelt am 26. April nach dem »Drahtbericht« aus Übersee, das Wiener Spielsystem werde dem Soccer neue Impulse verleihen. Die Zeitung informiert regelmäßig über die Fußballreise, sie bringt außerdem eine Serie launiger Kulturbriefsatiren von einem der Amerikafahrer, der jüdelt und sich entsprechend Schmonzides nennt (das ins Wienerische eingegangene jiddische »Schmonzes« bedeutet Unsinn, belangloses Zeug). »Ich komme erst heute wieder dazu, Ihnen zu berichten, als es doch im ganzen Ozean ka Postkastl gibt, wo man hereinschmeißen könnte seine tief empfundenen Erlebnisse, und mit der Flaschenpost, welcherne hat der Schiles Verne sehr stark strapaziert in seine Romane, is es doch nicht so ganz sicher«, schreibt er nach der Überfahrt (»Der Ozean war glatt wie ä Fensterscheibn«). Über den Sieg in New York meldet er: »Haben wir etwas von a Exhibition aufgeführt, daß die Leute nicht mehr gewußt haben – ist das Fußball oder ist es ein neuer Tanz. Kurz und gut war alles entzückt.«

Auch die seriösen Artikel vermerken den großartigen Empfang und den guten eigenen Ruf. Sie schildern die Spielverläufe, darüber hinaus stellen sie die Tournee wie eine Kulturreise dar. Am 10. April wird die Hakoah-Delegation von Präsident Calvin Coolidge im Weißen Haus empfangen; sie ist zu Gast in Universitäten und bewundert die Sportausübung, die die »ganze Jugend durchdringt«. In New York wohnen die Wiener, die ihren Club als zionistisches Projekt verstehen, im Heim des reichsten Sportvereins der Stadt, des Crescent Athletic Club. Der Sonderberichterstatter erklärt: »Dieser ist ein rein arischer Verein. Er hat uns so herzlich eingeladen, daß wir unbedingt akzeptieren mußten.«

Als die Hakoah am 1. Mai im Polo Ground, dem Stadion der Giants, gegen die Profiauswahl antritt, sitzen 40000 – nach anderen Quellen 46000 – Zuschauer auf den Rängen, darunter die »Spitzen der Gesellschaft«. Bis zum Publikumserfolg von Cosmos New York mit Pelé und Beckenbauer in den siebziger

Jahren bleibt dies der Besucherrekord bei einem Soccer-Match. Diesmal verliert die Hakoah 0:3. Die Wiener Presse macht die fremden Zustände verantwortlich, »weil ihnen die harte Spielweise nicht behagte«. Der Schiedsrichter pfeife fast nie ab, und außerdem müsse man über den Platz klagen, der durch Baseball so viele Unebenheiten, ja geradezu Hügel aufweise.

Gleich am nächsten Tag erreichen die Wiener ein 2:2 gegen Providence. Der »Drahtbericht« im *Sport-Tagblatt* kann nun die sportkulturellen Unterschiede deutlich benennen: »Es zeigt sich immer mehr, daß die Amerikaner das Fußballspiel von der rein körperlichen Seite nehmen und weit mehr Kraft und Härte aufbringen als die Wiener, da ja das Baseball und das amerikanische Rugby in allererster Linie gepflegt« werden.

Die ruppige Gegnerschaft bekommen die Hakoah-Kicker so stark zu spüren, dass einige verletzt werden. Insgesamt aber ist die Tournee ein Erfolg. In knapp vier Wochen hat man zehn Spiele ausgetragen, in Philadelphia und Saint Louis, in Chicago gegen Sparta, das Team der dortigen Tschechen; man hat sechsmal gewonnen und zweimal remisiert.

Also bricht die Hakoah im Frühjahr 1927 erneut zur USA-Tournee auf. Wieder berichtet das *Sport-Tagblatt* ausführlich, wieder bringt es die Briefsatiren »Schmonzides' Amerikafahrt«. Wieder hebt sie Empfang und Siege hervor, auch das Unentschieden gegen Meister Bethlehem Steel aus der Stahlstadt, wo besonders viele zentraleuropäische Auswanderer Arbeit gefunden haben. Den Auftritt der Hakoah setzt das Blatt in einen volkscharakterlich gedeuteten Gegensatz zu den Skandalen von Nacional Montevideo: Die »temperamentvollen Uruguayer«, die zur selben Zeit durch die USA touren, hätten die robuste Spielweise der Amerikaner nicht hingenommen.

Als die Hakoah im April 1927 aus Wien abreist, drückt die Presse ihre Hoffnung aus, dass diesmal die Spieler nicht mit Dollars abgeworben würden. Tatsächlich sind 1926 neun Kicker bei Teams der Soccer League geblieben, in die einige Industriebosse investieren. Béla Guttmann, der dann in den frü-

348   Modernisierung, Spielweisen

hen sechziger Jahren als Trainer mit seinem Offensivkonzept Benfica Lissabon zum Europacupsieger formen wird, nimmt das Angebot der New York Giants an. Auch auf der zweiten Tournee werden die Besten vor Ort engagiert, so dass nun dreizehn Spieler der Hakoah für US-Clubs antreten. So zahlreichen guten Ersatz hat der Verein in Wien nicht, in der folgenden Saison steigt er aus der ersten Liga ab. Dafür gewinnen 1929 die Hakoah All Stars den US Open Cup und fahren auf Tournee durch Argentinien, Uruguay und Brasilien.

Béla Guttmann, heißt es, betreibt damals zusätzlich Varietéveranstaltungen und eine Bar am Broadway. Als der Fußball in Amerika wegen der Weltwirtschaftskrise scheitert, ist Guttmann ohne Job und soll sich kurzzeitig als Eintänzer durchgebracht haben (schon als Sechzehnjähriger war er wie seine Eltern in Budapest Tanzlehrer). 1933 spielt er erneut in Wien bei der Hakoah, die er 1938 trainiert, als die Nazis sie sofort nach dem »Anschluss« auflösen. Krieg und Holocaust soll Guttmann in Brasilien überlebt haben.

Die Geschichte der Hakoah erzählt auch von politischen und gesellschaftlichen Zuständen. Und die USA-Tourneen geben bezeichnende Bilder vom dortigen Soccer: Fremdheit und kurzzeitige Begeisterung für den Sport, der eher als Sache der Immigranten gilt; eine knappe Phase intensiven Aufstiegs und ein ökonomischer Einbruch, da der Fußball nicht zu einem amerikanischen Kulturphänomen geworden war.

Als in der zweiten Hälfte des 19. Jahrhunderts das Association-Spiel in die USA kam, war das Sportfeld schon besetzt.

Baseball hatte sich gut etabliert, verfügte über eine professionelle Liga und interessierte die Massen. Vor allem in den Industriestädten fand er seine Anhängerschaft, die im Klima des Bürgerkriegs und seiner Emotionalisierung der Zugehörigkeit noch verbreitert wurde. An den Hohen Schulen war der Football in erster Linie beliebt, da er eine militärische Männlichkeit vorführte. Diese Art der kriegerischen Vorbereitung auf andere

Im Abseits    349

Schlachten, wie das im dortigen Umfeld in Deutschland das
Turnen und in England das Rugby waren, wurde so brutal
gespielt, dass dann Präsident Theodore Roosevelt 1905 einen
Reformversuch unternahm, da bei den Matches immer wieder
Tote zu beklagen waren, achtzehn in der College-Saison dieses
Jahres.

Beide Teamballspiele waren aus der britischen Gesellschaft
der Industrialisierung in die USA gelangt und somit Teil der
*Special Relationship* zwischen den beiden Staaten. Ein entschei-
dendes Moment für die weitere Entwicklung bedeutete es, dass
die früheren Importe schon amerikanisiert worden waren und
für den heimischen Stil der Körperertüchtigung standen, als
die Association in London ihre Regeln publizierte. Das Bürgertum in den USA, das sich von der alten Aristokratie abzuheben
bemühte, hatte Baseball in den 1850er Jahren zum National-
spiel gemacht – Cricket war wohl früher anzutreffen gewesen,
vermittelte jedoch zu sehr das Ambiente englischen Adels.

Die großen Universitäten nahmen in den 1860er Jahren diverse Varianten des Football auf, indem sie Elemente von Rugby
und andere der Association mischten. Die bekannteste Form
war das »Boston-Spiel«, das Harvard auch weiterhin pflegte, als
andere wie Yale, Princeton und Columbia sich 1872/73 darauf
geeinigt hatten, die Hände nicht mehr zu benützen. Weil aber
die renommierteste Institution nicht mitzog, wollten die anderen sich nicht in einer Liga organisieren. Inzwischen suchte
Harvard einen Gegner für seine Variante und fand ihn in der
McGill University von Montreal, wo man Rugby spielte. Der
Reiz des »Boston-Spiels« nützte sich offenbar bald ab; die Verantwortlichen in Harvard änderten es, indem sie den Laufpha-
sen mehr Platz gaben. 1875 probierte man es gegen Yale aus,
das im folgenden Jahr sein Association-Game, genannt Soccer,
aufgab. Die anderen Anstalten folgten, 1877 auch Princeton, so
dass nun an allen angesehenen Universitäten und Colleges die
Rugby-Variante von Harvard gespielt wurde. Dieser American
Football erhielt eine wichtige Position im Leben auf dem Cam-

350 Modernisierung, Spielweisen

pus, aus dem der Soccer verschwand: Er sei ohnehin langweilig, weil er zu wenige zählbare Höhepunkte bringe. Die junge Elite in den Spitzenuniversitäten begeisterte sich für ihre Art des Rugby, das auf der britischen Insel weiterhin ein Spiel der Eliten war; Soccer lehnten sie meist auch ab, da er in England damals schon so populär war wie Baseball in den USA.

Die Entwicklung an den bedeutendsten Institutionen der Bildung, die im Land einen größeren Einfluss ausübten als jene in Europa, war wohl ein entscheidender Moment, umso mehr als ab 1910 die National Collegiate Athletic Association (NCAA) den Sportraum der USA wesentlich bestimmte: Hätte man sich in Harvard dem Association-Game verschrieben, hätte es einen höheren Stellenwert erhalten und wäre breiter in die Gesellschaft gedrungen. So aber hatte man in der mächtigen bürgerlichen Ordnung neben dem Baseball einen zweiten, akademisch geprüften Teamsport eingeführt, den man als eigenständig amerikanisch zu umfassender Geltung bringen konnte. Und weil es hier nicht die starken Arbeiterbewegungen gab wie in Europa, wo sie immer einflussreicher wurden und ab 1918 dort und da an die Regierung kamen, fehlte diese Massenmacht, um einen weiteren Mannschaftssport tiefer zu verankern. Derart betonte auch um das Jahr 2000 das Cato Institute, ein konservativer Think Tank, das »Unamerikanische« am Soccer: Er sei ein Sport der Länder mit kollektivistischer Tradition.

Fast zeitgleich mit der Bildung der NCAA setzten sich zwei Phänomene im Mittelwesten durch, die beide auf die University of Notre Dame in Indiana zurückgingen und Football populärer machten. In den zwanziger Jahren wurde dort die offensivere Spielweise der *Four Horsemen* eingeführt, die auf die vier Reiter der Apokalypse verweist. Zudem verbreiterten die *Subway Alumni* die soziale Basis des Publikums: Irisch-katholische Arbeiter aus Chicago konnten es sich aufgrund gestiegener Löhne und geringerer Arbeitszeit leisten, mit dem Zug nach South Bend zu den Matches des Universitätsteams zu fahren.

Ein wesentlicher gesellschaftspolitischer Hintergrund bei der Herausbildung des Sportraums der USA war es, dass eben in der Frühzeit – nach dem Zweiten Unabhängigkeitskrieg ab 1815, besonders ab Urbanisierung sowie Industrialisierung in den 1830er/40er Jahren – eine starke US-Identität aufgebaut wurde. Zwar betonte man durchaus auch die europäischen Wurzeln, stärker jedoch seine Eigenständigkeit, den Amerikanismus bürgerlichen Charakters und die »grenzenlosen Möglichkeiten«, die wiederum in Europa das Amerikabild prägten. Sportvorlieben konnten während der Einwanderungswellen von Integrationswilligkeit zeugen. Da Soccer als unamerikanisch galt, wurden Fußballfans oft als Menschen gesehen, die auf die Kultur des Landes keinen großen Wert legten. So blieb der Soccer erst recht an Immigrantengruppen gebunden.

Bis zum Ersten Weltkrieg verfestigte der American Football seine Regeln und Spielweisen. Von den Eliteuniversitäten an der Ostküste aus hatte er gerade in der Zeit, als sich der Fußball in Europa und Lateinamerika schnell verbreitete, die ganzen USA erreicht und war auch zum Sport des Mittelstands geworden. Das amerikanische Selbstverständnis hatte eine wesentliche Steigerung erfahren; im Sportraum blieb dem fremd wirkenden Soccer kaum Platz, in den unteren Schichten der Gesellschaft dominierte Baseball und in den oberen American Football. Dazu kamen bald Basketball und im Norden das aus Kanada eingeführte Eishockey, so dass bis heute in den USA die »drei Großen und eine Halbgroße« die Publikumsgunst auf sich vereinen.

Immerhin wurde 1884 in Newark die erste Fußballliga außerhalb Großbritanniens eingeführt. Eine weiter übergreifende, einheitliche Organisation entstand allerdings nicht, und so bemühten sich beim FIFA-Kongress 1912 zugleich zwei Verbände aus den USA um die Mitgliedschaft.

Es ist bezeichnend für die Situation des Soccers in den USA des 20. Jahrhunderts, dass er meist unangemessen geführt

352 Modernisierung, Spielweisen

wurde, indem man ihn wie eine beliebige Wirtschaftsfirma betrieb. Die Clubs wurden nicht »von unten«, in der Bevölkerung gegründet, sondern »von oben« als unternehmerische Entscheidung. Somit fehlte ihnen von vornherein die soziale Basis. Im Lauf der Zeit entstanden insgesamt mehr als vierzig Ligen, die meist kurzfristig dort oder da im Land existierten und kaum je Beziehungen zum Nährboden des US-Sports, den Universitäten und Colleges, unterhielten. Weil man den Fußball als Geschäft sah und weil, anders als in Europa oder Südamerika, der Staat sich in Kultur oder Sport kaum je nennenswert engagierte, herrschte der Markt. Und auf diesem Markt war der Soccer zu wenig attraktiv, weil zu wenig amerikanisch.

Einen überraschenden internationalen Erfolg errangen die US-Boys 1950 bei der Weltmeisterschaft in Brasilien. Das 1:0 gegen das – in zweifacher Hinsicht – »Mutterland« England gehört zu den größten Sensationen in der Geschichte des Fußballs. Die USA hatten schon 1930 an der ersten WM in Uruguay teilgenommen und waren dort erst gegen Argentinien im Semifinale ausgeschieden; seither vermochten sie keine internationalen Erfolge zu erzielen. Die Engländer gaben erstmals ihre *Splendid Isolation* auf, um an einer WM teilzunehmen und galten selbstverständlich als einer der Favoriten, waren sie doch mit ihren Stars Billy Wright, Alf Ramsey, Tom Finney, Stan Mortensen und Stanley Matthews nach Brasilien gekommen. In der Vorbereitung hatten sie Portugal mit 10:0 überrollt, das erste Match des Turniers gewannen sie 2:0 gegen Chile. Sie waren sich ihres Sieges gegen die im Fußball kleinen USA so gewiss, dass ihr Coach Walter Winterbottom den fünfunddreißigjährigen Matthews in Rio ließ, um ihm die Anstrengungen der Reise in den Spielort Belo Horizonte zu ersparen. In der 38. Minute aber traf Joe Gaetjens aus Haiti, der an der Columbia Universität studierte und gerade erst die US-Staatsbürgerschaft beantragt hatte, mit seinem Kopfball zum einzigen Tor des Matches. Und weil England drei Tage darauf auch gegen Spanien verlor, schied es wie die USA in der Vorrunde aus.

Im Abseits   353

Diese Sensation interessierte die heimischen Medien bis auf eine kleine Ausnahme gar nicht, so wie sie ja insgesamt vom Fußball kaum je Notiz nahmen. Aus der ganzen Welt waren vierhundert Journalisten nach Brasilien gekommen, darunter ein einziger aus den USA, und der musste die Reise aus eigener Tasche bezahlen.

Ein neuer Anlauf einer Fußballmeisterschaft wurde 1966 mit der Gründung der National Professional Soccer League (NPSL) unternommen. Das Endspiel zwischen den Engländern und den Deutschen mit dem Wembley-Tor war von NBC übertragen worden, das hatte das Publikumsinteresse kurzzeitig angekurbelt, so dass CBS mit der neuen Liga einen Vertrag für Fernsehübertragungen abschloss. Bald jedoch sanken die Zuschauerzahlen, die ohnehin ökonomisch von Anfang an nicht ausreichend waren, und die Einschaltquoten erreichten nie das angepeilte Niveau. Zwei Jahre später vereinigte sich die NPSL mit einer anderen Liga zur North American Soccer League (NASL). Der Erfolg blieb wieder aus, 1969 existierten nur noch fünf Mannschaften.

Eine längerfristige Verbesserung schien sich etwas später anzubahnen. Cosmos New York, 1971 gegründet, verpflichtete 1975 Pelé, der sich ein Jahr zuvor aus der Seleção zurückgezogen hatte. Zunächst bot man ihm vier Millionen Dollar; das war dem größten Star der Fußballwelt zu wenig. Er befürchtete, dass die brasilianische Öffentlichkeit seinen Abgang keineswegs schätzen, ja als Vaterlandsverrat sehen würde. Zudem lassen einige Indizien vermuten, dass die Diktatur unter General Ernesto Geisel den Star, der ihr so gute Propagandadienste leistete, nicht ziehen lassen wollte. Da trat US-Außenminister Henry Kissinger auf den Plan – in seiner früheren Heimat Deutschland war er ein jugendlicher Fußballfan gewesen und nun ließ er sich immer von der deutschen Botschaft die Resultate der Bundesliga übermitteln. Kissinger teilte seinem brasilianischen Amtskollegen António da Silveira mit, dass die Ver-

354    Modernisierung, Spielweisen

pflichtung Pelés bei Cosmos zur wesentlichen Verbesserung der bilateralen Beziehungen beitragen würde. Der Außenminister informierte den Star und dieser nahm das Angebot an. Als er in New York eintraf, erklärte er: »Der Fußball hat die Vereinigten Staaten erreicht.«

Zwei Jahre spielte Pelé bei Cosmos. Im folgenden Jahr kamen Franz Beckenbauer, George Best und andere Stars, die hier bestens bezahlt ihre Karriere abschließen wollten. Die Namen zogen, die Zuschauerzahlen stiegen enorm, 1977 saßen bei Cosmos gegen Fort Lauderdale, wo später Gerd Müller stürmte, 77000 im Stadion. Allerdings gab es zu wenig gute Spieler aus dem eigenen Land. Die Liga brachte keinem einzigen Club Gewinne, 1982 kündigte ABC den Fernsehvertrag, 1985 war die NASL am Ende und Cosmos wurde aufgelöst.

Den kurzfristigen wirtschaftlichen Anforderungen vermochte ein Sport nicht zu genügen, der weder innerhalb von ein paar Jahren die nötigen Strukturen aufbauen noch eine weitere Verbreitung finden konnte. Ein deutliches Bild vermitteln literarische Werke, deren quantitatives Panorama vorführt, dass der Fußball in der amerikanischen Kultur keineswegs heimisch war: 1986 zählte man in der gesamten US-Literatur 4500 Werke, in denen Baseball eine Rolle spielt; 4100 mit American Football; 2800 mit Basketball – und nur 15 mit Soccer.

Fast alle Ball- und Mannschaftssportarten, die heute viele Menschen anziehen, entwickelten sich vom Elitären zum Populären. Sollten sie größere Verbreitung finden, war unbedingt das breite Interesse der Unterschichten nötig. Es war aber in erster Linie die Mittelklasse, die den *Soccer Boom* trug, der mit Cosmos New York einsetzte, während American Football als proletarischer Macho-Sport florierte.

Die sozialen Unterschiede zu Europa traten auch später in den Biographien der Spieler in aller Deutlichkeit hervor. Aus Ländern, deren ökonomischer Standard etwa jenem der USA entsprach, kamen bei der WM 1998 nur sehr wenige Kicker aus der Mittelklasse. In den 22-Mann-Kadern von Deutschland, England, Frankreich, Italien, den Niederlanden und Österreich stand von insgesamt 132 Spielern ein einziger mit höherer Schulbildung, nur zwölf hatten einen Elternteil mit einem akademischen Diplom, alle anderen waren aus dem Arbeitermilieu und der unteren Mittelklasse. Im Team der USA gab es hingegen keinen aus der Unterschicht, die meisten hatten einen Collegeabschluss vorzuweisen.

Am 12. Juni 1994, fünf Tage vor der WM-Eröffnung in Chicago, schrieb die *New York Times*: »Die Vereinigten Staaten wurden übrigens wegen des vielen Geldes ausgewählt, das sich hier verdienen lässt, und nicht wegen irgendwelcher Verdienste des Soccer. Unser Land wurde als ein gigantisches Stadion, Hotel und Fernsehstudio für die nächsten 31 Tage angemietet – und das ist gut so.« Die FIFA und die USA trafen sich im gleichen Profitdenken.

Auch dieses Turnier brachte keinen dauerhaften Erfolg für den Fußball in den USA. Der Sieg der eigenen Mannschaft gegen Kolumbien bewirkte zwar eine Euphorie im Land, dieser Boom war jedoch nach vier Tagen zu Ende, als die Boys gegen Rumänien verloren. Immerhin kamen sie ins Achtelfinale, in dem sie dann gegen den späteren Weltmeister Brasilien mit 0:1 ausschieden.

1996 wurde die Major League Soccer (MLS) gegründet. Heute erreicht sie einen Zuschauerschnitt um die 18000, das ist immerhin mehr als beim Eishockey. Es gibt einige Fußballkanäle im TV, der Markt wächst und zieht Investoren an. 2013 wurde der New York City FC gegründet und mit Geld aus Katar finanziert; er hat eine Partnerschaft mit Manchester City abgeschlossen.

Auf längere Sicht könnte die wachsende Anzahl von Latino-Migranten eine wesentliche Verbreiterung der Fußballbasis bewirken. Sie bringen ja eine kulturelle Prägung mit, in der dem

356 Modernisierung, Spielweisen

Soccer ein hoher Stellenwert zukommt; folglich übertragen hispanische Sportkanäle regelmäßig Matches.

Der Soccer wird dennoch die »großen Drei« Football, Baseball, Basketball nicht überholen, sagt der gegenwärtige US-Nationaltrainer Jürgen Klinsmann. Man befinde sich in einer Übergangsphase. Das gilt auch für die Nationalmannschaft: 2012 siegte das Team gegen Italien und Mexiko, erlitt aber Niederlagen in Jamaika und Honduras.

Es war das US-Frauenteam, das die ersten großen internationalen Erfolge eingespielt hat, die für großes öffentliches Aufsehen im Land sorgten.

Im Weltverband des Fußballs wirken nicht dieselben Großmächte wie in der Politik.

Aus anderen Gründen als in den USA fand der Fußball recht spät in China und Japan Verbreitung; in den beiden abgeschotteten asiatischen Reichen gab es in der zweiten Hälfte des 19. Jahrhunderts nur wenige offene Häfen. Auch hier sind es die Frauenteams, die nunmehr die größten Erfolge aufzuweisen haben. Sie hatten ja keine Verspätung aufzuholen, da der Frauenfußball weltweit erst seit den 1980er Jahren kontinuierlich und intensiv organisiert ist.

Der chinesische Verband war zwar 1924 gegründet worden, schied jedoch 1958 aus der FIFA aus, als Mao den »großen Sprung nach vorn« zur Einführung des »wahren Kommunismus« verkündete, der jeglichen Individualismus ausschalten sollte. Ein zwar kollektiver Sport, der jedoch aus dem Kapitalismus kam, schien da wenig opportun; die Jugend wurde vielmehr für die absolute Priorität der landwirtschaftlichen Entwicklung eingesetzt, Millionen Studenten schickte man in die Dörfer. Die Folge dieser Politik war eine der größten Hungersnöte der Geschichte. Chinas Fußball zog sich bis 1979 – als man sich nach Maos Tod wieder dem Westen öffnete – zurück und machte dadurch die wesentliche Entwicklung dieser zwanzig Jahre nicht mit.

Nachdem die Männerelf sich nicht für die WM 1994 zu qualifizieren vermocht hatte, führte man die erste Profimeisterschaft im Land ein, die allerdings bald von Skandalen und Korruption geprägt war. Zehn Jahre später wurde die Super League ins Leben gerufen. Wie in allen diesen Unternehmungen in finanzstarken Staaten, die wegen der geringen Fußballtradition nicht über genügend hochwertige Kicker aus den eigenen Reihen verfügen, verpflichtet man auch internationale Namen und Stars, die so ihre Karriere bestens bezahlt ausklingen lassen. Niveauvolle Teams, einen breiten starken Nachwuchs und eine eigene Spielkultur kann man nicht in ein paar Jahren auf die Beine stellen.

Das zeigte sich auch in Japan. Bei der Heim-WM 2002 schnitt das Team nicht so gut ab wie der Mitveranstalter Südkorea, aber der Impuls zeitigte offenbar doch anhaltende Auswirkungen. In den starken europäischen Ligen sind heute einige Japaner engagiert, und die Nationalelf rangierte Anfang 2013 immerhin auf Platz 21 der Weltrangliste, noch vor Dänemark oder Tschechien.

Um 1870, als Japan im Rahmen der Meiji-Reformen seine Gesellschaft teils nach europäischem Muster zu modernisieren trachtete, brachten Marinesoldaten und Universitätsleute ihr Association-Spiel mit. Aber erst 1919 wurde ein Bewerb ausgetragen. Der britische Vizekonsul von Yokohama bemühte sich beim englischen Verband um Unterstützung und erhielt einen Silberpokal, den ersten Cup, um den einige Teams kickten. Zwei Jahre später schlossen sich 65 Vereine zum japanischen Verband zusammen.

In der Zwischenkriegszeit sah man im Reich des Tenno den Sport als Element der westlichen Lebensart und führte ihn moderat ins Bildungswesen ein. In erster Linie spielte man Baseball, der nach der Öffnung des Landes in den 1870er Jahren bald populär geworden war. Der Fußball verlange so großen körperlichen Einsatz, hieß es, dass man die heimischen Jugendlichen nicht zum Kicken heranzog, solange sie nicht fünfzehn

358   Modernisierung, Spielweisen

Jahre alt waren. Da nur wenige Clubs in den Industriegebieten entstanden waren – offenbar vermochte der Fußball weder die Mentalität der Elite noch jene der Arbeiter zu treffen –, bildeten Spieler das Nationalteam, die aus den Schulen und Universitäten stammten. Der einzige internationale Erfolg kam derartig unerwartet, dass er als übernatürliches Ereignis bezeichnet wurde: Das »Wunder von Berlin« bei den Olympischen Spielen 1936 war ein 3:2-Sieg über Schweden, das zur Pause mit zwei Toren geführt hatte; im Viertelfinale setzte es dann eine 0:8-Schlappe gegen Italien.

Als in den sechziger Jahren die japanische Industrie einen Boom erlebte, begannen die Unternehmen Fußballclubs zu unterstützen und Konzernmannschaften mit Halbprofis zu bilden. Die bis dahin führenden Universitätsteams mussten sich bald dieser Konkurrenz beugen, der intensivere Wettbewerb verbesserte das Niveau. Im Hinblick auf das olympische Turnier 1964 in Tokio engagierte der Verband mit Dettmar Cramer erstmals einen ausländischen Coach; gegen die Staatsamateure aus der Tschechoslowakei schied Japan im Viertelfinale aus, aber der Fußball war nun im Land angekommen. 1968 gewann die Nationalelf bei den Olympischen Spielen mit einem 2:0 gegen den Gastgeber Mexiko Bronze, dadurch stieg das Interesse weiter an. Die Liga verzeichnete einen Schnitt von 8000 Zuschauern.

Zur anhaltenden größeren Popularität brauchte es Stars aus dem Ausland wie die Brasilianer Zico und Dunga, den deutschen Dribbelkünstler Pierre Littbarski oder den englischen Goalgetter Gary Lineker, die nach ihren Erfolgen auf höchstem Niveau in der ersten Hälfte der neunziger Jahre von japanischen Clubs engagiert wurden.

Die J-League setzte auf Melange, also auf die gerade kulturell ins Gespräch und in Mode gekommene Hybridisierung. Sie organisierte sich nach dem Franchise-System des Sportbusiness in den USA, das keinen Abstieg aus der Liga kennt, folgte hingegen dem europäischen Vorbild, indem sie den Clubs vorschrieb, ein B-Team und Jugendmannschaften zu führen. Dazu versuchte sie Elemente des brasilianischen Karnevals in die Stadien zu bringen, die Konkurrenz zuzuspitzen und doch den kulturellen Vorstellungen des heimischen Publikums entgegenzukommen: Die Matches konnten nicht unentschieden enden, sondern wurden in der Verlängerung oder dann per Elfmeterschießen entschieden; Meister wurde nicht jene Mannschaft, die am Ende des Spieljahres am meisten Punkte hatte, sondern der Sieger im Finale zwischen Herbst- und Frühjahrsmeister. Das Publikum war begeistert, durchschnittlich saßen 20 000 auf den Tribünen. Dann aber ließ das Interesse nach, und die enormen Gehälter der Stars brachten ökonomische Schwierigkeiten.

Das Remis führte die Liga 1999 ein, ebenso den Auf- und Abstieg – es gab nun genügend Vereine. Zugleich beschränkte sie die Anzahl der ausländischen Spieler und die Gehälter. Dies bewirkte allerdings, dass es für die guten japanischen Kicker ein zusätzlicher Antrieb war, außer Landes zu gehen.

Die sportlichen Erfolge, die die Männerteams von Japan und der USA nicht geschafft hatten, gelangen den Frauen. Die Japanerinnen holten sich 2011 den Weltpokal; die USA hatte die erste Weltmeisterschaft 1991 in China gewonnen. Und als das Turnier 1999 in den USA stattfand, strömten Massen in die Stadien, 38 000 pro Match; das Fernsehen übertrug und berichtete, *Time* und *Newsweek* brachten Titelgeschichten. Das dramatische Finale endete im Elfmeterschießen mit dem ersehnten Heimsieg gegen China, den Goldenen Schuh als beste Spielerin erhielt die Chinesin Sun Wen.

Heute sind in den USA an die neun Millionen Fußballerinnen gemeldet: fast ebenso viele wie Männer im Soccer.

360  Modernisierung, Spielweisen

## Geschlechterdifferenzen

Es ist ein grauer, kühler Samstagnachmittag Ende Juni 2013 in München. Es nieselt, dennoch strömen Massen ins Stadion. Man schützt sich mit Pelerinen und Hüten, sichtlich wohlgelaunt sitzt man auf den Tribünen. Das Spiel ist abwechslungsreich, es geht schnell hin und her, mit technischen Finessen, schönen Kombinationen und tollen Schüssen. Das Heimteam siegt 4:2, das Publikum applaudiert begeistert.

Hier treten diesmal nicht die Bayern an. Sie haben soeben ihr Training unter dem neuen Coach Pep Guardiola aufgenommen, während seine ehemaligen Schützlinge von Barça in der spanischen Nationalmannschaft am Vorabend des Confederation-Cupfinales stehen, gegen Brasilien im Maracanã.

In der Münchner Arena sehen sich über 46 000 die deutsche Frauenelf gegen die japanischen Weltmeisterinnen an, obwohl die Begegnung von der ARD übertragen wird. Es ist nicht mehr als ein Testmatch zur Vorbereitung auf die EM. Immer öfter bewegt nun auch der weibliche Fußball Massen.

Zur Eröffnung der Frauen-WM kamen am 26. Juni 2011 über 73 000 ins ausverkaufte Berliner Olympiastadion; durchschnittlich verzeichnete das Turnier mehr als 26 000 Zuschauer pro Spiel. Das Viertelfinale bot zwei besonders dramatische Matches. Japan mit Homare Sawa, der besten Spielerin der Endrunde, schaltete Deutschland in der Verlängerung aus; die USA gewannen gegen die Brasilianerinnen, in deren Reihen Marta, die Weltfußballerin der vergangenen fünf Jahre, ihre grandiose Technik und ihre Starallüren zeigte. Die Amerikanerinnen mit Hope Solo im Tor und Abby Wambach im Angriff lagen gleich zu Beginn der Verlängerung 1:2 zurück und erzielten in letzter Sekunde den Ausgleich; das Elfmeterschießen entschieden sie für sich. Im Finale verloren sie dann – ebenfalls nach einem 2:2 – die Entscheidung vom Penaltypunkt gegen Japan, das jeweils erst kurz vor Ende der Spielzeit ausgeglichen hatte. ARD und ZDF übertrugen alle Matches live; und obwohl das Heimteam ausgeschieden war, erreichte der Marktanteil beim Finale fast fünfzig Prozent.

In der medialen Konkurrenz benötigte der Fußballmarkt diese Expansion. Sie ließ sich umso besser betreiben, als man sich so die Gleichberechtigung der Geschlechter auf die Fahnen heften konnte, die seit den siebziger Jahren in der westlichen Welt immer deutlicher gefordert wird – gerade in letzter Zeit gab es vermehrt Debatten, wie weit nun die Emanzipation tatsächlich gediehen sei und ob man Quotenregelungen einführen solle. 2006 diagnostizierte Eva Kreisky, die »ritualistische Inszenierung« im Fußball erweise sich »bislang als spezielle Wirkkraft zur Konservierung von Männlichkeit als System«.

Auch wenn deutlich mehr Frauen in die Stadien gehen, dominiert bis heute die Männlichkeit vor Ort und bei der Vermittlung. Das Elite-Ideal der herrschenden Herren begleitete in der Epoche der Industrialisierung und der Moderne den Aufstieg des Association-Spiels. Die Vorstellung von Männlichkeit wandelte sich mit ihm dann in der Arbeiterschaft, die den »starken Arm« sowie den »bärenstarken Mann« idealisierte, unterstützte die Verbindung mit dem militanten Nationalismus, der die Spieler zum Soldatenersatz macht, und trägt den Fußball schließlich in der heutigen Medienkultur.

Das Fernsehen zeigt Matches als maskuline Melodramen, der Manager dominiert die Fußballwirtschaft, die Verbände sind Lobbys alter Herren. Einige Kicker wirken mit ihrem tätowierten Äußeren wie Piraten und ähneln so dem starken Bild des unabhängigen Freibeuters; Fanclubs gleichen Männerbünden, die soziale Gegensätze intern scheinbar auflösen, dafür extern umso heftiger aufflammen lassen. Wie der Hooliganismus in der Sozialisation eine seiner Macho-Grundlagen erhält, zeigen Untersuchungen im Jahr 2000: In englischen Grundschulen werden Modelle der Männlichkeit auf der Basis von Stärke und Macht trainiert, wie sie im Profifußball zu finden sind.

Die Rituale sind zwar gemäß der heutigen Eventkultur aus-

362 Modernisierung, Spielweisen

gebaut, im Grund jedoch gleichgeblieben, während der Fußball sich mit gesellschaftlichen Entwicklungen bewegte. Zunächst folgte er der Großen Erzählung des 19. Jahrhunderts,
der Nationalisierung; mit dem Fernsehen wurde er als Spektakel globalisiert, mit dem Neoliberalismus als Event durch und
durch kommerzialisiert – und nun kennt er seinen feminisier-
ten Part.

Großbürgerliche und aristokratische Sportarten wie Tennis,
Golf und Reiten waren Frauen seit dem 19. Jahrhundert zugänglich, bald durften sie bei den Olympischen Spielen im
Fechten, Schwimmen, in Disziplinen der Leichtathletik oder
beim Eislaufen und Skifahren antreten. Offenbar fanden das
die Verantwortlichen nicht »unweiblich«; Fußball aber sahen
sie einzig mit Männlichkeit besetzt.

Zur Gründungszeit des Association-Games spielten in den
englischen Public Schools auch die Mädchen. Im März 1895 saßen 10 000 Zuschauer beim Frauenmatch England-Nord gegen
England-Süd auf den Tribünen; die Spielerinnen trugen Röckchen über Knickerbockers und Hütchen, wie die Presse mit
Blick auf das – in diesem Fall – unwesentlich Modische berichtete.

In vielen Bereichen mussten im Ersten Weltkrieg Frauen
die Männer ersetzen, dadurch erlebte der Frauenfußball einen
Aufschwung. Anfang der zwanziger Jahre zog er als Mischung
aus Sport und Varieté ein zahlreiches Publikum an. Als im
März 1920 Fémina Paris in London gegen »Dick Kerr's Ladies«
antrat, folgten 61 000 begeistert dem Match. In England bestanden 1921 etwa 150 Frauenteams; im selben Jahr fand das
erste Spiel von Frauen in Brasilien statt. Derartiges untersagte
dort das Vargas-Regime 1941, das Verbot blieb bis 1975 gültig,
wurde formell jedoch erst 1981 in der Endphase der Militärdiktatur aufgehoben. Es spricht für den Stellenwert des Fußballs
im Land, dass die Brasilianerinnen bald danach zu den Besten
der Welt gehörten.

Geschlechterdifferenzen 363

Mentalität und gesellschaftliche Vorstellungen der Funktionäre in ihrer Männlichkeitswelt äußerten sich in Verboten. Das änderte sich erst, als die Emanzipationsbestrebungen nach der Bewegung von 1968 so stark waren und zudem den Bedürfnissen der Wirtschaft entsprachen, dass man Frauen nicht mehr gut von diesem Spielfeld ausschließen konnte.

Im Dezember 1921 erließ in England die Football Association ein Stadionverbot für weibliche Teams; in Frankreich entstand wegen der Ablehnung des Verbandes eine eigene Frauen-Fédération. Bei den Deutschen Hochschulmeisterschaften wurde 1922 ein Turnier für Frauen ausgetragen; aber nachdem die Kabarettistin Lotte Specht 1930 in der Presse annonciert hatte, sie suche Mitspielerinnen, und den 1. Deutschen Damen-Fußball-Club in Frankfurt am Main gegründet hatte, bekam sie heftige Gegenreaktionen zu spüren und musste das Unternehmen bald beenden. Im selben Jahr schrieb Willy Vierath in seinem Buch *Moderner Sport*: Ringen, Boxen oder Fußball seien gegen die weibliche Natur und unästhetisch, folglich ungeeignet. Er sprach für den Männerkult der Zeit, deren Herrscher auf Marschieren aus waren. »Moralisch verwerflich« nannten die Herren der Moral den Frauenfußball. »Politisch unerwünscht«, ließen die Nazis deutlich wissen und kamen auf die verbreitete Ansicht, dass ja die Gebärfähigkeit beeinträchtigt werden könnte. Entsprechend erklärte der DFB 1936: Der »männliche Kampfcharakter« widerspreche »dem Wesen der Frau, die wir von Sportarten bewußt ausgeschaltet sehen wollen, die ihr die Würde des Weibes im Wettkampf nehmen müßte«. Selbstverständlich wurde die 1935 gegründete Österreichische Damenfußball-Union gleich nach dem »Anschluss« 1938 verboten.

Derart autoritär mit Natur, Moral und »Würde des Weibes« konnte öffentlich nach 1945 nicht mehr diszipliniert werden – an den Mentalitäten und den gesellschaftlichen Werten änderte sich allerdings zunächst wenig. In ihrem Grundgesetz schrieb zwar die Bundesrepublik Deutschland die Gleichberechtigung

364 Modernisierung, Spielweisen

zwischen Männern und Frauen fest, die Praxis sah aber anders aus. Nach dem »Wunder von Bern« stellt man in der allgemeinen Kick-Begeisterung den Frauenfußball erneut zur Debatte, und mit Fortuna Dortmund war auch ein hervorragendes Team entstanden. Im Verband saßen freilich die alten Herren, die nun ihre Werte mit andersklingenden und gleichbedeutenden Phrasen ausdrückten. Anstand und Schicklichkeit bemühten sie, Anmut und gar die Seele. So untersagte der DFB 1955 seinen Vereinen, »Frauenmannschaften« zu gründen und Spielfelder zur Verfügung zu stellen: »Im Kampf um den Ball verschwindet die weibliche Anmut, Körper und Seele erleiden unweigerlich Schaden und das Zurschaustellen des Körpers verletzt Schicklichkeit und Anstand.« Die Behörde sah das offenbar nicht anders. Im selben Jahr stoppte die Polizei die Begegnung DFC Duisburg-Hamborn gegen Gruga Essen. Dazu die *Westdeutsche Allgemeine*: »Sie kickten nur 20 Minuten, dann wurde der Damenfußball liquidiert.«

Er kam schon im nächsten Jahr wieder auf die Beine. Ein Kaufmann gründete den Westdeutschen Damenfußballverband, den er 1957 auf die ganze BRD ausdehnte. In Essen hatte im September 1956 die deutsche Frauenelf vor 18 000 Zuschauern Holland 2 : 1 besiegt. Als aber im März 1957 Westdeutschland gegen Westholland in München antrat, legte der DFB beim Oberbürgermeister eine geharnischte Beschwerde ein. Einige Monate später spielten die Frauen also in Stuttgart gegen die Engländerinnen und remisierten 1 : 1. Darauf drohte der Verband gleich von vornhinein der Berliner Verwaltung, falls sie für den unweiblichen weiblichen Kick ein Stadion bereitstelle, werde man künftig keine Länderspiele mehr in der Stadt austragen. Ein Internationaler Frauenfußball-Verband konnte dennoch sein Turnier hier organisieren; allerdings kam wenig Publikum und gegen den Veranstalter erging ein Haftbefehl wegen Betrugs. Als der Frauenfußball nicht offiziell anerkannt und breiter organisiert war, konnten ihn auch zwielichtige Profiteure wie einen Geschäftszirkus benützen.

Die Situation änderte sich nach 1968 grundlegend, zugleich mit dem Wertesystem, das ab nun stärker auf Emanzipation pochte, und mit dem medialen Aufschwung des Sports. Anfang der siebziger Jahre hoben der englische sowie der deutsche Verband ihr Verbot auf; in Italien organisierte die Spirituosenfirma Martini & Rossi 1970 eine inoffizielle WM, ein Jahr später gab die UEFA eine entsprechende Empfehlung ab. Bis zur formalen Gleichberechtigung auf dem Rasen dauerte es allerdings noch eine Weile: Erst seit 1993 spielen die Frauen weltweit nach denselben Regeln wie die Männer; zuvor wurden etwa in Deutschland nur achtzig Minuten mit einem kleineren, leichteren Ball gekickt.

Die erste vom europäischen Verband organisierte Europameisterschaft trugen sechzehn Nationen zwischen 1982 und 1984 aus; es gewannen die Schwedinnen. Bei der Endrunde 1987 gelang den Norwegerinnen ein Heimsieg. Seither sind die Skandinavierinnen immer unter den stärksten Teams zu finden. In ihren Ländern war die Emanzipation der Frauen am weitesten fortgeschritten: In Dänemark besteht seit 1885 eine Frauengewerkschaft; Finnland führte 1906 weltweit das erste aktive Wahlrecht für Frauen ein; in den siebziger Jahren gaben sich die Parteien in Dänemark, Schweden und Norwegen eine Quotenregelung, folglich stieg der Frauenanteil in den Parlamenten und liegt heute in Schweden bei nahezu fünfzig Prozent.

Von der 1989 in Deutschland ausgetragenen EM berichtete nun auch das Fernsehen und konnte gleich ein dramatisches Elfmeterschießen im Halbfinale übertragen: Gegen Italien parierte die Torhüterin Marion Isbert drei Versuche und schoss selbst den entscheidenden Treffer für die Deutschen. Im Endspiel besiegten sie vor 22 000 Zuschauern die Norwegerinnen mit 4:1. »Spielführerin« war die heutige Bundestrainerin Silvia Neid, die als Coach der Nationalelf 2007 den Weltmeistertitel in China holte. »Dieses Spiel gegen Italien mit seiner Dramatik und der anschließende EM-Titel waren zweifellos

366 Modernisierung, Spielweisen

der Durchbruch«, betont sie die Bedeutung des Heim-Turniers von 1989.

Ein Jahr später nahm die Damen-Fußball-Bundesliga ihre Meisterschaft auf, trug das Frauenteam der DDR ihr erstes und einziges Länderspiel aus, das sie 0:3 gegen die Tschechoslowakei verlor. Einer der stärksten Vereine der letzten Zeit kommt aus dem Osten: Turbine Potsdam wurde 2004 und 2006, 2009 bis 2011 deutscher Meister und gewann 2010 die Women's Champions League, die im Jahr zuvor gestartet worden war.

Weltmeisterschaften gibt es seit 1991, seit 1996 ist der Frauenfußball auf dem Programm der Olympischen Spiele. Nachdem die deutsche Elf 2003 in den USA den WM-Titel gewonnen hatte – mit einem Golden Goal von Nia Künzer zum 2:1 gegen Schweden –, wurde sie zur Mannschaft des Jahres gewählt und Birgit Prinz zur »Weltfußballerin«. Die Geschlechterdifferenz war an der Prämie deutlich abzulesen: Jede Spielerin erhielt 6000 Euro von der Sporthilfe und 9000 vom DFB; den Männern war 2002 eine Titelprämie von über 90 000 Euro versprochen worden, 2006 waren 50 000 für das Viertelfinale, 100 000 für das Semifinale, 150 000 für das Endspiel und 300 000 für den WM-Sieg vereinbart. Für ihren ersten Titel bei der Europameisterschaft 1989 hatten die Frauen ein Kaffeeservice bekommen.

Der WM-Sieg 2007 brachte jeder Spielerin 50 000 Euro ein. Das Turnier fand in China statt, das zu den sportlichen Größen des Frauenfußballs zählt – seit 1982 gibt es hier eine nationale Meisterschaft, vier Jahre später gewannen die Chinesinnen den Asien-Cup, 1996 Silber bei Olympia, 1999 verloren sie erst im Finale der Weltmeisterschaft.

Der Film *Die besten Frauen der Welt* von Britta Becker folgt dem deutschen Team in China, er zeigt eindrucksvolle Bilder vom Innenleben des Kaders und lässt die Spielerinnen ausführlich zu Wort kommen. Die Frauen relativieren ihre eigene Bedeutung und sehen sich nicht nur im Rahmen des großen Stadions. Sie wissen: Wenn sie vom WM-Finale zurückkehren, wo

*Abb. 22:* Frauen-WM 2007: das siegreiche deutsche Team.

sie bei ihrem 2:0 über die Brasilianerinnen von 31 000 in der ausverkauften Arena von Shanghai bejubelt wurden (das 3:0 gegen Norwegen im Halbfinale sahen fast 54 000), stehen sie bald wieder in der Bundesliga auf kleineren Plätzen vor 500 Zuschauern, abseits der Medien.

Die Strukturen im Nationalteam bezeichnen sie als ideal, allerdings seien sie noch vor nicht allzu langer Zeit minimal gewesen. Die enormen Unterschiede zur Welt ihrer männlichen Kollegen streichen sie heraus: Frauenfußball sei ruhiger, weniger athletisch, nicht so aggressiv – die wesentliche Differenz besteht ja schon darin, dass sie dazu befragt werden, während umgekehrt die Starkicker darüber nie Auskunft zu geben haben.

Eine der Spielerinnen hat Skripten auf die Chinareise mitgenommen und studiert im Hotelzimmer. Alle betonen, wie wichtig ihnen die Ausbildung und ein anderer Beruf sind, weil sie in ihrer Karriere nicht so viel Geld und Aufmerksamkeit erhalten, dass sie dann davon leben könnten. Zwölf der 21 im Kader haben Abitur, sechs schließen in der Folge ein Studium

368 Modernisierung, Spielweisen

ab, die dreimalige Weltfußballerin Birgit Prinz ist Diplompsy-
chologin. Während also mehr als fünfzig Prozent einen höheren Schulabschluss vorweisen, stehen im WM-Kader 2006 von
23 Männern sechs mit Abitur (26 Prozent), drei davon beginnen neben oder nach der Karriere ein Studium. Bei der WM
2010 haben ebenfalls sechs deutsche Kicker Abitur, von einem
Studium ist da keine Rede.

Der deutsche Frauenfußball ist offenbar ein Milieu mit deutlich höherem Bildungsniveau als in den Männerteams. Viele
der Nationalspielerinnen von 2007 erklären vor der Kamera,
wie wichtig es für sie sei, dass sich nicht alles um ihren Sport
drehe. Die zu starke Präsenz des Fußballs tue ihr gewiss nicht
gut, sagt Birgit Prinz, sie strebe nach anderem. Es gebe nicht
nur dieses Milieu, betont Nadine Angerer, die kein einziges Gegentor zulässt und zur besten Torhüterin des Turniers gewählt
wird: Sie sei stolz, dass einige in ihrem Freundeskreis nichts mit
dem Fußball zu tun haben.

Nun seien sie Weltmeisterinnen, lautet ein Schlusswort, aber
es könne alles schnell vorbei sein. Immerhin: Am Ende stehen Bilder vom begeisterten Empfang bei der Rückkehr, vom
Frankfurter Römerplatz voller Fans und geschwungener deutscher Flaggen.

Ein Bild hat dem Frauenfußball in den USA einen starken
Imagegewinn in der Öffentlichkeit verliehen. Auf dem Rasen
kniet eine Spielerin in weißem Short und weißen Stutzen. Ihre
Arme hat sie zum Triumph erhoben, aus ihrem weit geöffneten
Mund kommt wohl der Jubel. In der Rechten hält sie ihr Tri-
kot, das sie ausgezogen hat, so dass sie im breiten schwarzen
Sport-BH zu sehen ist. Das Foto von Brandi Chastain, die ge-
rade mit ihrem Elfmeter den Titel fixiert hat, kam auf das Co-
ver von *Sports Illustrated* und wirkt seither als ikonenhaftes
Vorbild weiblichen Sporterfolgs.

1999 gewann das Team der USA zum dritten Mal die WM,
diesmal im eigenen Land. Beim dramatischen Viertelfinale ge-

gen Deutschland in Washington war Präsident Bill Clinton auf der Ehrentribüne zugegen; zweimal ging die deutsche Elf in Führung und musste sich dann doch 2 : 3 geschlagen geben. Mit einem 2 : 0 gegen die Brasilianerinnen erreichten die USA das Finale. In diesem Match gegen die Chinesinnen trafen die beiden Stars des Turniers aufeinander, Mia Hamm und Sun Wen, die Gedichte schrieb und Literaturwissenschaft studieren wollte. 90 000 waren in den Rose Bowl von Los Angeles gekommen, im ganzen Land saßen 16 Millionen vor den Fernsehern. Auch in der Verlängerung fielen keine Tore. Mia Hamm und Sun Wen trafen vom Elfmeterpunkt, die Torhüterin der USA hielt einen Schuss und Brandi Chastain gelang der entscheidende Treffer.

Dann machte sie das, worauf wohl schon einige Zuschauer vor den TV-Schirmen gewartet hatten: Dass sich eine Spielerin, wie Torschützen bei den Männern, das Trikot über den Kopf ziehe. Eine Geste der Männlichkeit – seht her, wie stark ich bin, seht her, wie unverwundbar ich bin – war im Frauenfußball angekommen.

Im Medienzirkus der USA wurden die Weltmeisterinnen populär. Man wählte sie zu den *Sportswomen of the Year*, lud sie zu Talkshows und ins Weiße Haus ein.

Die Begeisterung trug dazu bei, dass 2001 die erste Frauenprofiliga gegründet wurde, die Women's United Soccer Association (WUSA). Die acht Teams verpflichteten zahlreiche Stars aus dem In- und Ausland: Sissi, die beste Torschützin der WM, und Katia aus Brasilien, Kelly Smith aus England, Sun Wen aus China, Birgit Prinz und Steffi Jones aus Deutschland. Das Eröffnungsmatch bestritten San Jose Cyber Rays mit Brandi Chastain und Washington Freedom mit Mia Hamm, die in diesem Jahr zur Weltfußballerin gewählt wurde; 34 000 waren im Stadion. Die Liga ruhte nicht auf einem gewachsenen Boden, sie gehörte Managern der Kommunikationsbranche und des Fernsehens. In der für die USA üblichen Struktur besaßen sie alle Teams, die somit ökonomisch aneinander geknüpft waren.

Bald zeigte sich, dass derartige Umstände für den Fußball der Frauen trotz aller Erfolge nicht günstiger sind als für den Soccer der Männer. In beiden Fällen gibt es im Amateurbetrieb viele Aktive, für die Profis auf Dauer jedoch wenig Publikum, so dass man immer wieder neue Ligen schafft, die dann bald wegen ihrer finanziellen Verluste schließen müssen. Das Spiel entspricht offenbar als Event nicht der Mentalität und den Gewohnheiten der Konsumenten im Land. »Soccer is interesting to play, but boring to watch«, heißt es. Es sei ein »low-scoring game« und biete daher zu wenige Unterbrechungen für die Werbung.

Die WUSA wollte nun den Soccer zum amerikanischen Sport machen. Dafür gab sie das Motto »Fun, Families, and Food« aus, mit dem sie die jungen Amateurspielerinnen und deren Familien anzusprechen meinte. Viele Besucher fanden allerdings das Ambiente zu infantil, der Zuschauerschnitt sank 2003 auf kaum mehr als 6500, und die Liga war am Ende.

Auch die nächste scheiterte binnen kurzem. Und eine neue besteht seit April 2013, die National Women's Soccer League mit acht Teams, denen die Spielerinnen aus einem Pool zugeteilt wurden. Da auch diese Liga wieder ähnliche Strukturen hat wie die früheren, stellt sich die Frage, wie lange es sie geben wird.

Der Profifußball sei für Frauen unsicher, erklärten die deutschen Weltmeisterinnen von 2007. Deswegen konnten sie sich nicht wie ihre männlichen Kollegen darauf verlassen, sondern erlernten einen zweiten Beruf.

Bedenkt man das steigende Publikumsinteresse in Europa, das allerdings heute in erster Linie den Nationalteams gilt, dann mag man vermuten, dass sich diese Situation langsam ändern wird und nicht auch die besten Spielerinnen weiterhin Halbprofis sein werden.

Wenig Bewegung bemerkt man in den Instanzen. Im Präsidium des DFB sitzt nur eine Frau mit 16 Männern, das Durchschnittsalter beträgt mehr als 64 Jahre. Das Exekutivkomitee der FIFA ist nicht jünger, es besteht aus 24 Männern und Lydia Nsekera, die im Mai 2012 gewählt wurde. Sie hat in ihrer Jugend in Burundi nicht kicken dürfen und sich dann für den afrikanischen Frauenfußball engagiert. Lydia Nsekera ist die erste Frau im höchsten Gremium des Weltverbands.

## Schnelles Spiel – Mediatisierung, Milliardenbusiness

*Gala im Jahr 2000*

Alfredo Di Stéfano blickt zur Bühne. Dort steht ein betagter Herr am Rednerpult und strahlt aus seinem runden Gesicht die Scheinwerfer und das Publikum an. Er spricht von der Freude, die ihr Sport in die Welt bringe. Man vereine 242 Millionen Spieler und Spielerinnen auf dem ganzen Globus, das seien vier Prozent der gesamten Menschheit. Auf dem Emblem, das in Blau riesig hinter ihm leuchtet, überlappen sich zwei Erdfußbälle. An diesem wunderbaren Abend könne man eine großartige Bilanz ziehen und erwartungsfroh in die Zukunft schauen, sagt der Herr in seinem Englisch mit Schweizer Akzent. Nun verneige man sich vor den Besten der Besten.

Die FIFA feiert in Rom ihre Gala zum neuen Jahrtausend, sie stellt ihre Tabellen der Bedeutungen als Leistungsschau aus. Dazu hat sie das Publikum zur Wahl aufgerufen: Die Mehrheit, heißt es, habe Maradona zum Fußballer des Jahrhunderts gekürt. Er war wegen Dopings gesperrt; das passt nicht gut ins Bild von hehrem Sportsgeist und reiner Freude, die der Präsident des Weltverbandes wiederholt dem großen Festsaal vorredet. Seine Jury, hört man, habe Pelé hinzugesetzt. Nun ehrt man zwei Superstars wie zwei verschiedene Seiten derselben Medaille. Die anhaltende Debatte, wer von beiden besser gewesen sei, geht in die Verlängerung.

Mit der Zeitarithmetik des runden Datums wird auch auf diesem Feld geranglistet, wie das heute ein Grundmechanismus des umfassend mediatisierten Systems der umfassenden Geschäftemacherei ist. Ein Geschäft bahnt sich mit Werbung an, im ständigen Wettbewerb des Verkaufs braucht es die Superlative der Superlative. »Das ist eines der allerschönsten Tore«, spricht der Reporter, als der großartigste Treffer »aller Zeiten« zur Wahl ansteht – über dem Schönsten gibt es also das Allerschönste und auch davon nicht nur ein einziges.

Das hält der Kulturbetrieb nicht anders: Seine Rangliste ist der Kanon, die Laudatio ist die Sprache der Reklame. Werbewirksam präsentiert 2001 der Literaturkritiker Marcel Reich-Ranicki im *Spiegel* die Werke, die der gebildete Mensch gelesen haben müsse; im folgenden Jahr bringt er seine Auswahl der Bedeutsamkeit in den Buchhandel. Listenreiche Absicherungen haben allerorten Hochkonjunktur. Das türkische Erziehungsministerium stellt 2004 den heimischen Literaturkanon der hundert Bücher ins Internet; die Dänen veröffentlichen 2006 das Repertoire jener genau 108 Kulturwerke, in denen sie ihre Art und Seele repräsentiert finden.

Das Phänomen ist nicht neu. Immer haben Kulturen Zäsuren – seien sie natürlich oder sozial geschaffen – zu gemeinschaftlichen Betrachtungen und Auftritten genützt; im Mittelalter gab man Daten wie dem Jahr 1000 mythische Bedeutung. Die heutigen Medien in ihrer Allgegenwart und ihrer Reklamefunktion steigern allerdings zunehmend das Bedürfnis nach derartigen Anlässen. Es vergeht kaum eine Woche, in der nicht das Publikum eine Wahl irgendeines Schönsten, Größten, Besten vorzunehmen aufgerufen wird.

Bilanz und Werbung dienen der kollektiven Selbstvergewisserung. Das vorgeblich Demokratische äußert sich in Abstimmungen. Das britische Fernsehen präsentierte die Wahl zum größten Engländer, in Deutschland kürte man medial den ewigen Ersten der Nation, die Franzosen ermittelten die personifizierte Grandeur, in Portugal stimmte man über den größten Portugiesen ab – jeweils nach der Formel, die das Historische komprimiert: »aller Zeiten«. Wann diese Zeiten begonnen haben? Die Frage wird von der Reklamesteigerung übertönt.

In Rom lobpreist man die Fußballer des Jahrhunderts, zugleich die FIFA und ihre Herren. Die Kicker, und seien sie noch so tolle Stars, kommen und gehen, der Präsident des Weltverbandes bleibt. So ist es auch auf der römischen Bühne im Jahr 2000.

Alfredo Di Stéfano sitzt in einer der vorderen Reihen. Er ist nun 75; für Real Madrid hat er elf Meisterschaftsjahre gespielt, über dreihundert Tore geschossen, fünfmal den Europacup gewonnen. In einem Match gegen Atlético Bilbao stellte ihm der Gegner den überaus rüden Bewacher Fidel Uriarte zur Seite, Di Stéfano begrüßte ihn mit den Worten *seguime y aprende*, folge mir und lerne.

Man bittet ihn aufs Podium. Er ist Ehrenpräsident der Madrilenen, die man seinerzeit das Weiße Ballett nannte, und nimmt die Auszeichnung für den besten Club des Jahrhunderts entgegen. Zur Charakterisierung der Elf, die dann 2003 mit Zidane, Ronaldo, Figo und Beckham antritt, reicht den Medien der Erdball nicht mehr, die »Galaktischen« ruft man sie.

Im Februar 2000 begeht der FC Bayern im Münchner Prinzregententheater die hundert Jahre seines Bestehens. Die Festrede hält Loriot, der Komiker setzt die »aller-Zeiten«-Formel auf seine Art ein: »Schon vor Hunderttausenden von Jahren hatte der Mensch Freude daran, Gegenstände mit Fußtritten in rasche Bewegung zu versetzen. Allerdings ging man seinerzeit noch auf allen vieren, so dass ein Schuss aufs Tor sich meist schon in den eigenen Vorderbeinen verfing. Da begriff der Mensch, er müsse sich, wenn er erfolgreich Fußball spielen wollte, in den aufrechten Gang erheben.«

Darauf folgt der ironische Konter der globalen Bedeutung, die die FIFA festredet: »Leider gewöhnten sich seither viele Menschen an den aufrechten Gang, die gar nicht vorhaben, Fußball zu spielen.«

In dem Land, dessen Kicker im Jahr 2000 immer noch insbesondere an Laufbereitschaft und Zweikampfverhalten gemessen werden, hat sich seit einiger Zeit durchaus eine Spielweise

Gala im Jahr 2000    375

von Intellektuellen verbreitet. In den *Neuen Pauly* schmuggelte
der Althistoriker Mischa Meier seine Mystifikation, den Lexikoneintrag über Apopudobalia, die von ihm frei erfundene
antike Form des Kickens; das Wort ist seine griechische Kunst-
übersetzung für Fußball. Schon die »Gymnastika« des »Achil-
leus Taktikos« im frühen 4. Jh. v. Chr. erwähne das Apopudobalia; es könne als Vorgänger des neuzeitlichen Spiels gelten,
was somit der allgemein vertretenen Erkenntnis, Engländer
hätten die weltweit beliebte Sportart erfunden, widerspreche –
sie sei vielmehr von römischen Legionen bis Britannien verbreitet worden. Leider gebe es trotz der seinerzeitigen Popularität kaum Dokumente, da man diesen Fußball in frühchrist-
licher Literatur verdammt habe. Als seine Quelle bietet Meier
im Lexikon eine »Festschrift M. Sammer«, der dortige Beitrag
sei »grundlegend«.

Den Ball der ironischen Schwindelei, die die Herausgeber
schließlich als Zeichen akademischer Beweglichkeit auch in der
zweiten Auflage des Lexikons beließen, nimmt Stephan Geiger
auf. Er zitiert Mischa Meiers Apopudobalia 2002 in seiner Wis-
senschaftssatire *Sokrates flankt! Eine kleine Philosophiegeschichte
des Fußballs.* Hier tritt Sokrates als Jugendtrainer im antiken
Athen auf und erklärt seinen Schülern, sie sollen das Wesentliche vom Unwesentlichen trennen wie den Ball vom Gegner;
Descartes ruft »Ich bin zweifelnd, also bin ich Trainer«; Kants
kategorischer Imperativ versteht sich als Urform des Fair Play.

Kickende Philosophen – das konnte man 1972 in einem
Filmsketch von Monty Python sehen, die Deutschen gegen
die Griechen. Kant und Nietzsche laufen in Gehröcken ein, neben Schopenhauer und Wittgenstein kommt Beckenbauer aufs
Feld, »seine Nominierung war umstritten«. Aristoteles, Heraklit und ihre Kollegen tragen Bärte und lange Gewänder.
Schiedsrichter Konfuzius pfeift das Spiel an, die Denker wan-
deln denkend auf dem Rasen, der Ball liegt unberührt im Mittelkreis. Dann erhält Nietzsche vom Unparteiischen die gelbe
Karte gezeigt, wegen Kritisierens. Der Kommentator teilt mit,

der Verwarnte »beschuldigt Konfuzius keinen freien Willen zu haben«. Schließlich hat Sokrates einen Geistesblitz und kickt den Ball, die Griechen schießen das 1:0, der eingewechselte Karl Marx protestiert, es sei Abseits gewesen.

Die intellektuellen Einlassungen mit dem Fußball, den kurz zuvor die meisten Hochgebildeten als Proletensport und Opium fürs Volk geringgeschätzt hatten, nahmen etwa zur selben Zeit auffallend deutlich zu, als das Fernsehen den Fußball ganz oben auf seine Prioritätenliste setzte. In den neunziger Jahren begannen die TV-Sender aus einem Match eine verlängerte Show zu gestalten: Vorberichte, Halbzeitanalysen mit Ex-Kickern als Experten und Wiederholungen der Wiederholungen, Nachbetrachtungen mit neuerlichen Wiederholungen, Interviews der Akteure mit Wiederholungen der Formeln »wir haben (nicht) umgesetzt, was wir uns vorgenommen haben«, »wir haben ein (gutes/schlechtes) Spiel abgeliefert«, »beim nächsten werden wir Vollgas geben«.

Die Fußballmode von Intellektuellen fand sich vom »erweiterten Kulturbegriff« gestützt, der gerade in der Wissenschaft reüssierte. Zudem, glaubt der Literaturkritiker und Essayist Helmut Böttiger, hätten viele im Deutschland der langen Ära Kohl zu Politik keine Lust mehr verspürt und nach Ersatzschauplätzen gesucht.

Auf die Heim-WM 2006 hin erlebte man einen regelrechten Boom von Fußballbüchern. Die Geistes- und Sozialwissenschaften hatten sich da schon des Themas angenommen; der von der EU forcierte europäische Hochschulraum und die Drittmittelmanie förderten Forschungsgruppen, und so wurde 2012 das internationale Projekt FREE, das heißt »Football Research in Enlarged Europe«, gestartet.

Matthias Sammer, der aus der DDR nach deren Ende in den Westen gewechselt war, kam derart zu wissenschaftlichen Ehren. 1996, als Mischa Meiers Lexikoneintrag entstand, wurde er mit Borussia Dortmund deutscher Meister, gewann mit der

Nationalelf den EM-Titel und wurde zum Fußballer des Jahres gewählt.

Trotz des Erfolgs bei der Europameisterschaft hieß es in dieser Zeit immer öfter, der deutsche Fußball habe die internationale Entwicklung verpasst. Franz Beckenbauer hatte ja in der Euphorie der Wiedervereinigung und des WM-Sieges 1990 versprochen, man werde in seiner Größe nunmehr für Jahre unschlagbar sein. Dem war nicht so. Bei der WM in den USA flog man als Titelverteidiger frühzeitig gegen Bulgarien aus dem Bewerb. Das Turnier entschieden die Brasilianer mit ihrem Stürmerstar Romário im Elfmeterschießen gegen Italien für sich.

Feuilleton und Sportstudio-Experten befanden in der Folge, das Spiel sei so schnell geworden, dass es eine große taktische Leistung aller erfordere und weniger die grandiosen Einzelkönner; deswegen würden die Brasilianer bald ihre Vorherrschaft einbüßen. Dies widersprach freilich dem Showcharakter der Medien, die jedenfalls Stars brauchen und in ihre Auslagen stellen.

Die deutsche Nationalelf, in der kaum quirlige Techniker wie später Mesut Özil oder Thomas Müller für Überraschungen sorgten, verschlief tatsächlich eine wesentliche taktische Entwicklung. Das nationale Stereotyp hatte Beckenbauer 1990 bemüht: »Der Deutsche kann nicht so Fußball spielen wie der Brasilianer oder der Franzose. Der Deutsche muss arbeiten, damit er Erfolg haben kann.« Und noch bei der Weltmeisterschaft 1998 praktizierten die Deutschen die Mann- und nicht die Raumdeckung – gewiss verlangen das Absichern von Räumen und das entsprechende Verschieben der Formation auf dem Feld größeres strategisches Können als das Absichern eines direkten Gegners. Die Rechnung folgte auf den Fuß: Gegen Kroatien setzte es ein 0:3 und das Turnier-Aus. Die neue Spielweise beruht auf einer Überzahl in der Nähe des Balls und auf oftmaligem Positionswechsel, erfordert also taktische Konzentration sowie Mitdenken. Darauf, meinten Kritiker, habe man in Deutschland bislang noch nie gesetzt.

378  Schnelles Spiel – Mediatisierung, Milliardenbusiness

Einen Tiefpunkt erreichte die deutsche Elf im Jahr der rö-mischen FIFA-Gala und der Münchner Bayernfeier. Die Euro 2000 war für sie in der Vorrunde zu Ende; zudem verlor sie 1999 zweimal gegen die USA, die im Soccer noch immer als Entwicklungsland galten. Den fußballerischen Niedergang sahen Intellektuelle wie Helmut Böttiger im Zusammenhang mit dem Niedergang des Bildungswesens: Die Förderung individueller Begabung sei nie zur Debatte gestanden, es gebe dafür umso mehr Schablonen, in die man sich einzufügen habe.

Rudi Völler wurde Nationaltrainer, Gerhard Schröder Bundeskanzler. Beide mussten modernisieren.

Es werde nur noch vernünftiger Fußball gespielt, monierten Beobachter. Man habe den »Wahnsinn vom Spielfeld verbannt«, da gebe es keinen Garrincha mehr, keinen Eric Cantona, der gesagt hatte: »Wenn du anders bist, wirst du für verrückt erklärt. Ich bin gerne verrückt.« Die Durchschnittlichkeit sei die Folge der Vernunftherrschaft im Fußball, als würden die Aufklärer über die Romantiker gesiegt haben. Man sperre Talente in Nachwuchsakademien, dort würden sie nach sportwissenschaftlichen Erkenntnissen zu Fachkräften ausgebildet. Diese Art Gleichschaltung bedeute: »Der Star ist die Mannschaft.« Man müsse die »Lust am Spiel« zurückgewinnen.

So hatte der Fußball seinen zeitgerechten Kulturpessimismus wie andere Bereiche auch, in denen hingegen nicht Funktionalität und mangelnde Spiellust, sondern die Oberflächlichkeit der Unterhaltung, des Events und des Spaßes beklagt wurden.

Event, Unterhaltung, Spaß, Überraschungen, Verrücktheiten, Stars bietet der Fußball immer wieder. Dabei zeigt er sich auf diverse Arten von der aktuellen Medienkultur beeinflusst.

Im November 2012 spielt Schweden gegen England. Kurz vor dem Abpfiff steht es 3:2. Der englische Keeper eilt aus dem Strafraum und klärt per Kopf, hoch über Zlatan Ibrahimović im gelben Trikot der Skandinavier hinweg, der in diesem

Match schon dreimal für sein Team gescort hat. Ibrahimović dreht sich blitzschnell um, springt mit dem Rücken zum gegnerischen Tor hoch, gute 25 Meter entfernt, und schießt das Leder mit einem Fallrückzieher über seinen Kopf und über Freund und Feind ins Netz. Ein Treffer durch einen Fallrückzieher aus großer Distanz – man hat den Eindruck, Ibracadabra, wie man ihn nennt, habe diese Aktion, die man zuvor einzig als Show-Einlage angesehen hätte, nur gewagt, weil er sie virtuell im Computerspiel auf der Playstation gesehen habe.

Und als Lionel Messi über gute fünfzig Meter die gesamte gegnerische Defensive überdribbelt, bevor er für Barcelona einschießt, rufen die Kommentatoren alsbald den Vergleich mit dem mythischen Tor seines Landsmanns Maradona in Erinnerung. Historische Parallelen erweisen sich für Bilanzierungen und Einordnungen als hilfreich.

2002 erreichte Deutschland das WM-Finale, besonders dank der Leistungen des Tormanns Oliver Kahn. *El Pais* charakteri-

*Abb. 23:* November 2012: Zlatan Ibrahimović schießt per Fallrückzieher zum 4:2 der Schweden gegen England ein.

380 Schnelles Spiel – Mediatisierung, Milliardenbusiness

sierte, wie man es seit Jahrzehnten kannte: »Die Deutschen spielen weder gut noch schlecht, eigentlich spielen sie überhaupt nicht Fußball. Aber sie gewinnen.« Es mag geradezu ironisch anmuten, dass die Elf im Finale gegen das Brasilien von Ronaldo, Ronaldinho und Rivaldo überraschend gut kickte und – verlor.

Zuschreibungen von Mentalitäten aber sind ebenso hartnäckig wie Mythen und Legenden. Mitunter zitiert man nach wie vor und ungeachtet historischer Tatsachen den englischen Goalgetter Gary Lineker, dass Fußball ein Sport sei, bei dem elf gegen elf spielen und am Schluss die Deutschen gewinnen.

Eine Umkehr leitete dann tatsächlich das »Sommermärchen« von 2006 ein. Da begannen die Trainer Jürgen Klinsmann und Jogi Löw an einer modernen Taktik zu feilen und Individualisten mit ihren überraschenden Spielzügen in die Mannschaft einzubauen. Zwei Jahre zuvor waren die Griechen unter ihrem deutschen Coach Otto Rehagel Europameister geworden; von Athen bis Thessaloniki war der Sieg als Erfolg der »deutschen Tugenden« wie eine heimische Variante des »Wunders von Bern« gefeiert worden. Er war einer konsequenten Defensivtaktik geschuldet: Das 0:0 wurde hart verteidigt und wenn der Gegner lange angerannt und müde war, kam man selbst mit einer hohen Flanke, meist aus einer Standardsituation, und einem Kopftor zum knappen Matchgewinn. Daraus zogen Klinsmann und Löw, die die Nationalelf nach dem Euro-Debakel 2004 übernommen hatten, ihre Lehren. Sie nominierten »unbekümmerte« Junge wie Bastian Schweinsteiger und Lukas Podolski, ließen intensives Pressing und schnelles Spiel nach vorne praktizieren.

Zur gleichen Zeit bauten die Spanier eine junge Mannschaft mit einem eigenen Offensivstil auf.

## Systeme 2: Und dann kamen die Spanier

Um das Jahr 2000 erlebte mit der Regierung Aznar in Spanien der *Nacionalfutbolismo*, den die Franco-Diktatur betrieben hatte, seine Auferstehung. Der Premierminister, erklärte der Schriftsteller Manuel Vásquez Montalbán, bereite damit den Markt, um auch ein Produkt zu lancieren, das obsolet erscheine: den *Nacionalcatolicismo*. Beide leben von Legenden, beide handeln mit Devotionalien.

Seit den fünfziger Jahren gehören zwei Clubs des Landes zu den erfolgreichsten der Welt, Real Madrid und der FC Barcelona. Und dennoch hatte die Nationalelf bis 2008 kaum internationale Erfolge aufzuweisen. Oft zählte sie bei großen Turnieren zu den Favoriten, aber die vereinigten Stars der heftig rivalisierenden Vereine taten sich schwer, ein kohärentes Ensemble zu bilden. Und als Barça ab Mitte der siebziger Jahre ein ebenso spektakuläres wie effizientes System spielte, waren die tragenden Persönlichkeiten Holländer. Erst mit einer neuen Generation heimischer Talente, die sich auf dem Feld dann auch mit ihren Kollegen von Real zu einer Taktik des erdrückenden Ballbesitzes und schnellen, überaus präzisen Wechsels zu finden verstanden, gewannen die Spanier sämtliche Trophäen. Ihr System wurde zur Marke.

Inzwischen hatten sich beide Clubs zu Unterhaltungskonzernen entwickelt.

Real Madrid konnte auf 70 000 Mitglieder zählen, als der Bauunternehmer Florentino Pérez im Sommer 2000 für die Funktion des Präsidenten kandidierte – diesem Wahlkampf, der auch mit Fernsehdiskussionen geführt wird, misst man allgemein in der spanischen Hauptstadt eine mindestens ebenso große Bedeutung bei wie jenem für das Amt des Bürgermeisters. Pérez sorgte jährlich mit einem großen Transfer für eine Sensation und machte das Team zu den »Galaktischen«. Er verpflichtete gleich Luis Figo für mehr als 60 Millionen Euro von

Barcelona, ein Jahr später kam Zinedine Zidane von Juventus Turin um 74 Millionen, 2002 dann Ronaldo von Inter Mailand um 45 Millionen und 2003 David Beckham von Manchester United um 35 Millionen. In diesem Jahr verkaufte Real mehr als eine halbe Million Trikots dieser vier Spieler, das brachte 50 Millionen Euro in die Kassen.

Der Devotionalienhandel floriert; die Kicker werden nach Marktwert gemessen, sie sind Spekulationsobjekte. Und die Mannschaft wird gelegentlich für Auftritte vermietet: 2001 kostete ein Freundschaftsspiel im Ausland anderthalb Millionen Dollar, zwei Jahre später machte sich das Match im Pekinger Stadion der Werktätigen mit zwei Millionen bezahlt.

Das Aufgebot der Superstars konnte Pérez nur mit Hilfe der öffentlichen Hand erwerben, die auch jedes Mal einsprang, wenn die Schulden bedrohlich gewachsen waren. Wie bei anderen Clubs mit enormem Budget ist der sportliche Erfolg zur ökonomischen Existenzfrage geworden.

Da man ja die besten Kicker gekauft hatte, suchte man bei Misserfolgen die Schuld natürlich bei den Trainern, die regelmäßig Schwierigkeiten mit dem Ensemble von Berühmtheiten hatten. Bis Vincente del Bosque kam, der in seiner aktiven Karriere selbst im Weißen Ballett Triumphe gefeiert hatte. Ihm gelang es, die unterschiedlichen Spieler und ihre »Intentionen zu harmonisieren«, ohne sie in ein rigides taktisches Konzept zwingen zu wollen – das Grundprinzip war einfach: Ball und Gegner laufen zu lassen. Zugleich stellte er den damals achtzehnjährigen Iker Casillas ins Tor, wodurch er eine heimische Identifikationsfigur auf lange Sicht aufbaute. Im März 2003 saß del Bosque bei seinem 140. Match für Real auf der Trainerbank; damit war er im Club der Coach mit der zweitlängsten Amtszeit. Nach dem Sieg der Spanier bei der Euro 2008 übernahm er von Luis Aragonés die Nationalelf.

Als del Bosque die »Galaktischen« führte, war der Argentinier Jorge Valdano Generaldirektor von Real. In der Elf um Maradona hatte er 1986 im Finale der Weltmeisterschaft gegen

Deutschland ein Tor erzielt; nun verfasste er Kolumnen und Bücher. Der Fußball, schrieb er, besitze »ein phantastisches Anpassungsvermögen. Er passt sich jedem Vorschlag der Moderne an, obwohl er doch ein an sich primitiver Sport ist. Das Wertvollste an ihm ist, dass er über die Emotion funktioniert. Daher altert er nicht.« Valdanos Vorbild war César Luis Menotti, der gesellschaftspolitische Zusammenhänge sah, die im Fußball ihren Ausdruck finden, und der einen offensiven »linken Stil« propagierte, während der »rechte« sich auf die Zerstörung der Spielgestaltung des Gegners konzentriere. Für den Manager selbst ging es jedoch bei Real nicht um politische Positionen, sondern um Anpassung an die ökonomische Moderne, die Gewinne privatisiert und Verluste sozialisiert: Die Ideologie waren Kommerz und Erfolg, madrilenische Emotionen und weltweites Renommee.

Reals großer Konkurrent ist seit den Frühzeiten der Franco-Diktatur der FC Barcelona. Hier hatte Johan Cruyff den holländischen Stil etabliert und zu Beginn der neunziger Jahre war damit von der Jugend bis zu den Profis in allen Formationen die eigene Basis für die Spielkultur geschaffen. Von auswärts suchte man die dazu passenden Kicker zu engagieren.

Pep Guardiola, der mit Barça später als Trainer die Champions League beherrschte, war der Erste einer Reihe von Jugendlichen, dem der Sprung in die Mannschaft gelang. Er entsprach Cruyffs Vorstellung von fußballerischer Intelligenz. »Wenn man gewinnt«, erklärte Guardiola, »dann sollte das deshalb geschehen, weil man besser spielt als der Gegner. Um das bessere Spiel zu bieten, muss man aber im Ballbesitz sein – sowie dafür sorgen, dass der Ball schnell und präzise zirkuliert.« Auch die heutigen Spielgestalter Iniesta, Xavi und Messi, der als dreizehnjähriger »Floh« aus Argentinien gekommen war, erhielten den wesentlichen Teil ihrer Ausbildung im Verein.

Sie vermochten den holländischen Ansatz, der athletischer ausgerichtet war und zumindest einige robuste Elemente brauchte, um ihren extrem wendigen *Tiki Taka* auszubauen. Wohl war schon in Prag und Wien ein ähnliches System praktiziert worden, das man dort um 1900 wiederum den Schotten abgeschaut hatte: die flachen Kombinationen des »Scheiberlspiels« und der entscheidende Pass in die »Gasse«, die *Mala Ulica*. Bei Barça und der spanischen Nationalelf geht dies freilich in enormer Geschwindigkeit und Sicherheit vor sich. Das gesamte Team ist dauernd in Bewegung, mit kurzen Pässen lässt es den Ball zirkulieren, bis zum überraschenden Vorstoß, meist durch die Mitte. Hohe Flanken vors Tor sind selten, man wendet sie fast nur bei Cornern und Freistößen an, wenn die Großen aus der Defensive vorgerückt sind. In erster Linie verlangt das System technisch sowie taktisch hervorragende, quirlige Spieler, die sich blind auf dem Feld zu finden und mit dem dauernden Ballbesitz sowie dem sofortigen Pressing nach Ballverlust den Gegner zu erdrücken scheinen.

Die neue Raumbeherrschung, die Barça mit Johan Cruyff ausübte, scheint heute auf eine »digitale Anlage« des Spiels hin erweitert, meint Klaus Theweleit. Wegen der Beschleunigung des Spiels setze man noch weniger auf lange »Flugbälle«, sondern mehr auf schnelle Ballstafetten, und dadurch entstehe ein »Netzwerk«.

Der eigene Stil passt zur Betonung der katalanischen Eigenheit, so dass der Club auf einen starken Rückhalt bei seinem überaus zahlreichen Publikum zählen kann. 2010 hatte der FC Barcelona über 170 000 Mitglieder.

Wenn die Nationalmannschaft antritt, ertönt die – textlose – kastilische Königshymne *Marcha Real*, bei der die Kicker immerhin nicht in die Verlegenheit kommen, mitsingen zu müssen. Dabei stellte sich allerdings für die um größere Autonomie kämpfenden Katalanen immer wieder die Frage der Nation.

2005 präsentierte eine *Plataforma Proseleccions Catalanes* ihre Kampagne »Una Nació, una Selecció«. Im folgenden Jahr hatte man bei der Weltmeisterschaft eine leichte Gruppe erwischt und traf im Achtelfinale auf Frankreich, das müde

Systeme 2: Und dann kamen die Spanier 385

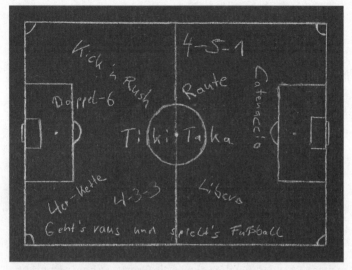

*Abb. 24:* Taktik-Tafel mit Tiki Taka im Zentrum und der einfachen Strategie am unteren Rand.

wirkte, so dass die spanische Presse vor dem Match verkündete: Wir werden über Zidane triumphieren. Spanien verlor 1:3, und der französische Teamchef Raymond Domenech, der Sohn eines vor Franco geflohenen Republikaners aus Barcelona, erklärte: »Soy catalán, no español.« Darauf hieß es in Spanien, die Krise des heimischen Fußballs sei eine Krise der Identität. *El Mundo* sah die Niederlage als den bezeichnenden Ausdruck eines Landes, das zu einem einheitlichen Diskurs unfähig sei; weder im Sport noch in der Politik vermöge man als Team aufzutreten.

Man hatte wohl nicht wahrzunehmen vermocht, dass Teamchef Luis Aragonés mit der jungen Mannschaft an dem System feilte, das die Barça-Taktik auf die Nationalelf übertrug und zugleich Real-Spieler gut integrieren ließ. Das Grundgerüst der späteren Triumphe war beim Turnier in Deutschland gegeben.

Bei der in der Schweiz und in Österreich stattfindenden Euro

2008 setzten die Spanier, bei denen das Barça-Mittelfeld für die Akzente sorgte, gleich im ersten Match ein starkes Signal und überrollten den Mitfavoriten Russland mit 4:1, wobei David Villa die ersten drei Tore erzielte. Schwieriger gestaltete sich das Viertelfinale gegen die Italiener, das nach einem 0:0 erst im Elfmeterschießen gewonnen wurde. Dann ging es neuerlich gegen die Russen, diesmal 3:0, und im Endspiel schoss Fernando Torres den Treffer zum 1:0 über Deutschland. Spanien hatte erstmals seit 1964 einen großen Titel geholt, den ersten einer beeindruckenden Serie.

Zur WM 2010 fuhr die Elf als hoher Favorit nach Südafrika. Und während Domenechs Franzosen intern so sehr stritten, dass das Team gegen den Coach sogar das Training boykottierte und blamabel ausschied (in Paris intervenierten schließlich Politiker und der Verband sperrte einige Spieler für die Nationalelf), überstanden die Spanier die Gruppenphase recht mühsam. Gegen die extrem defensive Schweiz verloren sie 0:1, darauf gewannen sie alle Matches, ab dem Achtelfinale immer mit 1:0, und immer waren sie über sechzig bis siebzig Prozent der Spielzeit im Ballbesitz. Spanien war erstmals Weltmeister.

Und es war natürlich bei der Euro zwei Jahre später die zu schlagende Mannschaft. Hier griff nun Vincente del Bosque überraschend zu einer neuen taktischen Variante: Er nominierte keinen Stürmer, zumindest keinen »klassischen«, der im Angriff lauert und dort seine große Durchschlagskraft einsetzt – eine konsequente Weiterentwicklung des Systems der Holländer, die ja die ganze Mannschaft als Angreifer verstehen wollten. Mit dem Wirbel ihres überaus beweglichen, präzisen und schnell wechselnden Spiels besiegten die Spanier im Finale Italien mit 4:0.

Ein so lange erfolgreiches System bedeutet immer die Herausforderung für die Kontrahenten, Gegenmittel zu suchen. Solche zeigten sich in der Champions League im Frühjahr 2013 so effizient, dass die Medien gleich das Ende einer Herrschaft ausriefen. Im Halbfinale standen einander je zwei Teams aus Spanien und Deutschland gegenüber. Borussia Dortmund eliminierte Real, Bayern siegte gegen Barcelona 4:0 in München und 3:0 im Nou Camp, obwohl die Begleitumstände nicht ideal waren: Ein paar Tage vor dem Heimtriumph der Bayern gegen das Team, das bis dahin als bestes der Welt gegolten hatte, wurde die Steuerhinterziehung des Vereinschefs Uli Hoeneß bekannt; und ausgerechnet knapp vor Dortmunds 4:1 über Real verkündete Bayern, den zwanzigjährigen Star Mario Goetze von Borussia gekauft zu haben.

Die taktische Antwort auf das *Tiki Taka* war ein konzentriertes, körperstarkes und enorm schnelles Spiel, das nicht nur auf Konter aus war. Da es mit sehr frühem Pressing ebenso wendig, jedoch zügiger als das der Spanier funktionierte, konnten diese nicht auf ihrem üblichen langen Ballbesitz aufbauen und fanden sich nun ihrerseits unter Druck gesetzt.

Ähnlich ging die Seleção beim Confederation Cup Ende Juni 2013 vor. Da die Nationalelf im Hinblick auf die Heim-WM 2014 lange Zeit recht unbefriedigend aufgetreten war, verbreitete sich in Brasilien ein historischer Parallelismus: die Angst vor einem neuerlichen 1950, vor einer Wiederholung der traumatischen Niederlage bei der letzten Weltmeisterschaft, die im Land ausgetragen worden war. Es mag geradezu als eine Art Exorzismus erscheinen, dass man mit dem populären Luiz Felipe Scolari, genannt Felipão, und seinem Co-Trainer Carlos Alberto Parreira zwei Männer an die Spitze der Seleção berief, die beide schon einmal den Weltpokal geholt hatten. Im Finale des Confederation Cup, der Generalprobe für 2014, siegte Brasilien mit dem grandiosen Jungstar Neymar 3:0 gegen müde Spanier, die das Halbfinale gegen Italien in der Nachmittagshitze von Fortaleza erst durch das Elfmeterschießen für sich entschieden hatten. Und die Medien verkündeten, die Ära der Spanier sei zu Ende – allerdings war Spanien gerade U21-Weltmeister geworden und Neymar hatte beim FC Barcelona unterschrieben.

## Hymnen, Heimat, Geld und Glorie

Im Juli 1998 legt eine prominente Gesellschaft auf dem Pariser Platz in Berlin den Grundstein für die neue französische Botschaft. In das erste architektonische Element hat man eine Kassette eingeschlossen, in ihr befinden sich der Bauplan, einige Geldstücke und zwei Zeitungen des Tages: Auf der Titelseite des *Parisien* trägt somit die auf die Wirkung des Fußballs bezogene Schlagzeile *Une France heureuse* symbolisch das Repräsentationsgebäude der Nation – der Artikel erzählt von einem glücklichen Frankreich, weil sich die Nationalelf gerade für das WM-Finale im eigenen Land qualifiziert hat.

Da besiegt sie dann die Brasilianer mit 3:0, der grandiose Zinedine Zidane erzielt zwei Kopftore. Im Stade de France ist Präsident Jacques Chirac zugegen, wie Zehntausende trägt er den Schal des Trikolore-Teams und ruft *Allez les bleus*.

Die Zeitschrift *Marianne* schreibt, diese Mannschaft sei Frankreich, aber besser. Den Titelgewinn und die folgenden Feiern im ganzen Land bezeichnet der bekannte Historiker Jean-Pierre Roux als »sozialen Karneval, der in ein föderatives Fest gemündet« sei. Der gesteigerte Nationalismus ist offensichtlich, die Trikolore füllt die Champs Elysées, die Masse entdeckt die Marseillaise wieder. Im Moment des Triumphs repräsentieren *les bleus* ein Frankreich, wie man es gerne hätte, und die Spieler sieht man als Modell für die tolerante multikulturelle Gesellschaft. Zidanes Familie stammt aus Algerien; wie viele der heimischen Profis kommt er aus der *Banlieue*, aus einem Vorort von Marseille. Beim Straßenkick hat er dort seine phänomenale Technik entwickelt, besonders *la roulette*. Dabei nimmt er den Ball mit dem rechten Fuß an, vollzieht sofort eine Körperdrehung um 90 Grad und führt zugleich den Ball mit links mit. Bixente Lizarazu ist Baske, Christian Karambeu Neukaledonier, Juri Djorkaeff hat armenische Wurzeln, Marcel Desailly ist in Ghana geboren, Lilian Thuram in Guadeloupe, Patrick Vieira im Senegal. In dieser Zusammensetzung sieht man ein Zeichen erfolgreicher Kreolisierung, *black blanc beur* nennt man die Elf: schwarz, weiß und »beur« für die Nordafrikaner der zweiten oder dritten in Frankreich ansässigen Generation.

Nur den Extremrechten von der Partei Front National ist das selbst im sportlichen Olymp nicht recht. Le Pen erklärt, diese Kicker würden ja nicht einmal die Hymne mit Inbrunst singen. Diesmal hat allerdings der Populist die Masse nicht auf seiner Seite. »Für den Front National werden wir nie spielen«, antwortet Zidane.

Allerdings achtet man seither in vielen Ländern besonders darauf, wie die Spieler sich beim symbolischen Nationalakt vor dem Anpfiff verhalten. Oft schließt man vom Gesangsausdruck, den das Fernsehen in Großaufnahme liefert, auf die Motivation.

Obwohl bei der EM 2000 eine ebenso starke Mischung die französische Elf bildet und den Titel gewinnt – zu den Weltmeistern noch Thierry Henry, dessen Eltern aus der Karibik stammen, und der Franco-Argentinier David Trézeguet, der

*Abb. 25:* Frankreich, Weltmeister 1998: »black, blanc, beur«, eine Kreolisierung?

das Endspiel gegen die Italiener mit seinem Golden Goal entscheidet –, gibt die Melange ein starkes Signal zunehmender Migration auch im Fußball. Und dies zur gleichen Zeit, als es in den Kulturwissenschaften und intellektuellen Debatten Mode wird, den Postkolonialismus und eben die Kreolisierung als Gesellschaftsphänomene zu besprechen oder gar zum Modell auszurufen.

Die Vorbildwirkung bleibt jedoch in Frankreich aus. Die Vororte finden durch die Erfolge im Stadion keineswegs Beruhigung, immer öfter kommt es zu Aufruhr und Demonstrationen, immer zahlreicher brennen in der *Banlieue*, wo die Jugendlichen keine Perspektive für ihre Zukunft sehen, die Autos.

Über den WM-Titel 1998 schreibt *Le Monde* im Rückblick: »Niemals seit der Revolution von 1789 waren die Franzosen so stolz über die Botschaft, die sie in die Welt schickten.«

Der Verbandspräsident verkündet den Ausschluss vor der Fernsehkamera, die Presse schimpft über einen »Vaterlandsverräter«, der Bundespräsident schaltet sich ein.

Im Frühjahr 1995 soll der Wiener Andreas Herzog mit seinen offensiven Akzenten für seinen Verein und Arbeitgeber Werder Bremen die deutsche Meisterschaft holen; zugleich fordert ihn der ÖFB für ein Ländermatch an. Beide Seiten überlassen Herzog die Entscheidung, er läuft für Bremen ein. Die Empörung in Österreich ist groß: Da ist einem Sohn der Heimat das Geld wichtiger als die Heimat. Der ÖFB-Präsident spricht eine Sperre aus, Herzog dürfe »auf Dauer« nicht ins Nationalteam nominiert werden.

Im Zeitalter der Globalisierung und des übernationalen Projektes EU trägt der Fußball zum Fortbestand der Nation bei, wird der Nationalismus wieder stärker auf dem Sportfeld ausgedrückt und symbolisch aufgeladen. Sieger hüllen sich in Flaggen, Verlierer entschuldigen sich beim ganzen Land. Hymnen habe man mit Inbrunst zu intonieren; und allein weil sich Özil

und Khedira vor den EM-Spielen 2012 nicht genügend sanges-
freudig zeigten, vermerkten deutsche Medien einen mangelhaften Einsatz im Match.

Dem Auftreten der Nationalelf kommt offenbar umso höhere
Bedeutung zu, je mehr der Fußball zum Finanzprodukt wird
und je mehr Ausländer in den heimischen Ligen verpflichtet
sind. 2007/08 spielten in der Bundesliga knapp über 52 Prozent
Deutsche, in Spanien 63 Prozent Spanier, in Italien 65 Prozent Italiener. In der Premier League liegt der Anteil an Engländern unter fünfzig Prozent; mitunter war hier über die Hälfte
der französischen Nationalkicker beschäftigt. In der Saison
2001/02 hatte der FC Chelsea mehr als zwanzig Nicht-Briten
unter Vertrag, ein Jahr später erstand der russische Oligarch
Roman Abramovich 93 Prozent der Aktien für 210 Millionen
Euro. Seither kaufen sich Superreiche aus der ehemaligen Sowjetunion oder aus den Golfstaaten immer öfter ganze Clubs.

In England stellten der Thatcherismus mit seinen Privatisierungen und das Bosman-Urteil die Vereinsbindungen auf eine
andere Basis. Die Clubs mussten ein starkes Image aufgebaut
haben, da die Herkunft der Spieler den Anhängern nun keine
Identifikation mehr ermöglichte. Nick Hornby, der Autor des
berühmten Fan-Romans *Fever Pitch*, sagt 2013 in der Zeitschrift *Ballesterer* über ein Match seines Vereins Arsenal London: Der Gegentreffer »war ein Kopfball von einem hünenhaf-
ten Serben, ein Holländer glich für Arsenal aus, und ein von
einem russischen Club ausgeliehener Nigerianer erzielte dann
den Siegestreffer nach einem lachhaften Defensivmissverständ-
nis zwischen einem Franzosen und einem Polen. Wer waren
diese Leute? Wieso spielten sie in Wembley bei einem nationalen Pokalfinale, und wieso hatte ich 90 Pfund fürs Zuschauen
bezahlt?«

Bis in die achtziger Jahre waren Eintrittsgelder und Transfers
die wichtigste Einnahmequelle der Vereine; Ende der neunziger
Jahre kamen in Deutschland und England nur noch ein Drittel

392   Schnelles Spiel – Mediatisierung, Milliardenbusiness

der Umsatzerlöse aus dem Kartenverkauf. Einen sehr großen Teil der Finanzen überweisen Fernsehanstalten für die TV-Rechte, von ihnen stammen in erster Linie die enormen Geldmengen, die im Fußball zirkulieren.

Heute habe man es mit einer Telekratie zu tun, meint Eduardo Galeano. Oft sind Matches nur im Pay-TV zu sehen, was Kritiker als ein weiteres Zeichen der Geldherrschaft anprangern – allerdings nehmen viele Zuschauer die früher gängige soziale Form wieder auf und sitzen nicht allein zu Hause vor dem Bildschirm, sondern an einem öffentlichen Ort oder am Tisch einer Gaststätte, also in Gesellschaft. *Fútbol para todos* nannte hingegen die Regierung von Cristina Kirchner in Argentinien die Verordnung, dass die Spiele der großen Liga im staatlichen Fernsehen übertragen werden müssen.

Ein weiterer wesentlicher Teil der Einnahmen kommt durch Sponsoring herein. Stadien sind enorme Reklametafeln, Vereine Werbeträger und Spiele Waren. In den siebziger Jahren kostete ein dreißig Zentimeter langes Logo auf den Trikots einer Mannschaft etwa eine Million Euro, 2001/02 das Fünffache. In Deutschland stieg der Umsatz des Merchandising zwischen 1990 und 1999 von 3,2 Millionen auf 97 Millionen Euro; 10 bis 15 Prozent der Gesamteinnahmen eines Vereins stammen aus dem Verkauf von Fanprodukten. Von den mehr als zehn Millionen Fußballbegeisterten im Land besitzt heute mindestens jeder Zweite einen Artikel seines Clubs. Für ein Trikot bezahlt man im Durchschnitt sechzig Euro; damit stellt man ein Signal seiner sozialen Zuordnung aus.

Die kapitale Geldwirtschaft verlangt andere Strukturen. Vereine wurden in börsennotierte Unternehmen oder Kapitalgesellschaften umgewandelt, dadurch können Vermögende sie für ihre Investitionen nützen. Also gilt es, sowohl konkrete als auch ideelle Werte in Zahlen auszudrücken. Wie die Börsenkurse bei den Fernsehnachrichten offenbar nicht fehlen dürfen, so erscheint nunmehr jeder Kicker als wandelnde Statistik; seine Leistungskurven sind wie Aktienwerte gezeichnet.

Das Transferkarussell wird von der umfassenden Ökonomisierung des Fußballs angetrieben. 2009 kam Cristiano Ronaldo für 93 Millionen Euro von Manchester United zu Real Madrid, 2013 sollen die Madrilenen für Gareth Bale 100 Millionen an Tottenham überwiesen haben; der Transfer von Frank Ribéry hatte Bayern München 2007 deutlich weniger gekostet (genannt werden Summen von 15 bis 38 Millionen). Die Gesamtausgaben für Spielerwechsel betrugen 2010 in Deutschland 167 Millionen Euro, in England 559, in Italien 533, in Frankreich 196 Millionen Euro. Folglich misst man ein Team nicht nur an seinen sportlichen Resultaten, sondern auch am Marktwert – jener von Lionel Messi wird mit hundert Millionen Euro angegeben.

Damit sich die Investitionen, Subventionen, Sponsorengelder auch rechnen, musste der Spielbetrieb so intensiv ausgebaut werden, dass die gesamten Matches der Liga, der internationalen Bewerbe und der Nationalmannschaften eine Belastung mit sich bringen, die für einen Kicker kaum zu bewältigen ist.

Leistungsdichte sowie Anforderungen bei EM, WM und in der Champions League sind heute gewiss wesentlich größer als in früheren Jahren. Als Bayern München 1975 den Europacup der Meister gewann, war das Finale gegen Leeds das siebente Spiel im Bewerb – nunmehr braucht es für den Titel mindestens zwölf Matches.

Der offene Markt nach dem Bosman-Urteil erwies sich als Vorteil für die großen europäischen Clubs, da sie ungeachtet der Nationalität die Besten kaufen können. Die Konkurrenz findet nicht nur auf dem Rasen statt, sondern zuvor auch an der Talentebörse. Folglich herrschen in Spanien einzig Real und Barcelona, alle anderen Vereine gehören zu einer anderen Kategorie; in Deutschland erwirbt Bayern die meisten hervorragenden Jungen; in Frankreich bildet neuerdings Paris Saint-Germain mit dem Geld aus Katar praktisch eine eigene Transferliga, wohingegen Nantes und Auxerre, die früher für die

394 Schnelles Spiel – Mediatisierung, Milliardenbusiness

beste Ausbildung bekannt waren, in die Zweitklassigkeit ab-
rutschten.

Ab den sechziger Jahren war Ajax Amsterdam für seine gute
Jugendarbeit bekannt. Damit verfolgten die Niederländer freilich auch eine Finanzstrategie, die mit Transfers rechnete: Nach
der Ausbildung konnten sie die Spieler recht teuer veräußern,
zwischen 1990 und 1995 mehr als zwanzig. Das Bosman-Urteil
aber veränderte die Bedingungen, da nun die reichen Vereine
ohne weiteres zugreifen konnten. Nach dem Sieg in der Champions League 1995 verlor Ajax die meisten seiner Talente ohne
Bezahlung: Clarence Seedorf, Patrick Kluivert, Edgar Davids,
Marc Overmars und später Winston Bogarde. Von denen, die
diese Trophäe für Ajax gewannen, beendete kein einziger seine
Karriere im Club.

Im Großen und Ganzen siegt Geld. Dass es doch hin und
wieder anders kommt, trägt zum Publikumserfolg des Fußballs
bei.

Auch in seinem Rahmen schaffen Gleichgestellte ihre starke
Lobby. Wie die mächtigsten Länder der Welt bildeten die größten Clubs Europas im November 1998 ihre Einfluss-Gruppe,
genannt G-14: die erfolgreichen und die »strategisch bedeutenden« Real, Barcelona, Juventus, Milan, Inter, Bayern, Dortmund, Ajax, PSV Eindhoven, Manchester United, Liverpool,
Paris Saint-Germain, Marseille, Porto. Einige der früheren Eu-
ropacup-Sieger wie Benfica oder Celtic waren nicht dabei, sie
galten offenbar als ökonomisch weniger potent. Diese G-14,
die eine geballte Wirtschaftsmacht darstellte, entstand aus der
Situation, die für die Clubs als Besitzer von Spielerkapital unbefriedigend ist: In der FIFA und der UEFA sind ja nicht sie direkt vertreten, sondern die Länder; die Clubs aber bezahlen die
Kicker, müssen sie für die Nationalteams abstellen und bei Verletzungen den Ausfall hinnehmen.

Dies ist freilich nicht einzig das Problem der großen Vereine.
Deswegen lösten sie 2008 die G-14 auf, um die European Club
Association mit 207 Clubs aus allen Verbänden zu schaffen, de-

ren Vorsitzender Karl-Heinz Rummenigge ist, der Vorstandschef des FC Bayern.

Bernard Tapie, den kurzzeitigen Besitzer von Adidas, kennt man als schillernde Figur der französischen Wirtschafts- und Show-Welt; 2013 untersuchten Gerichte – nicht zum ersten Mal – sein Finanzgebaren. Bevor sein Verein Olympique Marseille, dem er als Eigentümer vorstand, im Mai 1993 das erste Finale der Champions League gewann, war Tapie in der französischen Meisterschaft an der Bestechung gegnerischer Spieler des FC Valenciennes beteiligt. Er wollte seinen Mannen vor dem großen Match ein geruhsameres kaufen.

Die Geschichte der europäischen Champions League zeigt einige auffallende Verbindungen mit jener des Neoliberalismus.

Der Bauunternehmer und Medienbesitzer Silvio Berlusconi hatte 1986 mit Hilfe des korrupten Sozialdemokraten Bettino Craxi den AC Milan erworben, um später für seinen Einstieg in die Politik die Popularität des Vereins zu nützen – den Namen seiner Partei übernahm er von den Anfeuerungsrufen für das Nationalteam »Forza Italia«. Den europäischen Meistercup mit seinem K.-o.-System schätzte er nicht. Er sei keineswegs zeitgemäß und wirtschaftsgerecht, da er ökonomisch für die Großen zu unsicher sei: »Es ist wirtschaftlich unsinnig, wenn ein Club wie Milan in der ersten Runde ausscheiden kann. Das ist keine moderne Denkweise.« 1988 beauftragte Berlusconi die Werbeagentur Saatchi & Saatchi, ein Konzept für eine Euroliga zu erstellen.

Neu war die Vorgangsweise nicht. Als englische Vereine in den 1880er Jahren ihre Kicker kontinuierlich zu bezahlen begonnen hatten, war ihnen der FA-Cup zu unsicher geworden, da er keine fix kalkulierbare Anzahl von Matches bot. Und so hatten sie 1888 die Football League ins Leben gerufen, die ihnen eine bessere ökonomische Planung gewährleistete.

Von Anfang an war die Champions League vor allem nach

den wirtschaftlichen Interessen der großen Ligen und Vereine ausgerichtet. Im Europacup konnte jeder Landesmeister antreten, nun müssen jene der weniger erfolgreichen Ligen durch die Qualifikation. Die Mechanismen wirken sowohl international als auch national für die Großen. So hat Rosenborg Trondheim bis 2004 durch den europäischen Bewerb in zehn Jahren 24 Millionen Euro eingenommen, im selben Jahr betrug das Budget der gesamten Liga mit vierzehn Clubs 25 Millionen – das Geld aus der Champions League hatte das Ligagefüge in Norwegen verändert.

Aus einem Dossier des *Ballesterer* geht hervor, dass die UEFA, der Veranstalter der Champions League, eine Milliarde Euro im Jahr umsetzt. Von diesen Einnahmen aus TV-Rechten und Sponsoring reicht sie etwa drei Viertel an teilnehmende Clubs weiter. Länder mit großen Fernsehmärkten erhalten mehr, hier befinden sich die Ligen, die in der UEFA-Rangliste an den vorderen Plätzen rangieren: Spanien, England, Deutschland, Italien, Frankreich. Als 1999 sowohl der FC Barcelona als auch der Brøndby IF in der ersten Runde ausschieden, erhielten die Katalanen fast zwei Millionen Euro, der dänische Club hingegen nur rund 320 000.

Zur Champions League kam 2009/10 die Europa League anstelle des Cupsieger-Bewerbs und des UEFA-Pokals. Nun hatte man die Matches nicht nur am üblichen Mittwochabend im Fernsehen, sondern dienstags bis donnerstags. Und die Finalspiele wurden auf die beste Sendezeit am Samstag verlegt. Der *Ballesterer* notiert pointiert: »Damit landete der Höhepunkt des europäischen Fußballs dort, wo er nach Meinung seiner Verwalter auch hingehört: auf dem Fernseh-Sendeplatz der großen Unterhaltungsshows.«

## Argentinienkrise

Pablo Alabarces wohnt in Buenos Aires einige Straßen vom Parlament entfernt, in der Nähe des Präsidentenpalasts, der Casa Rosada. An jenem warmen Sommertag Ende 2001 hört er anhaltend rhythmischen Lärm, der metallen klingt. Er kennt das; so wollen sich Demonstranten Gehör verschaffen: Sie schlagen heftig auf Töpfe ein. Nun möchte er wissen, wer diesmal wogegen oder wofür protestiert. Er nimmt sein Manuskript in die Hand, um später in einem Café daran weiterzuarbeiten, und begibt sich auf die Straße. Mit der Masse geht er vors Parlament, viele Leute haben das Trikot des argentinischen Fußballteams an, sie tragen Nationalflaggen und heben die Arme im Takt des Gesangs. Pablo Alabarces denkt: »Es sieht wie im Stadion aus.«

Argentinien ist tief in die Wirtschaftskrise gerutscht, die von einer großen Privatisierungswelle unter Carlos Menem und von der enormen Auslandsverschuldung ausgelöst wurde. Das Land ist zahlungsunfähig. Man darf nur noch den Gegenwert von achtzig Dollar pro Monat vom eigenen Konto abheben; viele Menschen sammeln Kartons und veräußern sie zum Recycling. *Piqueteros*, die teils basisdemokratisch organisiert, teils auf Plünderungen aus sind, bestimmen Demonstrationen und Ausschreitungen. Die Proteste münden meist und immer stärker in den Ruf *Que se vayan todos*, dass also alle Politiker verschwinden mögen. Film und Literatur werden in dieser Situation, welche die Mittelschicht besonders in Mitleidenschaft zieht, als wichtige Instrumente zur Hebung des angegriffenen Selbstwertgefühls eingesetzt. Der Mythos der nationalen Größe Argentiniens und seiner Sonderstellung als europäischstes Land Lateinamerikas ist ramponiert.

Was als Wirtschaftskrach begann, ist eine handfeste institutionelle Krise. Präsidenten wechseln fast im Wochentakt. Am 29. Dezember tötet die Polizei in Buenos Aires drei junge Demonstranten; im Januar 2002 leben 27 Prozent der Bevölke-

398  Schnelles Spiel – Mediatisierung, Milliardenbusiness

rung unter der Armutsgrenze, im September schon 54 Prozent, die Arbeitslosenquote dürfte laut inoffiziellen Schätzungen bei fast 40 Prozent liegen.

In dieser Zeit reicht Pablo Alabarces seine Doktorarbeit *Fútbol y patria* ein, die Fußball als Ausdruck einer Art Stammesidentität in Argentinien versteht. Es handle sich um einen entpolitisierten Diskurs, der typisch für neokonservative Gesellschaften sei; die Politik schaffe es nicht, die kollektive Identität in neuen und effizienten Sinnbildern zu binden – mit der neokonservativen Politik ab den frühen 1990er Jahren werde dies den Massenmedien und der Zivilgesellschaft überlassen. Eine nationale Erzählung, die sich auf den Fußball stütze, könne nicht mehr funktionieren, da sie auf Helden bauen müsse und Diego Maradonas Abschied vom aktiven Spiel das Ende des letzten Sporthelden in Argentinien bedeutet habe.

Im Dezember 2001 verwendet jedoch die Masse auf der Straße wieder die nationalen Symbole, und zwar als Fußballdress. Die Demonstranten gehen auf eine Art vor, die sie im Stadion erlernt haben; davon erzählt dann Pablo Alabarces in der Buchfassung seiner Dissertation.

Die argentinische Nationalelf gehörte bei der Weltmeisterschaft 2002 zum engeren Favoritenkreis. In dieser Krisenzeit setzte man im Land besonders auf sie, und die Medien stachelten die hohen Erwartungen weiter an. Am 1. Juni, am Tag des ersten Spiels gegen Nigeria, brachte *Página 12* eine Umfrage: 85 Prozent der argentinischen Bevölkerung meinten, ihr Team würde Weltmeister. Der Artikel ließ durchblicken, dass der Titelgewinn auf wundersame Weise die politischen und ökonomischen Probleme zu lösen vermöge; andererseits brachte er ein Zitat, das ein Szenario der Niederlage anspricht: Der Gouverneur der Provinz Santa Fé habe zum Staatspräsidenten gesagt, es könne Unvorhersehbares passieren, gar eine Revolution, wenn Argentinien bei der WM ausscheiden sollte.

Nachdem die Elf in der Gruppenphase gegen England verlo-

*Abb. 26:* La Bombonera, das mythische Stadion von Boca Juniors in Buenos Aires.

ren und gegen Schweden unentschieden gespielt hatte, musste sie frühzeitig die Heimreise antreten. Im folgenden Jahr kam Néstor Kirchner an die Macht und führte eine Entschuldungspolitik durch, die Krise ist allerdings bis heute nicht überwunden.

Am 31. August 2003 traf in der Bombonera, dem mythischen Stadion von Boca Juniors, die Heimmannschaft auf Chacarita Juniors; bei den Auseinandersetzungen nach dem Match wurden siebzig Menschen verletzt. Die Medien kritisierten weniger die gewalttätigen Fans als das Verhalten der Polizei. In *La Nación* erklärte einige Tage später der Sicherheitsdirektor für Fußball, er sehe Parallelen zwischen der Gewalt in der Bombonera und der politischen Gewalt im März 2002, die zu vorgezogenen Wahlen geführt hatte. Im Übrigen werde man genau untersuchen, warum die Polizei nicht eingegriffen habe.

Die Ermittlungen zeigten ein Sittenbild des argentinischen Fußballs: Korruption und bedenkliche Beziehungen zwischen

Clubs, Fans, Verband und Staat. Wegen seiner Rolle bei den Ausschreitungen wurde der Vizepräsident von Chacarita Junior inhaftiert – er sei ein »politischer Gefangener«, ließ er verlauten. Auch der Präsident von Boca, Mauricio Macri, der Carlos Menem nahestand, nannte politische Gründe für den blutigen 31. August: Sein Amtskollege von Chacarita war sein Gegenkandidat bei den Wahlen. Und an den Wänden des Stadtviertels La Boca tauchten zahlreiche Graffiti »Macri = Menem« auf; 2007 wurde dann Macri zum Bürgermeister von Buenos Aires gewählt.

Als das ganze Land tief in der Krise steckte, hatte der heimische Fußball ebenfalls enorme organisatorische sowie moralische Probleme. Nicht besser stand es um die Finanzen. Der Verband schuldete dem Staat Geld, viele Vereine wurden dilettantisch geführt und konnten ihre Gläubiger kaum befriedigen. 2001 sah sich San Lorenzo de Almagro gezwungen, die ganze Mannschaft zum Verkauf anzubieten; River Plate hatte zwar bis 2001 innerhalb von fünf Jahren über hundert Millionen Dollar an Transfergeldern eingestreift, dennoch aber ein Minus von fünfzig Millionen. Und als im Sommer 2002 Juan Roman Riquelme von Boca Juniors zum FC Barcelona wechselte, erhielt er dort ein fünfmal so hohes Einkommen wie in Argentinien, wo im folgenden Jahr die Clubs der ersten Division mehr als 240 Millionen Dollar Schulden hatten.

Die Pleite des Staats bewirkte eine wesentliche soziale Veränderung, die auch im Fußball zu bemerken war. Das Land, in dem ein recht ausgeprägtes Klassendenken herrschte, hatte praktisch einen Großteil seiner Mittelschicht eingebüßt – und die alten Zuordnungen zu den Vereinen verschwammen: Nun war Boca nicht mehr der eindeutige Arbeiterclub und River Plate nicht mehr jener der Mittel- und Oberschicht.

Ausgerechnet während im Januar 2002 in Politik und Wirtschaft kaum noch etwas funktionierte und man auf den Straßen heftig demonstrierte, erörterten der Staatspräsident und der Minister für Sport und Tourismus mit dem Verbandspräsidenten, wie die Zukunft des heimischen Fußballs zu gestalten sei. Die Meisterschaft musste zwar bis auf zwei entscheidende Spiele für fünf Wochen pausieren, aber danach sollten die Menschen im Stadion Ablenkung finden.

## Neue Mythen, Krieg der Sponsoren

Der Fußball sei eine postmoderne Kulturmaschine, hieß es in der Zeitung *Perfil* in Buenos Aires am 8. Juli 1998, als in Frankreich gerade die WM stattfand. Unter dem Titel *Una comunidad llamada nación* schrieb Beatriz Sarlo, es habe bis in die frühen sechziger Jahre eine argentinische Nation gegeben und die Bevölkerung hätte »sich mit einer Reihe von Aussagen, die viel Mythologisches, aber auch real Verbindendes hatten«, identifiziert: »Im Gegensatz zum Nachkriegseuropa war Argentinien das Land des Überflusses, wo man so gut aß wie nirgends sonst auf der Welt; im Gegensatz zum restlichen Lateinamerika war Argentinien das Land der industriellen Arbeiterklasse, der kultivierten Mittelschichten, des höchsten Zeitungs- und Buchkonsums, der lückenlosen Alphabetisierung und der Vollbeschäftigung.« Dann aber kamen Staatsstreiche und die Missachtung der Menschenrechte, die Diktatur und industrielle Einbrüche, die Krise im Finanzsektor und im Schulsystem, zudem der Aufstieg des großen Konkurrenten Brasilien. Es sei wenig davon übriggeblieben, »was Argentinien als Nation einmal ausgemacht« habe; andere »Nationalitätsformen« seien aufgetreten. »In Zeiten vervielfältigter Identitäten« fungiere der Fußball als »Klebstoff«, er sei »einfach, universal und fernsehtauglich«.

Die mythischen Erzählungen, die eine Gesellschaft verbinden, brauchen sofort wiedererkennbare und emotional besetzte Figuren, Orte, Ereignisse. Als Diego Maradona nach lan-

402 Schnelles Spiel – Mediatisierung, Milliardenbusiness

ger Sperre wegen Kokaingebrauchs bei seinem WM-Comeback
1994 gegen Griechenland ein Tor schoss, erhöhte der Kommentator im argentinischen Radio das Geschehen zur Szene
von der übernatürlichen Rückkehr des Helden und knüpfte sie
an den anderen urbanen Mythos Argentiniens, den Tango in
der Person seines berühmtesten Interpreten Carlos Gardel.
»Gardel lebt!«, rief der Reporter ins Mikrophon.

Wie Soziologen betonen, haben sich Identitäten in früheren
Zeiten aus ahistorischen Essenzen gespeist; heute entstehen sie
eher aus Konsum, aus Fernsehen und Reklame.

In Argentinien ließ die Brauerei Quilmes 2002 einen Spot
senden, der im Stil eines Dokumentarfilms die »Heldentaten
des argentinischen Fußballs« zeigte, am Ende mit der Botschaft
»Wir verteidigen unsere Flagge«. Drei Jahre zuvor war Staatspräsident De la Rúa vom selben Werbemann betreut worden,
der dann 2006 für die Quilmes-Reklame bei der WM zuständig
war. »Wie glorreich und wie grandios es ist, Argentinier zu
sein«, hieß es hier am Schluss, dazu das Bild von einem Tor der
Nationalelf, sodann: »Quilmes, auf der Seite des Herzens.« Und
2005 führte die Mobiltelefongesellschaft CTI Kinder aus verschiedenen Regionen und Schichten des Landes im argentinischen Trikot vor. »Es gibt eine Mannschaft«, teilte man mit,
und »Uns verbindet CTI«. Da der Fußball das beste nationale
Bindemittel in der Krise darstellte, knüpften Unternehmen ihr
Image an seine Volkserzählungen.

Früher handelten die Mythen des Fußballs von Genies und
erhabenem Geschehen, die Volksmärchen von dramatischen
Spielen und der *Alegria do povo*, die Legenden von harten Männern wie Wolfgang Weber.

1965 traf der 1. FC Köln im Viertelfinale des Europacups
der Meister auf Liverpool. Weber, der bekannt kompromisslose
Verteidiger des Clubs, der als Maskottchen stets einen Geiß-
bock mitführt, krachte Mitte der ersten Halbzeit mit einem
Gegner zusammen. Er spürte, dass sein Bein nicht mehr ganz

in Ordnung war, und hielt bis zur Pause durch. In der Kabine tastete ihn der Mannschaftsarzt ab. »Steig da auf die Bank«, sagte er, »und spring runter«. Weber stieg rauf, sprang und stand. »Wenn du das stehen kannst, dann kannst du auch kicken«, sagte der Arzt und verabreichte eine schmerzstillende Spritze. Wolfgang Weber spielte in diesem Match gegen Liverpool siebzig Minuten lang mit gebrochenem Wadenbein.

Die Legenden der jüngsten Zeit vermitteln andere tragische Helden.

Eine erzählt vom armen Zinedine Zidane, Zizou genannt, der seine Karriere mit seinem letzten Match, dem Sieg im WM-Finale 2006, krönen will. Stattdessen trifft er auf Materazzi, der, wie es später heißt, Zidanes Mutter beleidigt.

Dabei beginnt das Match verheißungsvoll, die Franzosen gehen bald nach Beginn gegen die Italiener in Führung: Zizou verwandelt einen Elfmeter. Eine knappe Viertelstunde später jedoch gleicht Materazzi, der großgewachsene, harte Verteidiger per Kopf aus. In der Verlängerung, es ist die 110. Minute, haben die Azzurri gerade einen Angriff abgewehrt und spielen den Ball nach vorne. Publikum und Fernsehkameras folgen ihm, nur wenige im Stadion sehen die Szene, die später in unzähligen Wiederholungen gezeigt wird: Materazzi spricht offenbar zum rückwärts trabenden Zidane, der sich darauf dem Italiener zuwendet und ihm einen heftigen Kopfstoß an die Brust versetzt. Einer der Referees hat das mitverfolgt, Zizou wird ausgeschlossen.

Auf dem Weg in die Kabine geht er am Weltpokal vorbei, ohne einen einzigen Blick auf ihn zu werfen. Zidane schaut geradeaus, auf die dunkle Öffnung des Abgangs. Die Trophäe steht auf einem kleinen Podest. Zidane hat sie in Griffweite und tritt ab und blickt sie nicht an. Die Italiener gewinnen den Titel im Elfmeterschießen.

Der Kopfstoß und der nach hinten kippende, fallende Getroffene wurden zu einem global reproduzierten und erkenn-

baren Bild. Zwar war man zunächst über Zidanes Unsport-
lichkeit empört, seinem Image hat die Szene jedoch nicht ge-
schadet. Die Legende erzählt nicht die akute Moral von der
Geschichte, zeigt kein Mitleid mit dem schuldigen Opfer Materazzi, sondern folgt dem tragischen Abgang eines großen
Spielers.

Der *Coup de tête* war bald nicht nur in Frankreich sprichwörtlich. Knapp nach dem Finale besang ihn ein Sommerhit,
gab es ihn als Computerspiel; noch im selben Jahr publizierte
der renommierte Schriftsteller Jean-Philippe Toussaint sein
Bändchen *La mélancolie de Zidane*. Und als 2012 eine »Coup de
tête«-Statue vor dem Centre Pompidou in Paris für vier Monate aufgestellt wurde, protestierten wohl die Verbandsherren,
aber das Publikum zeigte sich begeistert.

Von den neuen Mythen sind einige an die kapitalistische Kommerzialisierung gebunden. Man erzählt kaum noch den mühsamen, sodann glanzvollen Aufstieg aus dem Armenviertel,
sondern die von Kind an vorbereitete Karriere.

In der Zeit, in der das Bildungssystem der reichen westlichen
Länder in die Kritik geraten ist, singt man somit ein Loblied auf
die beharrliche, langfristige Ausbildung: Messi, der als Kleiner
zu Barcelona kam; Neymar, der vom Vater trainiert wurde;
die jungen Afrikaner aus den dortigen Fußballschulen. Und die
nächste Szene zeigt Stars als reiche junge Männer, die ganze
Clans ernähren.

Eine Geschichte, die sogar das brasilianische Parlament be-
schäftigte, hat einen Kampf der Großsponsoren zum Hintergrund, der wie ein Sportableger vom *Krieg der Sterne* wirken
mag. Sie ist – ganz anders als jene von Wolfgang Weber – die
ökonomisch moderne Version vom müden Helden, der seinen
Körper trotz Verletzung in die Schlacht wirft.

Sie dreht sich um Ronaldo. Der Ende der neunziger Jahre
mit Zidane als weltbester Fußballer angesehene Star hatte zu-

nächst mit seinem Namen – wie im Land üblich ein Künstler-name – für eine leichte Verwirrung zwischen südamerika-nischen und europäischen Kommentatoren, die ihn Ronaldo nannten, gesorgt. In seiner Heimat aber hieß er Ronaldinho, worauf man seinen jüngeren Kollegen aus Porte Alegre Ronal-dinho Gaúcho rief. Für Weltstars erschien das dann doch zu kompliziert, 2002 gewannen beide in der Seleção als Ronaldo und Ronaldinho den WM-Titel.

Ihr Verband CBF hatte 1996 mit Nike einen Vertrag für zehn Jahre abgeschlossen: Die Brasilianer erhielten 170 Millionen Dollar, dafür mussten sie in diesem Zeitraum für mindestens fünfzig Spiele des Nationalteams die Gegner vom Unterneh-men bestimmen lassen. Vor allem in Phasen der Vorbereitung auf große Turniere erwies sich dies als ungünstig: Die Kicker flogen zwischen Europa, Südamerika und anderen Kontinen-ten (Nike zeigte verstärktes Interesse am asiatischen Markt) hin und her.

Der Sportartikelkonzern aus den USA hatte sich zwar zu einem ernsthaften Konkurrenten von Adidas und Puma, den branchenführenden Unternehmen der verfeindeten deutschen Brüder Dassler, entwickelt. In den achtziger Jahren hatte Nike jedoch die Aerobic-Welle übersehen und Einbußen auf dem amerikanischen Markt hinnehmen müssen. Darauf setzte man eine neue Werbestrategie um, nutzte die Kreativität von jun-gen farbigen Filmern wie Spike Lee zu »Rockvideos« über Sport und knüpfte neue Partnerschaften mit Stars. Dies sollte Authentizität und Glaubwürdigkeit ausstrahlen und mit ge-witzten Anspielungen die Konsumenten als Insider ansprechen, denen man in einem einfachen Slogan eine simple Alltags-philosophie mitgab: *Just do it!*, ist eine ebenso vielsagende und nichtssagende Leerformel wie später Obamas politisches *Yes, we can*.

Im Vorfeld der WM 1998 setzte ein regelrechter Krieg der Sponsoren ein. Adidas konnte als offizieller Partner der FIFA auftreten und sich als Inbegriff des globalisierten Fußballs, zudem als Ausstatter der Heimmannschaft präsentieren; Nike hatte die Brasilianer unter Vertrag. Wie die Untersuchungen von Georg Spitaler und Lukas Wieselberg zeigen, wollten die Werbespots beider Konzerne globales Denken, lokales Handeln und nationale Klischees vermitteln. Sie schaukelten sich auf ein Duell hin auf; es lautete Frankreich gegen Brasilien, Zidane gegen Ronaldo und wurde tatsächlich als Endspiel ausgetragen, das eine Milliarde Menschen in 196 Ländern auf dem Bildschirm verfolgten, somit eine gewaltige Werbewirkung versprach.

Am Tag des Finales, in dem die Seleção im Stade de France gegen die Gastgeber antrat, erlitt Ronaldo – bis dahin wohl der beste Spieler des Turniers – eine Malaise. Noch kurz vor dem Anpfiff hieß es, er würde nicht einlaufen können. Dann aber zeigten die Einblendungen auf den Bildschirmen seinen Namen doch in der Mannschaftsaufstellung, die Kommentatoren konnten nur Gerüchte berichten. Ronaldo stand im Team, im Match war er kaum wiederzuerkennen, Frankreich siegte 3:0.

Bald machte die Einschätzung die Runde, Nike sei an der Niederlage schuld. Der Konzern habe auf das Antreten von Ronaldo gedrängt; der Star habe am Finalvormittag einen Kollaps erlitten, dennoch habe man ihn für fit erklärt. In Brasilien berief man einen parlamentarischen Untersuchungsausschuss ein, der Abgeordnete Aldo Rebelo erklärte: »Fußball integriert alle Rassen, aus denen sich unser Land zusammensetzt. Er ist wie eine Religion und unsere Spieler sind seine Apostel. Er ist unser nationales Erbe, doch er wurde wie eine Ware behandelt.« Schließlich wurden 33 Personen, darunter Verbandspräsident Teixeira, wegen Korruption angeklagt.

## Spiel und Manipulation

»Scheiße, jetzt hab ich ein Tor geschossen«, ruft der Spieler des FC Oberitz.

Zu Beginn der siebziger Jahre geht es im Osten Österreichs um den Meistertitel einer unteren Klasse. TSV Mischenberg und SC Hackerdorf stehen vor der letzten Runde punktegleich an der Spitze; das Torverhältnis wird die Entscheidung bringen. Die Funktionäre beider Clubs zücken die Geldtasche und bezahlen die Willfährigkeit der Gegner. Da man vermutet, dass es der Konkurrent nicht anders halten werde, benützen die Mischenberger Gendarmen – lauter Fans – ihre Funkgeräte, um stets über den Spielstand auf dem anderen Feld zu informieren und entsprechend weitere Goals anzuordnen. In Hackerdorf ist keine Exekutive stationiert, man muss per Autobotendienst das Geschehen beim Konkurrenten verfolgen. Natürlich schaukeln sich derart die Ergebnisse auf. Man hält bei 45:0 für Mischenberg und nur 37:0 für das in Rückstand geratene Hackerdorf, dessen Autos mit der Schnelligkeit des Amtsfunks nicht mitzuhalten vermögen, als der Mittelstürmer von Oberitz neuerlich vom Anstoß den Ball zugespielt bekommt. Er will ihn einfach nur nach vorne befördern, das Leder aber fliegt, von einem Windstoß weiter getragen, über den locker am Sechzehnmeter stehenden Keeper von Hackerdorf hinweg ins Netz: 37:1. »Scheiße, jetzt hab ich ein Tor geschossen«, ruft der Mittelstürmer. Die beiden Endergebnisse fallen auf, die Liga ermittelt, die Clubs werden belangt, in die höhere Spielklasse darf nun der Dritte der Tabelle.

Im Sommer 2013 kommt es in Nigeria zur Entscheidung, welcher Verein in die dritte Division aufsteigt. Auch hier führen zwei Teams mit der gleichen Punkteanzahl, auch hier wird in der letzten Meisterschaftsrunde alles vom Torverhältnis abhängen. Plateau United gewinnt gegen Akurba mit 79:0 und hat dafür in der Schlussphase jede Minute mindestens ein Goal erzielen müssen – man stelle sich vor: Tor, Jubel, zurück zum

Mittelkreis, Anstoß, Tor, zurück und vor und Tor und so weiter. FC Police Machine ist langsamer und siegt gegen Babayaro nur mit 67:0. Alle Beteiligten werden vom Verband empfindlich bestraft.

Derartige Absprachen gibt es immer wieder, in allen möglichen Ligen, in allen Weltgegenden. Es verwundert von außen betrachtet nur, dass die Verantwortlichen annehmen, mit solchen Resultaten durchkommen zu können. Sie arrangieren ein Ergebnis, um sich einen Vorteil zu verschaffen, den sie mittels dieses Ergebnisses nur für kurze Zeit virtuell genießen, dann jedoch unweigerlich eben wegen der auffallenden Unwahrscheinlichkeit des Ergebnisses wieder abgeben müssen, also nicht tatsächlich erleben – außer wenn auch die Kontrollinstanzen korrupt sind.

Wo es Spiele gibt, besteht der Wunsch, sie manipulieren zu können; seitdem es Sportwetten gibt, kennt man Wettbetrug.

Nach dem Ersten Weltkrieg schuf man in Liverpool das Toto-Spiel, bei dem Geld auf Resultate von Matches gesetzt wird. Der illegale Wettmarkt entwickelte sich schnell, in den dreißiger Jahren war er zum wichtigen Wirtschaftsfaktor aufgestiegen, der 30 000 Mitarbeiter in Großbritannien beschäftigt haben soll. Zehn Jahre später beteiligten sich pro Runde 14 Millionen Menschen an diesem Wett-Bewerb, das waren weit mehr als die Matchbesucher. Legalisiert wurde Toto jedoch erst in der Saison 1959/60, so dass sich nun der Verband beteiligen und somit den Vereinen Geld von den Gewinnen abgeben konnte.

Gleich zu Beginn erwischte man 1918 einen Kicker von Manchester United bei Manipulationen; dafür erhielt er eine lebenslange Sperre sowie eine Haftstrafe wegen Verschwörung zum Betrug. Die Liste der belegten Skandale ist lang, sie führt weiter von 1927, als ein Juventus-Verteidiger in Turin beim Derby bestochen war, über den deutschen Bundesligaskandal 1971, als acht Spiele manipuliert wurden, zum Totonero in Italien: 1980 waren sieben Mannschaften der ersten Liga und fünf der Serie B betroffen, die Polizei verhaftete vor Live-Kameras Kicker im Stadion – der Verband versetzte AC Milan und Lazio Rom in die zweite Liga und sperrte Paolo Rossi, den Goalgetter der Nationalelf.

1993 ließ Bernard Tapie Spieler von Valenciennes korrumpieren. Seinem Verein Olympique Marseille wurde der Meistertitel aberkannt und der Zwangsabstieg auferlegt; Tapie wurde zu vier Jahren Gefängnis verurteilt.

Ende der neunziger Jahre erfuhr ein Deutscher bei der Mannschaftsbesprechung seines griechischen Clubs, das Match des Tages müsse verlorengehen. Da er zuvor einige Tore geschossen hatte, stellte man ihn nicht auf. Über das 0:3 habe das Team danach nie auch nur ein Wort geredet.

2005 ließen sich zwei deutsche Schiedsrichter bezahlen, um Spiele zu verschieben; das Gleiche machten im selben Jahr zwei FIFA-Schiedsrichter in Brasilien und manipulierten mindestens 25 Partien – elf davon wurden neu ausgetragen, so dass Corinthians São Paulo vier Punkte mehr als zuvor erreichen und Meister werden konnte. Ebenfalls 2005 wurde Matchbetrug in Polen, in Finnland, in China öffentlich bekannt.

2006 musste Juventus Turin absteigen, dessen Sportdirektor als Drahtzieher im *Calciopoli*-Skandal gilt. 2009 wurde ein Wettskandal in Deutschland aufgedeckt, 2011 in der Türkei und Italien, wo sich ein Spieler der Serie B weigerte, ein Match um 200 000 Euro zu verkaufen, und die Ermittlungen auslöste.

Die öffentlich bekannten Fälle häufen sich. Die Aufdeckung erweist sich allerdings als immer schwieriger, da die Wetten durch das Onlinegeschäft nicht mehr ortsgebunden sind. Die Umsätze der illegalen Wettmärkte in Asien schätzte man für das Jahr 2012 auf fast 400 Milliarden Euro. Die drei wichtigsten Buchmacher kommen hier auf mehr als 100 Milliarden Dollar im Jahr; der Marktführer IBC setzte 2011 45 Milliarden um, dreimal so viel wie Adidas.

Für 2013 teilten die Ermittler mit, sie hätten fast vierhundert

410 Schnelles Spiel – Mediatisierung, Milliardenbusiness

Matches in fünfzehn Ländern unter Verdacht, darunter WM-
und EM-Qualifikationsspiele, auch zwei Partien der Champions League: Ein in Singapur ansässiges Syndikat habe ihre Manipulation betrieben. Den Vorgang beschreibt ein Kriminal-
polizist: »Das ungarische Bandenmitglied, das direkt unter dem
Boss aus Singapur stand, hielt Kontakt mit Schiedsrichtern, die
ihre Spiele beeinflussen konnten. Komplizen setzten dann übers
Internet oder telefonisch Geldbeträge bei Buchmachern in
Asien, wo Wetten akzeptiert werden, die in Europa illegal sind.«

Bei den Wettbüros in Asien gibt es keine Registrierung, keine
Obergrenze der Einsätze. Die Geldwäsche fällt unter dieser Ge-
setzeslage leicht, im Gegensatz zum Waffen- und Drogenhan-
del braucht man keine Strafverfolgung zu befürchten. Hier
wettet man auch auf die Anzahl der Outeinwürfe, der Eckbälle,
der gelben Karten. Und um für die Bestechung weniger Geld
ausgeben zu müssen, wendet man sich zunehmend kleinen
Clubs und Kickern in unteren Klassen zu – seinerzeit hätte man
den TSV Mischenberg und den SC Hackerdorf einbezogen.

*FIFA-Hoheitsgebiete, brasilianische Proteste*

Der Vertrag verlangt wörtlich, »that entry visas and exit permits shall be issued unconditionally and without any restriction and, where issuance of formal visas or permits is not
required, the right to entry to and exit from the Netherlands,
shall be granted unconditionally and without any restriction,
and regardless of nationality, race or creed, to:

(i) FIFA / FIFA Subsidiaries staff and officials and members
of the FIFA delegation, including match officials;

(ii) FIFA Confederations staff and officials and FIFA Mem-
ber Associations staff and officials;

(iii) Hosting Association and LOC staff and officials;

(iv) FIFA Service Providers staff and officials;

FIFA-Hoheitsgebiete, brasilianische Proteste    411

(v)  FIFA Host Broadcasters, FIFA Commercial Affiliates and FIFA Contractors staff and officials;

(vi)  FIFA Listed Individuals;

(vii)  other FIFA partners and their staff whose activities, services or deliveries are important for the organisation, staging, administering, marketing, rights implementation etc. in connection with the Competitions and/or Events; and

(viii)  Hospitality customers and spectators of the Competitions and/or Events, and all individuals who can demonstrate any involvement in the Competitions and/or Events;

provided that they are entering the Netherlands in connection with any Competitions and/or Events related activities.

The Netherlands represents and guarantees to FIFA and ensure[s] that no entry

visa and exit permit costs and charges or other related costs or expenses will be

charged to any of the persons or entities outlined above and that all entry visa

and exit permits are issued without delay.«

So lautet der erste von mehreren Vertragspunkten, die jedes Land unterzeichnen muss, das sich um die Austragung einer Fußball-WM beim internationalen Verband bewirbt. Die Niederländer, die das Turnier nicht zugesprochen erhielten, haben die Texte im Internet öffentlich gemacht, sie sind auf *transparencyinsport.org* zu lesen. Sie belegen, dass Staaten einen gewichtigen Teil ihrer Hoheitsrechte an die FIFA, einen Verein nach Schweizer Recht, abzugeben gewillt sind. Bedenkt man die enorm hohen Kosten des weltweit am meisten verbreiteten Sportereignisses, die auch durch Umwegrentabilität nicht eingespielt werden, bedenkt man als einzigen garantierten finanziellen Gewinner die FIFA, bedenkt man die Aufgabe staatlicher Hoheitsrechte – so stellt sich die Frage, welches die tatsächlichen Gründe sein mögen, dass sich Länder überhaupt um eine WM bewerben.

412 Schnelles Spiel – Mediatisierung, Milliardenbusiness

Sie haben dafür das Bewerbungsbuch mit einer Garantieliste Punkt für Punkt zu unterzeichnen. Punkt 1 setzt die Kontrolle der Grenzen, also die Hoheit über das eigene Staatsgebiet außer Kraft: Für alle Personen, welche die FIFA benennt, müssen Einreisevisa und Ausreiseerlaubnis bedingungslos und uneingeschränkt erteilt werden; die Staaten dürfen sie nur verweigern, wenn sie die FIFA »zufriedenstellend« informieren, »dass dafür wichtige Gründe vorliegen«. Der Weltfußballverband setzt sich somit als oberste Instanz ein, die es zufriedenzustellen gilt – über allen Staaten, über deren Legislative und Exekutive. Und dies in den Jahren nach dem 11. September 2001, nach dem die USA und ihre Partner den Krieg gegen den Terror ausgerufen und seither zunehmend intensiv Personenkontrollen durchführen lassen, ja den globalen Überwachungsstaat geschaffen haben. Die FIFA ist offenbar davon ausgenommen.

Punkt 2 verlangt nicht weniger als die Aufhebung der Arbeitsgesetze, was die WM-Tätigkeiten betrifft. Punkt 3 stellt die Steuerfreiheit für alle bei FIFA und WM involvierten Personen sicher. Punkt 4 sieht besondere Schutzmaßnahmen vor. Punkt 5 setzt die souveräne Währungspolitik außer Kraft: Für FIFA-Leute gelten spezielle Devisenbestimmungen; es sei die Ein- und Ausfuhr aller ausländischen Währungen und deren Umtausch in Dollar, Euro oder Schweizer Franken uneingeschränkt zu gewährleisten. Dies bedeutet die Freigabe und Unkontrollierbarkeit von Finanztransfers, somit die Aushöhlung des Geldwäschegesetzes. Derart könne der weltweite Sportbetrieb leicht von dubiosen Geschäftsleuten unterwandert und als »grenzenlose Reise- und Kontaktbörse« missbraucht werden, erklärt Thomas Kistner, der über die FIFA bestens informierte Sportjournalist der *Süddeutschen Zeitung*.

Als würden große Staaten vor einem Kegelclub von Pensionisten in die Knie gehen. Die FIFA, ansässig in Zürich, gilt nach Schweizer Recht als gemeinnütziger Verein wie eine simple Vereinigung von Kegelbrüdern auch. Dabei verschiebt sie Mil-

FIFA-Hoheitsgebiete, brasilianische Proteste    413

liarden zum Eigennutz und treibt einen enormen weltweiten
Einflusshandel. Ihre Strukturen und Mechanismen sind weder demokratisch noch transparent. Dass die politischen Herrschaften gewillt sind, viele wesentliche Hoheitsrechte an sie
abzugeben, illustriert in aller Deutlichkeit, wie viel den Staa-
tenlenkern ihr eigenes Image und die Events für die Masse wert
sind.

Dabei sind vermutlich in den letzten Jahrzehnten einige Vergaben von Welt- und Europameisterschaften – wie auch von
Olympischen Spielen – von Korruption begleitet, ja entschieden worden. Korruption von Personen innerhalb eines Vereins
gilt jedoch laut Schweizer Recht nicht als Delikt.

In derartigen Sportverbänden bestimmen ehrenamtliche
Funktionäre, die sich durch ihr Ehrenamt zu mehrfachen Mil-
lionären machten. In einem regelmäßigen Zyklus veräußern
die Herren der FIFA Medienrechte in Milliardenhöhe. Sie vergeben Spektakel, die eine Parallelwelt vorspielen; sie haben die
Hand auf Marketing- und Securityfirmen. Nicht wenige von
ihnen greifen zu Mitteln, die im landläufigen Sinn als mafiös
einzustufen wären. Ja mehr noch: Sie haben ein System geschaffen, in dem sie nicht belangt werden können. Sie sind eine
ehrenwerte Gesellschaft.

Thomas Kistner bezeichnet die FIFA als globale »Glaubensgemeinschaft, welche die Dimension der katholischen Kirche
weit hinter sich gelassen« habe. Die Politik gebe ihr gegenüber
»im Fußballrausch nicht nur Zug um Zug ihre Würde ab, sondern das Wichtigste auf: den Anspruch auf Kritik und Kontrolle«, denn das Produkt des Verbands sei »das werbeträch-
tigste der Galaxie«. Der Sport, der sich »zu großen Teilen in
nur ihm vorbehaltenen, von Staatsrecht befreiten Räumen« be-
wege, baue noch dazu »eigene Nachrichten- und Schutzdienste
auf, die an die geheime Welt der Ermittler und geheimen
Dienste angebunden werden. Damit verschwimmen die Grenzen zwischen einem Verbandsapparat mit höchst obskurem
Führungspersonal und Behörden, die diesem Personal zum

414 Schnelles Spiel – Mediatisierung, Milliardenbusiness

Teil sogar auf den Fersen sind.« Der Weltfußballverband beschäftigt frühere Direktoren von Interpol und FBI.

Bis zum Zweiten Weltkrieg hatten die Europäer in der FIFA das Sagen. Da aber der Spielbetrieb im Krieg schließlich zum Erliegen gekommen und auch nach 1945 durch den Kalten Krieg beeinträchtigt war, somit der Mitropacup nicht wieder aufgenommen werden konnte, gewannen die Südamerikaner, unterstützt von ihren sportlichen Erfolgen, an Gewicht. 1954 gründeten die Europäer ihren gemeinsamen Kontinentalverband, die UEFA, die heute ähnliche Strukturen hat und ähnlich vorgeht wie die FIFA, natürlich ebenfalls nach Schweizer Vereinsrecht.

Im Zuge der Dekolonisierung entstanden neue Staaten, somit neue Verbände. Von 1957 bis 1967 nahm die FIFA 43 Mitglieder auf, davon 31 aus Afrika, die allerdings noch rudimentär organisiert waren: Der afrikanische Dachverband CAF vertrat 1970 nur knapp ein Drittel aller registrierten Fußball-Associations und nur drei Prozent der Teams und Spieler auf dem Kontinent.

Die vielen neuen Verbände wirkten sich wesentlich auf die Verhältnisse in der FIFA aus, die nach dem Prinzip *one country – one vote* funktioniert: Der DFB mit seinen 6,8 Millionen Mitgliedern hat ebenso eine einzige Stimme wie das Inselreich Tonga. Erstmals erlebte man die Verschiebung der Macht bei der Generalversammlung 1974, als João Havelange aus Brasilien mit Stimmen der »Dritten Welt« zum Präsidenten gewählt wurde und Stanley Rous aus England ablöste.

Havelange war ein Günstling sowohl der brasilianischen Militärdiktatoren als auch von Adi Dasslers Adidas. Er betrieb eine Politik der Kommerzialisierung, fand Sponsoren für die Weltmeisterschaften der Jugendmannschaften und bezeichnete es als seine »Fußball-Entwicklungshilfe«, dass er 1982 die WM-Teilnehmerzahl von 16 auf 24 erhöhen ließ. Seinem System, das er in enger Verbundenheit mit Dassler betrieb, entsprach es,

FIFA-Hoheitsgebiete, brasilianische Proteste   415

dass Havelange an die Vergabe der Versicherungen für diese
WM eine Bedingung zu eigenen Gunsten knüpfte: 20 Prozent
der Aufträge müssten an die Boavista-Atlántico-Gruppe in Rio
gehen, als deren Direktor Havelange fungierte.

Für Konflikt und Skandal sorgte er im Dezember 1993, als
in Las Vegas die Auslosung für die WM 1994 stattfand. Kurzerhand strich er Pelé aus dem Programm. Der Weltfußballer
hatte sich mit Havelanges Schwiegersohn Ricardo Teixeira ver-
kracht, da Pelé dem brasilianischen Verband CBF nicht eine
Million Dollar Schmiergeld zu zahlen bereit war, als seine
Sportmarketingagentur die Übertragungsrechte für Brasilien
erwerben wollte. Über die Korruptheit des CBF-Präsidenten
Teixeira und seiner Gremien wurde 2001 in Brasília dem Parlament ein über tausend Seiten dicker Bericht vorgelegt, in dem
es heißt: Der Verband sei »ein krimineller Ort, wo Anarchie,
Inkompetenz und Verlogenheit herrschen«. Erst im März 2012
musste Ricardo Teixeira als Chef der CBF und des WM-Orga-
nisationskomitees COL zurücktreten.

2008 waren bei der UNO 192 Mitgliedstaaten eingetragen, bei
der FIFA waren es 208 Landesverbände.

Das Exekutivkomitee des Fußballverbands besteht aus 24 Vor-
ständen und dem Präsidenten. Jedes Exekutivmitglied (die
Bezüge von Präsident Blatter werden nicht mitgeteilt) erhält
100 000 Dollar im Jahr, plus 500 Dollar Taschengeld am Tag,
250 für mitreisende Damen, First-Class-Flüge, Fünf-Sterne-
Hotels und Boni in unbekannter Höhe. Offiziell üben sie eine
ehrenamtliche Tätigkeit aus.

Für eine WM erlöst die FIFA etwa vier Milliarden Euro; 2010
verkaufte sie die TV-Rechte für 1,8 Milliarden.

Die Sportverbände, insbesondere FIFA und UEFA, sind bezeichnende Beispiele eines Neudalismus, also von feudalisti-
schen Strukturen und Verhaltensweisen in einer neuen, nämlich heutigen demokratischen Kulisse, hinter der das Business

416 Schnelles Spiel – Mediatisierung, Milliardenbusiness

herrscht. Sie sind praktisch autonome Wahlfürstentümer mit
eigenen Territorien, die für die Zeit der Veranstaltungen von
Staaten ausgegliedert werden. Der Fürst – in der FIFA ihr Präsident, der Schweizer Joseph Blatter – hat das Recht der Allein-
unterschrift, er entscheidet Wichtiges und informiert die Gremien im Nachhinein.

Im globalisierten Feudalwesen – das durchaus in anderen
Bereichen ähnlich floriert, von der Wirtschaft bis zum Akademischen – bringen die Ritter die Landesverbände ein und
wählen den Fürsten. In seinem Hof, einem Prunkbau auf dem
Zürichberg, zieht er sich hinter die Mauer der Gemeinnützig-
keit zurück und sieht keinen Staat über sich. Lehen vergibt er
mittels WM und EM, bei denen die fürstlichen Gesetze und
jene der Sponsoren gelten. Bei der Weltmeisterschaft 2006 in
Deutschland erhielten die Sponsoren vierzehn Prozent der Eintrittskarten, die nationalen Verbände hingegen nur acht Prozent. Mehr als tausend holländische Fans mussten ihr oranges
Kleidungsstück beim Eintritt ins Stadion ausziehen, da auf
ihnen das Logo einer Biermarke prangte, die kein offizieller
Sponsor der WM war.

Eine Basis dieses Neudalismus bieten der Sitz in der Schweiz
und deren Vereinsrecht. Es schreibt keine Registerpflicht, keine
Buchprüfung, keine externe Kontrolle vor; und es sind nur halb
so viele Steuern auf den Jahresgewinn zu entrichten, wie dies
für Firmen der Fall ist. Immerhin haben Eidgenossen nach allen Affären und Skandalen 2010 den Begriff »FIFA-Ethikkom-
mission« zum Unwort des Jahres gewählt, da sie ihn offenbar
als taktischen Paravent zur medialen Beruhigung einschätzten.

Die geringe Transparenz der internen Mechanismen und der
Finanzen kritisierte die Kommission für Kultur, Wissenschaft,
Bildung und Medien des Europarates am 7. März 2012 in ihrem Bericht *Good Governance und Ethik im Sport*. Sie verlangte
von der FIFA, die Machenschaften bei der Wiederwahl Blatters zu untersuchen, insbesondere ob der amtierende Präsident seine Funktion im Wahlkampf missbraucht habe. Und sie

FIFA-Hoheitsgebiete, brasilianische Proteste    417

stellte einen sprechenden Vergleich der Lohnkosten an: Der Europäische Gerichtshof für Menschenrechte in Straßburg bezahlte 2010 für 47 Richter und 629 Mitarbeiter Löhne in der Höhe von 55 Millionen Euro; für 387 Angestellte und 24 Mitglieder des Exekutivkomitees berappt die FIFA 102 Millionen, also das Doppelte für halb so viele Personen.

Ein bezeichnender Fall von finanzieller Undurchsichtigkeit war die Verbindung zur Firma International Sports and Leisure (ISL), die vom Weltverband enorme Zahlungen erhielt. Sie war von Adidas-Chef Horst Dassler gegründet worden, um die Rechte für die WM 1986 zu verwalten, damals soll es zu illegalen Absprachen gekommen sein. 2001 lieferte die ISL eine der größten Insolvenzen der Schweizer Wirtschaftsgeschichte. Vor Gericht standen 2008 sechs Manager, denen man die Vergabe von Schmiergeldern für Funktionäre vorwarf, insgesamt 141 Millionen Schweizer Franken; zwei Millionen Euro, deren Verwendung nicht nachzuweisen war, hatte der brasilianische FIFA-Vizepräsident Ricardo Teixeira erhalten. Im Urteil hieß es, die FIFA müsse sich »täuschendes Verhalten« vorwerfen lassen, sie habe einen Teil der Untersuchungs- und Entschädigungskosten zu begleichen.

Der Neudalismus fördert den Nepotismus. Nach der Pleite von ISL fand die FIFA einen neuen Partner in der Agentur Infront, deren Chef ein Neffe von Blatter ist. Und UEFA-Präsident Michel Platini stimmte für die Vergabe der WM 2022 an Katar, wo sein Sohn führender Sportmanager ist: Es sei eben ein neues Land für den Weltfußball. Einige Zeit später machte sich Platini doch Gedanken, wie man dort bei Temperaturen von fünfzig Grad im Schatten spielen und trainieren könne.

Mit dem reichen Katar hat der Präsident des FC Barcelona, Sandro Rosell, der mit Teixeira geschäftlich verbunden war, einen Sponsorvertrag abgeschlossen. Erstmals in seiner Clubgeschichte trägt Barça Trikotwerbung, bis 2016 erhält der Verein dafür 165 Millionen, nach anderen Quellen sogar 250 Millionen Euro.

418    Schnelles Spiel – Mediatisierung, Milliardenbusiness

Die FIFA-Skandale haben sich in den letzten Jahren gehäuft, die Medien berichten immer öfter von Unregelmäßigkeiten und dunklen Geschäften. Der Neudalismus aber braucht eine saubere Kulisse, folglich gründete der Weltverband seine Ethikkommission – die allerdings dem Fürsten verpflichtet ist.

Als obersten Ermittler hatten Experten zunächst Luiz Moreno Ocampo vorgeschlagen, den ehemaligen Chefankläger am Internationalen Gerichtshof in Den Haag. Dem argentinischen FIFA-Vizepräsidenten war diese Wahl nicht genehm und die mit ihm über den Fußball-Rechtehandel verbundene Staatspräsidentin Cristina Kirchner erklärte, sie wolle diesen Kandidaten nicht – Ocampo hatte argentinische Diktatoren vor Gericht gebracht.

Der erste Fall, den die Kommission behandelte, betraf Blatters Gegner Mohamed Bin Hammam aus Katar, den Präsidenten der asiatischen Fußballkonföderation, der in seinem Verband lange Zeit die Stimmen für Blatter besorgt hatte, dann jedoch weitere Ambitionen zeigte. Wegen Korruption wurde Bin Hammam lebenslang gesperrt. Aus dem gleichen Grund trat der FIFA-Vizepräsident Jack Warner zurück, der dem Karibik-Verband vorstand und ebenfalls als Blatters Steigbügelhalter galt, bis er selbst aufs hohe Ross stieg und mit Enthüllungen drohte. Lange Zeit hatte sich Warner selbst die TV-Rechte für die Weltmeisterschaften sichern können – um einen Dollar.

Kurz: Unter all diesen Bedingungen übertragen Staaten der FIFA die Rechte, auf ihrem Territorium praktisch ein eigenes Staatsgebiet zu errichten. Es verwundert sehr, wie wenig dies in den demokratischen Ländern öffentlich bekannt und diskutiert ist; den Verfassungen können diese Verträge wohl nicht entsprechen. Erst die Brasilianer sind 2013 dagegen massiv auf die Straßen gegangen.

Hinter den Absperrungsgittern und Sponsorenzelten sieht man sie fast nicht: Neben dem Maracanã steht die Escola Mu-

FIFA-Hoheitsgebiete, brasilianische Proteste    419

nicipal Friedenreich. Dreihundert Kinder werden hier unterrichtet, eine gemischte Schar aus der Mittelschicht und aus ganz armen Familien. An der Wand ist eine Plakette angebracht, die an Arthur Friedenreich erinnert, den ersten Farbigen, der in die Domäne der Weißen durfte: Ab 1914 spielte er in der Nationalelf.

Nun soll die Bildung wie auch das denkmalgeschützte Indígena-Museum der Domäne des Fußballs weichen. Für 2014, zur Weltmeisterschaft, sind hier Parkplätze und ein Einkaufszentrum geplant: Kommerz statt Schule und Geschichte. Drei Jahre lang dauerte die Renovierung des mythischen Stadions, hunderte Millionen Reais sind in dunklen Kanälen verschwunden. Zur Generalprobe, dem Confederation Cup 2013, ist die Arena fertig. Für die Nachbarschaft ist sie nicht mehr geschaffen, bei den hohen Eintrittspreisen wird man kaum Farbige aus den umliegenden Vierteln auf den Tribünen finden. Friedenreich ist erneut ausgeschlossen. Inzwischen hat die FIFA eine Edelmarke zum »offiziellen Champagner« der WM erwählt.

Das Maracanã sei nun ein durchgestylter Tempel der Elite, sagen diejenigen, die gegen die Zerstörung der Friedenreich-Schule protestieren, und rechnen vor: Die WM wird das Land elf Milliarden Euro kosten; die Qualität der Bildungsinstitutionen und Krankenhäuser lasse sehr zu wünschen übrig, um die 2,4 Milliarden für die Stadionbauten hätte man achttausend neue Schulen errichten können. Während die in *Condomínios* abgeschottete Oberschicht ihre eigenen Privatschulen und Privatkliniken unterhält, sind die Mittelschichten auf das öffentliche System angewiesen.

Die Investitionen für das Großereignis gehen an den Bedürfnissen der Bevölkerung vorbei. Ein privater Verein bestimmt in einem der größten Staaten der Welt.

Das brasilianische Parlament, in dem ein Drittel der über fünfhundert Abgeordneten mit der Fußballbranche verbunden ist, hatte zuvor in aller Eile ein eigenes WM-Gesetz verabschiedet, das dem Weltverband die Stadien und deren Umkreis als

420    Schnelles Spiel – Mediatisierung, Milliardenbusiness

Territorium überlässt. Hier werden die einheimischen Klein-
händler verdrängt, die lokalen Produkte dürfen – mit einer renommierten Ausnahme in Bahia – nicht angeboten werden.
Alles ist den Sponsoren der FIFA vorbehalten. Und so genießt
der US-Braukonzern Budweiser die Erlaubnis, sein Bier in den
Stadien zu verkaufen, obwohl dort sonst striktes Alkoholverbot
herrscht.

Romário, Brasiliens WM-Held von 1994, sitzt nun als Abgeordneter im Parlament und tritt vehement gegen die Fußball-
Lobby auf. »Die FIFA kommt in unser Land und errichtet einen
Staat im Staate«, sagt er. »Sie kommen her, bauen den Zirkus
auf, haben selbst keine Ausgaben und nehmen alles mit« – das
seien Spiele ohne Brot.

Die Verteidiger der WM antworten, dass ja dem Land durch
die neu errichtete Infrastruktur ein langfristiger Vorteil er-
wachse. Allerdings: Der Bau des großen Mané-Garrincha-Sta-
dions in Brasília kostete weit über 400 Millionen Euro, nach
der Weltmeisterschaft wird es nur von Brasiliense benützt werden, einem Club am Tabellenende der zweiten Liga. Und eine
Universitätsstudie zeigt, dass es auch für die Stadien in Manaus,
Natal und Cuiabá keine echte Nachnutzung geben werde. Zudem muss jede Arena den FIFA-Normen entsprechen, darf
folglich keine billigen Stehplätze aufweisen.

Im Maracanã waren bei der WM 1950 die sozialen Grenzen
ein paar Stunden lang verwischt; nun ist das Stadion privatisiert und die Karten sind so teuer, dass sogar die Mittelschicht
sie sich nicht leicht zu leisten vermag.

Während des Confederation Cup gab es im Juni 2013 heftige
Demonstrationen in über hundert Städten Brasiliens, in São
Paulo und Salvador da Bahia und vor dem Maracanã. Insgesamt eine Million Menschen waren auf den Straßen, vor allem
die Schichten, die auch in der Escola Municipal Friedenreich
vertreten sind; sie wendeten sich gegen die Korruption, sie forderten »Schulen und Krankenhäuser statt Stadien«. Die Polizei

*Abb. 27:* Demonstration in Brasilien, Juni 2013.

ging zunächst martialisch vor, mit schwarzen Rüstungen, mit Gummipatronen und Tränengas. An einem Abend gab es in Rio fünfzig Verletzte.

Beim Eröffnungsmatch in Brasília saß Staatspräsidentin Dilma Rousseff neben Joseph Blatter; beide wurden ausgepfiffen – und im Laufe der folgenden Tage sank Rousseffs Popularität rasant. Als Blatter von »Fair play« ins Mikrophon sprach, schallten noch mehr Pfiffe durch das große Stadion. Die FIFA, erklärten Zeitungen, stehe im schlechten Ruf, sich wie eine Kolonialmacht zu gebärden. Beim nächsten Spiel war im Maracanã das Transparent *Fair play Regierung* zu sehen; es musste entfernt werden, politische und ideologische Botschaften seien im Stadion verboten. Dem Finale blieb die Präsidentin fern, obwohl die Seleção gegen Spanien antrat. Bei einer Fernsehansprache versprach sie bis zum Anpfiff der WM im Juni 2014 einiges, darunter die stärkere Verfolgung und höhere Bestrafung von Korruption. Im Oktober 2014 finden in Brasilien Präsidentschaftswahlen statt.

422   Schnelles Spiel – Mediatisierung, Milliardenbusiness

Als sich die Demonstrationen ausweiteten und auf Spruchbändern stand »ein Professor ist mehr wert als Neymar«, erklärte der Jungstar wie auch andere Nationalspieler, Verständnis für die Forderungen zu haben. Teamchef Luiz Felipe Scolari
betonte: »Die Seleção ist das Volk.« Pelé hingegen meinte, die
Leute sollten alle diese Proteste vergessen und sich auf den Fußball konzentrieren. Darauf klebte man seinem Denkmal in seiner Geburtsstadt mit einem dicken Streifen den Mund zu und
zitierte Romário: »Wenn Pelé schweigt, ist er ein Dichter.«

Der FIFA-Chef zog sich inzwischen auf sein Terrain zurück:
»Der Fußball ist stärker als die Unzufriedenheit. Wenn der Ball
einmal rollt, werden die Menschen das verstehen, und das wird
aufhören.« Für Blatter ist Demokratie »das«, das aufhören
wird.

Beim Endspiel wurde er neuerlich ausgepfiffen, mehr als
zehntausend Polizisten und Soldaten riegelten das Viertel um
das Maracanã ab – auch drinnen sangen Zuschauer »Das Maracanã ist unser«.

### Verklärung und Faszination

Der ukrainische Schriftsteller Serhij Zhadan beobachtet 2011
eine »Parallelrealität, die sich heute in der Ukraine entfaltet«.
Wer im Land, das mit Polen dann im folgenden Jahr die EM
austragen sollte, über Fußball spreche, müsse auch über Politik
sprechen: Die Erfolge von Schachtar Donezk »fielen mit dem
Aufstieg der Donezker politischen Elite zur Macht zusammen«,
die im hohen Maße vom lokalen Oligarchen finanziert werde;
für die Bewohner des Donbas bestehe kein Unterschied zwischen »unserem Verein und unserer Partei«.

Alle Sportverbände tragen das Credo vor sich her, Sport
habe mit Politik nichts zu tun. Dabei hat Sport andauernd mit
Politik zu tun. Er ist ein praktisches Mittel des Populismus, der

Verklärung und Faszination    423

die Volksbelustigung als zweckfrei hinstellen will. Im Laufe der Geschichte wurde Fußball immer wieder, auf verschiedene Arten, als Machtinstrument eingesetzt. Die Phrase von der sportlichen Unabhängigkeit ist Strategie sowie Ideologie vorgeblicher Ideologielosigkeit.

In seinem 2012 erschienenen Buch *Fifa-Mafia* betont Thomas Kistner: Die weltweite Glaubensgemeinschaft und ihr werbeträchtiges Produkt werden durch eine mediale Verklärung gestützt, die zum wohl originellsten Wahrnehmungsverlust beitrage, den die moderne Gesellschaft kenne. Einem von »schwelenden Aggressionen und Nationalismen geprägten, von Gangstern und dem organisierten Verbrechen unterwanderten Milliarden-Business« dichte man einen Kanon aus Werten und Idealen an, »dem sogar die wachsenden Fan-Kohorten aus Intelligenzija und Wissenschaft begeistert folgen«.

Herausragende Spieler sind nicht nur Medienstars, sondern angebetete Idole, deren Attribute mitunter als Reliquien dienen wie 1919 in Brasilien der Schuh von Arthur Friedenreich. Die Spuren hält man fest, als wären Halbgötter auf Erden gewandelt. Vor dem Maracanã sind die Fußabdrücke von Stars in Beton fixiert; Eusébio und Franz Beckenbauer sind die einzigen Ausländer, die man hier verewigt hat.

Viele Spieler bekreuzigen sich bei Betreten des Rasens oder nach dem Torschuss, andere heben die Arme zum Himmel oder küssen ihr Amulett. Rituale und Fetische tragen zu Faszination und Verklärung des Fußballs bei, auf dem Feld wie außerhalb der Stadien, auf den Betreuerbänken und auf den Rängen. So erlangte mit den brasilianischen Weltmeistern von 1958 deren kleiner, glatzköpfiger Masseur Américo Berühmtheit, der als flinker Medizinmann herbeiwieselte, wenn es einem Verletzten zu helfen galt. Das Trikot, das Pelé damals im Endspiel trug, wurde 2004 für 86 500 Euro versteigert. Ebenfalls bei der WM 1958 in Schweden sah man erstmals die Einpeitscher am Werk, die das heimische Publikum zu den Chören

424   Schnelles Spiel – Mediatisierung, Milliardenbusiness

des Ansporns trieben. Und seit den achtziger Jahren zeigen die
Fernsehbilder bei Matches der Spanier auf den Tribünen jenen
Manolo el del Bombo mit seiner großen Trommel, der gera-
dezu als Maskottchen der Anfeuerung erscheint.

Verklärung und Faszination weben an Mythen sowie Legenden mit, die Volkserzählungen tragen wiederum zu Verklärung
und Faszination bei.

In der bürgerlichen Öffentlichkeit der BRD kam ab den fünfziger Jahren dem Fußball die Rolle der Performance zu, die zuvor
das Theater innehatte. Man verwies nicht selten darauf, dass
ja ein Match in ähnlich körperlich-sinnlichem Ausdruck wie
das klassische Drama durchaus die Dreieinheit des Ortes, der
Zeit und der Handlung einhalte. Aus dieser Sicht geben Länderspiele das Drama der eigenen Nation.

Die »Hochkultur« hat sich seit den siebziger Jahren zunehmend mit dem Fußball beschäftigt, die Literatur hat ihn als gesellschaftliches und sprachliches Phänomen immer öfter zu
ihrem Thema gemacht. Zwar konstatierte der Philosoph Konrad Paul Liessmann 1991 eine »Literaturunfähigkeit des runden Leders«. Der Einwand, ein schnell wechselndes Kampfge-
schehen lasse sich nicht gut erzählen, könnte aber auch für
Schlachtenszenen gelten – und die Sprachkunst vermochte
doch vielfältig auf das runde Leder und sein Umfeld einzuge-
hen. Sie schildert weniger den Matchverlauf, sondern vielmehr
sein Davor und Danach und Daneben; mitunter zielt sie ins
Transzendentale. In Peter Handkes *Ich bin ein Bewohner des El-
fenbeinturms* steht der kurze, 1965 verfasste Essay *Die Welt im
Fußball* und hier eine Erklärung im Symbolischen: »Wie alles,
was rund ist, ist auch der Fußball ein Sinnbild für das Unge-
wisse, für das Glück und die Zukunft.« Das »Rundsein ist sozusagen die Idealvoraussetzung für die Bewegung auf der Erde«.

Wenn die Literatur Spielberichte liefert, dann hält sie sich
meist kurz und an Standards. Die Mannschaftsaufstellung verleiht dem Geschehen ein räumliches Muster, wenn sie so wie

jene des 1. FC Nürnberg am 27. Januar 1968 aussieht, die Handke in *Die Innenwelt der Außenwelt der Innenwelt* 1969 als eigenen literarischen Text (mit zwei minimalen Abweichungen) reproduzierte; 1970 folgte sein Prosawerk *Die Angst des Tormanns beim Elfmeter*. So sei dies gewiss nicht, befanden Kicker mit Realitätssinn, und Nationaltorwart Sepp Maier forderte von den Schriftstellern, sie mögen tunlichst mit einem Roman »Die Angst des Schützen beim Elfmeter« aufwarten.

Die Tribünen sind von Formeln besetzt. Die Literatur schreibt den Spielzügen hinterher, während die Berichterstattung in den Medien heutzutage eine Inflation der Bildwiederholungen und Zeitlupen vermittelt, jedoch den Wortschwund trainiert. Aus dem Phrasenvorrat und dem Volksvermögen schöpft Ror Wolf, seine bekanntesten Titel stellen zwei der gängigen Leerformeln aus: *Punkt ist Punkt* (1971) und *Das nächste Spiel ist immer das schwerste* (1990).

Mit der Montage *Der letzte Biß* führt Ror Wolf den Jargon und eine sexuelle sowie gewalttätige Interpretation des Kicks vor Augen, den Analysen ohnehin als sublimierte Sexualität bezeichnen: »Emma zog sich zurück, aber der Dicke stieß nach in die Tiefe, die unerhört schnellen Mönche hetzten die blauweiße Hertha über den Rasen, bis ihre Abwehr erschlaffte, sie drückten und drückten, zweimal rutschte Bernard das glitschige nasse Ding aus den Händen.« Und »Hertha wehrte noch einmal ab, aber es nützte nichts mehr, die Mönche rissen sie in der Mitte auf, Lutz spritzte schnell in die Lücke und drückte ab, von einem Aufstöhnen begleitet«. In den damals gängigen Rufnamen sind Mannschaften und Spieler der späten sechziger Jahre, alle aus dem Kader der deutschen Vizeweltmeisterelf von 1966, zu entschlüsseln: Borussia Mönchengladbach und Hertha Berlin; Lothar Emmerich, Uwe Seeler, der Torwart Günter Bernard und Friedel Lutz. Diese Sprache braucht ihr Milieu, sonst gerät sie ins Zweideutige.

Der Literatur verschafft der Fußball ein sprachlich gekennzeichnetes Milieu. Die Hauptfigur erscheint oft erst auf dem

426  Schnelles Spiel – Mediatisierung, Milliardenbusiness

Platz, wenn das Spiel schon lange im Gang ist; das Geschehen konzentriert sich in Standardsituationen und Aggressionen. Dies macht offenbar den Kick für die Kriminalliteratur attraktiv, siehe Per Wahlöö *Foul Play* (1959; dt. 1961), Carlo Manzoni *Der tiefgekühlte Mittelstürmer* (1963; dt. 1972), Dan Kavanagh (= Julian Barnes) *Abblocken* (1985; dt. als *Grobes Foul* erstmals 1987), Manuel Vázquez Montalbán *Schuß aus dem Hinterhalt* (1988, dt. 1990), Wolf Haas *Der Knochenmann* (1997). Schuss und Foul eignen sich dabei besonders als einschlägige Metaphern.

Auch in der Lyrik floriert der Fußball. Da erscheinen Stadionrhythmen und Kickweisen, mediale und private Bilder in anspielungsreicher Verdichtung. Vor der WM 2006 publizierte *Die Zeit* wöchentlich ausgewählte Kickpoesie. »Dichter am Ball«, hieß das; eine »deutsche Dichter-Nationalmannschaft« wolle man aufstellen – ein paar Legionäre aus Österreich und der Schweiz waren dabei.


Der Fußball, so fasst es Verena Burk zusammen, bietet innerhalb einfach verständlicher, international bekannter Regeln einen originären Erlebniswert und stellt überraschende Handlungsabläufe in Aussicht.

Das Spiel ist weltweit für ungemein viele Menschen faszinierend. Es ereignet sich in einem geschlossenen System, der wechselnde Verlauf schafft immer wieder einen starken Spannungsbogen. Es gibt weniger Unterbrechungen als bei den meisten anderen Sportarten, mehr Unwägbarkeiten im Hin und Her als etwa beim Spiel mit der Hand. Durchschnittlich alle zwei, drei Sekunden erfolgt ein Ballkontakt, der Geschwindigkeit vermag das Auge gut zu folgen (beim Eishockey ist dies schwieriger). Zudem entspricht die Spanne der Aufmerksamkeit von zweimal 45 Minuten modernen kulturellen Gewohnheiten, deren Entwicklung ja wohl auch vom Fußball selbst beeinflusst wurde – wie ein Match dauert ein gewöhnlicher Spielfilm etwa anderthalb Stunden.

Die zählbaren Erfolge, die Tore, werden nicht so häufig erzielt wie die Körbe beim Basketball oder die Punkte beim Tennis, wo folglich die einzelnen nicht so intensiv gefeiert werden. Starke Emotionen können ausgelebt und geäußert werden, sowohl auf dem Spielfeld als auch außerhalb, es lässt sich mitfühlen, mitfiebern. Darin und in nostalgischen Erzählungen, die man mythisch aufzuladen vermag, erkennt sich eine Gemeinschaft und schafft sich derart ein Element ihrer Identität.

Sie sieht auch im Team eine Gemeinschaft vor sich, die zugleich einem individuellen Auftreten Raum lässt, ja es meist fördert; es ergänzen sich Kollektiv und Kreativität. Mit dem Abpfiff ist zwar ein Match vorbei, aber die Formel »Nach dem Spiel ist vor dem Spiel« garantiert eine Fortsetzung.

Wie bei religiösen Praktiken, bei Festen oder im Karneval sind während des Matches der Alltag und einige seiner Normen außer Kraft gesetzt; deutliche Signale dafür geben die Verkleidungen und Maskierungen. Auch im Stadion gilt das Prinzip der Wiederholung – allerdings feiert man, anders als in der Kirche, nicht die Wiederholung des Gleichen. Eine Choreographie zeigt die Masse nach außen als arrangierten Event und lässt im Inneren den Einzelnen sich als Teil einer Bewegung fühlen.

Seit langem ist nunmehr der Fußball derart tief im Leben der Gesellschaften verankert, dass er griffige Metaphern liefert: Das deutsche Statistische Zentralamt gibt oft Flächen nicht nur in Hektar an, sondern auch in Fußballfeldern. Es ist ein überschaubarer Raum, der als Spielfläche dient, und dennoch vermag ein Match das Gefühl von der »Tiefe des Raums« anzuregen.

Die Bildhaftigkeit des Fernsehens verstärkt die Ritualisierung. Es zeigt die in einer Reihe hintereinander im Stadiongang angetretenen Spieler und ihre individuellen Gewohnheiten vor dem Auftritt. Die Kamera kommt mit den Teams aufs Feld, bringt Hymnen, Begrüßung, Einschwörung vor dem Match so nahe, als wäre das TV-Publikum mitten im Geschehen. Dadurch sind auch kleine Gesten wahrnehmbar wie das Abklatschen beim Spielerwechsel, und damit stehen sie unter Beobachtung: Hat der Ausgewechselte dem Trainer die Hand gegeben; was kann das bedeuten, wenn das Ritual nicht eingehalten wurde? Aus Gesten schließt man auf Gruppendynamik.

Es ist, als herrsche ein Berührungszwang. Zwar gestaltet der Torschütze seinen Jubel zunächst individuell, dann jedoch muss die Einzel- wieder zur Mannschaftsleistung geformt werden. Der Eventcharakter führt nunmehr dazu, dass manche Teams für ihre Choreographie nach einem erzielten Goal wohl fast so lange trainieren müssen wie für den Torschuss.

Wie Einzelne der Masse gegenüber auftreten, hat symbolische Aussagekraft. Raumaufteilung und Bewegungsabläufe erhalten mehr als nur konkrete Bedeutung.

Ende Mai 2013 standen erstmals zwei deutsche Mannschaften im Finale der Champions League, noch dazu im mythischen »Tempel des Fußballs«, im Londoner Wembley-Stadion. Bayern siegte nach einem temporeichen, hochklassigen Match gegen Dortmund. Kurz zuvor hatten die Münchner die Bundesliga als Meister abgeschlossen. Zweiter wurde die Borussia, deren Geschäftsführer den Club als den »größten gesellschaftlichen Kitt« der Stadt bezeichnet – im Übrigen könne das die Bundesliga in ganz Deutschland in Anspruch nehmen.

Das Ruhrgebiet hatte einen extremen Strukturwandel erfahren: Keine Kohleförderung mehr, keine Stahlproduktion, kaum noch Bierbrauereien, 13 Prozent Arbeitslosigkeit in Dortmund. Nun hat man Jobs in der Informationstechnologie geschaffen, in anderen Bereichen versucht man nachzuziehen. Bayern hingegen steht ökonomisch gefestigt da.

Die Münchner Meisterfeier war als Volksfest mit Freibier organisiert. Die Spieler zeigten ihre Verbundenheit mit den Fans, indem sie sich äußerlich anpassten und Teile der bayrischen Tracht trugen, während die Fans rote Trikots mit Spielernamen als Überhaut der Berühmtheit übergezogen hatten: Ein Klei-

Verklärung und Faszination    429

dertausch, der kurzfristig eine soziale Durchlässigkeit simuliert.

Das Ritual war das übliche, nunmehr global eingesetzte, eine Mischung aus römischem Triumphzug, Liturgie und politischer Balkonszene. Der Bundesligateller wird überreicht, von den Hohen Priestern den Gläubigen zur Ansicht hochgehalten, die in den Lobgesang einstimmen. Vom Stadion führt der Festzug ins Stadtzentrum, von der Sport- zur Politik-Macht. Diese Fahrten siegreicher Mannschaften, die von der Menge am Straßenrand gefeiert werden, ähneln der Heimkehr von Schlachtengewinnern im antiken Rom. Das *memento mori* ist nun der Hinweis auf das nächste Spiel, und dies ist zugleich die nächste Heilsversprechung.

Aus dem Rathaus treten die Herren der Spiele auf den Balkon, stehen über der Masse, heben die Trophäe nun dem öffentlichen Raum zur Ansicht hervor. Aufgeführt wird eine populistische Balkonszene in einer bekannten Theatralik der Macht, die ihre Gewichtigkeit gerne topographisch konkretisiert gesehen haben will, ohne es an Leutseligkeit fehlen zu lassen. Sie postiert sich erhöht, über der Gemeinschaft auf dem Balkon, der zwar draußen und offen liegt, jedoch bloß über das Machtinnere zugänglich ist. Macht braucht sowohl den Schein einer Teilnahme als auch die Abgrenzung nach unten.

Dort unten, vom Münchner Marienplatz, ziehen dann die Fans mit ihren eingerollten Fahnen ab. In den Vereinstrikots fühlen sie sich sichtlich als Teil der erfolgreichen Mannschaft – schließlich nennt man sie im Kollektiv ja den zwölften Mann.

Im Stadion tragen sie zur Bildhaftigkeit des Ereignisses bei. Seit einigen Jahren sind vor Anpfiff großer Spiele auf den Tribünen immer öfter Massenchoreographien zu sehen, so wie nach Matchende die Kicker den Fans ihre kurze Choreographie bieten: der entsprechende Dank an das Publikum, bei den Bayern mittlerweile kaum seltener als in Dortmund. Dort haben die Vorgänge allerdings schon mythische Dimensionen erreicht.

Die Südtribüne bei Borussia Dortmund sieht aus der Ferne wie eine Mauer in Vereinsfarben aus. Die »gelbe Wand« nennt man sie, es ist die größte Stehplatztribüne Europas. Dort zeigen die Fans vor dem Anpfiff oft ein riesiges Sinnbild. Und nach dem Sieg setzen sich die Spieler auf den Rasen, mit Blick zur Tribüne, applaudieren ihrerseits dem Publikum und bieten ihm die Dankszene ihres Triumphs.

Da schauen sie zu den Fans auf. Vom Balkon schauen sie auf die Fans herab.

Bevor die Mannschaften von Bayern München und Borussia Dortmund im Mai 2013 den Rasen zum Endspiel der Champions League betraten, hatten die Veranstalter eine besonders auffallende Choreographie aufgeboten. Sie sollte sich historisch geben, führte jedoch im Durcheinander der Epochen vor, dass dem heutigen Spektakel Historie nur ein beliebig einsetzbares Stilmittel der Kulturpose ist. Nach der UEFA-Hymne, die 1992 in Anlehnung an Georg Friedrich Händels bekannteste Krönungshymne *Zadok the priest* neobarock komponiert worden war, kam je ein Held der Vorzeit für beide Vereine auf das Feld, Paul Breitner und Lars Ricken in einem Phantasiekostüm, das einen Ritteraufzug gab; dabei schaute Breitner drein, als wolle er tatsächlich ein abgehobener, strenger Ritter sein. Es folgte ein Gladiatoren-Aufmarsch von Komparsen, ein Drohmarschieren der Horde, zugespitzt auf einen Schwertkampf von zwei Großen. Es war die Kitschästhetik des Samstagabends im TV.

Derart bekam man immerhin deutlich vor Augen geführt, wie die UEFA den Fußball versteht, indem sie die Signale Barock, Feudalismus, Sklavenkampf, Horde und Aggression ausstrahlen ließ. Es ist das Medienpatchwork der Postmoderne.

Ob der Fußball eines der letzten Volksmärchen ist? Entsprechend medial verbreitet ist er, seine Mythen und Legenden sind literaturfähig.

Seit Beginn der Moderne wirken der Fußball und alle an ihm Beteiligten an seiner Großen Erzählung. Heute trägt sie zum Milliardenbusiness und zur Eventindustrie bei; kulturell und politisch benützt hat man sie immer wieder. Und stets hat sie auch Verklärung und Faszination bewirkt.

# Bibliographie

**Presse, Zeitschriften**
11 Freunde
Ballesterer, Wien
Revista de la Asociación Latinoamericana de Estudios Socioculturales
del Deporte
So Foot, Paris
Sport-Tagblatt, Wien
Wiener Sportblatt
www.free-project.eu

**Bücher**
Pablo Alabarces: *Für Messi sterben? Der Fußball und die Erfindung der argentinischen Nation.* Berlin: Suhrkamp 2010.

*Am Ball der Zeit. Fußball als Ereignis und Faszinosum.* Hrsg. R. Ladewig, A. Vowinckel. Bielefeld: transcript 2009.

*Arena der Männlichkeit. Über das Verhältnis von Fußball und Geschlecht.* Hrsg. E. Kreisky, G. Spitaler. Frankfurt a. M., New York: Campus 2006.

*Aus der Halbdistanz. Fußballbiographien und Fußballkulturen heute.* Hrsg. St. Krankenhagen, B. Schmidt. Berlin: Lit Verlag 2007.

Phil Ball: *morbo. The Story of Spanish Football.* London: WSC 2003.

Christoph Bausenwein: *Geheimnis Fußball. Auf den Spuren eines Phänomens.* Göttingen: Verlag Die Werkstatt 1995.

Wolfgang Behringer: *Kulturgeschichte des Sports. Vom antiken Olympia bis ins 21. Jahrhundert.* München: C. H. Beck 2012.

Alex Bellos: *Futebol. Fußball. Die brasilianische Kunst des Lebens.* Berlin: Edition Tiamat 2004.

Helmut Böttiger: *Kein Mann, kein Schuß, kein Tor. Das Drama des deutschen Fußballs.* München: C. H. Beck 1993.

Helmut Böttiger: *Schlußball. Die Deutschen und ihr Lieblingssport.* Frankfurt a. M.: Suhrkamp 2006.

Bücher    433

Fabian Brändle, Christian Koller: *Goal! Kultur- und Sozialgeschichte des modernen Fußballs*. Zürich: Orell Füssli 2002.

Javier Cáceres: *Fútbol. Spaniens Leidenschaft*. Köln: Kiepenheuer & Witsch 2006.

Diego Cante: *Propaganda und Fußball*. In: *Zeitgeschichte* 26/3 (1999), S. 184–202.

*Der gezähmte Fußball. Geschichte eines subversiven Sports*. Hrsg. D. Schulze-Marmeling, M. John. Göttingen: Werkstatt 1992.

*Der lange Weg zur Bundesliga. Zum Siegeszug des Fußballs in Deutschland*. Hrsg. W. Pyta. Münster: Lit Verlag 2004.

*Die lokal-globale Fußballkultur – wissenschaftlich beobachtet*. Hrsg. D. H. Jütting. Münster u. a.: Waxmann 2004.

*Doppelpaß und Abseitsfalle. Ein Fußball-Lesebuch*. Hrsg. R. Moritz. Stuttgart: Reclam 1995 (= RUB 9349).

Norbert Elias: *Sport und Spannung im Prozeß der Zivilisation*. Frankfurt a. M.: Suhrkamp 2003 (= N. E.: Gesammelte Schriften 7).

*Football culture: local contests, global vision*. Hrsg. G. P. T. Finn. R. Giulianotti. London: Frank Cass 2000.

*Football in the Americas. Fútbol, Futebol, Soccer*. Hrsg. R. M. Miller, L. Crolley. London: Institute for the Study of the Americas 2007.

Julio Frydenberg: *Historia social del fútbol. Del amateurismo a la profesionalisazión*. Buenos Aires: Siglo Veintiuno 2011.

*Fußball. Soziologie und Sozialgeschichte einer populären Sportart*. Hrsg. W. Hopf. Bensheim: Päd-Extra-Buchverlag 1979.

*Fußball als Kulturphänomen. Kunst – Kult – Kommerz*. Hrsg. M. Herzog. Stuttgart: Kohlhammer 2002.

*Fußball, soccer, calcio. Ein englischer Sport auf seinem Weg um die Welt*. Hrsg. Ch. Eisenberg. München: dtv 1997.

*Fußball zur Zeit des Nationalsozialismus. Alltag – Medien – Künste – Stars*. Hrsg. M. Herzog. Stuttgart: Kohlhammer 2008.

*Fußball zwischen den Kriegen. Europa 1918–1938*. Hrsg. Ch. Koller, F. Brändle. Münster: Lit Verlag 2010.

*Fußball ver-rückt: Gefühl, Vernunft und Religion im Fußball*. Hrsg. P. Noss. Berlin: Lit Verlag 2006.

*Fútbol. Historia y Politica*. Hrsg. J. Frydenberg, R. Daskal. Buenos Aires: Aurelia Rivera Libros 2010.

Eduardo Galeano: *Der Ball ist rund*. Zürich: Unionsverlag 2000 [Erstausgabe Wuppertal: Hammer 1997].

434 Bibliographie

*Géopolitique du football.* Hrsg. P. Boniface. Bruxelles: Éditions Complexe 1998.

Martin Gessmann: *Philosophie des Fußballs.* München: W. Fink 2011.

Gunter Gebauer: *Poetik des Fußballs.* Frankfurt a. M., New York: Campus 2006.

*German Football. History, Culture, Society.* Hrsg. A. Tomlinson, Ch. Young. New York: Routledge 2006.

Richard Giulianotti: *Football. A Sociology of the Global Game.* Cambridge, Oxford: Polity Press 1999.

Richard Giulianotti, Roland Robertson: *Globalization & Football.* Los Angeles u. a.: Sage 2009.

*Global Players – Kultur, Ökonomie und Politik des Fußballs.* Hrsg. M. Fanizadeh, G. Hödl, W. Manzenreiter. Frankfurt a. M.: Brandes & Apsel 2002.

David Goldblatt: *The Ball is Round. A Global History of Football.* London: Penguin 2006.

Daniel Gómez: *La Patria del gol. Fútbol y política en el Estado español.* Irun: Alberdania 2007.

*Hakenkreuz und rundes Leder. Fußball im Nationalsozialismus.* Hrsg. L. Peiffer, D. Schulze-Marmeling. Göttingen: Die Werkstatt 2008.

Andreas Hafer, Wolfgang Hafer: *Hugo Meisl oder: Die Erfindung des modernen Fußballs. Eine Biographie.* Göttingen: Die Werkstatt 2007.

Georges Haldas: *La légende du football.* Paris: L'Age de l'Homme 1981.

Adrian Harvey: *Football: The First Hundred Years. The untold story.* London, New York: Routledge 2005.

Nils Havemann: *Fußball unterm Hakenkreuz. Der DFB zwischen Sport, Politik und Kommerz.* Frankfurt a. M., New York: Campus 2005.

Arthur Heinrich: *Der deutsche Fußballbund. Eine politische Geschichte.* Köln: PapyRossa 2000.

Rainer Hennies, Daniel Meuren: *Frauenfußball. Aus dem Abseits in die Spitze.* Göttingen: Verlag Die Werkstatt 2011.

Roman Horak, Matthias Marschik: *Vom Erlebnis zur Wahrnehmung. Der Wiener Fußball und seine Zuschauer 1945–1990.* Wien: Turia + Kant 1995.

Harald Irnberger: *Die Mannschaft ohne Eigenschaften. Fußball im Netz der Globalisierung.* Salzburg: Otto Müller 2005.

Andrew Jennings: *Foul! The secret world of Fifa.* London: Harper & Collins 2006.

Bücher    435

*Die Kanten des runden Leders. Beiträge zur europäischen Fußballkultur.*
Hrsg. R. Horak, W. Reiter. Wien: Promedia 1991.

*(K)ein Sommermärchen: kulturindustrielle Fußball-Spektakel.* Hrsg.
T. Heinemann, Ch. Resch. Münster: Westfälisches Dampfboot
2010.

Antony King: *The European Ritual: Football in the New Europe.* Burlington: Ashgate 2003.

Thomas Kistner: *FIFA Mafia. Die schmutzigen Geschäfte mit dem Weltfußball.* München: Droemer Knaur 2012.

Florian Labitsch: *Die Narrischen. Sportereignisse in Österreich als
Kristallisationspunkt kollektiver Identitäten.* Wien, Berlin: Lit Verlag 2009.

Hugo Martínez de León: *El Superclásico. Boca-River: Historia y secretos
de una pasión.* Buenos Aires: Grijalbo 1999.

Andrei S. Markovits, Steven L. Hellerman: *Offside. Soccer and American exceptionalism.* Princeton: Princeton University Press 2001.

Matthias Marschik: *»Wir spielen nicht zum Vergnügen«. Arbeiterfußball in der Ersten Republik.* Wien: Verlag für Gesellschaftskritik
1994.

Matthias Marschik, Doris Sottopietra: *Erbfeinde und Haßlieben. Konzept und Realität Mitteleuropas im Sport.* Münster: Lit Verlag 2000.

Matthias Marschik: *Massen, Mentalitäten, Männlichkeit. Fußballkulturen in Wien.* Weitra: Bibliothek der Provinz o. J. (2004?)

Patrick Mignon: *La passion du football.* Paris: Odile Jacob 1998.

Marion Müller: *Fußball als Paradoxon der Moderne. Zur Bedeutung
ethnischer, nationaler und geschlechtlicher Differenzen im Profifußball.* Wiesbaden: VS 2009.

Bill Murray: *The World's Game: A History of Soccer.* Urbana, Chicago:
University of Illinois 1996.

Ursula Prutsch, Enrique Rodrigues-Moura: *Brasilien. Eine Kulturgeschichte.* Bielefeld: Transkript 2013.

*Querpässe. Beiträge zur Literatur-, Kultur- und Mediengeschichte des
Fußballs.* Hrsg. R. Adelmann, R. Parr, Th. Schwarz. Heidelberg:
Synchron 2003.

*Quo vadis, Fußball? Vom Spielprozess zum Marktprodukt.* Hrsg.
W. L. Tegelbeckers, D. Milles. Göttingen: Verlag Die Werkstatt 2000.

Michel Raspaud: *Histoire du football au Brésil.* Paris: Editions Chandeigne 2010.

436   Bibliographie

Jean-Philippe Réthaker, Jacques Thibert: *La fabuleuse histoire du foot-ball*. Paris: Editions de la Martinière 2012.

Cornell Sandvoss: *A Game of Two Halves: Football, Television, and Globalization*. London: Routledge 2003.

Carles Santacana: *El Barça i el franquisme*. Barcelona: Editorial Mina 2005.

Wendelin Schmidt-Dengler: *Hamlet oder Happel. Eine Passion*. Hrsg. H. Neundlinger. Wien: Klever 2012.

Norbert Seitz: *Bananenrepublik und Gurkentruppe. Die nahtlose Übereinstimmung von Fußball und Politik 1954–1987*. Frankfurt a. M.: Scarabäus bei Eichborn 1987.

Duncan Shaw: *Fútbol y franquismo*. Madrid: Alianza Editorial 1987.

Albrecht Sonntag: *Les Identités du football européen*. Grenoble: Presses universitaires de Grenoble 2008.

*Das Spiel mit dem Fußball*. Hrsg. J. Mittag, J.-U. Nieland. Essen: Klartext 2007.

*Sport und Spiele*. Hrsg. D. Dirmoser u. a. Bad Honnef: Horlemann 1995 (= Lateinamerika 19).

Hajo Steinert: *Podolskis Ahnen. Erinnerungen an den Fußball*. Köln: Dumont 2006.

Matthew Taylor: *The Association Game. A History of British Football*. Harlow: Pearson 2008.

Klaus Theweleit: *Tor zur Welt. Fußball als Realitätsmodell*. Köln: Kiepenheuer & Witsch 2004.

Luiz Henrique de Toledo: *No País do Futebol*. Rio de Janeiro: Jorge Zahar Editor 2000.

*Überall ist der Ball rund. Zur Geschichte und Gegenwart des Fußballs in Ost- und Südosteuropa*. Hrsg. D. Dahlmann u. a. Essen: Klartext 2006.

Gerhard Urbanek: *Österreichs Deutschland-Komplex. Paradoxien in der österreichisch-deutschen Fußballmythologie*. Wien, Berlin: Lit Verlag 2012.

Patrick Vassort: *Football et politique. Sociologie historique d'une domination*. Paris: L'Harmattan 2005.

Gerhard Vinai: *Fußballsport als Ideologie*. Frankfurt a. M.: Europäische Verlagsanstalt 1970.

Berti Vogts: *Fußball-WM 1978*. Linz: Trauner 1978.

*Vorne fallen die Tore. Fußball-Geschichte(n) von Sokrates bis Rudi Völler.* Hrsg. R. Moritz. München: Kunstmann 2002.

*Warum Fußball? Kulturwissenschaftliche Beschreibungen eines Sports.* Hrsg. Matías Martínez. Bielefeld: Aisthesis 2002.

David Winner: *Brillant Orange. The Neurotic Genius of Dutch Football.* London: Bloomsbury 2010.

# Bildnachweis

Abb. 1: AFP/Getty Images
Abb. 2: ullstein bild – Sven Simon
Abb. 3: Popperfoto/Getty Images
Abb. 4: Getty Images
Abb. 5: Popperfoto/Getty Images
Abb. 6: ullstein bild – Top Foto
Abb. 7: Bob Thomas/Popperfoto/Getty Images
Abb. 8: picture alliance/EFE
Abb. 9: Wien Museum
Abb. 10: ullstein bild – ullstein bild
Abb. 11: picture-alliance/dpa
Abb. 12: Popperfoto/Getty Images
Abb. 13: Popperfoto/Getty Images
Abb. 14: Getty Images
Abb. 15: picture-alliance/dpa
Abb. 16: ullstein bild – Sven Simon
Abb. 17: picture-alliance/augenklick/Lacy Perenyi
Abb. 18: picture alliance/Sven Simon
Abb. 19: picture-alliance/akg-images
Abb. 20: Bob Thomas/Getty Images
Abb. 21: dpa/empics
Abb. 22: ullstein bild – sinopictures/CNS
Abb. 23: picture alliance/Offside
Abb. 24: picture alliance/ZB
Abb. 25: ullstein bild – Horstmüller
Abb. 26: picture-alliance/dpa
Abb. 27: picture alliance/ESTADAO CONTEUDO

# Namenregister

(Vereinsnamen *kursiv*)

*1. FC Köln* 402
*1. FC Liverpool* 256, 304, 305, 308, 394, 402
*1. FC Nürnberg* 75, 94, 148, 149, 156, 190, 194, 208, 425
*1860 München* 94, 190

Abegglen, André 178
Abramovich, Roman 391
*AC Mailand* 55, 231, 255, 256, 279, 300, 409
*AC Turin* 211
Adebayor, Emmanuel 65
Adenauer, Konrad 15, 201, 218, 221 f., 280, 281
Adorno, Theodor W. 78
Afonsinho (Affonso Guimarães da Silva) 238
Agnelli, Edoardo 60
*Ajax Amsterdam* 311, 312, 313 f., 318, 394
*Akurba* 407
Alabarces, Pablo 329 f., 397 f.
Alberto, Carlos 134, 302
Albertosi, Enrico 298, 299
*Alianza Lima* 257, 258, 259, 260
Allende, Salvador 318, 321
*Ambrosiana Mailand* 153

*América de Cali* 261, 263
Amílcar, Barbuy 137
Andrade, Oswald de 139
Andrade, Carlos Drummond de 234
Andrade, José Leandro 110, 111, 112
Andruchowytsch, Juri 317
Angerer, Nadine 368
Aragonés, Luis 382, 385
Arbeiterbund für Sport- und Körperkultur (ASKÖ) 167, 169
Arispe, Pedro 110
Aristoteles 375
Arnold, Thomas 27, 127
Arpinati, Leandro 59
*Arsenal London* 41, 43, 65, 115, 391
*AS Rom* 194, 231, 256
*ASC Jeanne d'Arc* 66
Asian Football Confederation (AFC) 71
*Aston Villa 1874* 33
*Atlético Bilbao* 183, 374
Augade, Fernand 55
*Austria Wien* 148, 156, 193, 256
Aznar, José Maria 381

*Babayaro* 408
Bachmann, Ingeborg 173
Bale, Gareth 393

Bale, John 64
Bandeira, Manuel 143
*Bangu Athletic Club* 132
Banks, Gordon 236
Barbosa, Moacyr 229, 230
Barbosa, Rui 127
*Bari Football Club* 54
Bartali, Gino 61
Barthez, Fabien 61
Batlle y Ordónez, José 116
Battiston, Patrick 24, 338 f., 340
Bauer, Otto 104
Baumgarten, Fritz 82
Baumgärtner, Willy 82
Bauwens, Peco 94, 195, 219 f.
Beale, William 97
Beara, Vladimir 123, 288
Bebeto (José Roberto Gama de Oliveira) 240
Beckenbauer, Franz 86, 173, 277, 281, 282, 284, 285, 286, 298, 299, 315, 339, 346, 354, 375, 377, 423
Becker, Britta 18, 366
Becker, Fritz 82 f., 86, 87
Beckham, David 278, 374, 382
*Benfica Lissabon* 72, 187, 271, 274, 348, 394
Bensemann, Walther 87 f., 149
Benson, Bobby 43

## 440 Namenregister

Benzema, Karim 63
Beria, Lawrenti 200
Berlusconi, Silvio 395
Bernabéu, Santiago 185, 186
Bernard, Günter 425
Best, George 255, 273 f., 303, 354
*Bethlehem Steel* 347
Béthouart, Marie Émile Antoine 205
*Betis Sevilla* 256
Bican, Josef »Pepi« 101, 161, 162
Bierhoff, Oliver 343
Bigode (João Ferreira) 229, 230
Bilardo, Carlos 328 f.
Binder, Franz »Bimbo« 193
Black, James 97
*Blackburn Olympic* 33
*Blackheath* 30
Blatter, Sepp 294, 415, 416, 417, 418, 421, 422
Blažević, Miroslav 296
Blum, Léon 174 f.
Blum, Pepi 117
Boban, Zvonimir 290 f.
*Boca Juniors* 244, 247, 248, 251, 255, 330, 399
Bogarde, Winston 394
Bohrer, Karl-Heinz 280
*Bolton Wanderers* 80, 106
Boninsegna, Roberto 298, 300
*Borussia Dortmund (BVB)* 172, 256, 376, 387, 394, 428, 430
*Borussia Mönchengladbach* 280, 281, 425
Bosio, Edoardo 54
Bosman, Jean-Marc 272, 306, 391, 393 f.
Bossio, Angel 113

*Botafogo Football Club* 129
Botasso, Juan 119
Böttiger, Helmut 280, 376, 378
Bozsik, József 214
Brandt, Willy 280, 281, 282
Breitner, Paul 279, 283, 284, 316, 335, 339 f., 430
Brnović, Nenad 292
*Brøndby IF* 396
Bryce Echenique, Alfredo 259
Buero, Enrique 114
Bülow, Bernhard von 82
Burgnich, Tarcisio 299
Burk, Verena 426
Burke Elbrick, Charles 237
Burruchaga, Jorge 331
Busby, Matt 273 f.

*CA Paulistano* 135, 138
Cafú (Arlindo Gomez Semedo) 265
Čajkovski, Zlatko 123, 288
Caligari, Umberto 59
Camara, Henri 62
*Cambridge University FC* 30
Campbell, Mr 28 f., 30
Camus, Albert 72
Canavessi, Adhemar 119
*Borussia* Canetti, Elias 12, 104 f., 164 f., 166, 204 f.
Cantona, Eric 12, 24, 304, 378
Cardoso, Fernando Henrique 240
Carnera, Primo 61
Cartwright, John 25 f.
Casillas, Iker 382

Castro, Hector 119, 120
*Catalania Calcio* 273
Cea, Pedro 110, 119
*Celtic Glasgow* 77, 84, 255, 256, 314, 394
Cenar, Edmund 47
Cerecedo, Cuco 186
*Chacarita Juniors* 399
Chadha, Gurinder 13
Chapman, Herbert 115, 157, 158
Charlton, Bobby 274
Charnock, Harry 49
Chastain, Brandi 368, 369
Che (Ernesto Guevara) 329
*Chelsea* 42, 61
Chirac, Jacques 307, 388
*Chirtsov* 50
Chumpitaz, Hector 259
Cisar, Franz 161
Clinton, Bill 369
*Clube de Regatas do Flamengo* 129
Colaussi, Gino 179
Collor de Mello, Fernando 239
Conen, Edmund 122
Conféderation Africaine de Football (CAF) 68
Coolidge, Calvin 346
*Corinthian Football Club London* 50, 126, 130
*Corinthians Paulista (São Paolo)* 124, 125, 130, 238 f., 409
Correa, Floriano Peixoto 142
*Cosmos New York* 346, 353 f.
Costa, Antônio Casimiro da 128
Cottle, Eddie 68
Coubertin, Pierre de 57, 58, 74, 91, 146

## Namenregister 441

Cox, Oscar 129, 130
CR *Vasco da Gama* 129 f.
Cramer, Dettmar 358
Craxi, Bettino 395
*Croatia Zagreb* 295
Cruyff, Johan 86, 311,
312, 313, 314 f., 316,
318, 383, 384
Czibor, Zoltán 214, 218,
223

Daladier, Edouard 175
Dalos, György 215
Da Matta, Roberto 72,
230
Darwin, Charles 37
da Silveira, António
353 f.
Dassler, Adi 217, 414
Dassler, Horst 417
Davids, Edgar 394
Davies, John H. 38
de Alvear, Marcelo
Torcuato 246
De Gaulle, Charles André
Joseph Marie 15
Dedieu, René 55
de la Rúa, Fernando
402
Delauney, Henri 267
de Manteiga, Estréia
134
del Bosque, Vincente
382, 386
Demaria, Attilio 248
de Menezes, Ademir 229
*Deportivo Cali* 261
*Deportivo Independiente
Medellín* 261
Derwall, Jupp 280, 338,
339
Desailly, Marcel 388
Descartes, René 375
Deschamps, Didier 41
Desgrange, Henri 41
de Soiza Reilly, Juan José
243

Deutscher Fußball-Bund
(DFB) 82 ff., 88, 93,
94, 95, 112, 113,
145 ff., 149 f., 171, 189,
190, 191, 220, 273,
278, 282, 284, 323,
333, 338, 363, 364,
366, 370, 414
*DFC Duisburg-Hamborn*
364
*DFC Prag* 85
Di Stéfano, Alfredo 184,
185, 186, 250, 260,
265 f., 267, 318, 372,
374
Diawara, Kaba 63
*Dick Kerr's Ladies Foot-
ball Team* 43 f., 362
Dienst, Gottfried 276
*Dinamo Zagreb* 286,
288, 290, 292, 295
Diome, Fatou 65
Diop, Papa Bouba 61
Diouf, El Hadji 61, 62
Djorkaeff, Juri 388
Djuperron, Georgij 49
Dollfuß, Engelbert 153,
155, 160, 170
Domenech, Raymond
385
Domingos (Domingos
de Guia) 141 f.
Dorado, Pablo 119, 120
Dubly, Raymond 55
Dunga (Carlos Caetano
Bledorn Verri) 239,
358
Dunning, Eric 19
Dürnberger, Bernd 279
Dylan, Bob 235
*Dynamo Kiew* 196, 317

*Eintracht Frankfurt* 173,
190
Eisenhower, Dwight D.
186
Eklind, Ivan 122

Elber, Giovanne 265
Elias, Norbert 19
Eliot, Thomas S. 21
Emmerich, Lothar 425
English Ladies Football
Association 44
Erhard, Ludwig 281
Escobar, Andrés 263 f.
Esterházy, Peter 223 f.
*Estudiantes de la Plata*
244, 255, 321
Eusébio (Eusébio da
Silva Ferreira) 71 f.,
187, 271, 423
*Everton FC* (Liverpool)
33, 256
*Excelsior Zürich* 53
*Exeter City FC* 135

FA (Football Associa-
tion) 28, 30 f., 33, 34,
39, 42, 44, 57, 114
Facchetti, Giacinto 269
Falcão, Paolo Roberto
328
Fassbinder, Rainer
Werner 221
*FC Barcelona* 53, 180,
185, 186, 203, 223,
312, 316, 328, 329,
379, 381, 383 ff., 387,
394, 396, 400, 417
*FC Basel* 53
*FC Bayern München*
173, 190, 208, 265,
280, 284, 360, 374,
387, 393, 394, 395,
428, 430
*FC Chelsea* 391
*FC Kaiserslautern* 190,
215
*FC Karlsruhe* 87
*FC Metz* 65
*FC Oberitz* 407
*FC Porto* 394
*FC Sankt Gallen* 53
*FC Santos* 137

442 Namenregister

*FC Sevilla* 256
*FC Torino* 60
*FC Valenciennes* 395,
409
*FC Zürich* 53
Fédération Française de
Football (FFF) 57, 58
Feitiço (Luis Macedo
Matoso) 137
Felsner, Hermann 110
*Fenerbahce* 308
Fernandez de Kirchner,
Cristina 392, 418
Ferhatović, Asim 289 f.
Fest, Joachim 284, 323,
335
*Feyenoord Rotterdam*
314
Fieraru, Alfred 118
FIFA (Fédération Inter-
nationale de Football
Association) 19, 57,
68, 69, 70, 76, 102,
103, 110, 114, 115,
117, 123, 131, 145,
168, 173, 185, 191,
198, 200, 201, 204,
209, 227, 242, 267,
273, 294, 296, 306,
307, 319, 322 f., 337 f.,
343, 345, 351, 355,
356, 371, 372, 374,
394, 405, 409, 410 ff.,
419, 420, 421
Figo, Luís 374, 381
Figueiredo, Antonio
142
Figueroa, Roberto 113
Filho, Mário 142, 145,
225, 227
Finger, Edi 332, 334 f.,
336
Finney, Tom 352
*First Vienna Football
Club* 97, 98, 99, 118,
150
*FK Sarajevo* 289

*Flamengo Rio de Janeiro*
257
Flimm, Jürgen 283
*Fluminense FC* 129, 134,
138, 257
Fontaine, Just 231, 268,
270
Fontes, Lourival 143
Förderer, Fritz 82
*Fort Lauderdale* 354
*Fortuna Dortmund* 364
Foucault, Michel 320
Franco, Francisco 181 f.,
186, 188, 203, 269,
316
Franz Joseph I. 102
Freud, Sigmund 99
Freyre, Gilberto 140 f.,
142 f., 225
Friaça (Albino Friaça
Cardoso) 229
Friedel, Lutz 425
Friedenreich, Arthur 21,
130 ff., 419, 423
Fuchs, Gottfried 51,
220 f.
*FV Saarbrücken* 122

Gaetjens, Joe 352
Gaitán, Jorge Eliécer
261
*Galatasaray* 308
Galeano, Eduardo 111,
112, 113, 236, 344 f.,
392
Gama, Vasco da 137
Gamper, Hans (Joan)
53, 54
Gardel, Carlos 402
Garrincha, Mané
(Manoel Francisco
dos Santos) 125,
232 ff., 270, 378
Gascoigne, Paul 304
Gebauer, Gunter 282
Geiger, Arno 336
Geiger, Stefan 375

Geisel, Ernesto 353
Gento, Francisco 265
George V. 42
Gessmann, Martin 72
Ghiggia, Alcides 229,
231
Gil, Gilberto 235, 238
Gilmar (Gylmar dos
Santos Neves) 224
Giraudoux, Jean 58
Giresse, Alain 340
*Glasgow Rangers* 77, 84,
150, 256
Goebbels, Joseph 192
Goethe, Johann Wolf-
gang von 99, 290
Goetze, Mario 387
Goulart, João 234
*Gradanski Zagreb* 287
Gradín, Isabelino 134
Grass, Günter 88
*Grasshoppers Zürich* 53,
54, 203
*Grêmio Esportivo Brasil*
138
*Grêmio Futebol Porto-
Alegrense* 130
Griffith, Tom E. 53
Grillparzer, Franz 209
Grosics, Gyula 218
*Gruga Essen* 364
Gschweidl, Fritz 156,
158
Guaita, Enrique 121,
248
Guardiola, Pep 360,
383 f.
Guérin, Roger 57, 114
Guillou, Jean-Marc 64
Guttmann, Béla 271,
347 f.

Haan, Arie 315
Haas, Wolf 426
Habermas, Jürgen 78
Hadžibegić, Faruk 292,
294

Hahnemann, Wilhelm 178
*Hakoah Wien* 118, 151, 175, 345 ff.
Haller, Helmut 273
*Hamburger SV* 95, 204, 277
Hamm, Mia 369
Hammam, Mohamed Bin 418
Hampson, Jimmy 159
Hanappi, Gerhard 79, 123, 151
Händel, Georg Friedrich 430
Handke, Peter 73, 283, 424 f.
*Hannover 96* 194, 215
*Hapoel* 71
Happel, Ernst 216, 217, 314
Harder, Otto »Tull« 204
Hauffe, Eberhard 334 f.
Havelange, João 325, 414 f.
Heine, Heinrich 18
Held, Siggi 299
Hempel, Walter 82
Hendrix, Jimmy 235
Henry, Thierry 17, 389
Hensel, Gustav 82
Heraklit 375
Herberger, Sepp 73, 148, 163, 177, 192, 194, 215, 220, 221, 222, 268, 280, 281
Herrera, Helenio 253, 266, 270 f., 271 f.
Herrmann, Richard 194
*Hertha BSC* 147, 163, 425
Herzog, Andreas 390
Heynckes, Jupp 278 f.
Hidegkuti, Nándor 124, 214, 215, 218
Hiller, Arthur 82
Hillis, Arnold F. 38

Hirsch, Julius 221
Hirschmann, Carl Anton Wilhelm 114, 116
Hitler, Adolf 93, 107, 176, 189, 191, 194, 200, 202
*HNK Hajduk Split* 287, 293
Hoeneß, Uli 315, 387
Hogan, Jimmy 154, 155
Hogg, Thomas 243
Hohmann, Karl 194
Hollande, François 15
Hölzenbein, Bernd 324
Horkheimer, Max 78
Hornby, Nick 391
Horvath, Hans 156, 161
Horváth, Ödön von 96
Houghton, William 159
Hrubesch, Horst 338, 342
Huba, Karl-Heinz 324
*Huddersfield Town* 115
Hulshoff, Barry 317 f.
Hurst, Geoffrey 241, 276

Ibrahimović, Zlatan 378 f.
*Independiente* 244, 248, 249
Iniesta, Andrés 383
*Inter Mailand* 211, 253, 256, 269, 270, 278, 314, 382, 394
*Internazionale Football Club Turin* 54
Irnberger, Harald 306
Isbert, Marion 365
Ivković, Milutin 288

Jahn, Friedrich Ludwig (»Turnvater«) 83
Jairzinho (Filho Jair Ventura) 23, 236
Jara, Víctor 321

Jaschin, Lew 24, 266, 268
Jelačić von Bužim, Joseph 293
Jens, Walter 303
Joli, Franz 96 f.
Jolie, Max Hans 97
Jones, Steffi 369
Jordan, Ernst 82
*Jugoslavija Belgrad* 287
Justo, Augustín Pedro 249
Juvenal, Adalton Luis 229, 230
*Juventus Turin* 60, 153, 171, 304, 382, 394, 408, 409

Kafka, Franz 96
Kahn, Oliver 379 f.
Kant, Immanuel 375
Karađorđević, Alexander I. 287
Karahasan, Dževad 290
Karambeu, Christian 388
*Karlsruher FV* 51, 84, 220
Kátia Cilene Teixeira da Silva 369
Kavanagh, Dan (Julian Barnes) 426
Kehlmann, Daniel 18
Kempes, Mario 326
Khedira, Sami 391
*Kingfisher East Bengal* 70
Kipp, Eugen 82
Kirch, Leo 307
Kirchner, Néstor 399
Kisch, Egon Erwin 101
Kissinger, Henry 318, 325 f., 353 f.
Kistner, Thomas 412 f., 423
Klein, Abraham 332
Klein, Josef 113
Klinsmann, Jürgen 15, 16, 356, 380

444 Namenregister

Kluivert, Patrick 394
Koch, Konrad 88 ff.
Kocsis, Sándor 214, 218, 223
Kohl, Helmut 280, 285, 286, 376
Kohlmeyer, Werner 218
Konfuzius 375 f.
Kopa, Raymond 184, 231, 268
Koppehel, Carl 220
Kovács, Stefan 312
Krankl, Hans 334, 335, 336, 338
Kraus, Karl 99
Kreisky, Bruno 336 f.
Kreisky, Eva 20, 361
Kreitlein, Rudolf 241, 242
Krol, Ruud 315
Kruschner, Dori 144
Kubala, László 123, 185 f., 223, 265 f.
Kuhn, Gustav 54
Künzer, Nia 366
Kusturica, Emir 288
Kuzorra, Ernst 87, 172

Labruna, Angel Amadeo 250
Landauer, Kurt 190
Langenus, John 116, 119, 177
Lara Bonilla, Rodrigo 262
Lässig (Vorn. n. erm.) 150
Lazaroni, Sebastião 239
Lazio Rom 256, 409
Le Havre Athletic-Club 56
Le Pen, Jean-Marie 389
Lee, Spike 405
Leguía, Augusto 257
Lehnen, Manfred 336
Lenin (Wladimir Iljitsch Ulanow) 197

Lennon, John 313
Leômidas da Silva, José 141 ff., 145, 178, 226
Leopoldi, Hermann 151
Libonatti, Julio 60
Libuda, Stan (Reinhard) 282, 298
Liebrich, Werner 215
Liessmann, Konrad Paul 424
Lineker, Garry 358, 380
Linemayr, Erich 319
Lingor, Renate 19
Linnemann, Felix 149, 189, 191
Lins do Rego, José 225, 230
Littbarski, Pierre 358
Lizarazu, Bixente 388
Loach, Ken 13
Lobanowskyi, Valeri 317
Lorenzo, Juan Carlos 253, 254
Loriot (Vicco von Bülow) 374
Loustau, Félix 250
Löw, Jogi 15, 380
Lucio (Lucimar da Silva Ferreira) 265
Ludwig, Karl 82
Luhmann, Niklas 312
Lula (Luiz Inácio da Silva) 144

Maccabi Tel Aviv 71
Mach, Ernst 99
Machado, Gilka 141
Macri, Mauricio 400
Maderthaner, Wolfgang 162
Maier, Sepp 279, 285, 300, 324, 425
Manchester City 65, 256, 355
Manchester United 12, 33, 38, 255, 256, 273 f., 274, 304, 382, 394, 408

Manzenreiter, Wolfram 69
Manzoni, Carlo 426
Mao Zedong 356
Maradona, Diego Armando 24, 247, 285, 292, 328 ff., 372, 379, 382, 401
Marktl, Hernst Xavier 55
Marley, Bob 235
Maroni, Enrico 60
Marx, Karl 376
Materazzi, Marco 13, 403 f.
Matthews, Stanley 108, 352
Mazzola, Sandro 211, 269, 298
Meazza, Guiseppe 122
Médici, Emilio Garrastazu 237
Meier, Mischa 375, 376 f.
Meisel, Heribert 281
Meisl, Hugo 42, 103 f., 117, 118, 145 f., 152 f., 155 f., 159, 162
Meisl, Willy 95, 145, 155, 158, 224
Mekhloufi, Rachid 67
Menem, Carlos 330, 397, 400
Menezes, Ademir 229
Menotti, César Luis 253, 279, 326 f., 328, 383
Merkel, Angela 15, 16, 18
Messi, Lionel 24, 247, 379, 383, 393, 404
Metsu, Bruno 61
Meyer, Claus Heinrich 324
Michels, Rinus 311, 312, 314, 315, 316
Miller, Charles William 125 ff., 130, 132
Miller, Glenn 295
Miller, John 126

Namenregister 445

*Millonarios Bogotá* 250, 260, 261 f.
Milošević, Slobodan 292
Mitterand, François 340, 341
Mladić, Ratko 297
Mock, Hans 176, 179
*Mohun Bagan* 70
Mondrian, Piet 312
Monnier, Henri 55
Monteiro Lobato, José Bento 143
Monti, Luis 119, 120, 121, 153, 248
Moreno, José Manuel 250
Morlock, Max 218
Mortensen, Stan 352
*MTK Budapest* 94
Müller, Gerd 86, 270, 277, 282, 298, 299 f., 316, 354
Müller, Thomas 86, 377
Muñoz, Juan Carlos 250
Mussolini, Benito Amilcare Andrea 59, 106 f., 120, 122, 168, 175, 200, 202

N'Diaye, Mamadou 63
*Nacional Medellín* 263
*Nacional Montevideo* 110, 257, 347
Narancio, Atilio 110
Nasazzi, José 110, 119
Nausch, Walter 117
Navarro Perona, Joaquín 123
Neeskens, Johan 312, 315
Neid, Silvia 365 f.
Nerz, Otto 95, 112 f., 146, 158, 190, 191, 192
Netzer, Günter 278, 280, 282
Neuberger, Hermann 284, 323, 335

*Nevskij* 50
*New York City FC* 355
*New York Giants* 348
Neymar (Neymar da Silva Santos Júnior) 387, 404, 422
Nietzsche, Friedrich 375
Nkrumah, Kwame 67
Nobiling, Hans 128, 132
Nordahl, Gunnar 123
Nsekera, Lydia 371
Nußhardt, Franz 190

Obama, Barack 405
Ocampo, Luiz Moreno 418
Ocwirk, Ernst 123
*Old Boys (Basel)* 53
*Old Etonians* 35
*Olympique de Sète* 54
*Olympique Marseille* 394, 395, 409
Onganía, Juan Carlos 254, 321
Orsi, Raimundo (»Comet«) 60, 120, 121, 122, 248
Osim, Ivica 289, 290, 292 f., 294
Österreichische Fußball Union (ÖFU, dann ÖFV, heute ÖFB) 98, 100, 102, 107, 118, 168, 175, 195, 390
Overath, Wolfgang 299
Overmars, Marc 394
Özil, Mesut 15, 16, 377, 390

Pak, Doo-ik 71
*Palestra Itália* 48, 130
Panenka, Antonín 24, 285
Paramithiotti, Giovanni 54 f.

*Paris Saint-Germain* 393, 394
Parlier, Eugène 216
Parreira, Carlos Alberto 239, 240, 387
*Partizan Belgrad* 292, 293, 295
Paternóster, Fernando 119
Paul VI., Papst 324 f.
Paulo César (Paulo César Lima) 236
Pedernera, Adolfo 250, 260, 261 f.
Pedro II. 126
Pekarna, Karl 150
Pelé (Edson Arantes do Nascimento) 23, 24, 86, 132, 136, 144, 224 f., 231, 232, 233, 236, 238, 240, 243, 263, 298, 346, 353 f., 372, 415, 422, 423
Pelikan, Rudolf 200
Pember, Arthur 28 f.
*Peñarol Montevideo* 113, 256
Pérez, Florentino 381 f.
Péron, Evita 251, 329
Perón, Juan Domingo 251, 329
Pesser, Hans 177
Pessoa, Epitácio 135
Pestalozzi, Johann Heinrich 53
Petit, Emmanuel 61
Petrone, Perucho (Pietro) 110
Peucelle, Carlos Desiderio 119
Piantoni, Roger 268
Picasso, Pablo 174
Piendibene, José 112
Pinochet, Augusto 319, 321
Piola, Silvio 175, 179
Pius XII. 186

446 Namenregister

Planck, Karl 90
*Plateau United* 407
Platini, Michel 24, 339, 340, 341, 417
Podolski, Lukas 380
Polgar, Alfred 162
*Police Machine FC* 408
Portinari, Candido 143
Posipal, Josef 123
Pozzo, Vittorio 54, 121, 123
*Preston North End* 34
Prilasnig, Gilbert 13 f.
Prinz George, Duke of Kent 159
Prinz, Birgit 366, 368
Prosinečki, Robert 295
*Providence* 347
*PSV Eindhoven* 394
Puskás, Ferenc 124, 184, 214, 215, 218, 223
Putin, Wladimir 10

*Queen's Park* 33

Raabe, Wilhelm 89
*Racing* 244, 246, 248, 255
Rahn, Helmut 170, 212, 216, 218, 223
Rákosi, Mátyás 213, 214
Ramsey, Alf 254, 352
*Rapid Wien* 79, 99, 100 f., 113, 151, 162, 164 f., 177, 193, 256
Rappan, Karl 270
Rattín, Antonio 141, 241, 242, 253, 254, 321
Ratzinger, Josef 324
Ražnatović, Željko 286
*RC Lens* 171
*Real Madrid* 180, 182, 184, 185, 186, 187, 203, 223, 250, 262, 265, 267, 269, 271, 318, 374, 381 ff., 387, 393, 394
Rebelo, Aldo 406

*Red Star* 76
Rehagel, Otto 380
Reich-Ranicki, Marcel 373
Reinhardt, Max 105
Rensenbrink, Rob 326
Rep, Jonny 315
Ribéry, Franck 393
Riccarelli, Ugo 232
Ricken, Lars 430
Rieder, Josl 206
Rijkaard, Frank 316
Rimet, Jules 57, 58, 74, 116, 173, 191, 195, 205, 219, 226, 229
Ringelnatz, Joachim 95
Riquelme, Juan Roman 400
Riso, Heinrich 87
Riva, Luigi 298, 300
Rivaldo (Rivaldo Vítor Borba Ferreira) 380
*River Plate* 244, 248, 249, 250, 257, 260, 400
Rivera, Gianni 298, 300
Roberto Carlos (Roberto Carlos da Silva) 17, 265
Roca, Julio Argentino 244
Rodrigues, Lupicínio 130
Rodrigues, Nelson 143, 232, 233
Rodríguez, Ricardo Lorenzo (Borocotó) 246 f.
Romário (Romário de Souza Faria) 240, 377, 420
Ronaldinho (Ronaldo de Assis Moreira), 17, 380, 404 f.
Ronaldo (Ronaldo Luís Nazário de Lima) 13, 17, 374, 380, 382, 406
Ronaldo, Cristiano 393

Rooney, Wayne 304
Roosevelt, Theodore 349
Rosell, Sandro 417
*Rosenborg Trondheim* 396
Rosenfeld, Anatol 20
Rossi, Paolo 341
*Roter Stern Belgrad* 286, 287, 290, 295, 297
Roth, Franz 279
Rothschild, Freiherr Nathaniel von 96 f.
*Rot-Weiß Essen* 170
Rous, Stanley 254, 270, 414
Rousseff, Dilma 421
Roux, Jean-Pierre 388
*Royal Engineers* 31
Rudel, Hans-Ulrich 323
Rummenigge, Karl-Heinz 324, 395
Runge, Johannes 94

Sailer, Toni 206
*Saint-Etienne AS* 67, 284
Salazar, António de Oliveira 72, 187, 188, 202
Saldanha, João 237
Sammer, Matthias 376 f.
*Sampdoria Genua* 308
*San Jose Cyber Rays* 369
*San Lorenzo de Almagro* 248, 250, 400
Sanchez, Lionel 270
Sanjurjo, José 181
Santos Dumont, Alberto 126
Santos Iriarte, Victoriano 119
*São Paulo Athletic Club* 127
Sarlo, Beatriz 401
Sawa, Homare 360
*SC Germania (Esporte Clube Pinheiros)* 132, 136
*SC Hackerdorf* 407, 410

Scarone, Héctor 113, 119
Schacht, Hjalmar 174
Schäfer, Hans 201
Schaffer, Alfred 148
*Schalke 04* 87, 94, 149, 172, 193, 194, 208, 256
Schall, Toni 156, 159
Schiaffino, Juan 229, 231
Schiavio, Angelo 122
Schiele, Egon 99
Schirach, Baldur von 193
Schlosser, Imre 151
Schmidt, Helmut 280, 282, 340
Schmidt-Dengler, Wendelin 20, 335
Schmied, Kurt 216
Schmieger, Willy 44, 108, 160
Schnellinger, Karl Heinz 279, 299 f.
Schön, Helmut 277, 280, 281 f.
Schönberg, Arnold 99
Schopenhauer, Arthur 375
Schostakowitsch, Dimitri 9 f., 197
Schranz, Karl 150
Schröder, Gerd 378
Schumacher, Toni 24, 285, 338 f., 340
Schümer, Dirk 80
Schuster, Bernd 339 f.
Schwarz, Johann 150
Schwarz, Michl 176
Schwarzenbeck, Georg 279, 282
Schweinsteiger, Bastian 380
Scolari, Luiz Felipe 387, 422
Scorey, George 81
Sebes, Gusztáv 213, 214
Seedorf, Clarence 394
Seeler, Uwe 222, 275 ff., 281, 299 f., 304, 425

Seitz, Norbert 280, 281, 282, 285
Senna, Ayrton 240
Sesta, Karl 101, 154, 159, 161
Sewell, Jackie 124
Sharples (Vorn. n. erm.) 50
*Sheffiled United* 42
Sindelar, Matthias 101, 151, 153, 154 ff., 158, 159, 161 ff., 177
Sissi (Sisleide do Amor Lima) 369
*Slavia Prag* 101, 162
Smistik, Josef »Pepi« 101, 161
Smith, Kelly 369
*Sochaux* 171, 178
Sócrates (Sócrates Brasileiro Sampaio de Souza Vieira de Oliveira) 124, 125, 238, 328
Sokrates 375 f.
*Solferino Montevideo* 110
Solo, Hope 360
Sombart, Werner 93
*Spartak Moskau* 198, 199, 200,
Specht, Lotte 363
Spitaler, Georg 406
*Sport Club Germania Hamburg* 128
*St. Helen Ladies* 43
*St. Mary's Football Club Southampton* 126
Stabile, Guillermo 119
*Stade de Reims* 267
Stalin, Josef (Josef Wissarionowitsch Dschugaschwili) 197, 200, 201, 202, 213, 268, 288
*Stalinez Leningrad* 9, 197
*Standard AC Paris* 57

Stanischewski, Bruno (Stany) 87
Stiles, Nobby 241, 243
Stojković, Dragan 290, 292
*Stoke City* 108
Stoppard, Tom 11 f.
Strittich, Rudi 195
Stuhlfauth, Heiner 76, 149
Suárez, Luis 265
*Sülz 07* 148
Swatosch, Ferdinand 148
Szabo, Peter 148
Szepan, Fritz 87, 172, 177
Szoldatics, Karl 161
Szymaniak, Horst 273

Tabak, Hüseyin 13
Tapie, Bernard 395, 409
Teixeira, Ricardo 406, 415, 417
Terry, Alberto 259
Thatcher, Margaret 308 f.
Theweleit, Klaus 280, 312, 384
Thiaw, Pape Bouna 62
Thuram, Lilian 63, 388
Tilkowski, Hans 276
Tito (Josip Broz) 201, 213, 268, 287, 288, 291, 293
Torberg, Friedrich 153, 163, 164, 224
Torres, Fernando 386
Tostão (Eduardo Gonçalves de Andrade) 236
*Tottenham* 12
Toussaint, Jean-Philippe 404
Trésor, Marius 340
Trézeguet, David, 389
Troglio, Pedro Antonio 292

Tschammer, Hans von 191
*TSV Mischenberg* 407, 410
Tudjman, Franjo 291 f., 293, 295, 296
*Turbine Potsdam* 366
Turek, Toni 218

Union des Sociétés Françaises de Sports Athlétiques 57
*Union Oberschöneweide* 95
Union of European Football Associations (UEFA) 211, 266, 267, 268, 273, 294, 343, 365, 394, 396, 414, 415, 430
Union Sportive Indigene (USI) 66
*Universidad (Bogotá)* 261
*Universitario de Deportes Lima* 257, 258 f., 260
UNO 19
Urbanek, Johann 161
Uriarte, Fidel 374
Uridil, Josef »Pepi« 151, 165

Valdano, Jorge 382
*Vale of Leven* 33
Varallo, Francisco 119
Varela, José Pedro 310
Varela, Obdulio 229, 310
Vargas Llosa, Mario 21, 259
Vargas, Alzira 143, 362
Vargas, Getúlio 124, 125, 130, 138 f., 142, 143, 225, 230
Vasco da Gama 137
Vásquez, Juan Gabriel 263

Vásquez Montalbán, Manuel 381, 426
Veblen, Thorstein 73
Veloso, Caetano 235
Vermeer, Jan 312
*VfB Leipzig* 84
*VfB Stuttgart* 208
Videla, Jorge Rafael 322, 325 f., 328
Vieira, Patrick 388
*Vienna Cricket and Football Club* 98
Vierath, Willy 363
Viktor, Ivo 398
Villa, David 386
Villa-Lobos, Heitor 139
Villanueva, Alejandro 258
Vinai, Gerhard 79
Vischer, Melchior 96
Vogel, Adi 156, 159
Vogts, Berti 279, 315, 323 f., 324
Völler, Rudi 316, 378
Vukas, Bernard 123

Wagner, Otto 97
Wahlöö, Per 426
Walter, Fritz 194, 208, 211, 216, 217, 218, 219, 220, 222, 277
Walvin, James 341
Wambach, Abby 360
*Wanderers* 31
Warner, Jack 418
*Washington Freedom* 369
Washington Luís (W. L. Pereira de Sousa) 137
Washington, Reverend George 56
Watson Hutton, Alexander 244
Weber, Max 74
Weber, Wolfgang 276, 402 f., 404
Weisweiler, Hennes 281
Wen, Sun 359, 369

Wenders, Wim 283
Werner, Jürgen 324
Weselik, Franz 101
Wessely, Ferdinand 118
*West Ham United* 38, 80, 106
Weymar, Hans 82
*White Rovers Paris* 57
*Wiener Sportclub* 44
Wieselberg, Lukas 406
Wilhelm II., 82, 88
Wilson, Harold 214
Wilson, Ray 234
Wimmer, Herbert 279
Winner, David 312
Winterbottom, Walter 352
Wittgenstein, Ludwig 375
Wolf, Ror 425
Woolfall, Daniel Burley 114, 116
Wortmann, Sönke 14, 15, 17, 18, 170
Wright, Billy 214, 352

Xavi (Xavier Hernández i Creus) 383

Yrigoyen, Hipólito 117, 120

Zagallo, Mario 237
Zamora, Ricardo 123
Zebec, Branko 123, 288
Zeman, Walter 123, 216
*Zenit St. Petersburg* 10
Zhadan, Serhij 422
Zico (Arthur Antunes Coimbra) 328, 358
Zidane, Zinédine 13, 374, 382, 385, 388, 389, 403 f., 406
Zimmermann, Herbert 212, 218, 221
Zischek, Karl 159
Zweig, Stefan 125